主编◎谢宇 郭志刚

SM

社会学教材教参
方 法 系 列

社会学教材教参方法系列

SM

分层线性模型：应用与数据分析方法
（第2版）

Hierarchical Linear Models:
Applications and Data Analysis Methods(Second Edition)

〔美〕斯蒂芬·W. 劳登布什〔Stephen W. Raudenbush〕
安东尼·S. 布里克〔Anthony S. Bryk〕 /著

郭志刚 等/译

社会科学文献出版社
SOCIAL SCIENCES ACADEMIC PRESS (CHINA)

中文版译者序

《分层线性模型——应用与数据分析方法》(第 2 版)的中文版终于与读者见面了。

分层线性模型是 1990 年代在国际上形成并正在迅速推广应用的新统计分析技术。由美国芝加哥大学的布里克教授和密歇根州立大学的劳登布什教授于1992 年合著的《分层线性模型——应用与数据分析方法》是这一统计分析方法的代表作之一。

我是在 1990 年代后期才知道这种分析方法的。2000 年,在美国执教的朋友王丰博士送给我此书。在研读过程中,我深为其方法论上的推进和其广泛的应用性所吸引。

此书既是一本专著,也可以作为教材,因为作者实际上是按教材体例写的。该书首先从方法论角度展开,指出研究实践中最常用的常规回归模型在处理多层次关系时的无效性。然后介绍了分层线性模型的原理,讨论了该模型在多种典型情况下的应用,并附以许多例题的分析示范,十分解渴。显然,此书的宗旨并不囿于证明一种新方法,而是考虑了能够为更多的研究人员和学生所理解,以促进该方法的普及应用。事实上,该书作者同时也是同名的专门统计软件 HLM的研制者。

我于 2001 年开始组织一些教师和博士研究生一起分工翻译该书。2002年,劳登布什教授与布里克教授又出版了该书的第 2 版。其内容大大扩展,从原来的 10 章扩展为 14 章,从原来的 260 页扩展为 480 页,以充分反映 10 年来这一方法取得的新进展。我们随即决定中止第 1 版的翻译工作,改为翻译第 2 版。本来我们翻译此书的目的只是团结一批有志于量化研究方法的青年学者一起追踪国际学术前沿,但经过 2 年时间的反复校正与修改,最终我们形成了格式统一、译法一致、图表俱全的译稿。

北京大学社会学系马戎教授等同仁见到这个译本后,一致鼓励我们应当争取正式出版,并且还为此事多方联系。但是出于各种原因,正式出版之事一再受挫。最后,在社会科学文献出版社谢寿光社长的鼎力支持下,这本译著才得以正式出版。

本书的翻译采用团队工作形式,由郭志刚(第 1、2、8、10、12 章)、郑真真(第 11 章)、陈卫(第 5 章)、周皓(第 6、7、14 章)、李强(第 3、4 章)、葛建军(第 13 章)、张磊(第 9 章)共同承担,最后由郭志刚负责全书的统稿和校对工作。我的研究生巫锡炜、赵联飞、李睿、王军协助进行最后的清样校对工作。

感谢杨桂凤编辑高度认真负责的精神,她的辛勤努力使这一中文版增强了文本的一致性,并提高了语言上的易读性。

由于译者水平有限,对此学术前沿巨著的理解和翻译难免有不当之处,恳请读者指教。

郭志刚

于海淀蓝旗营

目　　录

第一部分　原理

第三部分　高级应用

第四部分　估计理论

献给我们的爱妻 Stella Raudenbush 和 Sharon Greenberg

致谢（英文版第 2 版）

自本书第 1 版出版以来的十年中，分层模型的有关方法得到了长足的发展，并且在各领域中得到了广泛的运用。因此可以说，本书第 2 版一方面是原作者之间长期大量合作的成果，另一方面也是与更多的其他同事合作与讨论的成果。需要感谢太多的人，但在此处不能一一列出。无论如何，其中一些人是必须提到的。正是因为有了他们，本书才最终得以付梓。

与 Darrell Bock、Yuk Fai Cheong、Sema Kalaian、Rafa Kasim、Xiaofeng Liu 和 Yasuo Miyazaki 等人在方法论上的讨论，不断地挑战着我们的想法。Yeow Meng Thum 的工作启发了本书第 6 章和第 11 章中有关多元分析的应用。Mike Seltzer 对第 13 章的贝叶斯方法提出了极为重要且非常有用的批评，并慷慨地允许将其研究成果作为最后一个例子加入该章。Meng-Li Yang 和 Matheos Yosef 在发展"分层一般化线性模型"（第 10 章）中所用的最大似然估计方法方面做了基础工作。Young-Yun Shin 仔细阅读了本书的初稿，并提出了许多建设性意见。Guang-lei Hong 对初稿提出的批评意见促使第 12 章交互分类模型的形成。作为应用程序员和长期的朋友，Richard Congdon 的工作体现在本书的每一章中。Stuart Leppescu 也为第 2 版的数据处理和新的分析工作提供了协助。

芝加哥社区人类发展项目（the Project on Human Development in Chicago Neighborhoods，PHDCN）中的同事，包括 Felton Earls、Rob Sampson 和 Christopher Johnson，都对本书第 2 版有着重要影响，这体现在第 10 章和第 11 章中关于社区效应的例子上。的确，我们还要感谢麦克阿瑟基金会（the MacArthur Foundation）、国家司法研究所（the National Institute of Justice）和国家精神卫生研究所（the National Institute of Mental Health）对芝加哥社区人类发展项目的资助，该项目也支持了本版新章节中关键性方法论方面的工作。

我们特别感谢 Pamela Gardner，她帮助检查、编辑并录入了本书的全稿。

她的高效率和幽默感是保证整个工作顺利进行的基础。

匿名评论者对这一版的新章节提出了许多有益的建议。作为 Sage 出版社的方法论编辑，C. Deborah Laughton 对本书的出版给予了令人钦佩的耐心和精神上的支持；我们还要再次感谢系列丛书的主编 Jan de Leeuw 的鼓励。

丛书主编对分层线性模型的介绍

  在社会科学中，数据结构经常在以下意义上是分层的：我们有描述个体的变量，但是个体又组成较大的群体，每一群体由一定数量的个体组成。对于较大群体还有一系列变量来描述。

  首推的例子也许是教育。学生组成班级，既有变量描述学生，又有变量描述班级。班级变量也许是学生变量的汇总指标，诸如学生数量或社会经济状况的平均值。但是班级变量也可以是教师（如果本班只有一个教师），或者是本班的教室（如果本班总是聚会于同一教室）。此外，在这个例子中，层次结构还会相当自然地延伸。班级还会进一步组成学校，学校构成校区，等等。我们也可以有描述学校的变量和描述校区的变量（如教学方式、学校建筑、邻里状况等）。

  一旦我们发现这个分层数据结构的例子，我们就会看到更多的例子。它们自然地发生于地理和（区域）经济中。在某种意义上，社会学的基本问题就是将个人属性与所寓于其中的群体和结构的属性联系起来。以同一种方式，经济学的问题是将微观层次与宏观层次联系起来。此外，许多重复测量也是分层的。如果我们不断追踪调查一些个体，那么对任一个体的观察构成一组测量，按照同一种方式，一个学校或班级也构成一组测量。当每个调查员调查一组对象时，调查员便处于较高层次。只要对这些分层结构多加思索便会不可避免地导致一个结论，即使不能说大多数，至少也能说很多社会科学数据都有这种嵌套的或分层的结构。

  在意识到分层数据的重要意义之后，下一步是考虑如何在统计技术上体现对分层结构的分析。有两种做法已经遭到否定。第一种做法是将所有高层变量分解（disaggregate）到个体水平。比如将教师、班级和学校的特征全都赋予学生个人，然后在个体层次进行分析。这一方法的问题是，要是我们知道一些学生是同一班级的，那么我们也就知道他们在班级变量上取相同的值，于是，我们便不能采用经典统计技术的基本假定，即各观测之间相互独立。另一种做法是先将个体水平的变量汇总到较高层次，然后在较高层次进行分析。比如我们将学生特征汇总到班级，然后再对班级进行分析，分析时也许还需要按规模对班级加权。这种做法的主要问题是，我们抛弃了所有的组内信息，它也许占到最初分析时信息总量的 80% 或 90%。其结果是，汇总变量之间的关系总是显得较为密切，然而这常常与直接分析未曾汇总的变量所反映的情况大相径庭。于是，我们不但浪费了信息，而且要是我们企图在个体层次解释汇总分析结果，还将导致对结果的曲解。所以，汇总方法和分解方法都不能令人满意。

如果仅限于用常规线性模型进行分析，我们知道其基本假定有线性、正态性、方差齐性、独立性。我们希望保留前两项，但需要对后两项（尤其是关于独立性的假定）加以修改。修改的主要原因在于：由于同组的个体之间比异组的个体之间更为接近或相似，所以一个学生与其他班级的学生可能是相独立的，而与同一班级的学生在许多变量上相同。那么，这些变量并不需要观察，这意味着它们从线性模型中消失，进入误差部分，并导致残差之间出现相关。这一思路可以用方差成分模型来做公式表达。残差之间可分为组成分和个别成分两种。个别成分之间相互独立，组与组之间也是独立的，而组成分与组特征完全相关（即组内不独立）。一些组可能比另一些组有更强的方差齐性，即这些组的组内成分方差有所不同。

对这一思路的公式表达也可采取稍微不同的形式。假定每一个组都有不同的回归模型，在简单回归的情况下，每个组都有自己的截距和斜率。由于各组都是通过抽样得到的，因此我们假定这是以组为单位构成的总体的组截距和组斜率的随机样本。这定义了一套随机系数的回归模型。要是我们仅仅假定它们的截距是随机的，而令所有的斜率相同，其实我们面对的正是前面提到过的方差成分研究的情况。要是允许斜率也可以随机变化，这套模型的情况便更为复杂，残差的协方差将依赖于个体层次自变量的取值。

在随机系数的回归模型中，也仍然不能与较高层次的（比如描述班级或学校的）变量相联系。为了达到这一目的，我们需要多层模型，其中以组为单位的模型还是线性模型。于是我们假定，学业能力测试值这一学生变量的斜率与班级规模或教师特征等班级变量之间呈线性关系。所以，在每一层次都有一套线性模型，要是存在很多层次，便有很多嵌套的线性模型。于是，我们便有了一整套反映分层结构的模型，使各个层次的变量联系起来。

直到大约 10 年前，拟合这样的模型才在技术上成为可能。大约与此同时，

Aitkin 和 Longford、Goldstein 及其合作者，以及劳登布什和布里克纷纷研发出了有关分析技术及其相应的计算软件。其中，由布里克和劳登布什研发的 HLM 软件对用户最友好，在技术上也最完善，并且他们还及时发表了一系列既有说服力又有意思的范例。在本书中，布里克和劳登布什详细地描述了这种模型、其计算方法，以及有关程序和范例。我认为，现在来对这一技术方法提供一个完整的介绍是既重要又及时的。分层线性模型（hierarchical linear models），或称多层模型（multilevel models），当然不能解决社会科学中所有的数据分析问题，因为它们还是建立在线性关系和正态分布假设基础之上的模型，并且它们所研究的仍是相对简单的回归结构，只是其中一些变量依赖于其他变量。然而，它们在技术层面已经使汇总和分解的做法"向前迈了一大步"，这主要是因为它们在统计原理上是正确的，并且避免了信息的浪费。

我认为，这本书的主要贡献在于通过一系列例题的分析示范为读者提供了清晰的概念。本书对各种不同层次的模型做了清楚的分类，同时又未完全割断其间的联系。读者可以分别把握某一层次中可能的机制，然后再将不同层次的模型联系起来进行分析。未来，这些技术会对教育研究以及地理学、社会学和经济学的研究产生重要影响，直到它们也遇到其自然限制。为了避免这些限制，这些模型还将扩展（并且已经扩展）到更多层次，扩展到多元数据，扩展到通径分析、潜在变量、名义因变量以及一般化线性模型，等等。社会统计学家将有能力建立更为广泛的模型，并且可以在更多的模型中进行选择。如果他们能够建立起必要的前提信息条件，作为从这一模型各类型中进行合理选择的依据，那么有望获得更强的能力和精度。请把这一思想记在心底，因为你将使用这本书来探索这一类新兴而又令人兴奋的技术方法。

丛书主编　Jan de Leeuw

丛书主编对第 2 版的介绍

　　本书的第 1 版一直很畅销，这说明本书提供的技术细节水平符合许多社会科学和行为科学研究人员的需要。它还包括了足够的实际操作建议和研究示范，并且与相应的 HLM 软件结合起来，因此本书对许多人而言还是多层分析的手册和用户指南。然而，已经过去了 10 年，本书现在需要加以更新了。

　　在这 10 年间，多层分析又有了很大的发展。在社会科学和行为科学领域，这一技术如同野火蔓延，研究者已经发表了很多应用成果。在某些领域，分层线性模型（HLM）已经成为数据分析的典范，基础软件包已经通用化，并且日益完善。更为重要的是，混合模型（多层模型是其中一个特例）也在统计学中占据了主导地位。尤其是非线性混合模型和一般化线性混合模型（GLMM），已经成为统计学和生物统计学中最活跃的研究领域的基础。这方面的研究已经导致许多令人鼓舞的理论和计算方面的发展。

　　如果我们比较本书的第 1 版和第 2 版，最明显的变化是增加了 4 章全新的内容。第 10 章包括分层一般化线性模型，即 GLMM 模型的一个重要分类，这些模型容许研究者来处理整数值的结果变量（如计数、频率、率、比例）。第 11 章增加了对潜在变量所做的分层模型，包括测量误差和分项反应模型。第 12 章将标准的多层嵌套假设一般化，从而容许做更为复杂的交互分类设计。第 13 章从贝叶斯估计角度对分层模型进行评述，并讨论了马尔可夫链的蒙特卡罗计算方法。这 4 章都是与前 10 年中多层分析最活跃的研究领域相呼应的，并且呼应了基础计算机软件包（如 HLM 和 MLWin）中新近增加的功能。每一章都放松了第 1 章（和第 1 版）中的一些关键假定条件，这意味着，到了最后，我们其实已经是在处理很大一族模型和技术方法了。

　　第 1 版中的技术附录已经由新的第 14 章的估计理论取代。这一章从技术细节上讨论了贝叶斯估计和最大似然估计的方法及其相应的计算问题。此外，这一章还包括了最新的发展，比如对似然函数的拉普拉斯近似估计。要是我们仔细比较这两个不同版本，还可以发现第 2 版对第 1 版的几百处修订和增补。

我曾经多次在别的地方评论说，分层线性模型已经很好地确立起来，然而这些模型在许多方面并没有得到充分的理解。所以，例常性的应用还未得到实现，也许永远也不能实现。新的一版比前一版的内容更为深入，还讨论了功效、样本规模、数据的预处理（如对中处理）等，这为我们提供了对这一技术的基本理解。当然，由于新增章节增加了（更多）更复杂的模型及更复杂的计算步骤，在研究与数据分析之间的分界线有所改变，并且还介绍了很多不能算是例常情况的选项。阅读这本书并不能使你成为所有这些不同领域的专家，但是可以使你了解这些选项是什么，你可以在哪里找到你需要的专家，你可以向他问什么问题。

在这两个版本的比较中，我们还注意到，作者们感到他们工作和贡献的平衡有所倾斜，以至于署名的顺序发生了变化，因此在行为科学和社会科学中多层分析标准文本的署名顺序已经不再是布里克和劳登布什（Bryk & Raudenbush, 1991），而成了劳登布什和布里克（Raudenbush & Bryk, 2001）。对于在这些领域工作的统计人员来说，最重要的问题可能是："我是否应该更新？"回答是肯定的。你会得到比前一版多一倍的材料，并且这些材料更加新颖、更加整合，介绍了统计研究中一些最令人鼓舞的新领域。此外，你的工具箱中还会加入许多新奇的、有发展前景的工具。而我们，作为编辑，十分自豪我们的系列丛书能够得到这样的更新。

丛书主编　Jan de Leeuw

第一部分　原理

.

导　言

- 分层数据结构：一个常见现象
- 分层数据分析中持续存在的两难问题
- 分层模型统计理论的发展简史
- 分层线性模型的早期应用
- 本书第 1 版问世以来的新发展
- 本书的框架结构

分层数据结构：一个常见现象

很多社会研究都要涉及分层数据结构。在组织研究中，需要研究工作场所的特征，诸如决策的集中度如何影响工人的生产率。其中，工人与公司都是分析单位；变量是在两个层次进行测量的。这样的数据便具有分层结构，即工人是从属于公司的。

在多国研究中，人口学家检查不同国家的经济发展是如何与成年人受教育程度互动并影响生育率的（参见 Mason，Wong，and Entwistle，1983）。这样的研究既包括在国家层次测量的经济指标，又包括以住户为单位的教育与生育信息。住户与国家都是研究单位，其中住户是从属于国家的，因此其基本数据结构也是分层的。

类似的数据形式也存在于成长研究中，其数据的收集往往是对同一组个体在不同时点做多次的观察。这种重复测量包含了每一个体成长的轨迹信息。心理学家特别感兴趣的是一个人的个性及其所处的不同环境如何影响他的成长。比如，Huttenlocher、Haight、Bryk 和 Seltzer（1991）研究了不同的家庭语言环境对儿童在成长过程中掌握词汇量的影响。当样本中每一个体均是按相同时点被不断进行观察时，通常将其视为一种不同个体与不同时点的交互研究设计。但是当对不同个体的观察在时点的数量和间隔上有所不同时，我们可以将重复观察视为嵌套于同一个体的不同场合。

许多不同的研究发现的量化综合显示出另一种分层数据问题。研究人员也许想探索在不同研究中干涉措施、研究方法、对象特征、所处条件的差别是如何与其相应的干涉效果估计相联系的。在这种情况下，对象嵌套于不同的研究。分层模型也为这类研究活动提供了一个十分一般化的统计框架（Berkey et al.，1995；Morris & Normand，1992；Raudenbush and Bryk，1985）。

教育研究尤其具有挑战性，因为学生成长的研究总是涉及在结构上从属于个体的重复观察，并且每一个体又从属于某一组织结构。比如，教学研究专注于学生与某一老师围绕某一内容教学时的互动。这种互动通常发生于班级环境中，并且以某一学期为界限。那么研究问题便存在三个焦点：学生个体在一学年（或其中的某一段）课程学习中的成长，教学对学生个人性格和学习收获上的效果，以及上述联系又如何受到班级设置和教师行为与特征的影响。与此对应，数据具有三个层次的结构：第一层的单位是各时点的重复观察，它从属于第二层单位中的每一学生，而每一学生又从属于第三层单位中的班组或学校。

横向研究也经常包含三个层次。比如，Nye、Hedges 和 Konstantopoulos（2000）重新分析了田纳西班组规模试验的数据，这个试验涉及不同学校所包含的班组中的学生。Raudenbush、Fotiu 和 Cheong（1999）分析了美国全国教育发展评价的数据，其中涉及各州的学校的学生。

分层数据分析中持续存在的两难问题

虽然分层数据结构在行为科学和社会研究中普遍存在，但是以往的研究常常不能将其充分地体现于数据分析之中。在很大程度上，这种忽略反映的是常规线性模型统计技术在分析嵌套结构上的局限性。在社会研究中，这种局限性导致了一系列的问题，如汇总偏差、估计精度误差以及"分析单位"问题（参见第5章）。这些问题还导致了概念上的混乱，阻碍了在分析模型中将分层结构明确化，因而不能检验在每个不同层次上的效应，也不能检验各种层次之间的关系。与此类似，人类发展研究也受到"变化测量"问题的阻碍（参见第 6 章），这一问题经常显得难以处理，甚至导致一些分析得出了反对直接建立成长模型的结论。

尽管分析单位问题和变化测量问题在文献中一直都有明确的、互不重叠的讨论，但其实它们有着共同的原因，即传统统计技术无力分析分层模型。历史表明，成熟的分析对于某一具体情况总是能够找到处理方法，至少可以部分地解决问题。随着近年来分层线性模型统计理论的发展，一套完整的方法已经建立起来，可以广泛应用，得到有效的估计。

从我们的角度而言，更重要的是过去建构分层模型的障碍现在已经被铲除了。我们现在能够建立关于各层内关系与各层间关系的假设，并且还可以估计出各个层次上的变化量。从实际意义的角度，分层线性模型更加接近于行为研究和社会研究中的基本现象。它们不仅可以应用于新问题的探索，而且可以提供过去所不能得到的经验结果。

分层模型统计理论的发展简史

本书所讨论的模型在不同领域的文献中有不同的称呼。在社会学研究中，它经常被称为多层线性模型（multilevel linear models，参见 Goldstein，1995；Mason et al.，1983）；在生物统计研究中更经常用的名字是混合效应模型（mixed-effects models）和随机效应模型（random-effects models，参见 Elston and Grizzle，1962；Laird and Ware，1982；Singer，1998）；计量经济学文献称之为随机系数回归模型（random-coefficient regression models，参见 Rosenberg，1973；Longford，1993）；统计学文献则称之为协方差成分模型（covariance components models，参见 Dempster，Rubin，and Tsutakawa，1981；Longford，1987）。

我们采用分层线性模型（hierarchical linear models）的称谓，因为它指出了即使在不同应用中，比如成长研究、组织效应、综合研究，其数据都存在一个相同的重要结构特征。这一称呼最早由 Lindley 和 Smith（1972）提出，作为他们对线性模型的贝叶斯估计方面所做贡献的一部分。在这一方面，他们为具有复杂误差结构的嵌套数据研制了一个通用的研究框架。

遗憾的是，Lindley 和 Smith（1972）的研究在一段时间中停滞不前，因为其模型应用需要对非平衡数据进行协方差成分估计。在 1970 年代早期，他们的模型只能解决一些极简单的问题，提供一种通用的估计方法尚不可能。后来，Dempster、Laird 和 Rubin（1977）在 EM 算法上的进展突破了这一技术障碍，形成了概念上切实可行又可以广泛应用的协方差成分估计方法。Dempster 等（1981）示范了这种方法对分层数据结构的适用性。Laird 和 Ware（1982），以及 Strenio、Weisberg 和 Bryk（1983）都是应用这一技术方法解决了横向数据（cross-sectional data）中多层结构的计算问题。

后来，又产生了其他通过迭代再加权的一般最小二乘法的协方差成分估计方法（Goldstein，1986）和 Fisher 得分算法（Longford，1987）。现在已经有好多统计计算程序来拟合这些模型，包括 HLM（Raudenbush et al.，2000）、MIXOR（Hedeker & Gibbons，1996）、MLWIN（Rasbash et al.，2000）、SAS 子程序 Proc Mixed（Little et al.，1996）、VARCL（Longford，1988）。完全贝叶斯方法也已经由 Gelfand 等（1990）和 Seltzer（1993）研创出来，相应的软件如 BUGS（Spiegelhalter et al.，1994）现在也得到了广泛应用。

分层线性模型的早期应用

如上所述，行为科学和社会科学数据常常具有嵌套结构，比如，包括从属于个人的重复观测。这些个人可能又从属于某种组织单位，比如学校。而组织单位本身又可能从属于社区，再从属于州，再从属于国家。利用分层线性模型，这一结构中的每一层次都用子模型来代表。这些子模型反映了本层变量之间的关系，并且定义了某一层次的变量对另一层次变量之间的关系所产生的影响。尽管不论有多少个层次都可以这样来代表，但所有基本统计特征可以通过一个两层的模型反映出来。

本书所讨论的应用问题包括三个方面的研究用途：一是如何对个体单位取得较好的效应估计（比如通过借助其他学校也有类似估计的事实来改进某一个学校的回归模型）；二是对各层次之间的效应建立模型并进行假设检验（比如学校规模如何影响学生的社会特征与学校的教学成绩之间的关系）；三是分解各层次间的方差和协方差成分（比如将学生层次的变量之间的协变分解为校内与校际两种成分）。代表每一类型的已发表的范例将在下面加以概括。

个体效应的改进估计

Braun、Jones、Rubin 和 Thayer（1983）关注的问题是工商学校在研究生

录取中使用标准化考试分来选取少数民族申请者。许多学校的录取决策都部分地取决于用考试成绩来预测以后学业成绩的公式。然而,由于大多数学校所录取的大多数学生都是白人,所以白人学生的数据主宰了预测公式的估计。结果,这些公式可能在选择少数民族学生时并不能提供合理的排序。

原则上,更为公正的是每个学校应该建立一个选择少数民族学生的公式,但是在估计这一公式时会产生困难,因为大多数学校只有几个少数民族学生,而数据太少不能建立可靠的预测公式。Braun 等(1983)使用的是 59 个工商管理学校的研究生数据,其中有 14 个学校根本没有少数民族学生,有 20 个学校的少数民族学生的人数在 1～3 人。这些学校便不可能应用标准回归方法来建立少数民族学生的预测公式。此外,即使是对于有较多少数民族学生的其他 25 个学校而言,虽然可以建立估计模型,但少数民族学生的样本量还是太少,因此其估计系数精度会很差。

如果换用另一种方法,可以不管学生属于哪个学校,将所有学校的样本汇集在一起。但这种方法也会产生问题。当某些学校的少数民族学生较多而另一些学校的少数民族学生很少时,由于公式不能反映这种选择性现象,因而导致预测系数的估计偏差。

Braun 等(1983)采用分层线性模型来解决这一两难问题。通过汇集所有数据,他们得以有效利用所有信息为每个学校提供一个能区分白人学生和少数民族学生的模型。每个学校的预测值实际上是这一学校的各项信息与所有样本之中的变量关系的加权组合。正如人们所期望的,这些对每一成分的相对权数依赖于它们的精度。这一估计程序将在第 3 章加以描述,在第 4 章给予示范。有关的应用还可以参见 Rubin(1980)的论文,这些统计发展的回顾可以参见 Morris(1983)的论文。

对层次之间效应的建模

分层模型的第二种用途关系到用模型来反映在某一层次测量的变量如何影响其他层次变量之间的关系,并且对相应假设进行检验。由于这种层次间的效应在行为科学和社会研究中十分普通,因此分层模型的框架比传统方法有明显的优越性。

社会研究的一个例证。Mason 等(1983)检查了 15 个国家中母亲的受教育程度和城乡居住类型对其生育率的影响。大家都知道，在许多国家，受教育程度高和城市化水平高会导致生育率较低。然而，研究者提出的问题是，这样一种影响也许依赖于各个国家的特征，包括以国民生产总值（GNP）所测量的国家经济发展状况和计划生育工作的强度。

Mason 等发现，在所有的国家中，母亲的受教育程度较高的确与较低的生育率相联系。但是，城乡生育率的差别在各国之间有所不同，处于差别两极的情况是国民生产总值很高的国家和几乎没有组织化计划生育工作的国家。有关差别效应（differentiating effects）的识别，比如城乡差距的识别，以及它们变化的预测，将在第 5 章加以讨论。

发展研究的一个例证。语言能力发展研究假设个人词汇的获取取决于两个方面：一是适当的语言环境；二是从环境中学习的先天能力。人们普遍认为，儿童词汇发展上的差别主要是由先天能力上的差别决定的。然而，经验研究结果并不太支持这种假设。遗传可能性研究发现，父母的标准化词汇测试得分只能解释子女在该测试得分差别中的 10% ~ 20%。语言环境研究的结果也好不了多少，大部分个人词汇获取上的差别仍然无法得到解释。

过去，研究者们主要采用两时点设计来研究语言环境效应。比如，先在14 个月大时检测婴儿的词汇量，同时取得母亲的语言能力或整体语言能力。然后间隔一段时间后，比如在婴儿 26 个月大的时候，再次检测婴儿的词汇量。这些数据是采用常规线性模型进行分析的，其研究焦点是，在控制婴儿的"初始能力"（即 14 个月时掌握的词汇量）的条件下，看母亲的语言能力对其26 个月大的婴儿的词汇量的影响。

Huttenlocher 等（1991）收集了一些关于儿童的历时数据，在其年龄为 14个月至 26 个月期间进行观测，观测最多的达到了 7 次。这一数据可以用每个孩子的历时重复检测值对其个人词汇量的发展轨迹建立模型。每个孩子的成长由一套参数来反映。第二个模型应用了关于这个孩子的其他信息，包括孩子的性别、母亲在家中的说话量，来预测孩子词汇量的增长参数。有关这一模型的实际建模与估计将在第 6 章中详细讨论。

这一分析应用了分层线性模型，最后揭示出，语言环境在婴幼儿期词汇量增长中的作用远比以往研究所报告的水平要大得多（实际上，如果对比原来仅用两时点检测值的常规方法分析结果，所显示的差异还要更大）。这一应用研究揭示了常规方法在成长与其相关因素关联研究方面的有效性很差。

分解方差协方差成分

分层线性模型的第三种用途是对非平衡嵌套数据中的方差协方差成分进行分解估计。比如，教育研究常常分析学生个体在不同的班组和学校的组织设置条件下的成长过程。对这一现象建立规范化模型需要包括三个层次。

布里克和劳登布什（Bryk & Raudenbush，1988）使用持续效应研究（Carter，1984）的历时数据的一部分样本来示范这一方法。这一数据包含 86 个学校中的 618 名学生在一年级至三年级期间所进行的 5 次数学考试成绩。他们针对各学校的每个孩子建立了个体学业成绩的增长（或重复测量值）模型。三层次方法使这些个体成长轨迹的差别得以分解为学校内部的差别成分和学校之间的差别成分。这一应用研究的细节将在第 8 章中进行讨论。

该研究的结果令人惊讶，增长率中 83% 的方差反映的是学校之间的差别。与此相比，只有大约 14% 的增长方差反映的是学校之间在学生进校时水平上的差别，这种结果与关于学校影响的横向研究的典型结果是一致的。这一分析说明，学校之间的差别非常大，然而常规模型却检测不出来，因为常规模型没有包含将学习指标进行校内差别成分与校际差别成分的分解。

本书第 1 版问世以来的新发展

随着对分层模型的兴趣的增长，方法上的创新也日益加速，社会科学和医学领域都有许多富有创造性的应用：第一，模型所采用的结果变量已经扩展了范围；第二，模型现在不仅可以包括纯粹的嵌套数据结构，而且可以包括交互分类的数据结构；第三，结果的多元影响问题的应用已经成为主流；第四，潜在变量已经被植入分层模型；第五，对分层模型的贝叶斯推断得到了更广泛的普及和应用。这些新发展再与现在大大提高的计算能力结合起来，使得这种模型的扩展引发了整个系列的新应用。

结果变量范围的扩展

本书的第 1 版仅将其关注限于连续型分布的层 −1 结果。对于这种类型的结果，经常可以有理由假定模型的误差是正态分布的。统计推断可以在正态分布理论范围内进行较容易的运算。当结果属于离散型变量时，推断便更为复杂。突出的例子包括二分类的结果（如就业与失业），计数数据（如某邻里小区一年中所发生的犯罪例数），序次分类结果（如对工作的低、中、高的满意度），多分类的名义测量结果（如壮工、职员、服务人员、专业人员等职业类型）。对于这些结果，便不能再假定层 –1 为有正态性的线性模型。将这些非正态的结果植入分层模型使适当的统计和计算方法的研究更具有挑战性。

　　Stiratelli、Laird 和 Ware（1984）以及 Wong 和 Mason（1985）是通过对最大似然估计（ML）做一阶近似来解决这种问题的最早的一批探索者。Goldstein（1991）和 Longford（1993）为此研制了软件，可以使模型应用于不同类型的离散型结果，也可以分析两层和三层的模型。然而，Breslow 和 Clayton（1993）及 German 和 Rodriquez（1995）却说明这种近似法在某些条件下可能很不准确。Goldstein（1995）曾研创一种二阶近似法。Hedeker 和 Gibbons（1993）及 Pinheiro 和 Bates（1995）研创了用高斯 – 赫米特积分对最大似然值的准确的近似计算法，这些方法现在被 Mixor 软件和 SAS Proc Mixed 软件所应用。另一种很准确且计算方便的近似方法采用了高阶拉普拉斯转换（Raudenbush, Yang, & Yosef, 2000），这种近似法被应用于 HLM 软件。

　　作为这些统计和计算创新的结果，已经可以应用分层模型的原理来处理很多种不同类型的结果变量了。Rumberger（1995）用两层模型研究了学生退学情况的自变量，确定了一系列影响早期退学情况的学生层次和学校层次的风险因素。层 –1 模型是 logistic 回归，其中早期退学的对数发生比依赖于学生的背景特征。层 –1 系数作为学校特征的函数在不同学校之间存在变异。Horney、Osgood 和 Marshall（1995）提供了一项很有意思的重复测量研究，其目的是研究攻击性倾向较高的人实际犯罪情况是否随所处生活环境如就业和婚姻状况而发生变化。其结果是二分类的，即每个研究对象在前一个月中是否发生过犯罪。一些解释变量还可以随时间变化（比如就业或失业），另外一些解释变量在对象之间存在差异但并不涉及时间变化。层 –1 模型是解释个人在犯罪的对数发生比变化的 logistic 回归模型。个人变化的参数又在层 – 2 存在变异。Sampson、Raudenbush 和 Earls（1997）曾提供了以计数数据作为结果（各邻里小区的杀人案数量）的例子，而 Reardon 和 Buka（正在出版中）则用生存模型来研究不同邻里小区中年轻人开始抽烟的年龄。

　　第 10 章讨论分层模型在二分类结果、计数数据、序次分类以及多名义分类结果时的应用。

与交互分类数据结构的结合

本书第 1 版的所有例子都是"纯粹"分层的。比如，当学生嵌套于班组，再嵌套于学校时，我们有理由假定每个学生属于一个班组，且仅仅属于一个班组；而每一个班组属于一个学校，且仅仅属于一个学校。然而，嵌套结构经常更为复杂。比如，学生可以就学于不同学校，而又居住于不同的社区。这种数据并不是纯粹分层形式，因为一个学校接受的学生来自许多社区，而同一个社区中的孩子在许多所不同的学校中上学。我们将学生视为按社区和学校的交互分类。劳登布什（Raudenbush，1993）针对这类情况研究出一种方法。层－1模型描述学生层次自变量与由社区和学校交互分类定义的"单元"结果之间的联系。这一模型的系数可以存在社区和学校差异。我们感兴趣的是社区层次和学校层次有哪些自变量，以及社区和学校层次特征之间的双因素互动情况。第二个例子涉及对学生就学的小学与中学的交互分类（Goldstein，1995）。

交互分类还存在于重复测量数据中。在第 12 章，我们讨论在小学期间数学知识的增长。每一年学生都会加入一个新的班组。从原理上，在这个班组的经验会导致学生的增长曲线发生正方向或负方向的"偏转"。这些偏转的方差便是班组的方差。这种数据涉及按学生和班组交互分类的重复观测。在不同特定假设之下，增长曲线方面的部分偏差既可以显示为是与学生个体之间的差别相联系的，也可以显示为是与教师教学效果差别相联系的。在研究中考虑到班组的效应还能够减少学生数学知识结果估计的时间上的不稳定性。

第 12 章介绍了交互分类的随机效应模型，并对几个例子做了应用研究示范。

多元模型

本书的第 1 版只考虑了层－1结果只受单个自变量影响。自那时以来，对多元影响结果的分层模型应用已经越来越普遍。也许最突出的应用涉及重复测量数据。设想一项历时研究对每个对象采用固定的数据收集方法，即研究计划对每个对象在一系列相同的时点上采集数据。如果不存在数据缺失，这种设计将得到一套平衡数据：每个人的测量次数都是相同的，并且测量之间的时间间隔也是相同的。在这种情况下，可以采用多元重复测量的经典模型。这些方法可能产生对时间序列数据的一系列方差协方差分析模型，可以包括自相关误差和随机变化的斜率，也可以是非限定模型，即对每时点都有一个独特的方差，在每一对时点之间有独特的协方差。Jennrich 和 Schluchter（1986）最早提出了解决问题的方法及其软件，这些方法甚至在存在时点缺失时也可以应用。Goldstein（1995）将这种思路结合到分层模型里来。SAS（1996）在其程序 Proc Mixed 中运用了类似的方法，后来 Hedeker 和 Gibbons（1996）在软件 Mixor，以及劳登布什等（Raudenbush et al.，2000）在 HLM 软件中也是这么做的。第 2 版将在第 6 章讨论多元的增长模型，同时还提供了与单变量结果的标准分层模型结果的比较。同时，第 6 章还将这种方法进行了扩展，即重复测量的对象还嵌套于不同的组织。

潜在变量模型

在数据缺失问题中，第二种多元结果模型便极为有用了。采用一种变形的 Jennrich 和 Schluchter 方法（1986），可以从不完整数据中估计一套连续变量的联合分布。这使得一种可以在自变量随机缺失时的回归估计方法成为可能。所谓的"完整数据"指观测数据加上非观测的潜在变量。观测的不完整的数据被用来估计这些潜在变量之间的联系（参见 Little & Rubin，1987；Little & Schenker，1995）。这种方法采用了一种类似的策略来计算多元回归模型中自变量的测量误差。第一层分层模型代表存在测量误差的观测数据与潜在的"真实"数据之间的联系，这种方法还精致地扩展到分组（比如学校或社区）的特征变量存在测量误差的情况。另一种自然的扩展是在分层模型中估计存在测量误差的自变量的直接效应和间接效应。这些论题将在第 11 章中介绍。

分项反应（item response）模型早就在教育的测验中应用了，现在又逐渐地应用于其他社会科学领域。这种模型将某种反应表示为概率，它是分项特征与某人的"能力"或"潜在特性"的函数。个人特性是所关注的潜在变量。这样一种模型可以表示为两层模型，其中分项反应嵌套于个人。第 11 章还示范了如何设置这种模型，以及如何再扩展到结合将个人嵌套于分组。

贝叶斯推断

在本书的第 1 版中，所有的统计推断都基于最大似然法（ML）。最大似然法有许多好的性质：参数估计具有一致性，并且是渐近无偏和有效的。这些估计有大样本的正态分布，模型比较的统计检验也是现成的。然而，这些好的性质全都基于大样本理论之上。在分层模型的情况下，处于高层的单位数（如两层模型中层 - 2 单位的数量）总是决定是否可应用这些大样本性质的关键。实际上，要是最高一层的样本规模很小时，推断统计便可能不可靠，这取决于数据不平衡的程度和所求推断的具体类型。

在这些情况下，贝叶斯方法是一种明智的替换方法。其标准误将比最大似然法计算的标准误更接近于实际情况。此外，通过提供所关注的每一参数的后验分布，贝叶斯方法还可以对研究问题做出多种有意思的图示和量化的概括。

贝叶斯方法并不是一种新方法。真正新的是其有了便利的计算方法，尤其是针对分层数据及分层模型。这些新方法中所含的发展涉及一系列采用蒙特卡罗方法对所设置的后验分布的近似算法，而这些估计在过去被认为是难以对付的工作。这些方法包括数据增广（Tanner & Wong，1987）和吉布斯抽样（Gelfand et al.，1990；Gelfand & Smith，1990）。应用这些方法的软件现在也能够得到（Spiegelhalter et al.，1996；Rasbash et al.，2000）。一个很有意思的例子是 Seltzer（1993）对原来由 Huttenlocher 等（1991）发布的词汇量数据的重新分析，本书的第 1 版也曾对这一数据做过研究。这个例子涉及 22 个幼儿在 1 岁时词汇量的增长。最大似然推断在这种场合存在风险，因为第二层单位（幼儿）的数量很少。这一分析得到了层 - 1 系数的后验分布，最引人注意的是，还取得了每个孩子的加速度，以及所设置的母亲的语言能力与加速度之间联系的关键层 - 2 系数的后验分布。第 13 章对贝叶斯推断的原理进行了简单介绍，并用分层数据示范了它的应用。

本书的框架结构

本书被组织为四个主要部分。在前两个部分中，第一部分是"原理"，第二部分是"基本应用"。这两个部分共由 9 章内容组成，是与第 1 版紧密对应的，但增加了许多重要扩展和技术阐释。

我们在第 6 章增加了新的一节，即多元增长模型。在第二部分增加了更多的示范例题，还就层 - 1 自变量的对中操作增加了进一步分析建议。我们还介绍了一些新的统计指标，如合理值区间（plausible value intervals）和稳健标准误（robust standard errors），它们在第 1 版中并不存在。

第三部分"高级应用"是全新的内容。第四部分对本书方法和计算进行了技术上的讨论。

第一部分中除了本章之外，还有其他 3 章内容。第 2 章根据回归分析与随机效应的方差分析来建立一套较为简单的概念，用以介绍分层线性模型的原理。在第 3 章中，我们总结了这一模型中有关估计与推断的基本程序，其重点是在简要的数学推导基础上提供更为直观的介绍。然后，第 4 章对这些程序加以示范，采用同一套数据，逐步建立较为复杂的估计模型。

第二部分"基本应用"包括 5 章内容。第 5 章和第 6 章分别讨论在组织效应研究与个体成长研究中如何应用两层的模型。第 7 章讨论在综合研究或元分析中的应用。这实际上代表了一组特殊的应用，其中第一层次的变化是已知的。第 8 章介绍三层次的模型，并讨论其有关应用，包括用教育研究的一个关键问题来作为例证，即学校组织是如何影响学生学习过程的。第 9 章回顾了模型的基本假定条件，描述了这些假定条件有效性的检验程序，并讨论了当违反这些假定条件时有哪些已知的推断问题及其敏感性。

第三部分"高级应用"由 4 章内容构成。第 10 章介绍分层模型在离散结果时的应用。它考虑了二分类结果、计数结果、序次分类结果以及多类名义结果的情况。对每一种情况的例子都提供了详细讨论，还考虑了总体平均模型，也称为边际模型（Heagerty & Zeger, 2000），及其与具体单位模型之间的不同。第 11 章考虑了潜在变量模型。所关注的问题包括从缺失数据做回归估计，以及在自变量存在测量误差时的回归估计，还有在分层模型框架中植入分项反应模型。第 12 章介绍了交互分类的随机效应模型。第 13 章关注于对分层线性模型的贝叶斯推断。

第四部分提供了贯穿本书的统计理论和计算方法。它考虑了层 –1 的具有正态误差的一元线性模型、多元线性模型以及分层一般化线性模型。

分层线性模型的原理

- 初步知识
- 一般模型及其简单子模型
- 基本分层线性模型的推广
- 选择 X 和 W 的定位（对中）
- 本章术语及注释概要

本章介绍分层线性模型的原理。我们先从一个回归与方差分析（ANOVA）的简单例子开始，以便帮助读者建立对类似思路的理解。其实，这些常用的统计模型也可以视为分层线性模型的特殊情况。本章还对贯穿全书的一些定义和注释做了概括。

初 步 知 识

对某一学校的社会经济状况与成绩关系的研究

先设想一下，在某一学校中，处于学生层次的一个自变量（比如，社会经济状况，socioeconomic status，简标为 SES）与另一个学生层次的结果变量（如数学成绩，标注为 achievement）之间有关系。图 2.1 提供了这一关系的散点图。其中，截距为 β_0、斜率为 β_1 的直线较好地代表了这些散点。于是，这些数据的回归方程为：

$$Y_i = \beta_0 + \beta_1 X_i + r_i \qquad [2.1]$$

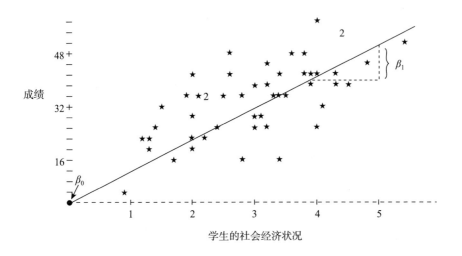

图 2.1   一个假设学校的成绩与社会经济状况之间关系的散点图

截距 β_0 定义为，当一个学生的社会经济状况值 SES = 0 时其数学成绩的期望值。斜率 β_1 则为 SES 值一个单位的增加所期望产生的数学成绩变化量。误差项 r_i 代表与某一个特定学生 i 相联系的影响。典范的做法是，我们要假定 r_i 服从平均值为 0、方差为 σ^2 的正态分布，即：$r_i \sim N(0, \sigma^2)$。

将自变量按另一"对中"测量方法将有助于使截距更有意义。比如，假设我们通过用每一 SES 值减去其平均值，即 $X_i - \overline{X}.$，便达到了这种对中（center）①，其中 $\overline{X}.$ 便是该校 SES 的平均值。如果我们将 Y_i 作为 $X_i - \overline{X}.$ 的函数来做图（参见图 2.2），并加入回归线，这时斜率保持不变，并能看到现在截距 β_0 就是数学成绩的平均值。

---

① 王吉利主编《汉英英汉统计大词典》（中国统计出版社，2001）第 75 页中将其译为集中或中心化。——译注

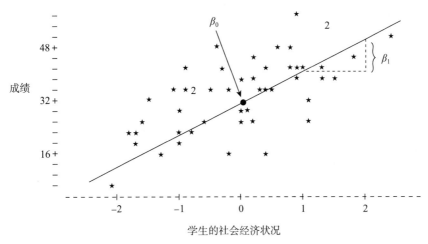

图 2.2　一个假设学校的成绩与社会经济状况（已对中）之间关系的散点图

对两个学校的社会经济状况与成绩关系的研究

现在我们为两个假设的学校分别做回归，其相应的图为图 2.3。两条回归线表明学校 1 和学校 2 在两个方面有所不同。第一，学校 1 的平均值比学校 2 的平均值高，这一差别反映在两个截距上，即 $\beta_{01} > \beta_{02}$。第二，SES 对学校 1 的数学成绩的作用较差，而对学校 2 的数学成绩的作用较强，反映在两个斜率的比较上有 $\beta_{11} < \beta_{12}$。

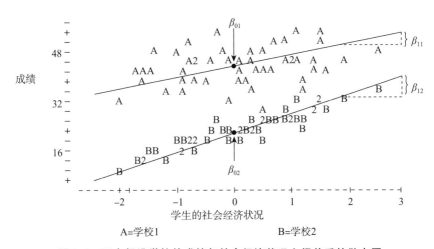

图 2.3　两个假设学校的成绩与社会经济状况之间关系的散点图

如果学生是被随机分配到这两个学校的话，我们便可以说，学校 1 比学校 2 更"有效"且更"公平"。更有效体现在学校 1 有较高的平均成绩（即 $\beta_{01} > \beta_{02}$），更公平则体现在学校 1 的斜率较小（即 $\beta_{11} < \beta_{12}$）。当然，学生并不是被随机分配到各学校的，因此不考虑学生的成分差别便不能保证以上解释的正确性。然而，这一随机分配的假设却阐明了分析的目的，并简化了我们的讲解。

对 J 个学校的社会经济状况与成绩关系的研究

再来考虑一项对所有学校的总体（population）进行社会经济状况与成绩关系的研究。假设我们从这一总体中随机抽取 J 个学校作为样本，其中 J 是较大的数量，那么现在再对每个学校分别做散点图分析便不切实际了。但是，我们可以为不同学校写出一个通用公式来表达这一关系：

$$Y_{ij} = \beta_{0j} + \beta_{1j}(X_{ij} - \overline{X}_{.j}) + r_{ij} \qquad [2.2]$$

这里为了简单起见，我们假定 r_{ij} 在各学校都是正态分布且具有方差齐性，即 $r_{ij} \sim N(0, \sigma^2)$。注意，截距和斜率现在又都加上了下标 j，这样便可以允许每个学校拥有其独特的截距和斜率。对于每一个学校，有效和公平都用一对参数值 (β_{0j}, β_{1j}) 来表示。另外，假定学校总体中截距和斜率有二元正态分布是明智和方便的，令：

$$E(\beta_{0j}) = \gamma_0, \qquad Var(\beta_{0j}) = \tau_{00}$$
$$E(\beta_{1j}) = \gamma_1, \qquad Var(\beta_{1j}) = \tau_{11}$$
$$Cov(\beta_{0j}, \beta_{1j}) = \tau_{01}$$

其中：

γ_0 为学校平均成绩的总体平均数；

τ_{00} 为学校平均成绩的总体方差；

γ_1 为各校社会经济状况与成绩之间斜率的总体平均数；

τ_{11} 为上述各校斜率的总体方差；

τ_{01} 为斜率和截距之间的总体协方差。

τ_{01} 为正值意味着平均成绩较高的学校更倾向于有正的斜率。对这些方差和协方差的知识直接导致计算这些平均数和斜率之间总体相关系数的公式。

$$\rho(\beta_{0j}, \beta_{1j}) = \tau_{01}/(\tau_{00}\tau_{11})^{1/2} \qquad [2.3]$$

在实际中，我们很少能知道上述总体参数值（即 γ_0、γ_1、τ_{11}、τ_{00}、τ_{01}），也并不知道每个学校的真实平均数和斜率（即 β_{0j} 和 β_{1j}），而是根据样本数据来估计它们。本章的焦点只是要阐明这些参数的意义。有关估计这些参数的实际过程将在第 3 章介绍，并在第 14 章展开更多的讨论。

现在假设我们已知每一学校的平均数和斜率的真值。图 2.4 提供了一个散点图，假设了一组学校样本的 β_{0j} 与 β_{1j} 之间的关系。这个统计图告诉我们，这些学校在其平均数和斜率方面如何变化。请注意，散点在平均数（纵轴）上要比在斜率（横轴）上显得更为分散。作为一种特征，这意味着 $\tau_{00} > \tau_{11}$。还应注意，这两种作用倾向于负相关，即在平均成绩（β_{0j}）高的学校中社会经济状况对数学成绩的影响（β_{1j}）较小。作为另一特征，它意味着 $\tau_{01} < 0$。那些有效且公平的学校，就是平均成绩高（即 β_{0j} 值很大）且社会经济状况的作用弱（即 β_{1j} 值很小）的散点，处于散点图的左上象限。

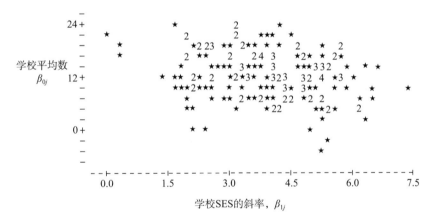

图 2.4　200 个假设学校的学校平均数（纵轴）与学校 SES 的斜率（横轴）的散点图

在通过图形检查这些学校在其截距和斜率上如何变化后，我们可能还希望建立一种模型来预测 β_{0j} 与 β_{1j}。具体地说，我们可以用学校的特征（诸如资金水平、组织特征、政策）来预测效率与公平。例如，建立一个简单的标识变量 W_j，逢天主教学校时赋值为 1，逢公立学校时赋值为 0。Coleman、Hoffer 和 Kilgore（1982）认为，W_j 与效率为正相关（天主教学校比公立学校的平均成绩高），而与斜率为负相关（就社会经济状况对数学成绩的作用而言，在天主教学校比在公立学校要小）。我们可以通过两个回归方程来代表这两个假设。

$$\beta_{0j} = \gamma_{00} + \gamma_{01} W_j + u_{0j} \qquad\qquad [2.4a]$$

$$\beta_{1j} = \gamma_{10} + \gamma_{11} W_j + u_{1j} \qquad\qquad [2.4b]$$

其中：

γ_{00}为公立学校的平均成绩；

γ_{01}为天主教学校与公立学校在平均成绩上的差异；

γ_{10}为公立学校的社会经济状况对平均成绩作用的平均斜率；

γ_{11}为天主教学校与公立学校在社会经济状况对平均成绩作用斜率上的平均差异（即天主教学校在"公平"方面的优越性）；

u_{0j}为在控制W_j不变时（或在W_j条件下）学校j对平均成绩的独特作用；

u_{1j}为在控制W_j不变时（或在W_j条件下）学校j在社会经济状况对平均成绩作用斜率上的独特作用。

假定u_{0j}和u_{1j}是平均数等于 0 的随机变量，它们的方差分别等于τ_{00}和τ_{11}，它们之间的协方差等于τ_{01}。注意，这些方差协方差成分现在是有条件（conditional）的，或称它们是残差（residual）的方差协方差成分。也就是说，它们代表着控制W_j以后β_{0j}与β_{1j}仍具有的可变性。

直接估计这些回归方程的参数是不可能的，因为其结果（β_{0j}与β_{1j}）并未得到观测。然而，数据中包含着这一估计工作所需的信息。很清楚，如果我们将方程 2.4a 和 2.4b 代入方程 2.2，就能得到对上述结果的预测方程：

$$Y_{ij} = \gamma_{00} + \gamma_{01} W_j + \gamma_{10}(X_{ij} - \overline{X}_{\cdot j}) + \gamma_{11} W_j(X_{ij} - \overline{X}_{\cdot j})$$
$$+ u_{0j} + u_{1j}(X_{ij} - \overline{X}_{\cdot j}) + r_{ij} \qquad\qquad [2.5]$$

注意，方程 2.5 并不是标准的常规最小二乘法（OLS）所假定的典型线性模型。用 OLS 方法取得有效估计和准确假设检验的条件是，随机误差必须独立，服从正态分布，并且有相同的方差。方程 2.5 的随机误差则与此相反，具有更复杂的形式$u_{0j} + u_{1j}(X_{ij} - \overline{X}_{\cdot j}) + r_{ij}$。这样的误差在每个学校之内是相依的，因为在某一学校j中的每个学生的成分u_{0j}和u_{1j}是共同的；并且各学校的误差有不同的方差，因为$u_{0j} + u_{1j}(X_{ij} - \overline{X}_{\cdot j})$值由$u_{0j}$和$u_{1j}$决定，而它们在各学校取值不同，此外，其值还依赖于$X_{ij} - \overline{X}_{\cdot j}$值，而各学校学生之间也存在差异。尽管标准的回归分析用在这里不恰当，但这一模型仍然可以采用最大似然法迭代程序进行估计（这一程序将在下一章介绍）。需要指出的是，如果每个学校的 u_{0j} 和 u_{1j} 值都等于 0 的话，那么方程 2.5 便等于 OLS 回归模型了。

图 2.5 是按方程 2.4 定义的模型的图示，其中两个描述 β_{0j} 与 β_{1j} 之间的关系图是分别针对公立学校和天主教学校的假设而绘制的。这两个图旨在反映 Coleman 等（1982）的见解，即天主教学校与公立学校相比有较高的平均成绩和较弱的社会经济状况的作用。

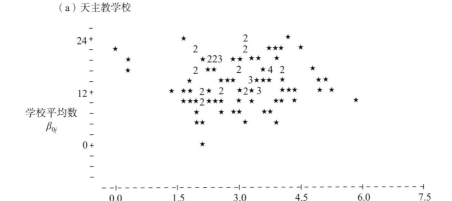

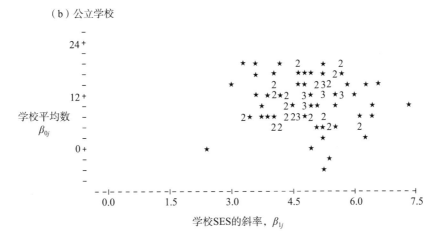

图 2.5　100 个假设的天主教学校和 100 个假设的公立学校的学校
平均数（纵轴）与学校 SES 的斜率（横轴）的散点图

一般模型及其简单子模型

现在我们对有关术语加以推广，以便它们可以应用于任何两层的分层数据结构。方程 2.2 可被称为层－1 模型（level-1 model）；方程 2.4 为层－2 模型（level-2 model）；方程 2.5 是组合模型（combined model）。在这个学校效应的应用研究中，层－1 的分析单位是学生，层－2 的分析单位是学校。误差项 r_{ij} 是层－1 的随机效应，而误差项 u_{0j} 和 u_{1j} 是层－2 的随机效应。此外，$\mathrm{Var}(r_{ij})$ 为层－1 的方差，$\mathrm{Var}(u_{0j})$、$\mathrm{Var}(u_{1j})$ 和 $\mathrm{Cov}(u_{0j}, u_{1j})$ 为层－2 的方差协方差成分。β 类参数是层－1 模型的系数；γ 类参数是层－2 模型的系数。

当层－1 只有一个自变量 X_{ij} 且层－2 也只有一个自变量 W_j 时，由方程 2.2、方程 2.4 和方程 2.5 所构成的模型是完全分层线性模型的最简形式。当这一模型中的某些项被设为 0 值时，模型便能被进一步简化，有些成为我们十分熟悉的模型。检查一下这些模型很有启发性，既可以示范分层线性模型的应用领域，又可以将分层线性模型与常规数据分析方法联系起来。在子模型从简单逐步转为复杂的过程中，出现了不同的模型，包括带随机效应的单因素方差分析模型（one-way ANOVA model with random effects）、将平均数作为结果的回归模型（regression model with means-as-outcomes）、带随机效应的单因素协方差分析模型（one-way ANCOVA model with random effects）、随机系数回归模型（random-coefficients regression model）、将截距和斜率作为结果的回归模型（regression model with intercepts and slopes-as-outcomes），以及非随机变化斜率模型（model with nonrandomly varying slopes）。

带随机效应的单因素方差分析

最简单的分层线性模型等价于带随机效应的单因素方差分析。在这种情况下，层－1 模型的 β_{1j} 对于所有的单位 j 被设为 0，因此模型成为：

$$Y_{ij} = \beta_{0j} + r_{ij} \qquad [2.6]$$

我们假定层－1 中每一项误差 r_{ij} 服从正态分布，平均值为 0，并且层－1 的方差 σ^2 相同。注意，这个模型仅用一个层－2 参数（即截距 β_{0j}）来预测层－1 中各单位的结果。在这种情况下，β_{0j} 就是第 j 个单位的平均结果，即 $\beta_{0j}=\mu_{Y_j}$。

带随机效应的单因素方差分析的层 - 2 模型就是将方程 2.4a 中的 γ_{01} 设为 0，有：

$$\beta_{0j} = \gamma_{00} + u_{0j} \qquad [2.7]$$

其中，γ_{00} 代表在这个总体中的结果的总平均数（grand mean）；而 u_{0j} 为与第 j 个单位相联系的随机效应，并且假定其有平均数等于 0 和方差等于 τ_{00}。

将方程 2.7 代入方程 2.6，得到：

$$Y_{ij} = \gamma_{00} + u_{0j} + r_{ij} \qquad [2.8]$$

这样一来，公式就的确成为单因素方差分析模型，有总平均数为 γ_{00}、分组（即层 - 2）效应为 u_{0j}，以及个人（即层 - 1）效应为 r_{ij}。但这是一个随机效应模型，因为分组效应被解释为随机效应。注意，其结果的方差是：

$$\mathrm{Var}(Y_{ij}) = \mathrm{Var}(u_{0j} + r_{ij}) = \tau_{00} + \sigma^2 \qquad [2.9]$$

分层数据分析中经常将单因素方差分析用作初步分析，它可以得到总平均数 γ_{00} 的点估计和置信区间。更重要的是，它分别提供了两个层次中结果的变化信息。参数 σ^2 代表组内变化（within-group variability），而参数 τ_{00} 则捕获了组间变化（between-group variability）。在分层模型中，我们将方程 2.6 和方程 2.7 称为完全无条件的（fully unconditional），因为无论是在层 - 1 还是在层 - 2，方程中都没有自变量。

与单因素随机效应方差分析相联的一个有用指标是组内相关系数（intraclass correlation coefficient），其公式为：

$$\rho = \tau_{00} / (\tau_{00} + \sigma^2) \qquad [2.10]$$

这一指标测量了层 - 2 结果方差中各单位之间差别所占的比例①。单因素随机效应子模型的应用请参见第 4 章。

将平均数作为结果的回归模型

另一种常见的统计问题是通过分组特征来预测各个组的平均数。这种子模

① 从严格意义上说，这类似于确定系数的概念。比如回归中的 R^2，表达的是方差中被解释的比例，而这种解释比例不是通常所说的相关系数，而是相关系数的平方。——译注

型的层 -1 模型为方程 2.6，而层 -2 模型为：

$$\beta_{0j} = \gamma_{00} + \gamma_{01} W_j + u_{0j} \qquad [2.11]$$

在这种简单的情况下，层 -2 模型有一个自变量 W_j。将方程 2.11 代入方程 2.6 便得到一个组合模型：

$$Y_{ij} = \gamma_{00} + \gamma_{01} W_j + u_{0j} + r_{ij} \qquad [2.12]$$

注意，现在 u_{0j} 与方程 2.7 中的同项相比有了不同的意义。尽管随机变量 u_{0j} 本来是单位 j 的平均值与总平均数之间的离差（deviation），但它现在代表的是残差（residual）[①]，即：

$$u_{0j} = \beta_{0j} - \gamma_{00} - \gamma_{01} W_j$$

类似地，u_{0j} 的方差 τ_{00} 现在是残差的方差，或者称为 β_{0j} 在控制 W_j 以后的条件方差（conditional variance）。应用估计方程 2.12 与将样本平均数作为结果的标准回归相比的优越性将在第 5 章加以讨论。

带随机效应的单因素协方差分析

让我们重新回到完全模型（即方程 2.2 和方程 2.4），将层 -2 的系数 γ_{01}、γ_{11} 和随机效应 u_{1j}（对所有的 j）设为 0。其结果，模型成为带随机效应的单因素协方差分析，并以层 -1 中的一个自变量作为协变量（covariate）。层 -1 模型为方程 2.2，但是现在自变量 X_{ij} 是按总平均数对中的。即：

$$Y_{ij} = \beta_{0j} + \beta_{1j}(X_{ij} - \overline{X}_{..}) + r_{ij} \qquad [2.13]$$

层 -2 模型变为：

$$\beta_{0j} = \gamma_{00} + u_{0j} \qquad [2.14a]$$
$$\beta_{1j} = \gamma_{10} \qquad [2.14b]$$

注意，方程 2.14b 表示，对于每一个层 -2 单位，X_{ij} 的作用已经被规定为相同的固定值。

这一组合模型变为：

---

① 在统计中，离差通常指案例值与平均值之差，而残差通常指观测值与回归预测值之差。——译注

$$Y_{ij} = \gamma_{00} + \gamma_{10}(X_{ij} - \overline{X}..) + u_{0j} + r_{ij} \qquad [2.15]$$

方程 2.15 与标准协方差分析模型的唯一差别（参见 Kirk，1995，第 15 章）是，这里的分组效应 u_{0j} 被理解为随机的，而不是固定的。正如在协方差分析中，γ_{10} 为汇合的（pooled）组内的 X_{ij} 对 Y_{ij} 的回归系数[①]。每一 β_{0j} 现在是层 – 2 各单位对其在 X_{ij} 上差别调整后的结果的平均数。更具体地说，$\beta_{0j} = \mu_{Y_j} - \gamma_{10}(\overline{X}._j - \overline{X}..)$，其中 μ_{Y_j} 是学校 j 的平均成绩。我们还注意到，$\mathrm{Var}(r_{ij}) = \sigma^2$ 现在是经层 – 1 的协变量 X_{ij} 调整后的残差的方差。

对随机效应协方差分析的一种扩展容许引入层 – 2 的协变量。比如，如果认为系数 γ_{01} 不能省略，那么组合模型将呈现下列形式：

$$Y_{ij} = \gamma_{00} + \gamma_{01}W_j + \gamma_{10}(X_{ij} - \overline{X}..) + u_{0j} + r_{ij} \qquad [2.16]$$

这一模型规定了层 – 2 的协变量 W_j，但是也控制了层 – 1 的协变量 X_{ij} 的影响，以及层 – 2 单位的随机效应 u_{0j}。很有意思的是，方程 2.16 的所有这些参数能够用下一章所介绍的方法来进行估计。然而，经典的固定效应（fixed effects）的协方差分析却做不到，而且经典的协方差分析模型假定协变效应（covariate effect）γ_{10} 在每个组都相同。应用随后三节中所描述的模型（即对随机变化系数和对非随机变化系数的回归模型）却很容易地摆脱了回归的同质性（homogeneity）假定的约束。我们将在第 5 章示范应用随机效应协方差分析模型来分析一套关于学生作文教学改革的数据。

随机系数回归模型

上面所讨论的所有子模型都属于随机截距模型（random-intercept models），其中只有层 – 1 的截距系数 β_{0j} 被视为是随机的。在单因素方差分析或将平均数作为结果的回归中，层 – 1 模型不存在斜率。在随机效应的协方差分析模型中，虽然包括 β_{1j}，但却限制其对所有的组有共同的效应。

分层线性模型主要的研究应用都涉及将层 – 1 的斜率设为在层 – 2 单位之间随机变化。这类应用中最简单的情况是随机系数回归模型。在这些模型中，

[①]　比如，方差分析中的汇合方差通常指将所有分组内部的变化集中在一起计算的方差，即用各组平均值计算的离差平方和。这里汇合的回归系数是指，将各组的 Y 的组内离差汇合起来作为因变量，得到的 X 的回归系数。——译注

层－1 的截距和层－1 的一个或多个斜率是随机变化的，但本书并不想预测这种变化。

具体而言，层－1 模型与方程 2.2 相同。层－2 模型仍是方程 2.4 的简化式，其中 γ_{01} 和 γ_{11} 被设为 0。因此，层－2 模型成为：

$$\beta_{0j} = \gamma_{00} + u_{0j} \qquad\qquad [2.17a]$$

$$\beta_{1j} = \gamma_{10} + u_{1j} \qquad\qquad [2.17b]$$

其中：

　　γ_{00} 是层－2 所有单位的平均截距；

　　γ_{10} 是层－2 所有单位的平均回归斜率；

　　u_{0j} 是层－2 上与单位 j 相连的截距上的特性增量；

　　u_{1j} 是层－2 上与单位 j 相连的斜率上的特性增量。

将层－2 的随机效应的离散情况表达为方差协方差矩阵：

$$\mathrm{Var}\begin{bmatrix} u_{0j} \\ u_{1j} \end{bmatrix} = \begin{bmatrix} \tau_{00} & \tau_{01} \\ \tau_{10} & \tau_{11} \end{bmatrix} = \mathbf{T} \qquad\qquad [2.18]$$

其中：

　　$\mathrm{Var}(u_{0j}) = \tau_{00} =$ 层－1 中所有截距的无条件方差；

　　$\mathrm{Var}(u_{1j}) = \tau_{11} =$ 层－1 中所有斜率的无条件方差；

　　$\mathrm{Cov}(u_{0j}, u_{1j}) = \tau_{01} =$ 层－1 中截距与斜率之间的无条件协方差。

注意，我们称这些为无条件方差协方差成分，是因为无论是在方程 2.17a 还是在方程 2.17b 中都不包含层－2 的自变量。与此类似，我们将方程 2.17a 和方程 2.17b 作为一个无条件层－2 模型。

将方程 2.17a 和方程 2.17b 中的 β_{0j} 和 β_{1j} 代入方程 2.2 便得到一个组合模型：

$$Y_{ij} = \gamma_{00} + \gamma_{10}(X_{ij} - \overline{X}_{.j}) + u_{0j} + u_{1j}(X_{ij} - \overline{X}_{.j}) + r_{ij} \qquad\qquad [2.19]$$

这个模型意味着结果变量 Y_{ij} 是平均回归方程 $\gamma_{00} + \gamma_{10}(X_{ij} - \overline{X}_{.j})$ 再加上随机误差的三个成分的函数：单位 j 对平均数的随机效应 u_{0j}；$u_{1j}(X_{ij} - \overline{X}_{.j})$，其中 u_{1j} 是单位 j 对斜率 β_{1j} 的随机效应；以及层－1 误差 r_{ij}。

将截距和斜率作为结果的回归模型

随机系数回归模型可以用来估计贯穿层－2各单位的回归系数（包括截距和斜率二者）上的变化。下一个合乎逻辑的步骤便是对这一变化建立模型。比如在第4章，我们所要解决的问题是：为什么一些学校平均成绩会较高，为什么在一些学校学生的社会经济状况对其成绩影响较大，学校（层－2单位）本身的哪些特征有助于解释上述疑问。

在层－1只有一个自变量 X_{ij} 且层－2也只有一个自变量 W_j 的情况下，这些问题的解决可以运用"完全模型"的方程2.2和方程2.4。当然，这一模型也随时可扩展到分析多个 X 和多个 W 时的效应（参见"基本分层线性模型的推广"一节）。

非随机变化斜率模型

在一些情况下，研究人员能十分成功地预测回归斜率 β_{1j} 的变化。比如，也许可以发现方程2.4b中层－2自变量 W_j 的确可以预测层－1的斜率 β_{1j}。实际上，研究人员也许可以发现，在控制了 W_j 之后，β_{1j} 的残差方差（即方程2.4b中残差 u_{1j} 的方差）十分接近于0。这种情况意味着，一旦控制了 W_j，斜率的方差就变得很小，甚至没有变化，那就没什么要解释的了。出于追求统计上有效和计算的稳定性（在第9章加以讨论），明智的做法是设 u_{1j} 值等于0。这样一来便消除了斜率的残差方差 τ_{11}，以及斜率与截距之间的残差协方差 τ_{01}，用不着再将它们作为参数来估计了。

如果方程2.4b中的残差 u_{1j} 真的被设为0，层－2的斜率模型将变为：

$$\beta_{1j} = \gamma_{10} + \gamma_{11}W_j \qquad [2.20]$$

再将这一模型与方程2.2和方程2.4a组合起来，便得到一个组合模型：

$$Y_{ij} = \gamma_{00} + \gamma_{01}W_j + \gamma_{10}(X_{ij} - \bar{X}_{\cdot j}) + \gamma_{11}W_j(X_{ij} - \bar{X}_{\cdot j}) + u_{0j} + r_{ij} \qquad [2.21]$$

在这个模型中，斜率在各组之间确实发生了变化，但它们的变化却是非随机的。具体地说，正如方程2.20所示，斜率 β_{1j} 的变化是严格作为 W_j 的函数发生的。

我们注意到，方程2.21可以被视为我们称之为随机截距模型的另一个例子，因为 β_{0j} 是唯一的一个随机变化于层 -2 各单位之间的成分。总而言之，分层线性模型可以包括多个层 -1 自变量，并且可以设定为任何随机变化的、非随机变化的、固定的斜率组合。

本节概要

我们已经介绍了层 -1 只有一个自变量 X_{ij} 且层 -2 也只有一个自变量 W_j 的简单的分层线性模型。在这种情况下，层 -1 模型（方程 2.2）定义了两个参数，即截距与斜率。正如方程 2.4a 和方程 2.4b 所示，在层 -2，它们都可以由 W_j 来预测，并且都存在一个随机变化成分。所形成的完全模型，如方程 2.5 所示，便是迄今为止我们所考虑的最具一般性的模型。要是完全模型的某些要素被强制设为无效值，就得到某种子模型，既可以作为完全分层模型分析的初步尝试，也可以作为对完全模型更简约的概括。

上面介绍的六种子模型可以按不同方式加以划分。我们区分了随机截距型与随机变化斜率模型。带随机效应的单因素方差分析模型、将平均数作为结果的回归模型、带随机效应的单因素协方差分析模型以及非随机变化斜率模型，都是随机截距模型。在这类模型中，方差成分只有层 -1 的方差 σ^2 和层 -2 的方差 τ_{00}。我们注意到，在方差分析中，以及在将平均数作为结果的模型中，根本不存在层 -1 斜率。在协方差分析模型中，层 -1 斜率存在但被设为贯穿层 -2 各个单位固定不变。在非随机变化斜率模型中，斜率被设为严格作为已知 W_j 的函数变化，并且不存在其他的随机成分。与此相反，随机系数回归模型与将截距和斜率作为结果的回归模型容许截距和斜率随机变化。

另一种划分类型的标准是看模型中是否包含层际互动项（cross-level interaction terms），比如 $\gamma_{11} W_j (X_{ij} - \bar{X}_{.j})$。总的来说，只要我们想预测斜率上的变化，组合模型中便会包含这种层际互动项。这种情况发生于两种子模型中，即：将截距和斜率作为结果的回归模型，以及非随机变化斜率模型。

基本分层线性模型的推广

多元 X 和多元 W

假设现在研究人员想引入第二个层 -1 自变量。令 X_{1ij} 表示上面所讨论过的原自变量，再令 X_{2ij} 表示第二个层－1自变量。在现在的情况下，假设层－2仍只有一个自变量 W_j。假定对 X_{1ij} 和 X_{2ij} 分别按其组平均数对中（group-mean centering），那么层－1模型便成为：

$$Y_{ij} = \beta_{01} + \beta_{1j}(X_{1ij} - \overline{X}_{1 \cdot j}) + \beta_{2j}(X_{2ij} - \overline{X}_{2 \cdot j}) + r_{ij} \qquad [2.22]$$

同样，建立模型时对 β_{2j} 还是有三种选项。第一种选项为将 X_{2ij} 的效应设为在层－2各单位之间不变，这意味着：

$$\beta_{2j} = \gamma_{20}$$

其中，γ_{20} 为 X_{2ij} 对层－2所有单位的共同效应。我们认为 β_{2j} 的效应在层－2所有单位固定（fixed）不变。

第二种选项为在模型中将斜率 β_{2j} 设为一个函数，即平均值 γ_{20} 再加上一项与层－2各单位相联系的随机效应：

$$\beta_{2j} = \gamma_{20} + u_{2j} \qquad [2.23]$$

这里，β_{2j} 是随机的。注意，方程2.23并没有为 β_{2j} 设任何自变量。但是如果假设这个斜率依赖于 W_j，那么便设置了一个将斜率作为结果的模型，其公式为：

$$\beta_{2j} = \gamma_{20} + \gamma_{21}W_j + u_{2j} \qquad [2.24]$$

按照这个模型，斜率 β_{2j} 变化的一部分能够由 W_j 来预测，但是其随机成分 u_{2j} 仍然未得到解释。另一方面，还存在一种可能性，即一旦考虑 W_j 的影响，β_{2j} 的残差变异［即 $\mathrm{Var}(u_{2j}) = \tau_{22}$］便可以忽略。那么，要是模型将这一残差设为0就是合理的，于是有：

$$\beta_{2j} = \gamma_{20} + \gamma_{21}W_j \qquad [2.25]$$

在第三种情况下，β_{2j} 是一个非随机变化的斜率，因为它严格地作为自变量 W_j 的函数来变化。

就此，我们所说的仅限于只有一个层－2自变量 W_j，而多元 W_j 的应用也是显而易见的；并且层－2模型不要求每个方程相同，可以应用一套 W_j 于截距，应用不同的一套于 β_{1j}，再应用另一套于 β_{2j}，等等。但是，当非对称设置（nonparallel specification）时，对其结果的解释必须特别小心（参见第9章）。

对层 −1 和层 −2 上的误差结构的推广

按方程 2.2 和方程 2.4 设置的模型假定在层 −1 和层 −2 都有同质性误差（homogeneous errors）。这一假定对许多类型的多层问题都是可接受的。正如在第 5 ~ 8 章所讨论的大多数例子一样，大多数发表的应用研究也都建立在这一假定基础上。

然而，这个模型很容易扩展为在两个层次都具有更复杂的误差结构。与每个层 −2 单位对应的层 −1 方差可以不同，将其标注为 σ_j^2；或者，它也可以是某些层 −1 特征量度的函数（第 5 章中有这种扩展的模型框架）。层 −2 与此类似，在层 −2 单位的不同子群中可能存在不同的协方差结构，这会导致对层 −2 单位的不同子群有不同的 T 矩阵。

超出基本的两层分层线性模型的扩展

本章通过两层模型所介绍的核心思路可以直接扩展到三层或更多层次的模型。这些扩展将在第 8 章中加以描述和示范。不考虑层次的数目，基本分层线性模型的共同特点是，层 −1 结果变量 Y 是连续的，并假定为正态分布，依模型中所设的层 −1 自变量的条件变化。在过去 10 年中，模型的扩展已经超出了基本分层线性模型的框架，发展到可以包括二分类的层 −1 结果、计数数据、多分类的结果。对缺失数据的模型、对潜在变量效应的模型以及对更复杂的数据设计包括交互随机效应的模型都已经形成。尽管这些扩展模型的估计方法更为复杂，但基本的概念思路及其模型框架的扩展都是相当自然而然的。总而言之，现在建立模型的可能范围比本书第 1 版出版时要更为丰富了。本书的第三部分便是第 2 版中新加的内容，对这些新发展做了介绍。

选择 X 和 W 的定位（对中）

在所有定量研究中的一个基本要求是，所研究的变量应具有准确的意义，因而保证其统计结果能够与该研究所关注的理论问题联系起来。在分层线性模型中，层 −1 的截距和斜率成为层 −2 的结果变量。十分关键的是，这些结果变量具有清晰的、可理解的意义。

层 –1 模型中截距的意义依赖于层 – 1 自变量 X 的测量位置。比如，我们知道，在一个简单模型中，即：

$$Y_{ij} = \beta_{0j} + \beta_{1j}X_{ij} + r_{ij} \qquad [2.26]$$

截距 β_{0j} 定义为第 j 个学校的具有 X_{ij} 值为 0 的学生的期望结果。如果研究人员要使模型能够解释在 β_{0j} 上的变化，所有层 – 1 自变量的测量选择就变得十分重要。然而，尤其是当 $X_{ij}=0$ 的意义并不清楚时，研究人员便需要对 X_{ij} 进行转换，或者说是"给 X_{ij} 选择一个定位"，以便使 β_{0j} 有更加明确的意义。在某些情况下，适当选择定位也可能是为了保证对分层线性模型进行估计时得到数量方面的稳定性。

类似地，对层 – 2 模型的截距（即方程 2.4a 和方程 2.4b 中 γ_{00} 和 γ_{10}）的解释也依赖于 W_j 变量的定位。估计方面的数量稳定性虽然不受 W 类变量的影响，但是一个适当选择的定位可以有助于对结果的解释。下面，我们描述一些常用的对 X 和 W 的定位选择，即对中（centering）。

X 变量的定位

可以考虑 X 定位的四种可能性：X 的自然测量，按总平均数对中，按组平均数对中，以及其他的 X 测量定位。我们假定 X 为定距测量，有关虚拟变量的情况将另外加以考虑。

X 的自然测量。尽管 X 的自然测量也许在一些应用中是很适当的，但是在其他一些情况下却可能导致无意义的结果。比如，假设 X 是学业能力测验（Scholastic Aptitude Test，简标为 SAT）值，其值域为 200 ~ 800。于是，截距 β_{0j} 应为第 j 个学校的具有 SAT 值为 0 的学生的期望结果。在这种情况下，参数 β_{0j} 其实没有意义，因为这一测试的最小值也有 200。在这种情况下，截距与斜率之间的相关将倾向于 – 1.0。其结果是，截距主要是由斜率决定的。于是，那些 SAT 与结果之间的斜率为强正值的学校便会有很低的截距；与此相反，那些 SAT 与结果之间的斜率值可忽略不计的学校便会有很高的截距。

当然，在某些应用中 X 的 0 值实际上是有意义的。比如，如果 X 是药物实验的用药量，$X_{ij}=0$ 意味着第 j 组的第 i 个研究对象根本没有用药。其结果，截距 β_{0j} 便是这样的研究对象的期望结果，即 $\beta_{0j} = E(Y_{ij} \mid X_{ij} = 0)$。需要强调的是，考虑 $X_{ij}=0$ 的意义总是很重要的，因为它决定了对 β_{0j} 的解释。

按总平均数对中。如上所述（参见"带随机效应的单因素协方差分析"一节），对变量 X 围绕其总平均数变化的情况进行对中测量经常很有用。在这种情况下，层 -1 自变量有以下形式：

$$(X_{ij} - \bar{X}..) \qquad [2.27]$$

现在，截距 β_{0j} 为那些 X_{ij} 值等于总平均数 $\bar{X}..$ 的研究对象的期望结果。在经典协方差分析模型中，这种对 X_{ij} 值的测量是标准测量方法。正如在协方差分析中那样，按总平均数对中将使截距能被解释为对第 j 组的调整平均数（adjusted mean），即：

$$\beta_{0j} = \mu_{Y_j} - \beta_{1j}(\bar{X}._j - \bar{X}..)$$

类似地，$\mathrm{Var}(\beta_{0j}) = \tau_{00}$ 为层 -2 各单位的调整平均数的方差。

按层 -2 平均数（组平均数）对中。另一选项是将原自变量按其所属的层 -2 单位平均数做对中测量，即：

$$(X_{ij} - \bar{X}._j) \qquad [2.28]$$

在这种情况下，截距 β_{0j} 成为对应组 j 的未调整的平均数，即：

$$\beta_{0j} = \mu_{Y_j} \qquad [2.29]$$

并且 $\mathrm{Var}(\beta_{0j})$ 现在就是层 -2 单位平均数 μ_{Y_j} 的方差。

其他的 X 测量定位。有时，选择特殊的 X 定位具有意义。在一些情况下，自变量的总体平均数为已知，而研究人员可能希望将截距 β_{0j} 定义为第 j 组的"总体平均人"（average person in the population）的期望结果。这时，层 -1 自变量为 X_{ij} 原值减去总体平均数。

在应用两层分层线性模型研究成长的分析中，涉及时间序列的观测数据，所以层 -1 单位为不同的时间场合，而层 -2 单位则是不同的个人。研究需要通过定义层 -1 自变量的测量单位使截距成为第 i 个人在某一特定有理论意义的时间（如刚进入学校的时候）上的期望结果。只要数据是围绕这一时点的，这种定义就十分恰当。这一类的例子将在第 6 章和第 8 章加以示范。

虚拟变量。考虑所熟悉的层 -1 模型：

$$Y_{ij} = \beta_{0j} + \beta_{1j}X_{ij} + r_{ij} \qquad [2.30]$$

其中的 X_{ij} 现在是一个标识变量或称虚拟变量，即：当学校 j 的对象 i 为女生时，X_{ij} 赋值为 1，否则赋值为 0。在这种情况下，截距 β_{0j} 定义为第 j 组的男生的期望结果（即对有 $X_{ij}=0$ 的学生的预测值）。注意，这时 $\mathrm{Var}(\beta_{0j})=\tau_{00}$ 便是贯穿各学校男生的结果平均数的方差。

尽管乍看起来对层 -1 的虚拟变量做对中测量显得有些奇怪，但这其实是适当的，并且也是十分有用的。比如对性别所设的标识变量按总平均数 $\overline{X}_{..}$ 做对中测量。对中后的自变量可以取两种值：当对象为女生时，$X_{ij}-\overline{X}_{..}$ 将等于样本中男生所占的比例；当对象为男生时，$X_{ij}-\overline{X}_{..}$ 将等于女生比例的负数。正如当层 -1 自变量为连续变量且按相应的总平均数对中时，截距 β_{0j} 为第 j 个单位的调整平均数结果。而在虚拟变量的情况下，它是对单位之间的女生比例差别进行调整。

作为另一种选择，我们可以按组平均数对中。对于女生，$X_{ij}-\overline{X}_{.j}$ 将等于第 j 个学校中男生所占的比例；对于男生，$X_{ij}-\overline{X}_{.j}$ 将等于第 j 个学校中女生比例的负数。在按组平均数对中时，X_{ij} 是虚拟变量这一事实并不改变对 β_{0j} 的解释，这一截距仍然代表第 j 个单位的平均结果 μ_{Y_j}。

总之，对二分类自变量的几种位置选择都能产生有意义的结果。再次重申，研究者的责任便是在解释结果时考虑到位置的影响，当有多个虚拟变量时更要注意。比如，在学校作用研究中对白人、女性，以及曾受过幼儿教育的学生采用标识，学校 j 的截距便可能是非白人、男性、未受过幼儿教育的学生的期望结果。这也许是或者也许不是研究者所想要的截距。还要强调的是，要对每个层 -1 自变量的位置选择十分清醒，因为它影响到对 β_{0j}、$\mathrm{Var}(\beta_{0j})$ 以及一切涉及 β_{0j} 的协方差的解释。

总而言之，对位置的合理选择依赖于研究目的，没有普遍适用的准则。然而重要的是，研究者需要根据研究目的审慎地考虑位置的选择，并且当解释结果时也需要考虑到测量位置的情况。

此外，在某些情况下，对层 -1 自变量的位置选择还影响到对层 -2 方差协方差成分 $\mathbf{T}$ 以及对层 -1 随机系数 β_{qj} 的估计。在组织研究和成长曲线应用中都会出现一些复杂情况，读者可以分别参考第 5 章和第 6 章中对这些技术考虑的进一步讨论。

W 变量的定位

总的来说，对 W 变量的位置选择不像对层 -1 自变量那样关键。数量稳定性问题一般可能性较小，除非是当层 – 2 引入了交叉乘积项（cross-product terms，比如以 W_{1j}、W_{2j} 以及 $W_{1j}W_{2j}$ 的形式引入自变量组）。不管对层 – 2 自变量采用什么测量选择（或不做选择），所有 γ 系数的解释都很容易。然而，更为方便的是将所有层 – 2 自变量按其相应的总平均数对中，比如 $W_{1j} - \overline{W}_1$。

本章术语及注释概要

简单的两层模型

分层形式的模型：

层 – 1（如学生） $\quad Y_{ij} = \beta_{0j} + \beta_{1j}X_{ij} + r_{ij}$

层 – 2（如学校） $\quad \beta_{0j} = \gamma_{00} + \gamma_{01}W_j + u_{0j}$

$\qquad\qquad\qquad\quad \beta_{1j} = \gamma_{10} + \gamma_{11}W_j + u_{1j}$

组合形式的模型：

$$Y_{ij} = \gamma_{00} + \gamma_{10}X_{ij} + \gamma_{01}W_j + \gamma_{11}X_{ij}W_j + u_{0j} + u_{1j}X_{ij} + r_{ij}$$

其中，我们假设：

$$E(r_{ij}) = 0 \qquad\qquad Var(r_{ij}) = \sigma^2$$

$$E\begin{bmatrix} u_{0j} \\ u_{1j} \end{bmatrix} = \begin{bmatrix} 0 \\ 0 \end{bmatrix} \qquad Var\begin{bmatrix} u_{0j} \\ u_{1j} \end{bmatrix} = \begin{bmatrix} \tau_{00} & \tau_{01} \\ \tau_{10} & \tau_{11} \end{bmatrix} = \mathbf{T}$$

$$Cov(u_{0j}, r_{ij}) = Cov(u_{1j}, r_{ij}) = 0$$

注释与术语概括

存在 $i = 1, \cdots, n_j$ 个层 – 1 单位分别从属于 $j = 1, \cdots, J$ 个层 – 2 单位，我们称学生 i 嵌套于学校 j。

β_{0j} 和 β_{1j} 为层 – 1 的系数。它们可能采取三种形式：

固定的层 – 1 系数（如单因素随机效应协方差分析模型中的 β_{1j}，见方程 2.14b）；

非随机变化的层 – 1 系数（如非随机变化斜率模型中的 β_{1j}，见方程 2.20）；

随机的层 - 1 系数（如随机系数回归模型中的 β_{0j} 和 β_{1j}，见方程 2.17a 和方程 2.17b；以及将截距和斜率作为结果的回归模型中的 β_{0j} 和 β_{1j}，见方程 2.4a 和方程 2.4b）。

γ_{00}，…，γ_{11} 是层 - 2 的系数且称为固定效应；

X_{ij} 为层 - 1 的自变量（如学生的社会阶层、种族、能力等特征）；

W_j 为层 - 2 的自变量（如学校的规模、类别、社会构成等特征）；

r_{ij} 为层 - 1 的随机效应；

u_{0j} 和 u_{1j} 为层 - 2 的随机效应；

σ^2 为层 - 1 的方差；

τ_{00}、τ_{01}、τ_{11} 为层 - 2 的方差协方差成分。

一些定义

组内相关系数（见"带随机效应的单因素方差分析"一节）：

$$\rho = \tau_{00}/(\tau_{00} + \sigma^2)$$

这一系数测量结果方差中组间（即层 - 2 各单位之间）部分所占的比例。它有时也被称为群效应（cluster effect），只应用于随机截距模型（即 $\tau_{11} = 0$ 时）。

β_{0j} 和 β_{1j} 的**无条件方差协方差**是指随机系数回归模型中层 - 2 方差协方差的取值。

β_{0j} 和 β_{1j} 的**条件方差协方差或残差的方差协方差**是指在层 - 2 模型中加入自变量以后层 - 2 方差协方差的取值（参见方程 2.4a 和方程 2.4b）。

子模型的类型

单因素随机效应方差分析模型不涉及层 - 1 或层 - 2 的自变量，我们称其为完全无条件模型。

随机截距模型只有一个随机的层 - 1 系数 β_{0j}。

将平均数作为结果的回归模型是随机截距模型的一种形式。

单因素随机效应协方差分析模型基本与经典的协方差分析模型相同，只是层 - 2 效应被视为是随机的。

随机系数回归模型容许所有层 – 1 系数随机变化。这种模型在层 – 2 是无条件的。

对中的定义	β_{0j} 的含义
X_{ij} 采用自然测量	$\beta_{0j} = \mathrm{E}(Y_{ij} \mid X_{ij} = 0)$
$(X_{ij} - \overline{X}_{..})$ 称为按总平均数对中	$\beta_{0j} = \mu_{Y_j} - \beta_{1j}(X_{ij} - \overline{X}_{..})$ （即调整的层 – 2 平均数）
$(X_{ij} - \overline{X}_{.j})$ 称为按组平均数对中	$\beta_{0j} = \mu_{Y_j}$ （即层 – 2 平均数）
X_{ij} 采用其他一些有理论意义的 X 位置选择	$\beta_{0j} = \mathrm{E}(Y_{ij} \mid X_{ij} = 所选 X 中心位置)$

分层线性模型估计及
假设检验的原理

- 估计理论
- 假设检验
- 本章术语概要

第2章旨在说明分层线性模型基本参数的意义。在这一章里，我们将介绍这些模型估计推断的统计原理。通过一系列简单的模型，我们阐明关键的原理，后面的第4章中有与这些原理相应的实际应用例证。对于更注重实用的读者，可以直接先阅读第4章，并把本章作为参考。对于想了解更多技术细节的读者，本章将为第4章中所用到的整个统计原理提供一个非常有用的背景。

估 计 理 论

在一个两层模型中，可以分析三种类型的参数：固定效应、随机的层－1系数，以及方差协方差成分。事实上，每一种参数的估计都依赖于其他的参数。然而为了说明基本原理，我们首先在假定方差协方差成分为已知的情况下考虑对固定效应和随机系数的估计。然后，我们再考虑方差协方差成分本身的估计。第14章将对全书所用的估计理论及计算方法进行更为严谨的介绍。

固定效应的估计

我们考虑三个简单模型的固定效应估计。首先是单因素随机效应方差分析模型。它只包含一个固定效应，即总均值，通过对 J 个层 – 2 单位的样本均值进行优化加权平均可以得到这个总均值的估计。其次，我们考察以均值作为因变量的模型，它包含了一个层 – 2 回归系数。同样，应用优化加权原理得到其估计。最后，我们考虑随机系数回归模型。尽管将再次用到优化加权原理，但这里的加权涉及多元情况，因而需要用矩阵表达。对于那些不熟悉矩阵表达的读者来说，前两个示例已经足以说明估计的基本思路。

单因素方差分析：点估计。与第 2 章相似，我们从单因素随机效应方差分析开始。回想方程 2.6 中的层 – 1 模型：

$$Y_{ij} = \beta_{0j} + r_{ij} \qquad\qquad [3.1]$$

对于所有层 – 1 单位 $i = 1$，$\cdots$，n_j，以及层 – 2 单位 $j = 1$，$\cdots$，J，我们假定其残差项服从正态分布且均值为 0、方差相等，即 $r_{ij} \sim \mathrm{N}(0, \sigma^2)$。

对学校 j 内全部 n_j 个观测取平均产生一个以样本均值为因变量的层 – 1 模型：

$$\overline{Y}_{\cdot j} = \beta_{0j} + \overline{r}_{\cdot j} \qquad\qquad [3.2]$$

其中：

$$\overline{r}_{\cdot j} = \sum_{i=1}^{n_j} r_{ij}/n_j$$

方程 3.2 表明样本均值 $\overline{Y}_{\cdot j}$ 是学校平均数真值（β_{0j}）的一个估计。估计的误差是 $\overline{r}_{\cdot j}$，其方差为：

$$\mathrm{Var}(\overline{r}_{\cdot j}) = \sigma^2/n_j = V_j \qquad\qquad [3.3]$$

我们将 V_j 称为误差方差（error variance），即作为 β_{0j} 估计的 $\overline{Y}_{\cdot j}$ 的方差。

层 – 2 模型是：

$$\beta_{0j} = \gamma_{00} + u_{0j} \qquad\qquad [3.4]$$

这里我们假定 $u_{0j} \sim \mathrm{N}(0, \tau_{00})$。注意，$\tau_{00}$ 是平均数真值 β_{0j} 关于总平均数 γ_{00} 的

方差。我们将 τ_{00} 称为参数方差（parameter variance）。

把方程 3.4 代入方程 3.2 后就得到关于 $\bar{Y}_{.j}$ 的组合模型：

$$\bar{Y}_{.j} = \gamma_{00} + u_{0j} + \bar{r}_{.j} \qquad [3.5]$$

$\bar{Y}_{.j}$ 的方差由两部分构成：

$$\begin{aligned}\mathrm{Var}(\bar{Y}_{.j}) &= \mathrm{Var}(u_{0j}) + \mathrm{Var}(\bar{r}_{.j}) \\ &= \tau_{00} + V_j \\ &= \text{参数方差} + \text{误差方差} \\ &= \Delta_j \qquad [3.6]\end{aligned}$$

注意，尽管参数方差 τ_{00} 在层 -2 单位间是一个常数，但误差方差（$V_j = \sigma^2/n_j$）却随层 -2 各单位的样本规模 n_j 而变化。

如果每一个层 -2 单位都有着相同的样本规模，则每一个 V_j 都将等于一个共同的 V，而且每个 Δ_j 都等于一个共同的 Δ，即 $\Delta = \tau_{00} + V$。于是，γ_{00} 唯一的、最小方差的无偏估计恰好等于 $\bar{Y}_{.j}$ 的平均数：

$$\tilde{\gamma}_{00} = \sum \bar{Y}_{.j}/J \qquad [3.7]$$

然而，如果样本规模不相等，统计量 $\bar{Y}_{.j}$ 将有不同的方差 $\Delta_j = \tau_{00} + V_j$。视每一个 $\bar{Y}_{.j}$ 为独立的 γ_{00} 的无偏估计，并有方差 Δ_j，我们定义 $\bar{Y}_{.j}$ 的精度（precision）为其方差的倒数，即：

$$\text{精度}(\bar{Y}_{.j}) = \Delta_j^{-1} \qquad [3.8]$$

于是，假定 Δ_j 已知，则 γ_{00} 唯一的、最小方差的无偏估计是一个精度加权平均数（precision weighted average）：

$$\hat{\gamma}_{00} = \sum \Delta_j^{-1} \bar{Y}_{.j} / \sum \Delta_j^{-1} \qquad [3.9]$$

方程 3.9 通常被称为 γ_{00} 的加权最小二乘估计，这也是一个最大似然估计。注意，Δ_j 必须已知（或已估计）才能计算 $\hat{\gamma}_{00}$，但这在等样本规模的情况下却并非如此（见方程 3.7）。显然，精度加权平均的应用要更一般化。当所有的精度都相等时，精度加权平均数（方程 3.9）简化为简单平均数（方程 3.7）。

单因素方差分析：区间估计。$\hat{\gamma}_{00}$ 的精度是所有精度的和，即：

$$\text{精度}(\hat{\gamma}_{00}) = \sum \Delta_j^{-1} \qquad [3.10]$$

$\hat{\gamma}_{00}$ 的方差就是其精度的倒数：

$$\text{Var}(\hat{\gamma}_{00}) = \left(\sum \Delta_j^{-1} \right)^{-1} \qquad [3.11]$$

因此，$\hat{\gamma}_{00}$ 的 95% 置信区间由下式给出：

$$95\% \, \text{CI}(\gamma_{00}) = \hat{\gamma}_{00} \pm 1.96 \left(\sum \Delta_j^{-1} \right)^{-1/2} \qquad [3.12]$$

以均值为因变量的回归：点估计。与第 2 章的讲述过程相仿，这里我们考虑一种可以通过层 -2 变量预测层 -1 均值的分析。换言之，层 -1 模型保持着方程 3.1，而层 -2 模型扩展为包含一个自变量 W_j。这样，组合模型（如方程 3.5 的规范表述）扩展为：

$$\overline{Y}_{\cdot j} = \gamma_{00} + \gamma_{01} W_j + u_{0j} + \overline{r}_{\cdot j} \qquad [3.13]$$

而给定 W_j 时 $\overline{Y}_{\cdot j}$ 的方差为：

$$\text{Var}(\overline{Y}_{\cdot j}) = \tau_{00} + V_j = \Delta_j \qquad [3.14]$$

其中，$V_j = \sigma^2/n_j$。注意，在这里，Δ_j 是 $\overline{Y}_{\cdot j}$ 的残差的方差，即在给定 W_j 时 $\overline{Y}_{\cdot j}$ 的条件方差，而且我们再一次假定 u_{0j} 和 r_{ij} 都服从正态分布。

如果各组都有相同的样本规模，各组的 Δ_j 都相同，而且 γ_{01} 唯一的、最小方差的无偏估计将是常规最小二乘法（OLS）的估计：

$$\tilde{\gamma}_{01} = \frac{\sum (W_j - \overline{W}_{\cdot})(\overline{Y}_{\cdot j} - \overline{Y}_{\cdot \cdot})}{\sum (W_j - \overline{W}_{\cdot})^2} \qquad [3.15]$$

其中：

$$\overline{W}_{\cdot} = \sum W_j / J \text{ 和 } \overline{Y}_{\cdot \cdot} = \sum \overline{Y}_{\cdot j} / J$$

γ_{00} 的常规最小二乘估计是：

$$\tilde{\gamma}_{00} = \overline{Y}_{\cdot \cdot} - \tilde{\gamma}_{01} \overline{W}_{\cdot} \qquad [3.16]$$

然而，如果样本规模 n_j 不相等，统计量 $\overline{Y}_{\cdot j}$ 将有着不同的方差 $\Delta_j = \tau_{00} + V_j$。

在这种情况下，假定每一个 Δ_j 都为已知，γ_{01} 唯一的、最小方差的无偏估计就是加权最小二乘估计，其中每组的数据都按其精度 Δ_j^{-1} 等比例加权：

$$\hat{\gamma}_{01} = \frac{\sum \Delta_j^{-1} (W_j - \overline{W}_{\cdot}^*)(\overline{Y}_{\cdot j} - \overline{Y}_{\cdot\cdot}^*)}{\sum \Delta_j^{-1} (W_j - \overline{W}_{\cdot}^*)^2} \qquad [3.17]$$

这里，$\overline{W}_{\cdot}^*$ 和 $\overline{Y}_{\cdot\cdot}^*$ 也都是精度加权平均数：

$$\overline{W}_{\cdot}^* = \sum \Delta_j^{-1} W_j \Big/ \sum \Delta_j^{-1} \qquad [3.18a]$$

$$\overline{Y}_{\cdot\cdot}^* = \sum \Delta_j^{-1} \overline{Y}_{\cdot j} \Big/ \sum \Delta_j^{-1} \qquad [3.18b]$$

γ_{00} 的加权最小二乘估计是：

$$\hat{\gamma}_{00} = \overline{Y}_{\cdot\cdot}^* - \hat{\gamma}_{01} \overline{W}_{\cdot}^* \qquad [3.19]$$

以均值为因变量的回归：区间估计。在给定 Δ_j 的情况下，统计量 $\hat{\gamma}_{01}$ 的抽样方差是：

$$\mathrm{Var}(\hat{\gamma}_{01}) = \left[\sum \Delta_j^{-1} (W_j - \overline{W}_{\cdot}^*)^2 \right]^{-1} \qquad [3.20]$$

于是，$\hat{\gamma}_{01}$ 的 95% 置信区间为：

$$95\% \, \mathrm{CI}(\gamma_{01}) = \hat{\gamma}_{01} \pm 1.96 [\mathrm{Var}(\hat{\gamma}_{01})]^{1/2} \qquad [3.21]$$

更一般的模型：点估计。[①] 从这些基本原理到更一般情形的扩展是直观的。带有 Q 个自变量的一般化层 -1 模型可以用矩阵的形式表示如下：

$$\mathbf{Y}_j = \mathbf{X}_j \boldsymbol{\beta}_j + \mathbf{r}_j, \qquad \mathbf{r}_j \sim N(\mathbf{0}, \sigma^2 \mathbf{I}) \qquad [3.22]$$

这里，$\mathbf{Y}_j$ 是一个 $n_j \times 1$ 的因变量向量，$\mathbf{X}_j$ 是一个 $n_j \times (Q+1)$ 的自变量矩阵，$\boldsymbol{\beta}_j$ 是一个 $(Q+1) \times 1$ 的待定参数向量，$\mathbf{I}$ 是 $n_j \times n_j$ 的单位矩阵，而 $\mathbf{r}_j$ 是 $n_j \times 1$ 的随机误差向量，并假定其服从正态分布，有均值向量为 $\mathbf{0}$、方差协方差矩阵的所有对角线元素都为 σ^2、其他元素都为 0。

假定 $\mathbf{X}_j$ 的 $Q+1$ 列满秩，则 $\boldsymbol{\beta}_j$ 的 OLS 估计为：

---

① 这个部分需要一些关于矩阵代数的基础知识，因而可选择略过。

$$\hat{\boldsymbol{\beta}}_j = (\mathbf{X}_j^T\mathbf{X}_j)^{-1}\mathbf{X}_j^T\mathbf{Y}_j \qquad [3.23]$$

而其离散矩阵（dispersion matrix）为：

$$\mathrm{Var}(\hat{\boldsymbol{\beta}}_j) = \mathbf{V}_j = \sigma^2(\mathbf{X}_j^T\mathbf{X}_j)^{-1} \qquad [3.24]$$

用 $(\mathbf{X}_j^T\mathbf{X}_j)^{-1}\mathbf{X}_j^T$ 左乘方程 3.22 得到求 $\hat{\boldsymbol{\beta}}_j$ 的模型：

$$\hat{\boldsymbol{\beta}}_j = \boldsymbol{\beta}_j + \mathbf{e}_j, \qquad \mathbf{e}_j \sim \mathbf{N}(\mathbf{0}, \mathbf{V}_j) \qquad [3.25]$$

这里，$\mathbf{V}_j$ 是误差方差矩阵，表示 $\boldsymbol{\beta}_j$ 的估计 $\hat{\boldsymbol{\beta}}_j$ 的误差离散程度。

在层 -2 模型中，$\boldsymbol{\beta}_j$ 的一般化模型为：

$$\boldsymbol{\beta}_j = \mathbf{W}_j\boldsymbol{\gamma} + \mathbf{u}_j, \qquad \mathbf{u}_j \sim \mathbf{N}(\mathbf{0}, \mathbf{T}) \qquad [3.26]$$

这里，$\mathbf{W}_j$ 是 $(Q+1)\times F$ 的自变量矩阵，$\boldsymbol{\gamma}$ 是 $F\times 1$ 的固定效应向量，$\mathbf{u}_j$ 是 $(Q+1)\times 1$ 的层 -2 误差向量或称随机效应向量，而 $\mathbf{T}$ 是任意 $(Q+1)\times(Q+1)$ 的方差协方差矩阵。注意，$\mathbf{T}$ 是残差的方差协方差矩阵，表示 $\boldsymbol{\beta}_j$ 关于其期望值 $\mathbf{W}_j\boldsymbol{\gamma}$ 的离散程度。矩阵 $\mathbf{W}_j$ 包含了 $Q+1$ 行自变量向量，而自变量向量以对角线元素的形式出现。这个矩阵中的每一行都对应着层 -2 模型中 $Q+1$ 个因变量 β_{qj} 中的一个（方程 3.86 提供了 $\mathbf{W}_j$ 为子阵对角线元素的简单示意）。

把方程 3.26 代入方程 3.25 得到一个组合模型：

$$\hat{\boldsymbol{\beta}}_j = \mathbf{W}_j\boldsymbol{\gamma} + \mathbf{u}_j + \mathbf{e}_j \qquad [3.27]$$

这里，在给定 $\mathbf{W}_j$ 时，$\hat{\boldsymbol{\beta}}_j$ 的方差为：

$$\mathrm{Var}(\hat{\boldsymbol{\beta}}_j) = \mathrm{Var}(\mathbf{u}_j + \mathbf{e}_j) = \mathbf{T} + \mathbf{V}_j = \boldsymbol{\Delta}_j$$
$$= 参数方差 + 误差方差 \qquad [3.28]$$

如果数据完全平衡，即每组有相同的观测数，并且变量矩阵 $\mathbf{X}$ 的值都相等，以及 $\boldsymbol{\beta}_j$ 的每一个元素都有一套相同的层 -2 自变量，那么每一个 $\hat{\boldsymbol{\beta}}_j$ 都会有相同的方差 $\boldsymbol{\Delta}$，即：

$$\boldsymbol{\Delta} = \mathbf{T} + \mathbf{V} = \mathbf{T} + \sigma^2(\mathbf{X}^T\mathbf{X})^{-1} \qquad [3.29]$$

对于这种情况，$\boldsymbol{\gamma}$ 唯一的、最小方差的无偏估计就是 OLS 回归估计：

$$\tilde{\boldsymbol{\gamma}} = \left(\sum \mathbf{W}_j^T \mathbf{W}_j \right)^{-1} \sum \mathbf{W}_j^T \hat{\boldsymbol{\beta}}_j \qquad [3.30]$$

然而，如果数据不完全平衡，不同组的 $\boldsymbol{\Delta}_j$ 将存在差异。而且假定每一 $\boldsymbol{\Delta}_j$ 已知，$\boldsymbol{\gamma}$ 唯一的、最小方差的无偏估计将是广义最小二乘估计（GLS）：

$$\hat{\boldsymbol{\gamma}} = \left(\sum \mathbf{W}_j^T \boldsymbol{\Delta}_j^{-1} \mathbf{W}_j \right)^{-1} \sum \mathbf{W}_j^T \boldsymbol{\Delta}_j^{-1} \hat{\boldsymbol{\beta}}_j \qquad [3.31]$$

这个 GLS 估计用相应的精度矩阵 $\boldsymbol{\Delta}_j^{-1}$（即方差协方差矩阵的逆）对各组数据进行加权。请注意，在以均值为因变量的模型中，广义最小二乘估计与加权最小二乘估计（方程 3.17）之间十分对称；而且在方程 3.22 和方程 3.26 有正态性假设下，方程 3.31 也是 $\boldsymbol{\gamma}$ 的最大似然估计。

更一般的模型：区间估计。$\boldsymbol{\gamma}$ 的置信区间基于 $\mathbf{V}_{\hat{\boldsymbol{\gamma}}}$（即 $\hat{\boldsymbol{\gamma}}$ 的方差矩阵），方程为：

$$\mathbf{V}_{\hat{\boldsymbol{\gamma}}} = \mathrm{Var}(\hat{\boldsymbol{\gamma}}) = \left(\sum \mathbf{W}_j^T \boldsymbol{\Delta}_j^{-1} \mathbf{W}_j \right)^{-1} \qquad [3.32]$$

例如，对某一特定元素，比如 γ_h 的 95% 置信区间由下式给出：

$$95\% \, \mathrm{CI}(\gamma_h) = \hat{\gamma}_h \pm 1.96 (V_{hh})^{1/2} \qquad [3.33]$$

其中，V_{hh} 是 $\mathbf{V}_{\hat{\boldsymbol{\gamma}}}$ 的第 h 个对角线元素。

降秩数据。$\hat{\boldsymbol{\gamma}}$ 的公式（方程 3.31）和 $\mathbf{V}_{\hat{\boldsymbol{\gamma}}}$ 的公式（方程 3.32）虽然在解释方面很有用，但在实际应用中却有很大局限。具体而言，它们需要的条件为：（a）所有层 – 1 系数都是随机的；（b）每一个层 – 2 单位都得有足够的样本以求出 OLS 估计 $\hat{\boldsymbol{\beta}}_j$（方程 3.23）。

这两个条件都可以放宽。比如，考虑将方程 3.26 代入方程 3.22 后得到的组合模型：

$$\mathbf{Y}_j = \mathbf{X}_j \mathbf{W}_j \boldsymbol{\gamma} + \mathbf{X}_j \mathbf{u}_j + \mathbf{r}_j \qquad [3.34]$$

注意，所有包含在 $\mathbf{X}_j$ 的层 – 1 变量都与包含在 $\boldsymbol{\gamma}$ 中的固定效应及包含在 $\mathbf{u}_j$ 中的随机效应相联系。但是，我们可以很容易地重写这个公式，允许一些层 – 1 变量具有固定效应但不具有随机效应：

$$\mathbf{Y}_j = \mathbf{X}_j \mathbf{W}_j \boldsymbol{\gamma} + \mathbf{Z}_j \mathbf{u}_j + \mathbf{r}_j \qquad [3.35]$$

方程 3.35 中，$\mathbf{Z}_j$ 是 $\mathbf{X}_j$ 的一个子集，即 $\mathbf{Z}_j$ 的列中可能包含那些具有随机效应的层 – 1 变量，而在 $\mathbf{X}_j$ 中那些不包括在 $\mathbf{Z}_j$ 中的层 – 1 变量却只具有固定效应。当然，也可能会有一些层 – 1 变量只具有随机效应（因此只会出现在 $\mathbf{Z}_j$ 中）而没有固定效应（从而不出现在 $\mathbf{X}_j$ 中）。在第 6 章有一个这样的例子。此外，$\mathbf{Y}_j$ 的边缘方差为：

$$\mathrm{Var}(\mathbf{Y}_j) \ = \ \mathbf{V}_{y_j} = \ \mathbf{Z}_j \mathbf{T} \mathbf{Z}_j^T + \sigma^2 \mathbf{I}_j \qquad [3.36]$$

其中，$\mathbf{I}_j$ 是 $n_j \times n_j$ 的单位矩阵。于是固定效应的广义二乘估计就变成：

$$\hat{\boldsymbol{\gamma}} \ = \ \left(\sum_{j=1}^{J} \mathbf{W}_j^T \mathbf{X}_j^T \mathbf{V}_{y_j}^{-1} \mathbf{X}_j \mathbf{W}_j \right)^{-1} \sum_{j=1}^{J} \mathbf{W}_j^T \mathbf{X}_j^T \mathbf{V}_{y_j}^{-1} \mathbf{Y}_j \qquad [3.37]$$

这一估计的方差协方差矩阵为：

$$\mathrm{Var}(\hat{\boldsymbol{\gamma}}) \ = \ \left(\sum_{j=1}^{J} \mathbf{W}_j^T \mathbf{X}_j^T \mathbf{V}_{y_j}^{-1} \mathbf{X}_j \mathbf{W}_j \right)^{-1} \qquad [3.38]$$

如果 $\mathbf{Z}_j = \mathbf{X}_j$ 且 $\mathbf{X}_j$ 满秩，则有：

$$\mathbf{X}_j^T \mathbf{V}_{y_j}^{-1} \mathbf{X}_j \ = \ \boldsymbol{\Delta}_j^{-1} \qquad [3.39]$$

因此，方程 3.38 的一般表达式就可以简化为方程 3.32。推导方程 3.39 的关键在于有矩阵的恒等（Smith, 1973）：

$$
\begin{aligned}
[\mathrm{Var}(\mathbf{Y}_j)]^{-1} &= (\mathbf{X}_j \mathbf{T} \mathbf{X}_j^T + \sigma^2 \mathbf{I}_j)^{-1} \\
&= \sigma^{-2} \mathbf{I}_j - \sigma^{-2} \mathbf{X}_j (\sigma^{-2} \mathbf{X}_j^T \mathbf{X}_j + \mathbf{T}^{-1})^{-1} \mathbf{X}_j^T \sigma^{-2} \qquad [3.40]
\end{aligned}
$$

利用这个恒等，我们有：

$$
\begin{aligned}
\mathbf{X}_j^T \mathbf{V}_{y_j} \mathbf{X}_j &= \sigma^{-2} \mathbf{X}_j^T \mathbf{X}_j - \sigma^{-2} \mathbf{X}_j^T \mathbf{X}_j (\sigma^{-2} \mathbf{X}_j^T \mathbf{X}_j + \mathbf{T}^{-1})^{-1} \sigma^{-2} \mathbf{X}_j^T \mathbf{X}_j \\
&= \mathbf{V}_j^{-1} - \mathbf{V}_j^{-1} (\mathbf{V}_j^{-1} + \mathbf{T}^{-1})^{-1} \mathbf{V}_j^{-1} \\
&= \mathbf{V}_j^{-1} [\mathbf{I} - (\mathbf{V}_j^{-1} + \mathbf{T}^{-1})^{-1} \mathbf{V}_j^{-1}] \\
&= \mathbf{V}_j^{-1} (\mathbf{V}_j^{-1} + \mathbf{T}^{-1})^{-1} \mathbf{T}^{-1} \\
&= [\mathbf{T}(\mathbf{V}_j^{-1} + \mathbf{T}^{-1}) \mathbf{V}_j]^{-1} \\
&= (\mathbf{T} + \mathbf{V}_j)^{-1} \\
&= \boldsymbol{\Delta}_j^{-1}
\end{aligned}
$$

随机层 -1 系数的估计

在迄今为止的示例中，我们建立了结果依赖于某些系数（例如，均值或回归系数）的层 -1 模型，而这些系数在层 -2 单位间有所不同。现在的问题是：这些层 -1 系数的"最优估计"是什么？

单因素方差分析的情况：点估计。在最简单的例子中，我们有方程 3.1 和方程 3.4 表示的两层模型。以均值作为结果的层 -1 模型可表示为：

$$\overline{Y}_{.j} = \beta_{0j} + \overline{r}_{.j}, \quad 对任意的 \ V_j = \sigma^2/n_j \ 有 \ \overline{r}_{.j} \sim N(0, V_j)$$

层 -2 模型为：

$$\beta_{0j} = \gamma_{00} + u_{0j}, \qquad u_{0j} \sim N(0, \tau_{00})$$

这个模型提供了两种可替换的 β_{0j} 估计。基于层 -1 模型，$\overline{Y}_{.j}$ 是 β_{0j} 的无偏估计，并有方差 V_j。然而，$\hat{\gamma}_{00} = \sum \Delta_j^{-1} \overline{Y}_{.j} / \sum \Delta_j^{-1}$ 也可以被视为每一个 β_{0j} 的共同估计。一个贝叶斯估计 β_{0j}^*（Lindley & Smith，1972），事实上是这两个估计"最优"的加权组合：

$$\beta_{0j}^* = \lambda_j \overline{Y}_{.j} + (1 + \lambda_j) \hat{\gamma}_{00} \qquad [3.41]$$

权数 λ_j 等于 $\overline{Y}_{.j}$ 对 β_{0j} 的最小二乘估计的可靠性（Kelley，1927），即：

$$\lambda_j = \text{Var}(\beta_{0j}) / \text{Var}(\overline{Y}_{.j}) = \tau_{00} / (\tau_{00} + V_j)$$
$$= （参数方差）/（参数方差 + 误差方差） \qquad [3.42]$$

用经典检验理论的话来说，$\overline{Y}_{.j}$ 是未知参数 β_{0j} 的真值的一个测量值。我们将 λ_j 称为可靠性（reliability），是因为它度量了真值（true score）或称参数方差相对于观测值（observed score）或称样本均值 $\overline{Y}_{.j}$ 的总方差的比（ratio）。当（a）组均值 β_{0j} 在层 -2 各单位间存在很大差异时（各组具有相同的样本规模）；或（b）各组样本规模 n_j 都很大时，可靠性 λ_j 趋近于 1。

当样本均值是相当可靠的估计时，β_{0j}^* 公式中的 $\overline{Y}_{.j}$ 获得大的权重。然而，如果样本均值不可靠，β_{0j}^* 公式中的总平均数估计 $\hat{\gamma}_{00}$ 将得到很大的权重。①

---

① 从技术上说，估计 β_{0j}^* 是在给定数据及方差 σ^2 和 τ_{00} 的情况下随机参数 β_{0j} 的条件后验均值。

也可以通过下面两式来理解加权平均 β_{0j}^*：

$$\lambda_j = V_j^{-1}/(V_j^{-1} + \tau_{00}^{-1}) \qquad [3.43a]$$

$$1 - \lambda_j = \tau_{00}^{-1}/(V_j^{-1} + \tau_{00}^{-1})^{-1} \qquad [3.43b]$$

如上方程表明，在构成 β_{0j}^* 时，$\overline{Y}_{.j}$ 的权数 λ_j 与 V_j^{-1} 成比例（V_j^{-1} 为作为 β_{0j} 估计的 $\overline{Y}_{.j}$ 的精度）。对应于 $\hat{\gamma}_{00}$ 的权数（$1 - \lambda_j$）与 τ_{00}^{-1} 成比例，后者代表参数 β_{0j} 围绕其中心 γ_{00} 的集中程度。因此，作为 β_{0j} 估计的 $\overline{Y}_{.j}$ 的精度越高，其对应的权数就越大。同样，β_{0j} 越集中于它们的中心 γ_{00}，$\hat{\gamma}_{00}$ 对应的权数就越大。

我们说加权平均数 β_{0j}^* 最优是因为没有别的估计有更小的期望均方误（Lindley & Smith，1972）。[1] 事实上，β_{0j}^* 偏向于 γ_{00}。当 β_{0j} 的真值大于 γ_{00} 时，β_{0j}^* 将有负偏差；当 β_{0j} 小于 γ_{00} 时，β_{0j}^* 将有正偏差。然而，从平均水平看，β_{0j}^* 比任何其他无偏估计（如 $\overline{Y}_{.j}$）都更接近 β_{0j}。$\overline{Y}_{.j}$ 相对于 β_{0j}^* 的效率（efficiency）近似等于 λ_j，它不会超过 100%（Raudenbush，1988）。因为 β_{0j}^* 把 $\overline{Y}_{.j}$ "拉" 向 γ_{00}，所以 β_{0j}^* 被称为收缩估计（shrinkage estimator）。James 和 Stein（1961）也推导过类似的收缩估计，并证明了它们的优越性。β_{0j}^* 也经常被归于贝叶斯估计（Lindley & Smith，1972）。当方差未知且 β_{0j}^* 是基于把 λ_j 代入方程 3.41 而得到的情况下，这一估计又被称为经验贝叶斯估计（empirical Bayes estimates）（Morris，1983）。

单因素方差分析：区间估计。基于 V_j^* 可以建立 β_{0j} 的一个置信区间，在此：[2]

$$V_j^* = (V_j^{-1} + \tau_{00}^{-1})^{-1} + (1 - \lambda_j)^2 \mathrm{Var}(\hat{\gamma}_{00}) \qquad [3.44]$$

因此，β_{0j} 的 95% 置信区间为：

$$95\% \, \mathrm{CI}(\beta_{0j}) = \beta_{0j}^* \pm 1.96 V_j^{*\,1/2} \qquad [3.45]$$

当方差 σ^2 和 τ_{00} 已知时，这一置信区间是精确的。然而，当这些方差未知时，这个置信区间只是一种近似，而且小于本来的置信区间。如果 J 不是很大，

---

[1] 更确切地说，这个估计之所以最优是因为在给定数据、σ^2 和 τ_{00} 的情况下，没有其他 β_{0j} 的点估计在其条件分布中具有更小的期望均方误。

[2] 规范地表述，V_j^* 是给定数据、σ^2 和 τ_{00} 的情况下 β_{0j} 的后验方差。

则应该谨慎使用这种置信区间。①

以均值为因变量的回归：点估计。设想我们现在希望利用层 - 2 变量 W_j 的信息预测 β_{0j}，那么 β_{0j} 的"最优估计"是什么？层 - 1 模型仍然与方程 3.2 相同，但层 - 2 模型变为：

$$\beta_{0j} = \gamma_{00} + \gamma_{01} W_j + u_{0j}, \qquad u_{0j} \sim N(0, \tau_{00}) \qquad [3.46]$$

于是，我们又面临着两种对 β_{0j} 的估计。首先是样本均值，即 $\hat{\beta}_{0j} = \overline{Y}_{.j}$；其次是给定 W_j 而得到 β_{0j} 的预测值：

$$\hat{\hat{\beta}}_{0j} = \hat{\gamma}_{00} + \hat{\gamma}_{01} W_j \qquad [3.47]$$

我们再次进行优化，把这两个估计合成一个组合估计：

$$\beta_{0j}^* = \lambda_j \overline{Y}_{.j} + (1 - \lambda_j)(\hat{\gamma}_{00} + \hat{\gamma}_{01} W_j) \qquad [3.48]$$

β_{0j}^* 同样是经验贝叶斯估计或收缩估计。然而，这里的 $\overline{Y}_{.j}$ 是向预测值收缩而不是向总平均数收缩。我们称这一估计为条件收缩估计（conditional shrinkage estimator），因为其收缩量取决于 W_j。对应于 $\overline{Y}_{.j}$ 的权数仍然与其精度 V_j^{-1} 成比例，但这里对应于预测值的权数却是与 τ_{00}^{-1} 成比例，其中 τ_{00}^{-1} 是 β_{0j} 围绕回归线 $\hat{\gamma}_{00} + \hat{\gamma}_{01} W_j$ 的集中度。这意味着，如果 β_{0j} 的大部分方差可以被 W_j 解释，那么围绕回归线的残差方差 τ_{00} 将会较小。因此，β_{0j} 围绕回归线的集中度 τ_{00}^{-1} 将会很大。

与经验贝叶斯估计 β_{0j}^* 相对应的是经验贝叶斯残差（empirical Bayes residual）u_{0j}^*。这是基于层 - 2 模型关于 β_{0j}^* 与其预测值之间离差的估计。就方程 3.45，我们有：

$$u_{0j}^* = \beta_{0j}^* - \hat{\gamma}_{00} - \hat{\gamma}_{01} W_j \qquad [3.49]$$

上式有助于把这些估计值与最小二乘残差（least squares residual）$\hat{u}_{0j}$ 进行比较。后者是 β_{0j} 的 OLS 估计偏离其基于层 - 2 模型的预测值的离差估计。这一估计为：

$$\hat{u}_{0j} = \overline{Y}_{.j} - \hat{\gamma}_{00} - \hat{\gamma}_{01} W_j \qquad [3.50]$$

---

① 这种表面较小的置信区间问题在应用 MLF 方法时变得更为严重，在 MLF 中 γ_{00} 也是假定已知的，因此 $V_j^* = (V_j^{-1} + \tau_{00}^{-1})^{-1}$ 不能调整作为 γ_{00} 估计的 $\hat{\gamma}_{00}$ 中的不确定性。

很容易看出，u_{0j}^* 是 $\hat{u}_{0j}$ 向 0 "收缩" 的一个值：

$$u_{0j}^* = \lambda_j \hat{u}_{0j} \qquad [3.51]$$

这里，如果可靠性 λ_j 为 100%，那么就没有 "收缩"。相反，如果 $\lambda_j = 0$，就完全地收缩到其预测值（比如方程 3.45）。

以均值为因变量的回归：区间估计。β_{0j} 的置信区间可以基于 V_j^* 和预测值 W_j 来构建，其中：

$$V_j^* = (V_j^{-1} + \tau_{00}^{-1})^{-1} + (1 - \lambda_j)^2 [\mathrm{Var}(\hat{\gamma}_{00} + \hat{\gamma}_{01} W_j)] \qquad [3.52]$$

因此，β_{0j} 的 95% 置信区间由下式给出：

$$95\% \, \mathrm{CI}(\beta_{0j}) = \beta_{0j}^* \pm 1.96 V_j^{*1/2} \qquad [3.53]$$

与单因素方差分析的情形相同，当 J 很小时这个置信区间将会显得较短。

更一般的模型：点估计。[①] 我们再次把收缩的基本原理用于方程 3.22 和方程 3.26 所表示的模型。我们的目的是找到 $\boldsymbol{\beta}_j$ 的最优估计。同样，我们面临着两种选择：第一个估计是简单的基于组 j 数据的 OLS 回归估计 $\hat{\boldsymbol{\beta}}_j$：

$$\hat{\boldsymbol{\beta}}_j = (\mathbf{X}_j^T \mathbf{X}_j)^{-1} \mathbf{X}_j^T \mathbf{Y}_j \qquad [3.54]$$

第二个估计是在给定由 $\mathbf{W}_j$ 代表的组特征条件下的 $\boldsymbol{\beta}_j$ 的预测值：

$$\hat{\hat{\boldsymbol{\beta}}}_j = \mathbf{W}_j \hat{\boldsymbol{\gamma}} \qquad [3.55]$$

其中，$\hat{\boldsymbol{\gamma}}$ 由方程 3.31 所示的 GLS 方法进行估计。

这两个估计量的优化组合为：

$$\boldsymbol{\beta}_j^* = \boldsymbol{\Lambda}_j \hat{\boldsymbol{\beta}}_j + (\mathbf{I} - \boldsymbol{\Lambda}_j) \mathbf{W}_j \hat{\boldsymbol{\gamma}} \qquad [3.56]$$

其中：

$$\boldsymbol{\Lambda}_j = \mathbf{T}(\mathbf{T} + \mathbf{V}_j)^{-1} \qquad [3.57]$$

是 $\boldsymbol{\beta}_j$ 的参数离散矩阵（即 $\mathbf{T}$）与 $\hat{\boldsymbol{\beta}}_j$ 的总离散矩阵之比，后者既包含误差方差，

———————————

① 这个部分需要一些关于矩阵代数的基础知识，因而可选择略过。

也包含参数方差（即 $\mathbf{T} + \mathbf{V}_j$）。我们把 $\mathbf{\Lambda}_j$ 视为多元可靠性矩阵（multivariate reliability matrix）。总而言之，作为 $\mathbf{\beta}_j$ 的估计，$\hat{\mathbf{\beta}}_j$ 的可靠性越大，在 $\mathbf{\beta}_j^*$ 的构成中所占的相应权重就越大。如果 $\hat{\mathbf{\beta}}_j$ 值不可靠，$\mathbf{\beta}_j^*$ 将把 $\hat{\mathbf{\beta}}_j$ 拉向 $\mathbf{W}_j\hat{\mathbf{\gamma}}$。注意，在一般情况下，这个收缩是完全多元的。因为协方差可能既存在于误差方差矩阵中，也存在于参数方差矩阵中，$\hat{\mathbf{\beta}}_j$ 和 $\mathbf{W}_j\hat{\mathbf{\gamma}}$ 中的所有 $Q+1$ 个元素联合起来共同估计 $\mathbf{\beta}_j^*$ 的每一个元素。结果是，层 -1 随机系数的一个优良估计将有助于改进其他精度较差的层 -1 随机系数的估计。

更一般的模型：OLS 层 -1 系数的可靠性。$\mathbf{T}$ 和 $\mathbf{V}_j$ 的对角线元素，分别用 τ_{qq} 和 v_{qqj} 来表示，可以用于为 $Q+1$ 个 OLS 层 -1 系数的每一个构造可靠性指数。类似于方程 3.42，

$$\text{reliability}(\hat{\beta}_{qj}) = \tau_{qq}/(\tau_{qq} + v_{qqj}), \qquad q = 0,\cdots,Q \qquad [3.58]$$

因为一般说来，$\hat{\beta}_{qj}$ 的抽样方差 v_{qqj} 在 J 个单位间是不同的，所以每个层 -2 单位都有各自的一套可靠性指数。所有 J 个层 -2 单位的总的可靠性可以概括为：

$$\text{reliability}(\hat{\beta}_q) = \frac{1}{J}\sum_{j=1}^{J} \tau_{qq}/(\tau_{qq} + v_{qqj}), \qquad q = 0,\cdots,Q \qquad [3.59]$$

需要明确指出，方程 3.59 不同于方程 3.51 中 $\mathbf{\Lambda}_j$ 的对角线元素。

更一般的模型：残差估计。对每一层的残差估计在评价模型的充分性假定（见第 9 章）时非常有用。层 -2 残差的 OLS 估计是层 -1 系数 $\mathbf{\beta}_j$ 的 OLS 估计的函数，因而只有在数据为满秩的单位中才存在。于是，我们有：

$$\hat{\mathbf{u}}_j = \hat{\mathbf{\beta}}_j - \mathbf{W}_j\hat{\mathbf{\gamma}} \qquad [3.60]$$

层 -2 的经验贝叶斯残差为：

$$\mathbf{u}_j^* = \mathbf{\beta}_j^* - \mathbf{W}_j\hat{\mathbf{\gamma}} \qquad [3.61]$$

对每一个单位 j 都存在。

与层 -2 残差类似，层 -1 残差可以通过最小二乘法或经验贝叶斯法进行估计。这些估计在检验层 -1 数据的分布假设上很有用。当然，最小二乘法的残差只有在层 -2 单位有满秩矩阵 $\mathbf{X}_j$ 的情况下才存在。用方程 3.35 中的一般模型来表述，最小二乘法的残差估计为：

$$\hat{r}_{ij} = Y_{ij} - \mathbf{X}_{ij}^T \mathbf{W}_j \hat{\boldsymbol{\gamma}} - \mathbf{Z}_{ij}^T \hat{\mathbf{u}}_j \qquad [3.62]$$

这里，$\mathbf{X}_{ij}^T$ 和 $\mathbf{Z}_{ij}^T$ 分别包含着 $\mathbf{X}_j$ 和 $\mathbf{Z}_j$ 的第 i 行元素。而任何单位都有的经验贝叶斯残差估计具有相同的形式：

$$r_{ij}^* = Y_{ij} - \mathbf{X}_{ij}^T \mathbf{W}_j \hat{\boldsymbol{\gamma}} - \mathbf{Z}_{ij}^T \mathbf{u}_j^* \qquad [3.63]$$

更一般的模型：区间估计。$\boldsymbol{\beta}_j$ 的置信区间可以基于给定数据的条件方差协方差矩阵 $\mathbf{V}_j^*$ 进行构造，其中：

$$\mathbf{V}_j^* = (\mathbf{V}_j^{-1} + \mathbf{T}^{-1})^{-1} + (\mathbf{I} - \boldsymbol{\Lambda}_j)[\mathrm{Var}(\mathbf{W}_j\hat{\boldsymbol{\gamma}})](\mathbf{I} - \boldsymbol{\Lambda}_j)^T \qquad [3.64]$$

例如，β_{qj} 的 95% 置信区间为：

$$95\% \, \mathrm{CI}(\beta_{qj}) = \beta_{qj}^* \pm 1.96(V_{qqj}^*)^{1/2} \qquad [3.65]$$

这里，V_{qqj}^* 是 $\mathbf{V}_j^*$ 的第 q 个对角线元素。

降秩数据。方程 3.54 和方程 3.56 对于阐述非常有用，但它们需要：（a）$\boldsymbol{\beta}_j$ 的所有元素都是随机的，而且（b）每个单位 j 都具有足够的数据允许通过 OLS 方法来计算 $\hat{\boldsymbol{\beta}}_j$。如果 $\boldsymbol{\beta}_j$ 的所有元素的确都是随机的，而层 -2 单位 j 却没有足够的数据计算 $\boldsymbol{\beta}_j$ 的 OLS 估计，那么其贝叶斯估计为：

$$\boldsymbol{\beta}_j^* = (\mathbf{X}_j^T \mathbf{X}_j + \sigma^2 \mathbf{T}^{-1})^{-1}(\mathbf{X}_j^T \mathbf{Y}_j + \sigma^2 \mathbf{T}^{-1} \mathbf{W}_j \hat{\boldsymbol{\gamma}}) \qquad [3.66]$$

如果 $\mathbf{X}_j$ 满秩，则 $\mathbf{X}_j^T \mathbf{X}_j$ 可逆，方程 3.66 将简化为方程 3.56。我们把 $\mathbf{X}_j^T \mathbf{X}_j$ 视为在组 j 中包含的关于 $\boldsymbol{\beta}_j$ 的信息。方程 3.66 表明这一信息是如何由基于所有单位的 $\mathbf{T}^{-1}$ 信息进行补充的，因此，只要 $\mathbf{T}^{-1}$ 是非奇异的，$\mathbf{X}_j^T \mathbf{X}_j + \sigma^2 \mathbf{T}^{-1}$ 就可逆，进而允许对所有层 -2 单位进行经验贝叶斯估计。

方差协方差成分的估计

到目前为止，我们都假定方差协方差成分为已知。尽管这些假定澄清了对固定和随机效应估计的理解，但实际上，几乎总是要对方差和协方差进行估计的。

过去，在应用分层模型时受到很大局限，只有在完全平衡设计的条件下，才存在方差协方差成分估计完备的数学公式。为了达到平衡，不仅每一个层 -2 单位都得具有相同的样本规模（对每一个组 j 有 $n_j = n$），而且每一个层 -2

单位内的自变量都得具有相同分布（对每一个 j，有 $\mathbf{X}_j = \mathbf{X}$）。当设计不平衡时（正如大多数实际情况），通常必须应用最大似然法的迭代过程来进行估计。

在方差协方差估计问题上，有三个不同思路的方法可以使用。它们是：完全最大似然法（full maximum likelihood，简标为 MLF）（Goldstein，1986；Longford，1987）；约束最大似然法（restricted maximum likelihood，简标为 MLR）（Mason et al.，1983；Raudenbush & Bryk，1986）；贝叶斯估计（Bayes estimation）。第 14 章对方差协方差的最大似然法估计进行了详细的介绍（贝叶斯法在第 13 章中有详细的介绍），这里我们仅限于对概念进行介绍。

完全最大似然法（MLF）。对于方程 3.22 和方程 3.26 中参数 $\boldsymbol{\gamma}$、$\mathbf{T}$ 和 σ^2 的任何一套可能取值，观测到特定样本数据 $\mathbf{Y}$ 都存在一定的似然值，这里，$\mathbf{Y}$ 是一个包含 N 个层 -1 单位因变量的 $N \times 1$ 向量（注意：$N = \sum n_j$，n_j 是每一个层 -2 单位中的样本数）。最大似然法的基本原理是，通过选择参数 $\boldsymbol{\gamma}$、$\mathbf{T}$ 和 σ^2 的估计值，使得观测到这一实际数据 $\mathbf{Y}$ 的似然值达到最大。

基于这种方法得到的估计具有一些非常优良的特性。在相当一般的假定下，这些估计具有一致性（consistency，即当样本规模扩大时它们接近参数真值的可能性也增大），而且具有渐近有效性（asymptotical efficiency，即当样本规模扩大时，这些最大似然估计向无偏估计趋近并且方差最小）。另一个优点是，如果想估计这些参数的函数，那么只需简单地插入这些参数的最大似然估计，由此得到的函数本身也是最大似然估计。

例如，我们曾在前面提到，在带有随机效应的不平衡的单因素方差分析中，当假定 Δ_j 已知时，γ_{00} 估计为：

$$\hat{\gamma}_{00} = \sum \Delta_j^{-1} \bar{Y}_{\cdot j} \Big/ \sum \Delta_j^{-1}$$

如果每一 Δ_j 未知，可以用 Δ_j 的最大似然估计值替代，得到估计 $\hat{\gamma}_{00}$ 本身也是最大似然估计，也具有上述优良的统计性质。

最大似然估计另一个有用的特性是，当样本规模增大时，它们的抽样分布将趋近于正态分布，并且其方差也能够估计。于是，虽然 MLF 估计的方法是个迭代过程（因为没有完备的分析表达式可供使用），其估计的大样本分布也可以得到很好的定义。

约束最大似然法（MLR）。MLF 的一点不足是方差协方差的估计依赖于固定效应的点估计。考虑一个简单的回归模型：

$$Y_i = \beta_0 + \beta_1 X_{1i} + \beta_2 X_{2i} + \cdots + \beta_Q X_{Qi} + r_i \qquad [3.67]$$

其中，误差项 r_i，$i = 1, \cdots, n$，服从均值为 0、方差为常数 σ^2 的正态分布。暂时假定 $Q + 1$ 个回归系数 β_0，β_1，$\cdots$，β_Q 为已知，则 σ^2 的最大似然估计将为：

$$\hat{\sigma}^2 = \sum r_i^2 / n \qquad [3.68]$$

现在假定回归参数未知（这才是通常情况），需要进行估计。其残差将为：

$$\hat{r}_i = Y_i - \hat{\beta}_0 - \hat{\beta}_1 X_{1i} - \hat{\beta}_2 X_{2i} - \cdots - \hat{\beta}_Q X_{Qi} \qquad [3.69]$$

其中，每个 $\hat{\beta}_q$ 都是 OLS 估计。在这种情形中，通常 σ^2 的无偏估计为：

$$\hat{\sigma}^2 = \sum \hat{r}_i^2 / (n - Q - 1) \qquad [3.70]$$

注意，分母 $(n - Q - 1)$ 校正了估计 $Q + 1$ 个回归参数时的自由度。由于 Q 通常比较小，所以这一校正的影响也很小。[1] 然而，随着 Q 的增大，使用方程 3.68 估计 σ^2 时会导致严重的偏差。这一偏差为负值，因此 σ^2 估计值将会过小，由此错误地导致置信区间显得过窄和假设检验显得过于显著。方程 3.68 和方程 3.70 之间的区别也正是 MLF 和 MLR 的区别。[2]

对于分层线性模型而言，基于 MLF 和 MLR 得到的方差协方差估计上的差别无法用简单的代数公式来表达。然而，MLR 对方差成分的估计的确对固定效应的不确定性进行了调整，而 MLF 却没有。对于两层模型来说，MLR 和 MLR 对 σ^2 的估计结果非常相近，但 T 的估计却可能存在明显的差异。当层 − 2 单位的数量 J 很大的时候，这两种方法会产生非常相近的结果。然而，当 J 较小时，MLF 得到的方差估计 $\hat{\tau}_{qq}$ 会比 MLR 的估计小，其倍数因子约为 $(J - F)/J$，其中 F 是固定效应向量中元素 γ 的总数。

用 EM 算法进行 ML 估计的示范。读者可能会对如何估计方差协方差的计算感到困惑。需要解决的问题是，对层 − 1 和层 − 2 系数的估计需要方差成分的信息，而方差成分的估计又需要有关系数的信息。这种估计间的相互依赖性

---

[1]　对最小均方误的更好校正是 $n - Q + 1$ 而不是 $n - Q - 1$。

[2]　约束似然值需要对全部的似然值对 γ 求积分。"对似然值积分"是贝叶斯方法的思路，如果我们视似然值为 γ、σ^2 及 T 的联合后验概率密度，那么这一方法是有意义的。约束似然值仍然可以按经典定义视为给定 $\hat{\gamma}$ 的情况下 Y 的条件概率密度。

暗示了一些迭代算法。第一个广泛用于分层模型的是 EM 算法（Dempster,
Laird, & Rubin, 1977；Dempster, Rubin, & Tsutakawa, 1981）。下面我们示范应
用 EM 算法对单因素 ANOVA 模型进行完全最大似然估计，而把对其他算法及
更复杂模型的讨论留到第 14 章。为了简明起见，我们去掉 u_{0j}、γ_0 和 τ_{00} 下标
中的 0。

　　EM 基于这样的思路，即层 - 2 单位 j 的随机效应构成了"缺失值"，而观
测数据则包含了所有层 - 1、层 - 2 的因变量 Y_{ij}。假定缺失值 u_j 实际上被观测
到了，那么对所有参数（γ，τ，σ^2）的最大似然估计就很容易计算。为了估
计 γ，我们简单地把 u_j 从组合模型 $Y_{ij} = \gamma + u_j + r_{ij}$ 的两边同时减去，于是 γ 的
OLS 估计将为：

$$\hat{\gamma} = \sum_{j=1}^{J} \sum_{i=1}^{n_j} (Y_{ij} - u_j) \bigg/ \sum_{j=1}^{J} n_j \qquad [3.71]$$

方差成分的 ML 估计也很简单，为：

$$\hat{\tau} = \sum_{j=1}^{J} u_j^2 \bigg/ J \qquad [3.72]$$

$$\hat{\sigma}^2 = \sum_{j=1}^{J} \sum_{i=1}^{n_j} (Y_{ij} - \hat{\gamma} - u_j)^2 \bigg/ \sum_{j=1}^{J} n_j \qquad [3.73]$$

从方程 3.71 和方程 3.73 可以看出，如果缺失值给定，三个统计量足以估计三
个参数（在方程 3.71 中的合计以及方程 3.72、3.73 中的平方和），这些被称
为"完全数据充分统计量"（complete data sufficient statistics）或简称"CDSS"。
当然，这些 CDSS 不能被观测，因为它们都依赖于缺失值 u_j，$j = 1$，$\cdots$，J。然
而，在给定数据 Y 及有关参数的初始推测时，CDSS 可以得到估计。换言之，
给定数据 Y 及（$\gamma^{(0)}$，$\tau^{(0)}$，$\sigma^{2(0)}$）（其中上标$^{(0)}$指一个初始估计）以后，每
个 u_j 都服从均值为 u_j^*、方差为 V_j^* 的正态分布，其中：

$$u_j^* = \lambda_j^{(0)} (\bar{Y}_j - \gamma^{(0)}), \qquad V_j^* = \tau_j^{(0)} (1 - \lambda_j^{(0)}) \qquad [3.74]$$

由此，CDSS 的估计如下：

$$E\left[\sum_{j=1}^{J} \sum_{i=1}^{n_j} (Y_{ij} - u_j) \mid Y, \gamma^{(0)}, \tau^{(0)}, \sigma^{2(0)} \right] = \sum_{j=1}^{J} \sum_{i=1}^{n_j} (Y_{ij} - u_j^*) \qquad [3.75]$$

以及

$$E\left[\sum_{j=1}^{J} u_j^2 \mid Y, \gamma^{(0)}, \tau^{(0)}, \sigma^{2(0)}\right] = \sum_{j=1}^{J} (u_j^{*2} + V_j^*) \qquad [3.76]$$

$$E\left[\sum_{j=1}^{J}\sum_{i=1}^{n_j} (Y_{ij} - \hat{\gamma} - u_j)^2 \mid Y, \gamma^{(0)}, \tau^{(0)}, \sigma^{2(0)}\right] = \sum_{j=1}^{J}\sum_{i=1}^{n_j} \left[(Y_{ij} - \gamma^{(0)} - u_j^*)^2 + V_j^*\right]$$

$$[3.77]$$

算法中计算 "E" 的这一步骤是在给定 Y 及当前参数估计（方程 3.75 ~ 3.77）的情况下通过传统的数学期望来估计 CDSS。而 "M" 步骤则是把这些估计的 CDSS 代入用于给定完全数据条件下的 ML 估计公式（方程 3.71 ~ 3.73）中。Dempster、Laird 和 Rubin（1977）已证明了 EM 算法中的每一步都会增大似然值，并且这些估计将收敛于局部最大值。

前面的公式阐明了为什么对于分层模型而言经验贝叶斯估计 u_j^* 和 V_j^* 的 EM 迭代法是至关重要的。基于 Fisher 得分算法的估计也是 EM 分步估计的函数，从而也依赖于经验贝叶斯残差估计（详见第 14 章）。

基于最大似然估计的方差成分的置信区间。计算包含于矩阵 **T** 之内每项方差和协方差的标准误估计是可能的，同样，对于 σ^2 的估计也是可能的。本书第 14 章提供了在 MLF 方法和 MLR 方法中的计算公式。然而，还存在一些困难。关键的问题在于方差估计 $\hat{\tau}_{qq}$ 的抽样分布存在着程度未知的偏度。结果，采用对称置信区间及其统计检验便可能产生很大的误导作用。对这种假设检验的一种替代方法就是本章随后将要阐述的内容。

贝叶斯估计。MLF 和 MLR 都存在一个弱点，这一弱点可以由贝叶斯方法进行方差和协方差的估计来解决。对固定效应的推断（即置信区间和假设检验）依赖于方差协方差参数的点估计的准确度（accuracy）。例如，在以均值为因变量的例子中，$\hat{\gamma}_{01}$ 的 95% 置信区间是：

$$95\% \text{ CI}(\gamma_{01}) = \hat{\gamma}_{01} \pm 1.96(V_{\hat{\gamma}_{01}})^{1/2}$$

其中：

$$V_{\hat{\gamma}_{01}} = \text{Var}(\hat{\gamma}_{01}) = \left[\sum \Delta_j^{-1} (W_j - \overline{W}_.^*)^2\right]^{-1}$$

假定把估计 $\hat{\Delta}_j = \hat{\tau}_{00} + \hat{V}_j$ 代入这个公式。如果 τ_{00} 估计得很差，这个置信区间可

能会很不准确。同时注意，使用一个在 0.025 水平的正态分布单位临界值 1.96 可能是不准确的，因为只有当 $V_{\hat{\gamma}_{01}}$ 已知时，$(\hat{\gamma}_{01} - \gamma_{01}) / (V_{\hat{\gamma}_{01}})^{1/2}$ 的抽样分布才是严格的正态分布。

Fotiu（1989）的模拟研究发现，用 t 分布的临界值作为一个乘数能使置信区间估计更准确，即：

$$95\% \, \mathrm{CI}(\hat{\gamma}_{01}) = \hat{\gamma}_{01} \pm t_{.025}(\hat{V}_{\hat{\gamma}_{01}})^{1/2}$$

这里，$\hat{V}_{\hat{\gamma}_{01}}$ 就是在 $V_{\hat{\gamma}_{01}}$ 公式中代入 τ_{00} 和 σ^2 的估计值得到的。

与 MLF 和 MLR 不同，贝叶斯估计允许研究者不依赖于 **T** 和 σ^2 的具体点估计来对 γ 进行推断。使用贝叶斯方法，对 γ 的推断只依赖于给定数据的后验分布[①]。有关这个方法的详细情况请参阅第 13 章。

假 设 检 验

在前面的部分，我们讨论了三种参数的估计：固定效应、随机层 - 1 系数以及方差协方差成分。现在我们来考虑假设检验。

为了让我们的讨论在合理的一般性框架内，先考虑一个具有如下形式的层 - 1 回归模型：

$$
\begin{aligned}
Y_{ij} &= \beta_{0j} + \beta_{1j}X_{1ij} + \beta_{2j}X_{2ij} + \cdots + \beta_{Qj}X_{Qij} + r_{ij} \\
&= \beta_{0j} + \sum_{q=1}^{Q} \beta_{qj}X_{qij} + r_{ij} \qquad \text{其中}, r_{ij} \sim \mathrm{N}(0, \sigma^2)
\end{aligned} \qquad [3.78]
$$

方程 3.78 有 $Q + 1$ 个系数，其中任何一个都可以被视为固定的，或非随机变化的，或随机的。在层 - 2 模型中，作为与层 - 2 的自变量 W_{sj}，$s = 1, \cdots, S_q$ 中的某一部分对应的每个系数 β_{qj} 可以由以下模型表示：

$$
\begin{aligned}
\beta_{qi} &= \gamma_{q0} + \gamma_{q1}W_{1j} + \gamma_{q2}W_{2j} + \cdots + \gamma_{qS_q}W_{S_qj} + u_{qj} \\
&= \gamma_{q0} + \sum_{s=1}^{S_q} \gamma_{qs}W_{sj} + u_{qj}
\end{aligned} \qquad [3.79]
$$

---

① 这个后验分布是通过从 γ、σ^2 及 **T** 的联合后验分布对 σ^2 和 **T** 求积分计算得到的。对任何特定的（σ^2，**T**）值，都有一个对 γ 及其标准误的估计。贝叶斯方法实质上是对所有可能的这类估计计算加权平均数，其中对应于任一估计的权数与（σ^2，**T**）的后验密度成比例。

因为在方程 3.79 中每一个 β_{qj} 都可能有一套独特的自变量，所以对每一个 β_{qj} 有 $S_q + 1$ 个固定效应，而在层 – 2 模型中固定效应总数 F 就等于 $\sum_q (S_q + 1)$。我们假定每一个随机成分 u_{qj} 都服从多元正态分布，于是对任一 q 都有：

$$\text{Var}(u_{qj}) = \tau_{qq} \qquad [3.80]$$

以及对任何一对随机效应 q 和 q' 都有：

$$\text{Cov}(u_{qj}, u_{q'j}) = \tau_{qq'} \qquad [3.81]$$

可以构造并检验关于固定效应（即每一个 γ_{qs}）、随机层 – 1 系数（即每一个 β_{qj}），以及方差协方差参数的假设。这些检验可以是单一参数检验，也可以是多参数检验。因此，这里就有 6 种假设可以进行检验（如表 3.1 所示）。通常用于这些模型的相应检验统计量列在表 3.2 中。下面将对它们进行逐一介绍和示范。

表 3.1　分层模型中可进行假设检验的类型

假设类型	固定效应	随机层 – 1 系数	方差成分
单参数			
H_0	$\gamma_h = 0$	$\beta_{qj} = 0$	$\tau_{qq} = 0$
H_1	$\gamma_h \neq 0$	$\beta_{qj} \neq 0$	$\tau_{qq} > 0$
多参数			
H_0	$\mathbf{C}^T \gamma = 0$	$\mathbf{C}^T \beta = 0$	$\mathbf{T} = \mathbf{T}_0$
H_1	$\mathbf{C}^T \gamma \neq 0$	$\mathbf{C}^T \beta \neq 0$	$\mathbf{T} = \mathbf{T}_1$

表 3.2　分层模型中的通用假设检验

假设类型	固定效应	随机层 – 1 系数	方差成分
单参数	t 检验	t 检验	单变量 χ^2 检验或 z 检验
多参数	一般线性假设检验[a]	一般线性假设检验	似然比检验（χ^2）

[a] 似然比检验也可以用于 MLF 模型。

固定效应的假设检验

单参数检验。在这种情况下，典型的零假设是：

$$H_0 : \gamma_{qs} = 0 \qquad [3.82]$$

这一假设意味着，层 -2 模型中的自变量 W_{sj} 对层 -2 模型中某一特定的参数 β_{qj} 没有影响。例如，在第 4 章中，我们将检验关于美国高中学校的类型（天主教学校和公立学校）与学校的平均成绩无关的假设。这样的假设检验有以下形式：

$$t = \hat{\gamma}_{qs} / (\hat{V}_{\hat{\gamma}_{qs}})^{1/2} \qquad [3.83]$$

其中，$\hat{\gamma}_{qs}$ 是 γ_{qs} 的最大似然估计，$\hat{V}_{\hat{\gamma}_{qs}}$ 是 $\hat{\gamma}_{qs}$ 的抽样方差的估计。从形式上说，z 统计量是渐近的标准正态分布。然而，通常一个具有自由度为 $J - S_q - 1$ 的 t 统计量可以为检验层 -2 自变量的效应提供一个更准确的参照分布。

多参数检验。现在考虑一个将在第 4 章进行详细讨论的简单例子。在每一个美国高中学校里，我们建立这样的模型，即学生的数学成绩作为学生的社会经济状况（SES）加上误差项的函数：

$$Y_{ij} = \beta_{0j} + \beta_{1j} (\text{SES})_{ij} + r_{ij} \qquad [3.84]$$

其中，Y_{ij} 是在学校 j 的学生 i 的数学成绩，$(\text{SES})_{ij}$ 是这个学生的 SES 值，r_{ij} 是随机误差，而 β_{0j} 和 β_{1j} 是学校 j 回归方程的截距和斜率。假如现在我们想检验一个合成的零假设，即天主教学校和公立学校有着相似的截距和斜率。这是对两个假设同时进行检验。层 -2 模型可以写成：

$$\beta_{0j} = \gamma_{00} + \gamma_{01} (\text{SECTOR})_j + u_{0j} \qquad [3.85a]$$
$$\beta_{1j} = \gamma_{10} + \gamma_{11} (\text{SECTOR})_j + u_{1j} \qquad [3.85b]$$

这里，$(\text{SECTOR})_j$ 是一个虚拟变量（$1 =$ 天主教学校，$0 =$ 公立学校）。待检验的假设是，γ_{01} 和 γ_{11} 都为 0。如果这一合成假设成立，$(\text{SECTOR})_j$ 就可以完全从这个模型中剔除。

为了理解这种多参数检验方法，需要把方程 3.85 重新写成矩阵形式：

$$\begin{pmatrix} \beta_{0j} \\ \beta_{1j} \end{pmatrix} = \begin{pmatrix} 1 & (\text{SECTOR})_j & 0 & 0 \\ 0 & 0 & 1 & (\text{SECTOR})_j \end{pmatrix} \begin{pmatrix} \gamma_{00} \\ \gamma_{01} \\ \gamma_{10} \\ \gamma_{11} \end{pmatrix} + \begin{pmatrix} u_{0j} \\ u_{1j} \end{pmatrix} \qquad [3.86]$$

即：

$$\boldsymbol{\beta}_j = \mathbf{W}_j \boldsymbol{\gamma} + \mathbf{u}_j$$

这一合成假设可以重新写为：

$$\mathbf{H}_0 : \mathbf{C}^T \boldsymbol{\gamma} = \mathbf{0} \tag{3.87}$$

其中：

$$\mathbf{C}^T = \begin{pmatrix} 0 & 1 & 0 & 0 \\ 0 & 0 & 0 & 1 \end{pmatrix}$$

于是，根据零假设，有：

$$\mathbf{C}^T \boldsymbol{\gamma} = \begin{pmatrix} \gamma_{01} \\ \gamma_{11} \end{pmatrix} = \begin{pmatrix} 0 \\ 0 \end{pmatrix} \tag{3.88}$$

给定已知的 $\mathrm{Var}(\hat{\boldsymbol{\beta}}_j) = \boldsymbol{\Delta}_j$，$\hat{\boldsymbol{\gamma}}$ 的抽样方差为：

$$\mathrm{Var}(\hat{\boldsymbol{\gamma}}) = \left(\sum \mathbf{W}_j^T \boldsymbol{\Delta}_j^{-1} \mathbf{W}_j \right)^{-1} = \mathbf{V}_{\hat{\gamma}} \tag{3.89}$$

因此对比向量（contrast vector）$\mathbf{C}^T \hat{\boldsymbol{\gamma}}$ 的方差为：

$$\mathrm{Var}(\mathbf{C}^T \hat{\boldsymbol{\gamma}}) = \mathbf{C}^T \mathbf{V}_{\hat{\gamma}} \mathbf{C} = （令它为）\mathbf{V}_c \tag{3.90}$$

当 $\mathbf{V}_{\hat{\gamma}}$ 未知但可以用下式进行估计时，

$$\hat{\mathbf{V}}_{\hat{\gamma}} = \left(\sum \mathbf{W}_j^T \hat{\boldsymbol{\Delta}}_j^{-1} \mathbf{W}_j \right)^{-1}$$

零假设 $\mathbf{H}_0 : \mathbf{C}^T \boldsymbol{\gamma} = \mathbf{0}$ 的一个近似检验统计量由下式给出：

$$H = \hat{\boldsymbol{\gamma}}^T \mathbf{C} \hat{\mathbf{V}}_c^{-1} \mathbf{C}^T \hat{\boldsymbol{\gamma}} \tag{3.91}$$

在零假设下这一统计量服从大样本 χ^2 分布，其自由度等于要检验的对比数目（即矩阵 $\mathbf{C}^T$ 的行数）。在目前的例子中，$\mathbf{C}^T$ 有两行，所以自由度为 2。

关于 γ 的多参数检验可用于：

- 一个层–2 的分类自变量与一个 β_{qj} 间关系的整体检验。[例如：学校平均成绩与由 4 个虚拟变量来表示的 5 个区域（东北部、东南部、中西部、西南部和太平洋海岸）是否有关？]

- 一个层 – 2 的分类自变量的各类型间对比。（例如：南部学生的成绩与中西部学生的成绩是否有显著差异？）

- 检验某一层 – 2 特征与若干层 – 1 自变量中的任何一个之间是否存在交互效应。[例如：学生的社会经济状况、少数民族状况或者学业背景对学习成绩的影响是否依赖于不同的学校（天主教学校或公立学校）而有所不同？]

- 检验一些层 – 2 自变量的子集在某一特定的 β_{qj} 模型中是否有必要。[例如：学校的整体风气（包括学习方面、纪律方面和社会方面）是否有助于预测学校的平均成绩？]

多参数检验还有很多可能的应用，其中的一些将在后面的章节中进行介绍。多参数假设检验的一个好处在于可以避免因进行许多单参数检验而导致第一类错误概率过高的问题。统计检验的策略是，只有在相应的合成（多参数）假设已经被拒绝后，再应用事后（post-hoc）的单变量检验。

另一种进行多参数检验的方法是似然比检验。对于固定效应，这种检验只对 MLF 估计可行。它基于估计并比较两个模型的结果，第一个或 "零"（null）模型排除了假设为零的固定效应。第二个或 "备选" 模型估计所有效应——那些被假设为零的效应以及其他效应。对每一个模型，计算一个偏差度统计量（deviance statistic），在这一统计量上的不同可以用于检验多变量假设。从直觉上也可以看出，这一偏差度测量了模型的拟合情况：偏差度越大，说明拟合得越差。

在过程上，对每一个零模型，我们计算偏差度 D_0，它是 2 倍的负对数似然值，即：

$$D_0 = -2\log(L_0) \qquad [3.92]$$

其中，L_0 是在零假设成立的情况下与最大似然估计相联系的似然函数值。类似地，D_1 是与备选模型的最大似然估计相联系的偏差度：

$$D_1 = -2\log(L_1) \qquad [3.93]$$

在零假设下，偏差度上的差异：

$$D_0 - D_1 \qquad\qquad [3.94]$$

具有大样本的 χ^2 分布，其自由度等于待定参数的数目的差值。这一统计量的较大值说明零假设是不可信的，也就是说，零模型对于数据的表达过于简单。

似然比检验将得出的结果对于方程 3.87 的一般线性假设几乎是一样的。然而，一般线性假设有三个优点：首先，应用一般线性假设方法，任何线性假设都可以在只计算一个模型（备选模型）后得到检验。相反，似然比方法需要重复为任何待检验的零假设计算估计值。其次，一般线性假设允许在各参数间进行任意的线性比较。例如，我们可能想检验两个固定效应的差异或者说是这些固定效应中的线性对比上的差异。用似然比方法进行这样的检验需要重新编写估计的算法，以求把参数间必需的限制条件考虑在内。再次，似然比方法在 MLR 中不可用，然而如前所述，在很多场合 MLR 估计都很优越。

我们注意到，在应用似然比方法检验有关固定效应的假设时，在零模型中关于方差协方差成分的设置必须与备选模型的设置保持一致。如后文将要讨论的，似然比方法也可以用于检验与模型中方差协方差成分的结构相关的假设，以及与固定效应和方差协方差成分相关的联合假设。

随机层 -1 系数的假设检验

沿用高中学校研究的例子，研究人员可能有兴趣检验这样一个假设，即某一学校的回归系数为零，或者某一所学校的回归系数大于另一所学校的相应回归系数。第一个问题是单参数假设，第二个则可看成一个多参数检验，因为它是比较两个或更多的随机系数向量的元素。

单参数检验。对某一学校特定回归系数的零假设可以表示为：

$$H_0 : \beta_{qj} = 0 \qquad\qquad [3.95]$$

适当的检验很类似于固定效应检验的情况，即我们要计算该系数估计与其标准误估计的比。但是，研究人员可以在采用经验贝叶斯估计或采用 OLS 估计方面进行选择。

如果使用贝叶斯估计，则这个比为：

$$z = \beta_{qj}^* / V_{qqj}^{*\,1/2} \qquad\qquad [3.96]$$

其中：

β_{qj}^* 是经验贝叶斯估计；

V_{qqj}^* 是系数 β_{qj} 后验方差矩阵上的第 q 个对角线元素；

z 在零假设为真时近似服从标准正态分布。

关于在 MLF 方法和 MLR 方法中的后验均值及方差的一般表达式将在第 14 章进行推导。不过，在此应该说明，与 MLF 相比，用 MLR 得到的后验方差将会较大，并且较为实际，尤其是在层 – 2 单位（如学校）的数目较小时更是这样。在 MLF 中，由于固定效应假定为已知，因此 β_{qj} 的后验方差并不反映其不确定性。而这一假定只有在层 – 2 单位的数目 J 很大时才较为实际。

需要特别警告读者，除非是在当 J 很大的情况下，否则不管是采用 MLF 方法还是采用 MLR 方法，其检验结果都不够严谨，以至于其名义显著度的值会大大小于其实际显著度的值。此外，我们还说不清 J 必须要有多大，或者其统计检验的问题有多大。

当 β 的估计可以通过 OLS 计算时，存在一个更为保险的 t 检验，在零假设为真时它严格地服从 t 分布。借此，可以简单地对某一特定层 – 2 单位进行回归计算，并按标准的方式对其进行假设检验。但是在许多情况下，层 – 2 单位中所含的层 – 1 样本量很小，以至于这一检验过于保守而没有太多的实用价值。

多参数检验。如果我们把 β 考虑为整个随机参数向量，即将每个层 – 2 单位的参数列向量依次叠置形成 $J(Q+1) \times 1$ 的向量，那么关于 β 的一般线性假设为：

$$\mathbf{H}_0 : \mathbf{C}^T \boldsymbol{\beta} = \mathbf{0} \qquad\qquad [3.97]$$

如果经验贝叶斯估计 $\boldsymbol{\beta}^*$ 被作为这一检验的基础，那么其检验统计量为：

$$H_{EB} = \boldsymbol{\beta}^{*T} \mathbf{C} (\mathbf{C}^T \mathbf{V}^* \mathbf{C})^{-1} \mathbf{C}^T \boldsymbol{\beta}^* \qquad\qquad [3.98]$$

其中，$\mathbf{V}^*$ 是所有系数的 $J(Q+1) \times J(Q+1)$ 维的整个方差协方差矩阵。在 MLR 中，$\mathbf{V}^*$ 是一个满秩矩阵。也就是说，在 MLR 中，对不同层 – 2 单位的经验贝叶斯估计相互依赖，因为它们都取决于同样的固定效应的估计。而在 MLF 中，对不同层 – 2 单位的经验贝叶斯估计是相互独立的，但这种独立却是基于固定效应为已知的不太实际的假定之上。

对于某一个层 – 2 单位，可以直接采用 MLR 或 MLF 的经验贝叶斯估计 $\boldsymbol{\beta}_j$

来进行关于方差成分的假设检验。对于某一部分层 - 2 单位进行系数比较也是相对容易的（即只需要方程 3.98 中一个较小的子阵）。一般说来，如果 J 不是很大，MLR 和 MLF 方法都会过于随意。

对经验贝叶斯方法的一种替代方法提供了严格但却非常保守的多元检验。如果 OLS 估计的整个向量 $\hat{\boldsymbol{\beta}}$ 能够计算出来，那么方程 3.97 中给出的一般线性假设可以由下面的统计量进行检验：

$$H_{\mathrm{OLS}} = \hat{\boldsymbol{\beta}}^T \mathbf{C}(\mathbf{C}^T \hat{\mathbf{V}} \mathbf{C})^{-1} \mathbf{C}^T \hat{\boldsymbol{\beta}} \qquad [3.99]$$

其中，$\hat{\mathbf{V}}$ 是一个块对角矩阵，其中每一块 $(Q+1) \times (Q+1)$ 子阵等于：

$$\hat{\mathbf{V}}_j = \hat{\sigma}^2 (\mathbf{X}_j^T \mathbf{X}_j)^{-1} \qquad [3.100]$$

方差协方差成分的假设检验

单参数检验。在几乎所有分层模型的应用中，研究人员需要确定层 - 1 系数是否应该被设定为固定的、随机的或非随机变化的（参见第 2 章）。

为明确随机变化是否存在，我们可以检验一个零假设：

$$H_0 : \tau_{qq} = 0 \qquad [3.101]$$

其中，$\tau_{qq} = \mathrm{Var}(\beta_{qj})$。如果这个假设被拒绝，研究人员可以认为 β_q 存在随机变化。

如果所有（或至少多数）的组都有足够的数据计算 OLS 估计，那么 $H_0 : \tau_{qq} = 0$ 可以由一种简单而有用的方法来检验。令 $\hat{V}_{qqj}$ 代表 $\hat{\mathbf{V}}_j = \hat{\sigma}^2 (\mathbf{X}_j^T \mathbf{X}_j)^{-1}$ 中的第 q 个对角线元素。于是，对于模型：

$$\beta_{qj} = \gamma_{q0} + \sum_{s=1}^{S_q} \gamma_{qs} W_{sj} \qquad [3.102]$$

有统计量：

$$\sum_j \left(\hat{\beta}_{qj} - \hat{\gamma}_{q0} - \sum_{s=1}^{S_q} \hat{\gamma}_{qs} W_{sj} \right)^2 \bigg/ \hat{V}_{qqj} \qquad [3.103]$$

它近似服从自由度为 $(J - S_q - 1)$ 的 χ^2 分布。

对假设 $H_0 : \tau_{qq} = 0$ 的第二种检验基于对信息矩阵求逆所计算的 $\hat{\tau}_{qq}$ 的标准误估计。根据最大似然估计的大样本理论，以下比值：

$$z = \hat{\tau}_{qq} / [\,\mathrm{Var}(\hat{\tau}_{qq})\,]^{1/2} \qquad [3.104]$$

近似服从正态分布。然而，在许多情况下，尤其是当 $\hat{\tau}_{qq}$ 接近 0 时，其正态近似性将很差。从技术上说，这时的似然值不可能关于众数对称（即尚未取得渐近正态性），并且按照对称的 τ_{qq} 置信区间进行检验非常有可能是错误的。

多参数检验。似然比检验是对方差协方差进行假设检验的最一般的形式，这种检验在 MLF 和 MLR 估计时都可以用。这种检验经常用于检验零假设：

$$\mathbf{H}_0 : \mathbf{T} = \mathbf{T}_0 \qquad [3.105]$$

其备择假设为：

$$\mathbf{H}_1 : \mathbf{T} = \mathbf{T}_1 \qquad [3.106]$$

其中，$\mathbf{T}_0$ 是 $\mathbf{T}_1$ 的简化形式。例如，假设 $\mathbf{T}_1$ 中的第 q 行和第 q 列（或某一部分行和列）可能为零。对任何模型而言，其偏差度统计量为 -2 倍的似然函数值的对数相对其最大值之比（详见第 4 章）。为了检验一个合成假设，可以先估计两个不同的模型，再对每一个模型都计算出其偏差统计量 D_0 和 D_1，然后计算出这一检验统计量：

$$\mathrm{H} = D_0 - D_1 \qquad [3.107]$$

这个统计量服从自由度为 m 的 χ^2 分布，其中 m 为这两个模型中估计的方差协方差成分的数目之差。在应用任何似然比检验方差或协方差时，所比较的两个模型在其固定效应设置上必须是一样的。在这种设置下，似然比检验表现为一定程度的保守（Pinheiro & Bates，2000）。

最后，我们注意到在方差和协方差项的 MLF 估计中，可以同时对固定效应和方差协方差项进行检验。这一过程与前面所述是一致的，构造一个限制模型并计算出 D_0，然后用方程 3.107 对比更一般的模型计算的 D_1 来检验偏差度统计量。全部备选嵌套模型的拟合优度都将按这种方式进行验证。第 6 章示范了这一过程的应用。

本章术语概要

一般两层模型：

$$Y_{ij} = \beta_{0j} + \beta_{1j}X_{1ij} + \beta_{2j}X_{2ij} + \cdots + \beta_{Qj}X_{Qij} + r_{ij}$$

$$= \beta_{0j} + \sum_{q=1}^{Q} \beta_{qj} X_{qij} + r_{ij} \qquad\qquad 其中，r_{ij} \sim \mathrm{N}(0, \sigma^2)$$

$$\beta_{qj} = \gamma_{q0} + \gamma_{q1} W_{1j} + \gamma_{q2} W_{2j} + \cdots + \gamma_{qS_q} W_{S_qj} + u_{qj}$$

$$= \gamma_{q0} + \sum_{s=1}^{S_q} \gamma_{qs} W_{sj} + u_{qj} \qquad\qquad 对任一 \ q = 0, \cdots, Q$$

我们假定随机项 u_{qj}，$q = 0, \cdots, Q$，是均值为 0、方差为 $\mathrm{Var}(u_{qj}) = \tau_{qq}$ 的多元正态分布；并且对于任何一对随机效应 q 和 q'，都有 $\mathrm{Cov}(u_{qj}, u_{q'j}) = \tau_{qq'}$。这些方差和协方差成分可以被集中到一个 $(Q+1) \times (Q+1)$ 维的离散矩阵 T 中。

精度：某一个统计量的误差方差的倒数。

精度加权平均数：一系列统计量的加权平均数，其中每一个统计量都依据其精度进行比例加权（方程 3.9）。

常规最小二乘法（OLS）估计：一种使残差平方和最小的估计。在单个自变量的情况下，OLS 的斜率估计就是交叉乘积之和除以一个离差平方和（方程 3.15）。

加权最小二乘法（WLS）估计：一种使残差平方的加权总和最小的估计。在单个自变量的情况下，WLS 的斜率估计就是交叉乘积的加权总和除以一个离差平方项的加权总和（方程 3.17）。

广义最小二乘法（GLS）估计：一种使平方项及交叉乘积的加权总和最小的估计（方程 3.31）。

误差方差：未知层 −1 系数（如 β_{qj}）的估计统计量（如 $\hat{\beta}_{qj}$）的方差。这一方差包括几个成分：抽样误差、测量误差以及模型误差（model error）（比如对层 −1 模型不完整的定义）。

参数方差：贯穿层 −2 单位总体的未知层 −1 系数（如 β_{qj}）的方差。

随机的层 −1 模型系数的经验贝叶斯估计：对某一特定层 −2 单位的未知层 −1 系数所做的估计。这一估计不仅要应用来自这一单位的数据，而且要应用来自其他类似单位的数据（如方程 3.41、3.48 和 3.56）。

可靠性：对于两层的分层线性模型，我们定义 $\hat{\beta}_{qj}$ 的可靠性为这一统计量作为未知层 −1 系数 β_{qj} 的 OLS 估计时的可靠性。可以为每一个层 −2 单位计算其可靠性（见方程 3.58），也可以为所有 J 个层 −2 单位计算总的可靠性和平均的可靠性（见方程 3.59）。

无条件收缩：通过与其不可靠性成比例的因子，把一个随机层 −1 系数的最小二乘估计向总平均数收缩的原理。

条件收缩：把一个随机层 - 1 系数的最小二乘估计向预测值（而不是总平均数）收缩的原理。

层 - 2 的最小二乘法残差（$\hat{u}_{qj}$）：最小二乘法估计 $\hat{\beta}_{qj}$ 与其基于层 - 2 模型的预测值之间的离差（方程 3.50 和方程 3.60）。

层 - 2 经验贝叶斯残差（u_{qj}^{*}）：经验贝叶斯估计 β_{qj}^{*} 与其基于层 - 2 模型的预测值之间的离差（方程 3.51 和方程 3.61）。

层 - 1 的最小二乘法残差（$\hat{r}_{ij}$）：层 - 1 因变量 Y_{ij} 与基于层 - 2 模型固定效应的估计和最小二乘法残差 $\hat{u}_j$ 之间的离差（方程 3.62）。

层 - 1 经验贝叶斯残差（r_{ij}^{*}）：层 - 1 因变量 Y_{ij} 与基于层 - 2 模型固定效应的估计和经验贝叶斯残差 u_j^{*} 之间的离差（方程 3.63）。

单参数检验：只涉及一个参数的零假设检验。

多参数检验：对涉及多个参数的合成假设所进行的检验。

示　例

引　言

　　本章主要是第 3 章介绍的估计技术和假设检验的应用示范，以第 2 章介绍的模型为基础进行一系列的分析。对于每一个模型，示范固定效应及其方差协方差成分的估计，阐明这些参数的假设检验过程。通过这些例子，还介绍一些有用的辅助性描述统计量，这些统计量可以在最大似然方差协方差成分估计的基础上进行估算。本章的最后一部分将阐释随机层 − 1 系数的估计和假设检验过程。

　　下面例子的分析数据来自美国具有全国代表性的公立学校和天主教学校的抽样调查，是 1982 年高中及以上学校调查（High School and Beyond Survey，

HS&B）的子样本，[①] 包括 160 所学校（90 所公立学校、70 所天主教学校）7185 名学生的信息，平均每所学校 45 个学生。

重点集中在两个学生层次的变量：（a）因变量 Y_{ij} 为数学成绩的标准测量；和（b）一个自变量（SES）$_{ij}$ 为学生的社会经济状况，它是一个父母受教育程度、职业和收入的组合变量。学校层次的变量包括（SECTOR）$_j$ 和（MEAN SES）$_j$，前一个指标变量逢天主教学校时赋值为 1，逢公立学校时赋值为 0；后一个是每个学校学生的社会经济状况均值。根据第 2 章引入的术语，层 – 1 单位是学生，层 – 2 单位是学校。（SES）$_{ij}$ 是层 – 1 的自变量，（SECTOR）$_j$ 和（MEAN SES）$_j$ 是层 – 2 的自变量。表 4.1 列出了这些变量的均值和标准差。

要分析的主要内容是：

1. 美国高中学校在平均数学成绩上的差异有多大？

2. 是否社会经济状况均值较高的学校，其数学成绩也较高？

3. 各学校学生的社会经济状况与数学成绩的相关程度是否相似？或者某些学校学生的社会经济状况的作用相比其他学校更重要？

4. 在控制了社会经济状况均值（MEAN SES）后，如何比较天主教学校和公立学校的数学成绩的均值及其与社会经济状况之间相关性的强弱？

表 4.1 美国高中数据的描述性统计

	变量名	均 值	标准误
学生层次变量			
数学成绩	Y_{ij}	12.75	6.88
社会经济状况	(SES)$_{ij}$	0.00	0.78
学校层次变量			
学校类型	(SECTOR)$_j$	0.44	0.50
学校平均的社会经济状况	(MEAN SES)$_j$	0.00	0.41

单因素方差分析

第 2 章描述的带随机效应的单因素方差分析，为学校内部和学校之间因变

---

① 可以从美国教育部教育研究与改进办公室获得数据录音带和用户手册。地址：华盛顿地区新泽西大街 55 号，20208 – 1327。

量的变化程度和作为真实总体均值估计的每个学校的样本均值的可靠性提供了初步而有用的信息。

模 型

层－1即学生层次的模型为：

$$Y_{ij} = \beta_{0j} + r_{ij} \qquad\qquad [4.1]$$

对于学校j，$j = 1$，$\cdots$，160，校内的学生i，$i = 1$，$\cdots$，n_j，我们假定有$r_{ij} \sim iid$ $N(0, \sigma^2)$①，定义σ^2为学生层次的方差。注意，这个模型仅用一个截距β_{0j}（在这种情况下指均值）来描述每个学校的成绩。

在层－2，即学校层次，每所学校的数学成绩均值β_{0j}等于总平均数γ_{00}加上一项随机误差u_{0j}：

$$\beta_{0j} = \gamma_{00} + u_{0j} \qquad\qquad [4.2]$$

这里，我们假定$u_{0j} \sim iid\ N(0, \tau_{00})$，其中$\tau_{00}$表示学校层次的方差。

这就产生了一个组合模型，经常也称为混合模型，其中含有固定效应γ_{00}和随机效应u_{0j}和r_{ij}：

$$Y_{ij} = \gamma_{00} + u_{0j} + r_{ij} \qquad\qquad [4.3]$$

结 果

固定效应。在表4.2中，数学成绩的总平均数（使用方程3.9的估计值）的加权最小二乘法的估计值为12.64，即：

$$\hat{\gamma}_{00} = 12.64$$

其标准误是0.24，由此产生的95%置信区间（见方程3.12）可表示为：

$$12.64 \pm 1.96(0.24) = (12.17, 13.11)$$

---

① 译注：统计符号"iid"或"$i.i.d.$"表示"独立同分布"。

表 4.2 单因素方差分析模型的结果

固定效应		系 数	标准误 se	
学校平均成绩的平均数，γ_{00}		12.64	0.24	
随机效应	方差成分	自由度	χ^2	p 值
学校平均成绩，u_{0j}	8.61	159	1660.2	0.000
层 -1 效应，r_{ij}	39.15			

方差成分。表 4.2 还给出了方差成分的约束最大似然估计值。在学生层次：

$$\widehat{Var}(r_{ij}) = \hat{\sigma}^2 = 39.15$$

在学校层次，τ_{00} 是真实的学校平均成绩 β_{0j}（在总平均数 γ_{00} 周围变化）的方差。这些学校平均成绩方差的估计是：

$$\widehat{Var}(\beta_{0j}) = \widehat{Var}(u_{0j}) = \hat{\tau}_{00} = 8.61$$

为了测量学校间平均成绩的差异幅度，有必要计算这些均值的可能值区间（plausible values range）。在方程 4.2 的正态性假设下，期望学校均值的 95% 落在以下范围内：

$$\hat{\gamma}_{00} \pm 1.96(\hat{\tau}_{00})^{1/2} \tag{4.4}$$

所以，

$$12.64 \pm 1.96(8.61)^{1/2} = (6.89, 18.39)$$

表明这个样本数据中学校之间平均成绩的变化范围比较大。

我们希望可以规范地检验 τ_{00} 的估计值是否显著地大于 0。如果不是，就有理由认为所有学校具有相同的均值。这一假设的规范统计表达是：

$$H_0 : \tau_{00} = 0$$

可以用方程 3.103 检验。这一检验统计量将单因素随机方差分析模型简化为：

$$H = \sum n_j (\overline{Y}_{.j} - \hat{\gamma}_{00})^2 / \hat{\sigma}^2 \tag{4.5}$$

它在零假设下服从自由度为 $J-1$ 的大样本 χ^2 分布。在我们的分析中，这一检验统计量为 1660.2，自由度为 159（$J = 160$ 所学校）。这一结果表明，零假设不太可能（$p < 0.001$），学校之间在成绩上存在显著差异。

辅助统计量。用估计的参数方差代替方程 2.10 中所对应的参数，以此来表示在 Y 值差异上学校之间差异所占的比例，又称为组内相关（intraclass correlation）：

$$\hat{\rho} = \hat{\tau}_{00}/(\hat{\tau}_{00} + \hat{\sigma}^2) = 8.61/(8.61 + 39.15) = 0.18 \qquad [4.6]$$

结果表明，数学成绩差异的大约 18% 是校际之间的差异。

与此相似，任何一个学校关于真实学校均值 β_{0j} 的样本均值可靠性（reliability of the sample mean）的估计都可以通过将方差成分的估计值代入方程 3.42 得到，即：

$$\hat{\lambda}_j = \text{reliability}(\overline{Y}_{.j}) = \hat{\tau}_{00}/[\hat{\tau}_{00} + (\hat{\sigma}^2/n_j)] \qquad [4.7]$$

一般而言，样本均值 $\overline{Y}_{.j}$ 作为真实学校平均成绩估计的可靠性会由于样本规模 n_j 的变化而在各学校间变化。然而，可以通过对各个学校的可靠性取平均数来得到可靠性的整体测量：

$$\hat{\lambda} = \sum \hat{\lambda}_j/J \qquad [4.8]$$

对于 HS&B 数据，$\hat{\lambda} = 0.90$，意味着样本均值作为真实学校均值是非常可靠的。

总而言之，单因素方差分析对我们研究美国高中学校数学成绩提供了有用的初步信息。它提供了总平均数的估计；将总方差分解为校内方差和校际方差两部分；学校均值的可能区间，以及关于学校差异为零的假设检验；每个学校中观测值的相关程度（组内相关）；还测量了作为实际均值估计的学校样本平均成绩的可靠性。

以均值作为结果的回归

模型

方程 4.1 中学生层次的模型保持不变：学生的数学成绩被视为在学校平均成绩的周围变化。但是学校层次的模型（方程 4.2）需要重新建立，这样才能用学校的社会经济状况均值（MEAN SES）来预测学校的平均成绩：

$$\beta_{0j} = \gamma_{00} + \gamma_{01}(\text{MEAN SES})_j + u_{0j} \qquad [4.9]$$

这里，γ_{00} 是截距，γ_{01} 是社会经济状况均值（MEAN SES）对 β_{0j} 的影响，并且假定 $u_{0j} \sim \text{indep. N}(0, \tau_{00})$。

注意，这里 u_{0j} 和 τ_{00} 的含义与方程 4.2 中的不同。在方程 4.2 中，随机变量 u_{0j} 是学校平均成绩相对于总平均数的离差，但在这里表示的是残差 $\beta_{0j} - \gamma_{00} - \gamma_{01}(\text{MEAN SES})_j$。相应地，方差 τ_{00} 在这里是残差方差，或称条件方差，即方差 $\text{Var}(\beta_{0j} \mid \text{MEAN SES})$，指在控制学校的社会经济状况均值 MEAN SES 后学校层次上 β_{0j} 的方差。

将方程 4.9 代入方程 4.1 产生组合模型（或称"混合模型"）：

$$Y_{ij} = \gamma_{00} + \gamma_{01}(\text{MEAN SES})_j + u_{0j} + r_{ij} \qquad [4.10]$$

其中固定效应是 γ_{00} 和 γ_{01}，随机效应是 u_{0j} 和 r_{ij}。

结 果

表 4.3 给出了固定效应和随机效应方差的估计和假设检验。

表 4.3　以均值作为结果的模型结果

固定效应	系　数	标准误 se	t 比率
学校平均成绩模型			
截距，γ_{00}	12.65	0.15	—
社会经济状况均值，γ_{01}	5.86	0.36	16.22

随机效应	方差成分	自由度	χ^2	p 值
学校平均成绩，u_{0j}	2.64	158	633.52	0.000
层 –1 效应，r_{ij}	39.16			

固定效应。我们看到，学校的社会经济状况均值 MEAN SES 与数学成绩均值显著相关（$\hat{\gamma}_{01} = 5.86$，$t = 16.22$）。用于个人固定效应假设检验的 t 值是其估计系数相对其标准误的比（参见方程 3.83）：

$$t = \hat{\gamma}_{01} / [\text{Var}(\hat{\gamma}_{01})]^{1/2} = 5.86/0.36 = 16.22$$

还可以检验总平均数为零的假设，即 $H_0: \gamma_{00} = 0$，但是在此我们并不关心这个检验。

方差成分。 学校间的残差变化（$\hat{\tau}_{00} = 2.64$）比表 4.2 中随机单因素方差分析模型估计的原值（$\hat{\tau}_{00} = 8.62$）小得多。假定所有学校的社会经济状况的均值为零，学校均值的可能值域为：

$$\hat{\gamma}_{00} \pm 1.96(\hat{\tau}_{00})^{1/2} = 12.65 \pm 1.96(2.64)^{1/2} = (9.47, 15.83)$$

虽然这一可能值区间相当宽，但也比社会经济状况的均值不为常数时〔参见方程 4.4，(6.89, 18.39)〕的可能值域小得多。

控制社会经济状况均值 MEAN SES 后，学校成绩均值是否会显著变化？这里零假设 $\tau_{00} = 0$（τ_{00} 现在是残差方差）由如下统计量进行检验：

$$\sum n_j \left[\bar{Y}_{.j} - \hat{\gamma}_{00} - \hat{\gamma}_{01}(\text{MEAN SES})_j \right]^2 / \hat{\sigma}^2 \qquad [4.11]$$

在零假设的条件下，这一统计量服从自由度为 $J - 2 = 158$ 的 χ^2 分布。在本例中，这一统计量的值为 633.52，有 $p < 0.001$，表明零假设被轻易拒绝，意味着在控制社会经济状况均值 MEAN SES 的情况下，学校之间在数学成绩均值上还存在显著的差异尚未得到解释。

辅助统计量。 通过比较两个模型的 τ_{00} 估计值，我们可以获得一个层 – 2 的方差削减比例（proportion reduction in variance）的指标，或者称其为"解释方差"，在本例中为：

$$\hat{\beta}_{0j} \text{ 中的可解释方差比例} = \frac{\hat{\tau}_{00}(随机方差分析) - \hat{\tau}_{00}(\text{MEAN SES})}{\hat{\tau}_{00}(随机方差分析)} \qquad [4.12]$$

这里，$\hat{\tau}_{00}$（随机方差分析）$= \text{Var}(\beta_{0j})$ 和 $\hat{\tau}_{00}$（MEAN SES）$= \text{Var}(\beta_{0j} | \text{MEAN SES})$ 分别是由方程 4.2 和方程 4.9 定义的层 – 2 替代模型中 τ_{00} 的估计值。注意，$\hat{\tau}_{00}$（随机方差分析）是这一分析的基础，因为它代表了学校成绩均值参数的总方差，它可以由层 – 2 替代模型中设置的 β_{0j} 来进行解释。由带有社会经济状况均值 MEAN SES 的模型所解释的学校之间差异的比例为：

$$(8.61 - 2.64) / 8.61 = 0.69$$

这说明，社会经济状况均值 MEAN SES 解释了学校之间数学成绩实际差异的 69%。

在排除学校的 MEAN SES 的影响后，同一所学校中各对成绩间的相关性由前面的 0.18 减少为：

$$\hat{\rho} = \hat{\tau}_{00}/(\hat{\tau}_{00} + \hat{\sigma}^2) = 2.64/(2.64 + 39.16) = 0.06$$

估计值 ρ 现在是条件组内相关（conditional intraclass correlation），度量了具有相同社会经济状况均值的学校内部观测值间的依赖程度。

类似地，我们还可以计算最小二乘残差 $\hat{u}_{0j}$ 的可靠性：

$$\hat{u}_{0j} = \overline{Y}_{.j} - \hat{\gamma}_{00} - \hat{\gamma}_{01}(\text{MEAN SES})_j \qquad [4.13]$$

这是条件可靠性（conditional reliability），即我们可以通过这种可靠性来对那些具有相同社会经济状况均值 MEAN SES 的学校进行区分。将新的估计值 $\hat{\tau}_{00}$ 和 $\hat{\sigma}^2$ 代入方程 4.7 和方程 4.8，得到的平均可靠性为 0.74，与我们的期望相符，残差的可靠性小于样本均值的可靠性。

总之，从以均值作为结果的模型中，我们了解到，MEAN SES 与平均成绩之间显著正相关。但是，即使设定 MEAN SES 为常数，即对之进行控制后，学校的平均成绩仍然存在显著差异。

随机系数模型

我们现在来考虑 160 所学校内社会经济状况与数学成绩的关系。我们设想每个学校都有其"自身"的回归方程，包括截距和斜率。我们将考察以下的问题：

1. 160 个回归方程的平均值是多少？（即平均截距和平均斜率是多少？）

2. 回归方程在学校之间的变化程度有多大？具体地说，截距的变化程度有多大？斜率的变化程度有多大？

3. 截距和斜率间的相关关系是怎样的？〔即截距大的学校（即数学成绩平均分高的学校）是否也有大的斜率（即社会经济状况与成绩之间有强烈的相关关系）？〕

模 型

我们就第 2 章介绍的随机系数回归模型来回答以上问题。先来建立层 - 1

的学生层次模型：

$$Y_{ij} = \beta_{0j} + \beta_{1j}(X_{ij} - \overline{X}_{\cdot j}) + r_{ij} \qquad [4.14]$$

每所学校数学成绩的分布由两个参数来描述：截距 β_{0j} 和斜率 β_{1j}。由于学生层次的自变量是按学校均值来对中的，所以截距 β_{0j} 是学校平均成绩的结果（参见方程 2.29）。我们再次假设 $r_{ij} \sim \text{indep. N}(0, \sigma^2)$，这里，$\sigma^2$ 现在是控制学生的社会经济状况后层 -1 的残差方差。

参数 β_{0j} 和 β_{1j} 作为总平均数和随机误差的函数在层 -2 模型中随学校的变化而变化：

$$\beta_{0j} = \gamma_{00} + u_{0j} \qquad [4.15a]$$
$$\beta_{1j} = \gamma_{10} + u_{1j} \qquad [4.15b]$$

其中：

γ_{00} 是所有学校数学成绩均值的平均数；

γ_{10} 是所有学校社会经济状况与数学成绩关系的平均回归斜率；

u_{0j} 是层 -2 上与学校 j 对应的截距上的特性增量；

u_{1j} 是层 -2 上与学校 j 对应的斜率上的特性增量。

将方程 4.15 代入方程 4.14，得到混合模型：

$$Y_{ij} = \gamma_{00} + \gamma_{10}(X_{ij} - \overline{X}_{\cdot j}) + u_{0j} + u_{1j}(X_{ij} - \overline{X}_{\cdot j}) + r_{ij} \qquad [4.16]$$

我们假定 u_{0j} 和 u_{1j} 服从多元正态分布，两者的期望值均是 0。我们标注学校效应的方差为：

$$\text{Var}(u_{0j}) = \tau_{00}$$
$$\text{Var}(u_{1j}) = \tau_{11}$$

它们之间的协方差为：

$$\text{Cov}(u_{0j}, u_{1j}) = \tau_{01}$$

将它们表达成一个方差协方差矩阵：

$$\text{Var}\begin{bmatrix} u_{0j} \\ u_{1j} \end{bmatrix} = \begin{bmatrix} \tau_{00} & \tau_{01} \\ \tau_{10} & \tau_{11} \end{bmatrix} = \mathbf{T} \qquad [4.17]$$

由于层 − 2 模型对于 β_{0j} 和 β_{1j} 来说是无条件模型（如，方程 4.15a 和 4.15b 中没有自变量），在这种情况下：

$$\text{Var}(u_{0j}) = \text{Var}(\beta_{0j} - \gamma_{00}) = \text{Var}(\beta_{0j})$$
$$\text{Var}(u_{1j}) = \text{Var}(\beta_{1j} - \gamma_{10}) = \text{Var}(\beta_{1j}) \qquad [4.18]$$

于是，随机系数回归模型为随机截距和斜率这些无条件参数的变异性提供估计。

结果

固定效应。表 4.4 列出了所有学校的平均回归方程的估计值。应用方程 3.31（或等价的方程 3.37）的广义最小二乘估计，得到学校平均成绩为：

$$\hat{\gamma}_{00} = 12.64$$

社会经济状况与成绩的平均斜率为：

$$\hat{\gamma}_{10} = 2.19$$

根据方程 3.32（或等价的方程 3.38），相应的标准误分别为 0.24 和 0.13。可以用这一信息检验零假设，即平均起来，校内学生的社会经济状况与数学成绩没有相关关系，即：

$$H_0 : \gamma_{10} = 0$$

根据方程 3.83 的检验统计量：

$$t = \hat{\gamma}_{10} / (\hat{V}_{\hat{\gamma}_{10}})^{1/2} = 2.19 / 0.13 = 17.16$$

可以看到，平均而言，在学校内，学生的社会经济状况与数学成绩显著相关（$P < 0.001$）。

方差协方差成分。应用第 3 章讨论的最大似然估计的一般程序，我们对方程 4.17 中的方差协方差成分进行估计：

$$\widehat{Var}\begin{bmatrix} u_{0j} \\ u_{1j} \end{bmatrix} = \begin{bmatrix} \hat{\tau}_{00} & \hat{\tau}_{01} \\ \hat{\tau}_{10} & \hat{\tau}_{11} \end{bmatrix} = \begin{bmatrix} 8.68 & 0.04 \\ 0.04 & 0.68 \end{bmatrix} = \hat{\mathbf{T}}$$

表 4.4 也列出了对应于矩阵 **T** 对角线上的每一个方差为零的假设检验统计量（参见方程 3.101），即：

$$H_0 : \tau_{qq} = 0 \quad 其中 q = 0,1$$

具体来说，均值间的方差估计值是 $\hat{\tau}_{00} = 8.68$，其 χ^2 统计量为 1770.5，自由度为 $J - 1 = 159$，然后将其与对应的 χ^2 判别值比较。由此得出结论，160 所学校间存在显著差异，这一结果与带随机效应的单因素方差分析的结果很相似。

表 4.4　随机效应的模型结果

固定效应		系　数	标准误 se	t 比率
总平均数成绩，γ_{00}		12.64	0.24	—
社会经济状况与成绩关系的平均斜率，γ_{10} [a]		2.19	0.13	17.16
随机效应	方　差	自由度	χ^2	p 值
学校平均成绩，u_{0j}	8.68	159	1770.9	0.000
社会经济状况与成绩的斜率，u_{1j}	0.68	159	213.4	0.003
层 –1 效应，r_{ij}	36.70			

[a] 这是一个校内合并的回归系数。

斜率方差的估计值是 $\hat{\tau}_{11} = 0.68$，对应 χ^2 的统计量为 213.4，自由度为 159，$p < 0.003$。同样，我们拒绝零假设，即 $\tau_{11} = 0$，由此推断校内社会经济状况与数学成绩的关系在学校总体间差异非常显著。

现在可以计算各学校的均值和各学校的社会经济状况与成绩的斜率的可能值域。由方程 4.4，层 –1 模型随机系数的 95% 的可能值域是：

$$\hat{\gamma}_{q0} \pm 1.96(\hat{\tau}_{qq})^{1/2} \qquad [4.19]$$

其中 $q = 0, \cdots, Q$（本例中，$Q = 1$）。置信度为 95% 学校均值的可能值域为：

$$12.64 \pm 1.96(8.68)^{1/2} = (6.87, 18.41)$$

社会经济状况与成绩的斜率的可能值域为：

$$2.19 \pm 1.96(0.68)^{1/2} = (0.57, 3.81)$$

学校均值的结果与前面单因素方差模型的结果比较接近，各学校的社会经济状况与成绩的斜率存在着较大差异。就社会经济状况的影响而言，最大的学校与最小的学校之间差了 7 倍多。

　　辅助统计量。与 β_{0j} 和 β_{1j} 相联系的还有可靠性估计（参见方程 3.59），其结果为：

$$\text{reliability}(\hat{\beta}_0) = 0.91$$
$$\text{reliability}(\hat{\beta}_1) = 0.23$$

这些指标回答了这样一个问题："平均而言，如果分别按各学校计算其最小二乘法回归方程的话，得到的各学校截距和斜率估计的可靠性将如何？"这种可靠性取决于两个因素：真实的内在参数随学校不同而变化的程度；每所学校的回归方程的估计精度。

　　截距（本研究中指学校平均成绩）估计的精度依赖于每所学校中的样本规模。斜率估计的精度既依赖于学校 j 中样本规模的大小，又依赖于该学校中社会经济状况的差异程度。如果学校中学生的社会经济状况具有同质性，会导致其斜率估计的精度很差。

　　结果显示，平均每所学校 50 个学生的样本规模使得截距估计的可靠性很高（0.91），而斜率估计的可靠性很差（0.23）。斜率估计的可靠性较差主要是因为不同学校实际斜率的方差远远小于实际均值的方差。此外，还因为许多学校在社会经济状况方面有相当的同质性。

　　类似于方程 4.12，可以通过比较两个替代模型的 σ^2 估计值，来建立一个指标测量层 -1 方差削减比例或"解释方差"。注意，学生层次的方差估计值现在是 36.70，而单因素方差分析模型（其中社会经济状况 SES 并未作为层 -1 的自变量）的方差估计值是 39.15，因此，

$$\text{层 -1 的解释方差比例} = \frac{\hat{\sigma}^2(\text{随机方差分析}) - \hat{\sigma}^2(\text{SES})}{\hat{\sigma}^2(\text{随机方差分析})}$$

$$= \frac{39.15 - 36.70}{39.15} = 0.063 \qquad [4.20]$$

这里，$\hat{\sigma}^2$（随机方差分析）和 $\hat{\sigma}^2$（SES）分别指由方程 4.1 和 4.11 表示的层 -1 模型的 σ^2 的估计值。注意，$\hat{\sigma}^2$（随机方差分析）是本研究的基础，因为它代表了可被任何层 -1 模型解释的总的校内方差。

　　把社会经济状况 SES 增设为数学成绩的自变量使得校内方差减少了6.3%。由此，我们可以得出结论，社会经济状况可以解释学生层次因变量方

差的约 6%。回想学校的社会经济状况均值 MEAN SES 可以解释因变量中校际方差的 60% 以上，很明显，学校层次上两个变量间的解释作用比学生层次上的相应作用大得多。

最后，模型同时也提供了截距和斜率之间协方差的最大似然估计。结合截距和斜率的方差估计值，我们可以应用方程 2.3 估计截距和斜率的相关系数。本研究中，这一相关系数为 0.02，表明学校平均成绩和学校社会经济状况两个效应之间几乎不存在相关关系。

以截距和斜率作为结果的模型

在估计了各学校回归方程的变异程度后，我们现在来建立说明这种变异的解释性模型，即我们要解释：为什么有些学校的均值高于其他学校？为什么有些学校社会经济状况与成绩之间的联系程度要高于其他学校？

模型

学生层次模型与方程 4.14 一样。但是，这里，我们将学校层次模型扩展为包括两个自变量：学校类别 SECTOR 和社会经济状况均值 MEAN SES。所建立的学校层次模型为：

$$\beta_{0j} = \gamma_{00} + \gamma_{01}(\text{MEAN SES})_j + \gamma_{02}(\text{SECTOR})_j + u_{0j} \qquad [4.21a]$$
$$\beta_{1j} = \gamma_{10} + \gamma_{11}(\text{MEAN SES})_j + \gamma_{12}(\text{SECTOR})_j + u_{1j} \qquad [4.21b]$$

这里，u_{0j} 和 u_{1j} 依然服从多元正态分布，均值为 0，方差协方差矩阵为 **T**。**T** 的元素现在为残差，或条件方差协方差成分。更确切地说，它们代表在控制 SECTOR 和 MEAN SES 后，β_{0j} 和 β_{1j} 的残差分布。

组合学校层次模型（方程 4.21）和学生层次模型（方程 4.14），得到：

$$\begin{aligned} Y_{ij} = {} & \gamma_{00} + \gamma_{01}(\text{MEAN SES})_j + \gamma_{02}(\text{SECTOR})_j \\ & + \gamma_{10}(X_{ij} - \overline{X}_{\cdot j}) + \gamma_{11}(\text{MEAN SES})_j(X_{ij} - \overline{X}_{\cdot j}) \\ & + \gamma_{12}(\text{SECTOR})_j(X_{ij} - \overline{X}_{\cdot j}) + u_{0j} + u_{1j}(X_{ij} - \overline{X}_{\cdot j}) + r_{ij} \end{aligned} \qquad [4.22]$$

模型表明，因变量可以看作总截距（γ_{00}）、MEAN SES 的主效应（γ_{01}）、SECTOR 的主效应（γ_{02}）、学生个人社会经济状况 SES 的主效应（γ_{10}）、两个层间

的交互效应［即 SECTOR 与学生 SES 的互动（γ_{12}），以及 MEAN SES 与学生 SES 的互动（γ_{11}）］，再加上随机误差：

$$u_{0j} + u_{1j}(X_{ij} - \bar{X}_{\cdot j}) + r_{ij}$$

这一分析可以回答三个问题：

1. MEAN SES 和 SECTOR 是否可以有效地预测截距？我们对 γ_{01} 的估计可以研究，在控制 SECTOR 后，具有较高平均社会经济状况的学校与较低平均社会经济状况的学校在数学成绩均值上是否存在差异。类似地，估计 γ_{02} 来考察在控制 MEAN SES 后，天主教学校和公立学校在成绩均值上是否存在差异。

2. 用 MEAN SES 和 SECTOR 是否可以有效地预测各学校的斜率？我们（在控制 SECTOR 条件下）对 γ_{11} 进行估计以考察学校之间在平均社会经济状况上的差别是否影响校内学生的社会经济状况和成绩间的联系。通过（在控制 MEAN SES 条件下）估计 γ_{12} 来考察，天主教学校和公立学校在学生的社会经济状况和成绩间的关系上是否存在差异。

3. 作为自变量的 SECTOR 和 MEAN SES 可以在多大程度上解释截距和斜率的变化？为了回答这个问题，我们估计 $\mathrm{Var}(u_{0j}) = \tau_{00}$ 和 $\mathrm{Var}(u_{1j}) = \tau_{11}$，并且将其与以上随机系数回归模型的结果进行比较。

结果

固定效应。表 4.5 给出了结果。我们发现，MEAN SES 与学校的平均数学成绩正相关，$\hat{\gamma}_{01} = 5.33$，$t = 14.45$。而且在控制 MEAN SES 的效应后，天主教学校的平均成绩显著高于公立学校，$\hat{\gamma}_{02} = 1.23$，$t = 4.00$。

就斜率而言，显示出 MEAN SES 高的学校的斜率高于 MEAN SES 低的学校，有 $\hat{\gamma}_{11} = 1.03$，$t = 3.42$。平均来说，天主教学校的斜率显著小于公立学校，$\hat{\gamma}_{12} = -1.64$，$t = -6.76$。

图 4.1 显示了这些结果，分别提供了天主教学校和公立学校的社会经济状况与数学成绩之间关系的拟合。在各自的拟合图中：（1）代表高社会经济状况的学校（高于均值一个标准差），（2）代表中等社会经济状况的学校，（3）代表低社会经济状况的学校（低于均值一个标准差）。这一图形最引人注目的是天主教学校的斜率（校内社会经济状况与成绩的关系）都远不如公立学校陡峭，并且这种类别效应存在于 MEAN SES 的每个水平上。同时图 4.1 还显示，高社

会经济状况学校的斜率比低社会经济状况学校的要陡峭，这一倾向在天主教学校和公立学校都很明显。MEAN SES 和 SECTOR 的主效应也很显著。图中的实线代表 MEAN SES 的效应，两个图的斜率都为正。

表 4.5　以截距和斜率作为结果模型的结果

固定效应	系　数	标准误 se	t 值
学校平均成绩模型			
截距，γ_{00}	12.10	0.20	—
社会经济状况均值，γ_{01}	5.33	0.37	14.45
SECTOR，γ_{02}	1.23	0.31	4.00
社会经济状况与成绩关系斜率模型			
截距，γ_{10}	2.94	0.16	—
社会经济状况均值，γ_{11}	1.03	0.30	3.42
SECTOR，γ_{12}	−1.64	0.24	−6.76

随机效应	方差成分	自由度	χ^2	p 值
学校平均成绩，u_{0j}	2.38	157	605.30	0.000
社会经济状况与成绩的斜率，u_{1j}	0.15	157	162.31	0.369
层−1 效应，r_{1j}	36.68			

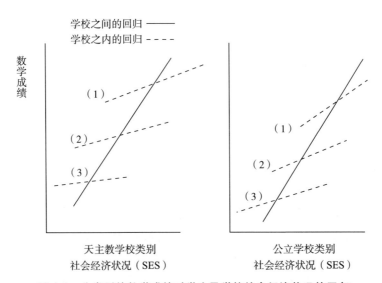

图 4.1　分类别的数学成绩对学生及学校社会经济状况的回归

注：学校的（1）、（2）、（3）类分别对应社会经济状况（SES）的高、中、低水平。

第 3 章讨论了固定效应的多参数假设检验的程序。比如，就公平性或有效性来说，天主教学校与公立学校的区别可能尚未得到证明，因此人们可能想知道，模型中是否需要变量 SECTOR。相应的零假设可写为：

$$H_0 : \gamma_{02} = 0$$
$$\gamma_{12} = 0$$

在控制 MEAN SES 后，如果 $\gamma_{02} = 0$，说明天主教学校和公立学校的平均成绩没有差异。与此相似，如果 $\gamma_{12} = 0$，说明天主教学校和公立学校在社会经济状况均值和数学成绩的关系上无差异。如果两个零假设均为真，那么变量 SECTOR 就可以从模型中删除。运用方程 3.91，计算得到 χ^2 统计值为 64.38，自由度为 2，$p < 0.001$，表明其中一个零假设为假或两个零假设均为假。

方差协方差成分。回想随机系数模型的拟合结果，该结果提供了各学校的截距和 SES 斜率的方差协方差信息。现在我们的兴趣在于截距和斜率的残差变异，以及它们之间的协方差，即 SECTOR 和 MEAN SES 不能解释的变异。相应最大似然点估计是：

$$\widehat{\mathrm{Var}} \begin{pmatrix} u_{0j} \\ u_{1j} \end{pmatrix} = \begin{pmatrix} \hat{\tau}_{00} & \hat{\tau}_{01} \\ \hat{\tau}_{10} & \hat{\tau}_{11} \end{pmatrix} = \begin{pmatrix} 2.38 & 0.19 \\ 0.19 & 0.15 \end{pmatrix} \qquad [4.23]$$

注意，截距和斜率的估计方差 $\hat{\tau}_{00}$ 和 $\hat{\tau}_{11}$，比以上不控制 SECTOR 和 MEAN SES 时要小得多。这说明，在控制 SECTOR 和 MEAN SES 后，残差变异便可能变得不显著。就截距而言，χ^2 统计量为 605.30，自由度 df = $J - S_q - 1 = 157$，$p < 0.001$，于是零假设 $H_0 : \tau_{00} = 0$ 被拒绝。因此，即使控制 SECTOR 和 MEAN SES 之后，截距上还有很大的差异尚未得到解释。就斜率而言，χ^2 统计量为 162.31，自由度 df = $J - S_q - 1 = 157$，$p < 0.369$，于是接受零假设 $H_0 : \tau_{11} = 0$。检验表明，在控制 SECTOR 和 MEAN SES 后，斜率上已不存在需要进一步解释的显著差异了。

考察方差协方差成分显著性的另一种方法是比较两个模型，一个模型包含所关注的方差成分，而另一个较简单的模型则规定这些成分为零。如果简单模型对数据的拟合远远差于复杂模型，那么有理由拒绝不能充分表达数据变化的简单模型。但是，如果两个模型没有显著差异，则简单模型更好。将这个逻辑应用于当前的数据，我们来比较带有随机截距和斜率的模型与仅有随机截距的模型。

　　"将截距和斜率作为结果"的模型包括 4 个特定的方差和协方差参数：
(a) 学生层次的方差，σ^2；(b) 学校平均成绩的残差变化，τ_{00}；(c) 社会经济状况与数学成绩之间斜率的残差变化，τ_{11}；(d) 平均成绩与斜率之间的残差协方差，τ_{01}。一般而言，两层模型估计的方差协方差参数的数量为 $m(m+1)/2+1$，其中 m 是层 - 2 模型中随机效应的数量。在我们的研究中，$m=2$。第 3 章（参见方程 3.105 ~ 3.107）描述了似然比检验的合成零假设：

$$H_0 : \begin{pmatrix} \tau_{11} = 0 \\ \tau_{01} = 0 \end{pmatrix}$$

先估计出完全模型的 4 个方差协方差参数，再估计出简化模型的两个参数（σ^2 和 τ_{00}），即规定了 τ_{11} 和 τ_{01} 为 0。然后，比较两个模型的偏差度（deviance），以便确认与复杂模型相联系的偏差度的减小是否合理。

　　就我们的研究而言，其结果如下：

模型	参数的数量	偏差度
简化模型，D_0	2	46514.0
完全模型，D_1	4	46513.1

偏差度减少了 0.9，与具有自由度为 2 的 χ^2 分布相比没有显著差异。因此，看起来简化模型更为合理。这说明，将 SES 与成绩之间关系斜率的残差设置为随机的并没有增强模型的解释力，而将 β_{1j} 设置为非随机变化的简化模型是合理的。

　　辅助统计量。与方程 4.12 类似，我们为层 - 1 模型的每一随机系数（截距和斜率）建立一个方差削减比例的指标，或称为方差解释比例。这一指标对比的基准为前面由随机系数回归模型估计的方差：

$$\beta_{qj} \text{ 中的解释方差比例} = \frac{\hat{\tau}_{qq}(\text{随机回归}) - \hat{\tau}_{qq}(\text{拟合模型})}{\hat{\tau}_{qq}(\text{随机回归})} \qquad [4.24]$$

这里，$\hat{\tau}_{qq}$（随机回归）表示随机回归模型（方程 4.14 和 4.15）估计的矩阵 **T** 中的第 q 个对角线元素；$\hat{\tau}_{qq}$（拟合回归）表示将截距和斜率作为结果的模型（本例中指方程 4.14 和 4.21）估计的矩阵 **T** 中的相应元素。

在本研究中，我们发现，一旦控制了 MEAN SES 和 SECTOR，学校平均成绩的方差有显著下降。具体而言，截距的无条件方差曾经是 8.68，而现在的残差方差是 $\hat{\tau}_{00} = 2.38$。这意味着，平均成绩的参数方差 Var(β_{0j}) 中的73%能够用 MEAN SES 和 SECTOR 解释［即 $(8.68 - 2.38)/8.68 = 0.73$］。与此类似，斜率的残差方差是 $\hat{\tau}_{11} = 0.15$，这一值与无条件方差值 0.68 比较，说明方差削减比例是78%。很明显，斜率变异的大部分与 MEAN SES 和 SECTOR 有关。一旦控制了这两个变量，仅有极少的残差方差部分未被解释。第5章详细讨论了考察解释方差的策略（参见"使用方差统计量的削减比例"）。

估计一个特定单位的层－1系数

本章中，我们用两个学校别参数刻画每所学校成绩分布的特征：学校的平均数学成绩和描述 SES 和数学成绩关系的回归系数。我们将这些层－1系数看作"随机参数"，即这些参数在各学校总体之间有变化，而这些变化是观测自变量的函数。在第3章曾提到，我们可以取得每一层－1随机系数的点估计和区间估计。从技术上说，这些估计是经验贝叶斯估计，也称为收缩估计。收缩估计可以分为两种：无条件收缩估计和条件收缩估计。我们将示范每一种方法，并且将之与最小二乘法进行比较。

最小二乘法

估计一个特定学校的回归方程最常用的方法是用最小二乘法（OLS）给每所学校的数据拟合一个模型。每所学校的模型就是方程 4.14。结合 SES 按其学校均值对中，得到的截距 β_{0j} 是该所学校的均值，回归系数 β_{1j} 代表该校中 SES 每变化一个单位时成绩的期望变化量。只要每个学校至少有2个案例，最小二乘法便可以对任何一所学校求出这些参数的无偏估计。实际上，如果模型的误差服从独立的正态分布，那么最小二乘法的估计值就是唯一的、方差最小的无偏估计。但是，如下所示，对于任何一个给定的学校，最小二乘法的估计值可能并不是非常准确。

表 4.6 的第1列和第2列给出了 HS&B 数据中从 160 所学校中挑选的12所学校各自的最小二乘估计值。估计值是用方程 3.54 计算的。根据这些估计值，我们可以判断案例4是一所非常好的学校，因为它的平均成绩很高，$\hat{\beta}_{04} =$

16.26，而且具有平等社会的分布模式，$\hat{\beta}_{14} = 0.13$。

图 4.2a 给出了 160 所学校各自的最小二乘法估计值的标绘图。纵轴是截距估计值，横轴是斜率估计值。相当多学校的社会经济状况与成绩的关系出现负值，而且最小二乘法估计值的离差情况显著超出了实际斜率方差的最大似然估计。先前，我们估计的实际斜率的方差是 0.68，但是，图 4.2a 用最小二乘法估计的斜率的样本方差却是 2.66。如果我们定义有效且公平的学校为那些具有较大均值和较小 SES 与数学成绩关系斜率的学校，那么我们可能会判断许多学校与案例 4 一样好。

表 4.6　HS&B 数据的一个抽样的层 −1 系数估计的比较

案例	最小二乘法估计		经验贝叶斯估计的无条件模型		经验贝叶斯估计的条件模型		n_j	MEAN SES	SECTOR
	$\hat{\beta}_{0j}$	$\hat{\beta}_{1j}$	β_{0j}^*	β_{1j}^*	β_{0j}^*	β_{1j}^*			
4	16.26	0.13	15.62	2.05	16.20	1.82	20	0.53	1
15	15.98	2.15	15.74	2.19	16.01	1.85	53	0.52	1
17	18.11	0.09	7.41	1.95	17.25	3.67	29	0.69	0
22	11.14	− 0.78	11.22	1.16	10.89	0.58	67	− 0.62	1
27	13.40	4.10	13.32	2.53	12.95	3.02	38	− 0.06	0
53	9.52	3.74	9.76	2.74	9.37	2.47	51	− 0.64	0
69	11.47	6.18	11.64	2.71	11.92	3.06	25	0.08	0
75	9.06	1.65	9.28	2.01	9.30	0.70	63	− 0.59	1
81	15.42	5.26	15.25	3.12	15.52	2.01	66	0.43	1
90	12.14	1.97	12.18	2.14	12.34	3.01	50	0.19	0
135	4.55	0.25	6.42	1.93	8.55	2.61	14	0.03	0
153	10.28	0.76	10.71	2.07	9.67	2.36	19	− 0.59	0

无条件收缩

一般而言，最小二乘法回归估计的准确性依赖于学校内样本规模 n_j 以及层 −1 自变量 X_{ij} 代表的范围。如果 n_j 较小，均值的估计值 $\hat{\beta}_{0j}$ 会不精确。如果一个学校的样本量太小，或者 SES 的范围比较小，斜率的估计值 $\hat{\beta}_{1j}$ 也会不精确。每所学校回归线的经验贝叶斯估计（EB）考虑到了最小二乘法估计的不精确之处。

表 4.6 的第 3 列和第 4 列提供了 12 所学校的 EB 估计值。估计值 β_{0j}^* 和 β_{1j}^* 以无条件层 – 2 模型（方程 4.14 和 4.15）为基础，应用方程 3.56（或等价的方程 3.66）计算得到。注意：案例 4 的 EB 估计值与最小二乘法的估计值有很大差别。估计的平均成绩下降了 0.64（从 16.26 下降到 15.62），而社会经济状况与成绩的斜率的估计值从 0.13 上升到 2.05。尽管学校总的成绩水平值保持相对很高，但公平的效应却消失了。就最小二乘法的估计值而言，案例 4 看起来要比案例 15 好，但是两个学校在经验贝叶斯估计值方面却没有什么差异（β_{0j}^* 的估计值分别是 15.62 和 15.74，β_{1j}^* 的估计值分别是 2.05 和 2.19）。主要原因是案例 4 的样本规模相对较小，仅有 20 个学生。所以，这个案例的最小二乘法估计值不太精确，而经验贝叶斯估计值向总平均成绩 $\hat{\gamma}_{00} = 12.64$ 和总平均社会经济状况与成绩的斜率 $\hat{\gamma}_{10} = 2.19$ 收缩。注意，出现这样的情况主要是因为这些案例（17、69、135 和 153）的样本规模较小，分别是 29、25、14 和 19。

在图 4.2b 中提供了 160 所学校的经验贝叶斯估计结果，纵轴是截距的估计值，横轴是斜率的估计值。注意，经验贝叶斯斜率估计值比最小二乘法估计值（图 4.2a）更集中于样本均值周围。不同于最小二乘法的斜率估计值，贝叶斯估计值中没有负的。而且经验贝叶斯斜率估计值的样本方差仅有 0.14，远远小于最小二乘法的相应值 2.66。实际上，这一样本方差值也小于实际斜率方差的最大似然估计值（0.68）。

注意这些结果中有：

$\mathrm{Var}(\hat{\beta}_j)$	>	$\widehat{\mathrm{Var}}(\beta_j)$	>	$\mathrm{Var}(\beta_j^*)$
最小二乘法估计的观测方差	>	层 – 1 系数方差的最大似然估计，即方程 4.15 中的 $\hat{\tau}_{00}, \hat{\tau}_{11}$	>	经验贝叶斯估计的观测方差

经验贝叶斯估计的方差小于估计的实际方差是我们期望的结果。总的来看，收缩稍微扩大了一点，经验贝叶斯估计使估计值离样本均值"较远"。

比较图 4.2 中斜率收缩与成绩截距收缩的结果很有意思。截距是每所学校的平均成绩，其估计值远比斜率估计值可靠（0.91 对 0.23）。如果斜率的估计值越精确，我们期望的经验贝叶斯估计值越依赖于这一成分，即收缩越难发生。图 4.2 显示了这一结果（比较图 4.2a 和 4.2b 的纵轴）。不同于有大量收缩的斜率，最小二乘法与经验贝叶斯法对截距的估计的差异并不太大。表 4.6 中 12 所学校的子样本的结果也显示了同样的模式。

　　一般地，在随机截距模型中的经验贝叶斯估计比同时还带有随机斜率的模型简单。比如，我们重点考虑每所学校的 SES 和成绩关系的斜率及其截距。每一部分的经验贝叶斯估计值依赖于其他部分，而且两部分之间最大似然估计值的相关越大，这种依赖性就越强。

（a）常规最小二乘法（OLS）

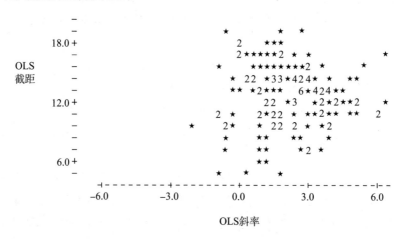

（b）经验贝叶斯方法（EB）[a]

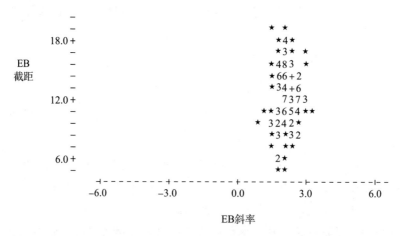

图 4.2　160 所高中的常规最小二乘法和经验贝叶斯方法的截距与斜率估计

注：截距残差按纵轴标绘，斜率残差按横轴标绘。

[a] 符号" ＋"代表观测数多于 9 个。

条件收缩

提高 β_{0j} 和 β_{1j} 估计值准确性的方法是条件收缩。它并不是将最小二乘法的回归线"拉"向以 $\hat{\gamma}_{00}$ 和 $\hat{\gamma}_{10}$ 为代表的总平均的回归线,而是将其"拉"向以学校层次模型为基础的预测值。

随机系数回归模型(如方程 4.15)的无条件收缩得到:

$$\begin{bmatrix} \beta_{0j}^* \\ \beta_{1j}^* \end{bmatrix} = \Lambda_j \begin{bmatrix} \hat{\beta}_{0j} \\ \hat{\beta}_{1j} \end{bmatrix} + (\mathbf{I} - \Lambda_j) \begin{bmatrix} \hat{\gamma}_{00} \\ \hat{\gamma}_{10} \end{bmatrix} \qquad [4.25]$$

这里,Λ_j 以方程 4.14 和 4.15 模型的 σ^2 和 $\mathbf{T}$ 估计为基础。与之相反,以截距和斜率作为结果的模型(参见方程 3.56 或与之等价的方程 3.66)产生的条件收缩是向着 β_{0j} 和 β_{1j} 的预测值,即:

$$\begin{bmatrix} \beta_{0j}^* \\ \beta_{1j}^* \end{bmatrix} = \Lambda_j \begin{bmatrix} \hat{\beta}_{0j} \\ \hat{\beta}_{1j} \end{bmatrix} + (\mathbf{I} - \Lambda_j) \begin{bmatrix} \hat{\gamma}_{00} + \hat{\gamma}_{01}(\text{MEAN SES})_j + \hat{\gamma}_{02}(\text{SECTOR})_j \\ \hat{\gamma}_{10} + \hat{\gamma}_{11}(\text{MEAN SES})_j + \hat{\gamma}_{12}(\text{SECTOR})_j \end{bmatrix} \qquad [4.26]$$

现在,Λ_j 以方程 4.14 和 4.21 模型的 σ^2 和 $\mathbf{T}$ 估计为基础。

与无条件收缩一样,当组内样本量 n_j 比较小时,条件收缩的影响可能非常极端(参见表 4.6 的第 5 列和第 6 列)。注意,案例 135 的 β_{0j} 和 β_{1j} 的最小二乘法估计值分别是(4.55,0.25)。在无条件收缩的情况下,这两个值分别为(6.42,1.93);在条件收缩的条件下,它们的值分别为(8.55,2.61)。在条件收缩的情况下,案例 135 的最小二乘法回归线接近 β_{0j} 和 β_{1j} 的预测值,而它们是由该所学校的社会经济状况均值(MEAN SES = 0.03)和学校类别(SECTOR = 0 为公立学校)预测的。将这些值代入表 4.5 的估计方程得到预测值为:

$$\hat{\text{E}}(\beta_{0j}) = 12.10 + 5.33(0.03) + 1.23(0) = 12.26$$
$$\hat{\text{E}}(\beta_{1j}) = 2.94 + 1.03(0.03) - 1.64(0) = 2.97$$

注意,β_{1j} 的经验贝叶斯估计值 $\beta_{1j}^* = 2.61$ 使得最初的最小二乘法值 0.25 实际上几乎完全收缩到预测值 2.97。除了案例 135 的样本量较小($n_{135} = 14$)以至于回归斜率不可靠外,条件收缩的变化量还依赖于预测方程的精度,而预测方程的精度又是 $\mathbf{T}$ 中残差方差的函数。因为 $\hat{\tau}_{11} = 0.15$,所以本例中预测方程比较精确，因而收缩也比较大。我们注意到，同样的因素在 $\hat{\beta}_{0j}$ 向 β_{0j}^* 的条件收缩中也起作用。但是，$\hat{\beta}_{0j}$ 的收缩比例比 $\hat{\beta}_{1j}$ 小，因为对于 n_j 的任何固定值，学校的均值都比斜率更可靠。因为原始的样本均值相当精确，所以在 β_{0j}^* 的估计中，经验贝叶斯估计给了 $\hat{\beta}_{0j}$ 相对较大的权重。

表 4.6 还给出了条件收缩在各个案例上的不同影响。例如，比较案例 22（低社会经济状况的天主教学校）和 27（一般社会经济状况的公立学校）。最小二乘法估计表明这两所学校在平均成绩水平（11.14 对 13.40）上和社会经济状况与成绩的斜率（-0.78 对 4.10）上均有很大差异。而无条件收缩显示，大部分的观测差异"收缩没了"。但是，根据表 4.6 的结果我们知道，学校的社会经济状况均值和学校类别既预测了学校的平均成绩水平，也预测了学校的社会经济状况与成绩之间的斜率。当我们通过条件收缩方法考虑这个问题时，大部分的原始差异又出现了，对于 β_{0j}，有 10.89 对 12.95；对于 β_{1j}，有 0.58 对 3.02。

另一种有意思的比较是学校 17 和学校 81 的比较。两所学校都有较高的社会经济状况，而学校 17 是公立学校，学校 81 是天主教学校。两所学校的平均成绩都比较高（$\hat{\beta}_{0,17} = 18.11$；$\hat{\beta}_{0,81} = 15.42$），天主教学校的斜率非常陡峭（$\hat{\beta}_{1,81} = 5.26$），公立学校则不是这样（$\hat{\beta}_{1,17} = 0.09$）。两所学校都是多变量分析的异常值（outlier），因为它们斜率的最小二乘估计与数据中的所有其他信息都不一致。也就是说，从表 4.5 中，我们期望社会经济状况水平高的公立学校有陡峭的斜率，而对应的天主教学校则不是这样。在本研究中，条件收缩对这两个方程进行了重新排序。尽管公立学校的 β_{0j}^* 依然比较高（17.25 对 15.52），但是在条件收缩时，天主教学校的社会经济状况与成绩之间斜率的估计值现在却小于公立学校（2.01 对 3.67）。

条件收缩的影响也可以通过最小二乘法和经验贝叶斯残差的应用来识别（参见方程 3.50、3.60 以及方程 3.49、3.61）。方程 4.21 的截距和斜率的最小二乘残差是：

$$\hat{u}_{0j} = \hat{\beta}_{0j} - \left[\hat{\gamma}_{00} + \hat{\gamma}_{01} (\text{MEAN SES})_j + \hat{\gamma}_{02} (\text{SECTOR})_j \right] \qquad [4.27a]$$

$$\hat{u}_{1j} = \hat{\beta}_{1j} - \left[\hat{\gamma}_{10} + \hat{\gamma}_{11} (\text{MEAN SES})_j + \hat{\gamma}_{12} (\text{SECTOR})_j \right] \qquad [4.27b]$$

而相应的经验贝叶斯残差是：

$$u_{0j}^* = \beta_{0j}^* - \left[\hat{\gamma}_{00} + \hat{\gamma}_{01} (\text{MEAN SES})_j + \hat{\gamma}_{02} (\text{SECTOR})_j \right] \qquad [4.28a]$$

$$u_{1j}^{*} = \beta_{1j}^{*} - \left[\hat{\gamma}_{10} + \hat{\gamma}_{11}(\text{MEAN SES})_{j} + \hat{\gamma}_{12}(\text{SECTOR})_{j} \right] \qquad [4.28b]$$

结果如图 4.3 所示。纵轴代表截距残差，横轴代表斜率残差。最小二乘法（OLS）的斜率残差有很大的误导性，它表明 SES 与成绩关系上有相当一部分的方差未被解释。与此相反，经验贝叶斯残差紧密集中在零值附近，而且离散性也小于图 4.2 的相应水平。这个结果与表 4.5 的结果是一致的，社会经济状况均值和学校类别解释了 β_{1j} 变化中的 78%。

与之相反，对截距的经验贝叶斯残差和最小二乘法残差却非常相近。但是，这些残差的离散性小于无条件模型（图 4.2）。这和方程 4.21a 解释了 β_{0j} 变化的 73% 是一致的。

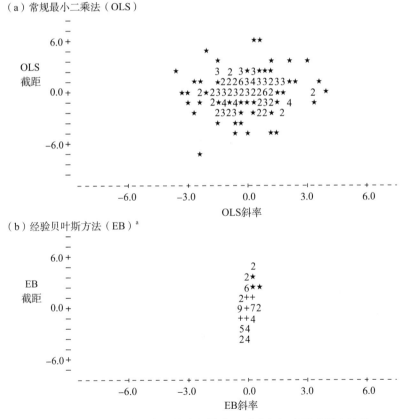

图 4.3　对 160 所高中学校的常规最小二乘法和经验贝叶斯方法的截距与斜率估计

注：截距残差按纵轴标绘，斜率残差按横轴标绘。

[a] 符号"＋"代表观测数多于 9 个。

区间估计的比较

除了层 – 1 系数的点估计之外，还可以根据方程 3.65 计算经验贝叶斯方法的区间估计。这里通过两所学校（学校 22 和 135）来示范这个比较过程，并且对每所学校自己的数据分别做的最小二乘法回归中得到的置信区间估计结果进行比较。表 4.7 列出了最小二乘法、无条件收缩和条件收缩的 β_{0j} 和 β_{1j} 的 95% 置信区间。

表 4.7　层 – 1 随机系数的 95% 置信区间的估计

案例	最小二乘法		无条件收缩		条件收缩	
	β_{0j}	β_{1j}	β_{0j}	β_{1j}	β_{0j}	β_{1j}
22	(9.69, 12.59)	(–3.01, 1.45)	(9.81, 12.63)	(–0.15, 2.43)	(9.64, 12.24)	(0.24, 1.10)
135	(1.37, 7.73)	(–4.11, 4.61)	(3.65, 9.21)	(0.41, 3.45)	(6.43, 10.77)	(2.19, 3.11)

注意，对于案例 22（样本规模 $n_j = 67$），学校平均成绩 β_{0j} 的置信区间的三种分析结果都很相似，这主要是因为它有较大的样本规模，因而学校均值有很高的可靠性。相反，对于案例 135（样本规模 $n_j = 14$），随着估计方法的变化，从最小二乘法到无条件收缩再到条件收缩，置信区间的宽度逐渐缩小。方程 4.21 的条件收缩模型估计下的 95% 的置信区间比只用这所学校的数据所做的最小二乘法估计结果小了 1/3。这一精度的提高在于利用了整套数据中的所有信息来进行估计工作。

当我们比较社会经济状况与成绩之间斜率的置信区间估计时，精度提高得更大。对于案例 22，条件模型的经验贝叶斯 95% 置信区间的估计值比最小二乘法的估计值小 75%；对于案例 135，大约小了 85%。注意，两个案例中，在条件收缩的情况下，社会经济状况与成绩的斜率为负的可能性变得非常小；而在最小二乘法的情况下，斜率为负的可能性却非常大。

需要注意的问题

当正确设置了层 – 2 模型时，条件收缩估计值比最小二乘法估计值更准确。也就是说，经验贝叶斯条件收缩的内在假设是，给定层 – 2 的自变量后，回归线是"有条件地互换的"。这意味着，在方程 4.21 中，一旦考虑了 MEAN SES 和 SECTOR，那么任何学校的回归线与其预测值的离差都不会比其他学校大或小。这一假定非常依赖于层 – 2 模型的有效性。如果该模型有问题，经验贝叶斯估计也会有问题。γ 参数的预测值会有偏差，经验贝叶斯收缩会扭曲每个组的估计方程。我们在第 5 章估计个别组织的工作效率时将再次讨论这个问题。

本章术语概要

β_q 的可能值域：我们可以计算层 – 1 的任何随机系数 β_q 的可能值域。β_q 的 95% 的可能值域是 $\gamma_{q0} \pm 1.96(\tau_{qq})^{1/2}$。根据层 – 2 随机效应服从正态分布的假定，我们可以期望层 – 2 单位 β_{qj} 值的 95% 落入这一区间。

层 – 1 所解释的方差比例：就是将自变量 X 纳入层 – 1 模型时，层 – 1 所削减的方差比例，或称"解释方差比例"。这个指标的计算是通过比较拟合模型的残差的 σ^2 估计值和"基准"（base）模型或称参照模型的 σ^2 估计值得到的。层 – 1 的参照模型一般选取单因素随机效应的方差分析模型（参见方程 4.20）。

层 – 2 每个 β_q 所解释方差的比例：就是将自变量 W 纳入层 – 2 模型来解释某一 β_{qj} 时，这一层 – 1 随机系数（包括截距和斜率）的方差削减比例，或称"解释方差比例"。这个指标是通过比较由拟合模型的残差的 τ_{qq} 估计值和某一参照模型的 τ_{qq} 估计值来计算的。层 – 2 的参照模型一般选取随机系数回归模型（参见方程 4.24）。

第二部分

基本应用

组织研究中的应用

组织效应研究的背景

过去，在组织研究中对多层次数据的分析存在一些理论和技术上的困难。最常遇到的问题是汇总偏差、错估标准误以及回归的异质性。

简要地说，汇总偏差发生在一个变量具有多种含义因而在不同的组织层次上具有不同效应的情况下。例如在教育研究中，学校的平均社会状况对学生成绩的影响可能高于并超越学生本人社会状况的影响。在学生层次上，社会阶层测量的是学生家庭环境里智力的和实体的资源。在学校层次上，平均社会状况却是学校资源和规范的环境指标。分层线性模型有助于解决这种混合性问题，将变量之间的关系分解。比如，将学生成绩及其社会阶层之间的关系分解为层 - 1 和层 - 2 的要素。

在多层数据的情况下，错估标准误的发生是由于未考虑在同一组织内个人回答之间存在关联性。这种关联性可能是由于组织内的共同经历，或由于当初人们进入这一组织时的选择方式。分层线性模型解决这一问题的方法是，在统计模型中对每个组织单位加入一个特殊随机效应，在进行标准误的估计时将这些随机效应的变异加以考虑。按照调查研究的术语，这些标准误的估计值是根据因整群抽样而导致的组内相关性（或与之相关的设计效应）加以调整的结果。

回归的异质性发生在个人特征和因变量之间的关系在不同组织间有所变化的情况下。尽管这种现象经常被认为是方法论上的麻烦事，但是人们经常对回归异质性原因的探讨抱有很大的兴趣。分层线性模型可以对每个组织单位分别估计出一套回归系数，然后将这些组织的回归系数作为结果（因变量）建立模型，并用组织的因素解释其变化。Burstein（1980）的文章很好地总结了这一以斜率作为结果的分析思路。

建立模型

许多关于组织如何影响其中个人的问题可以通过两层次的分层线性模型来处理。层 - 1 的单位是个人，个人的结果表现为一系列个人特征的函数。层 - 2 的单位是组织。层 - 1 模型将每个组织的层 - 1 模型的回归系数作为因变量，并假设它依赖于具体的组织特征。

个人层次模型（层 -1）

我们用 Y_{ij} 表示第 j 个组织中第 i 个人的结果。这个因变量是一系列个人特征 X_{qij} 和误差项 r_{ij} 的函数：

$$Y_{ij} = \beta_{0j} + \beta_{1j}X_{1ij} + \beta_{2j}X_{2ij} + \cdots + \beta_{Qj}X_{Qij} + r_{ij} \qquad [5.1]$$

其中，我们假设 $r_{ij} \sim \mathrm{N}(0, \sigma^2)$（本章的后面将介绍扩展的异质性层 - 1 方差模型）。

回归系数 β_{qj}，$q = 0, \cdots, Q$，表示在组织 j 中作为个人特征函数的因变量是如何分布的。因此，我们将这些回归系数称作分布效应（distributive effects）。

组织层次模型 (层 -2)

由方程 5.1 中的一组 β_{qj} 所反映的每个组织效应在不同单位之间是不同的，这种变化在 $Q+1$ 个层 -2 的方程中加以拟合，对应每个层 -1 模型回归系数有一个方程。每个 β_{qj} 被作为依赖于一系列组织层次变量 W_{sj} 和一个特殊组织效应 u_{qj} 的因变量。每个 β_{qj} 具有如下的模型：

$$\beta_{qj} = \gamma_{q0} + \gamma_{q1} W_{1j} + \gamma_{q2} W_{2j} + \cdots + \gamma_{qS_q} W_{S_q j} + u_{qj} \qquad [5.2]$$

$$\begin{matrix} \text{组织 } j \\ \text{中的分} \\ \text{布效应} \end{matrix} = \begin{matrix} \text{组织特征对} \\ \text{因变量在组} \\ \text{织内的分布} \\ \text{的影响} \end{matrix} + \begin{matrix} \text{组织 } j \text{ 的} \\ \text{特殊效应} \end{matrix}$$

其中对每个 β_q 有一系列具体的 W_s，$s = 1$，$\cdots$，S_q。

γ_{qs} 系数反映组织变量 W_{sj} 对由 β_{qj} 所代表的组内关系的影响。我们一般假定，$Q+1$ 个层 -2 随机效应为多元正态分布，每个 u_{qj} 有平均数为 0、方差为 τ_{qq}，以及任意两个随机效应 q 和 q' 之间的协方差为 $\tau_{qq'}$。这些都是在第 3 章中介绍过的标准层 -2 模型的假定条件，并且还将在第 9 章中加以更详细的讨论。

在本章接下来的两节里，我们要讲解如何将这一模型应用到对两大类组织效应的研究中。在"例 1"中，组织的某些方面，例如技术、结构或氛围，对组织内的每个人都有相同的影响。这种组织效应只影响本组织的结果的平均水平，而不影响本组织内个人效应的分布。用统计术语讲，只有截距 β_{0j} 在组织之间变化，而其他所有层 -1 系数都不变。正如在本节里所讨论的，这些问题要使用随机截距模型。

在"例 2"中，组织效应既影响结果的平均水平，又影响个人之间的效应分布。用统计术语讲，截距和回归斜率在各单位之间都发生变化。在这一节中将详细讨论以截距和斜率作为因变量的完全分层线性模型。

这一章的其余部分是一系列的"专题"，涉及组织研究中分层模型的各种设计和使用，有许多内容是在第 2 版中新增加的。我们将说明如何将基本的分层模型推广应用到层 -1 存在方差异质性的情况。接着，我们将说明层 -1 变量的对中选择将如何影响层 −1 随机系数 β_j、固定效应 γ 和方差协方差成分 τ_{qq}、$\tau_{qq'}$ 和 σ^2 的估计。然后，我们讨论在较为复杂的组织效应模型中对解释方差比例的统计阐释中可能产生的问题。我们将描述如何应用层 −1 系数的经验贝叶斯估计作为具体组织单位的绩效指标（performance indicators），并讨论在这些应用中可能产生的有效性（validity）问题。本章最后将介绍，在两层的组织效应研究中设计新数据收集时对功效（power）问题的考虑。

例 1：通过随机截距模型对组织共同效应建模

这一例子的基本问题是，主要预测变量（即自变量）是在组织层次上测量的，而结果变量（即因变量）是在个人层次上测量的。以往这类数据产生的问题是，应当采用什么分析单位更合适（组织还是个人），以及相应产生的问题。如果在个人层次上进行数据分析，便忽略了个人嵌套于组织单位的情况，那么估计的标准误就太小，犯第一类错误的风险就加大了。如果在组织层次上分析，就要以每个人的结果的平均数作为因变量，那么要加入其他层 −1 上的自变量就成问题了。此外，组织效应的估计还会产生精度下降问题和偏差问题。这里，关键问题是随机变化和结构效应在各个层次上都可能存在，那么要想明确地表现出这些特征，就应该采用分层模型。

一个简单的随机截距模型

随机截距模型的基本思想在第 2 章已经进行了介绍。这类模型的主要特点是方程 5.1 中层 −1 模型中的截距 β_{0j} 在层 −2 上是变化的。具体地说，层 −2 上的组织模型包括：

$$\beta_{0j} = \gamma_{00} + \gamma_{01}W_{1j} + \gamma_{02}W_{2j} + \cdots + \gamma_{0S}W_{Sj} + u_{0j}$$
$$\beta_{1j} = \gamma_{10}$$
$$\beta_{2j} = \gamma_{20}$$
$$\cdots$$
$$\cdots$$
$$\cdots$$
$$\beta_{Qj} = \gamma_{Q0}$$

[5.3]

例子：考察学校对教师效率的影响

Bryk 和 Driscoll（1988）使用高中及以上学校管理人员和教师补充调查数据，考察了学校组织的特征与教师工作效率意识的关系。具体地说，他们假设共管制组织形式的学校的教师要比在科层制组织形式的学校的教师有更高的效率。数据包括 357 所学校的 8000 名教师，学校的平均样本规模为 22 人。

教师层次上的模型定义在同一学校内的教师之间有不同的效率意识。由于没有教师变量作为层 -1 的自变量，方程 5.1 就简化为：

$$Y_{ij} = \beta_{0j} + \gamma_{ij} \tag{5.4}$$

其中，Y_{ij} 是第 j 个学校中第 i 个教师所报告的效率，β_{0j} 是第 j 个学校真实的平均效率。

我们估计了学校层次的三个模型。第一个是无条件的 β_{0j} 模型。它是单因素随机效应方差分析模型，将 Y_{ij} 的总方差分解为学校之内和学校之间两个部分。后面将会看到，σ^2 和 τ_{00} 各自的估计值对评估随后的模型结果是有帮助的。第二个模型考察一些学校构成和规模的变量对教师效率的影响（见表5.1对变量的描述），模型如下：

$$\beta_{0j} = \gamma_{00} + \gamma_{01}(\text{MEAN BACKGROUND})_j + \gamma_{02}(\text{MEAN SES})_j + \gamma_{03}(\text{HI MINORITY})_j$$
$$+ \gamma_{04}(\text{SIZE})_j + \gamma_{05}(\text{ETHNIC MIX})_j + \gamma_{06}(\text{SES MIX})_j + u_{0j} \tag{5.5}$$

第三个模型在方程 5.5 中加入了学校共管制组织程度的变量 COMMUNAL。在这两个模型中，学校独特的残差效应 u_{0j} 被假设为服从平均数为 0 和方差为 τ_{00} 的正态分布。

表 5.1 学校组织对教师效率影响研究中的变量描述

变量名称	描　　述
教师效率（TEACHERS EFFICA-CY）	由教师 5 个方面的工作满意度组成。这是一个标准化变量（即平均数 = 0；标准差 = 1.0）。
平均学业背景（MEAN BACK-GROUND）	由学生入学前学业经历成绩（比如级别）和入学的初始成绩（如英语或数学）的 4 个方面组成。这是一个标准化变量（平均数 = 0；标准差 = 1.0），正值表明背景较强。

变量名称	描　述
社会经济状况均值（MEAN SES）	校内学生社会经济状况的平均数。这是一个标准化变量，正值表明所在学校较富有。
种族（HI MINORITY）	这是个虚拟变量，表示学校中少数种族学生超过 40%。
规模（SIZE）	学校学生人数的自然对数。
种族构成（ETHNIC MIX）	这是一个学校内学生种族差异方面的标准化变量。较小值表明种族单一，较大的正值表明种族多样。
社会经济状况构成（SES MIX）	这是一个学校内学生社会经济状况构成的标准化变量。正值表明学校的社会异质性强。
共管制（COMMUNAL）	这是一个合成指标，是根据学校的共管制组织程度的 23 个方面计算的。它是一个标准化变量，正值表明教师在集体活动、共同观念、共同参与、教师的作用等方面更频繁、更广泛。较小值表明是较为隔离、专业化和科层化的组织。

注：见 Bryk 和 Driscoll（1988）对这些变量更为详细的讨论。

　　单因素随机效应方差分析模型。先在层 -2 拟合一个无条件的 β_{0j} 模型。校内或层 -1 的方差〔即 $\mathrm{Var}(r_{ij}) = \sigma^2$〕的估计值为 0.915。这一估计值在这里所讨论的三类分析中都是相同的，因为层 -1 模型（方程 5.4）对于三类分析都是相同的。教师效率的学校平均数的总变化〔即 $\mathrm{Var}(\beta_{0j} = \tau_{00})$〕为 0.084。相应地，组内相关为 0.084（见方程 4.6）和教师效率的学校平均数的可靠性为 0.669（见方程 4.7 和 4.8）。

　　两个层 -2 的解释性模型。表 5.2 中的第一列是这两个分层线性模型的分析结果。上端是构成模型的估计值，下端是加入变量 COMMUNAL 后的结果。在构成模型中（上端），学生的"平均学业背景"（$\hat{\gamma}_{01} = 0.044$，se = 0.020）和学校的"社会经济状况均值"（$\hat{\gamma}_{02} = 0.133$，se = 0.023）与教师效率感正相关。学校的"规模"有显著的负作用（$\hat{\gamma}_{04} = -0.066$，se = 0.027）。无论是绝对值还是与它们估计的标准误相比，其他三个层 -2 的自变量的影响都很小。

　　共管制组织模型的结果令人惊讶。估计的 COMMUNAL 的影响（$\hat{\gamma}_{07} = 0.504$，se = 0.045）是最大的，几乎要比所有的其他变量大一个数量级。（注：

表 5.2　学校组织对教师效率的影响

	多层次分析		教师层次分析		学校层次分析	
	系数	标准误	系数	标准误	系数	标准误
结构构成模型						
平均学业背景，γ_{01}	0.044	0.020	0.046	0.014	0.040	0.021
社会经济状况均值，γ_{02}	0.133	0.023	0.132	0.015	0.137	0.023
种族，γ_{03}	0.031	0.046	0.028	0.031	0.035	0.047
规模，γ_{04}	−0.066	0.027	−0.066	0.019	−0.068	0.026
种族构成，γ_{05}	−0.014	0.019	−0.014	0.013	−0.013	0.019
社会经济状况构成，γ_{06}	−0.028	0.023	−0.029	0.016	−0.025	0.023
方差解释比例	0.345		0.029		0.234	
共管制模型						
平均学业背景，γ_{01}	0.038	0.017	0.040	0.013	0.033	0.018
社会经济状况均值，γ_{02}	0.015	0.022	0.015	0.017	0.019	0.023
种族，γ_{03}	−0.055	0.040	−0.056	0.031	−0.051	0.041
规模，γ_{04}	0.061	0.026	0.062	0.021	0.060	0.025
种族构成，γ_{05}	−0.014	0.016	−0.014	0.013	−0.014	0.017
社会经济状况构成，γ_{06}	0.001	0.020	0.002	0.016	−0.000	0.020
共管制，γ_{07}	0.504	0.045	0.507	0.035	0.493	0.045
方差解释比例	0.631		0.054		0.426	
方差增量	0.286		0.025		0.192	

注：多层次分析的残差方差估计值：τ_{00}（构成模型）＝0.055；τ_{00}（共管制模型）＝0.031。

这一解释是基于除了"种族构成"这一虚拟变量外，其他所有层 −2 的自变量都是平均数 ＝0、标准差 ＝1.0 的标准化变量。）这就是说，即使对学校间的构成差异加以控制后，在共管制组织的学校中，教师效率要明显高得多。我们还注意到，"社会经济状况均值"在构成模型中有较大影响，而在这里却几乎消失了（0.015 对 0.133）。这表明在社会经济状况均值较高的学校中有较高的教师效率可能反映了这些学校中较高的共管制组织程度。还要注意，学校规模的影响变为正的，表明在控制共管制组织程度后，规模较大的学校教师效率较高。如 Bryk 和 Driscoll（1988）所解释的，在规模较大的学校，教师效率会较低，因为这些学校不太可能采用共管制。但对这一因素加以控制后，规模较大的学校似乎提高了教师效率，可能是由于在规模较大的学校存在更多的资源和就业机会。

对构成效应加以控制后，如方程 5.5 所示，层 – 2 的残差变异为 0.055，我们将其表示为 $\hat{\tau}_{00}$。这个模型解释了学校之间教师效率平均数的总方差的 34.5%。这一方差的削减比例是用第 4 章中介绍的方程计算的。具体地说，

$$方差解释比例 = \frac{\hat{\tau}_{00}（无条件）- \hat{\tau}_{00}（构成模型）}{\hat{\tau}_{00}（无条件）}$$

$$= \frac{(0.084 - 0.055)}{0.084} = 0.345 \qquad [5.6]$$

其中，$\hat{\tau}_{00}$（无条件）是学校真实平均数的总变化，由单因素随机效应方差分析模型估计。

当变量 COMMUNAL 被加入模型中后，得到解释的方差比例上升到 63.1%，即 β_{0j} 的残差方差 $\hat{\tau}_{00}$（共管制模型）为 0.031。用 $\hat{\tau}_{00}$（共管制模型）代替方程 5.6 中的 $\hat{\tau}_{00}$（构成模型），就得到解释的方差比例为：

$$\frac{(0.084 - 0.031)}{0.084} = 0.631 \qquad [5.7]$$

模型加入 COMMUNAL 后所增加的方差解释比例为 28.6%。这个值是方程 5.6 和 5.7 的结果的差。

与传统的教师层次和学校层次分析结果的比较

表 5.2 中还展示了教师层次（层 – 1）研究和学校层次（层 – 2）研究的分析结果。将这些结果与分层模型的结果进行对比有助于说明随机截距模型估计的基本特征。下面我们比较从这些模型计算得到的固定效应的估计值、这些估计值的标准误以及解释的方差。

固定效应。请注意表 5.2 中回归系数的估计值在三类分析中很相似。分层模型的估计值与教师层次模型的估计值更为接近，在一般情况下都是如此。

如在第 3 章中介绍的，在分层线性模型中层 – 2 系数估计可以看作是加权最小二乘估计，其中的权数为：

$$\Delta_j^{-1} = (V_j + \tau_{00})^{-1} \qquad [5.8]$$

假定层 - 1 的方差同质（即对于所有 J 有 $\sigma_j^2 = \sigma^2$），那么 $V_j = \sigma^2/n_j$，权数的变化严格依赖于 n_j。

相比之下，虽然 OLS 单层次分析也是加权的，但是权数就只是 n_j。具体地说，假设在一个单变量的模型中，教师的结果 Y_{ij} 取决于学校特征 W_j：

$$Y_{ij} = \gamma_0 + \gamma_1 W_j + e_{ij} \qquad [5.9]$$

OLS 单层次分析的 γ_1 估计公式如下：

$$\hat{\gamma}_1 = \frac{\sum_j n_j (W_j - \overline{W}.)(\overline{Y}._j - \overline{Y}..)}{\sum_j n_j (W_j - \overline{W}.)^2} \qquad [5.10]$$

请注意，分子和分母是均方和与交叉乘积和，并由 n_j 而不是 Δ_j^{-1} 来加权。

相反，层 - 2 的分析是未加权的，其单变量模型为：

$$\overline{Y}._j = \gamma_0 + \gamma_1 W_j + \overline{r}._j \qquad [5.11]$$

相应的 γ_1 估计公式为：

$$\hat{\gamma}_1 = \frac{\sum_j (W_j - \overline{W}.)(\overline{Y}._j - \tilde{Y}..)}{\sum_j (W_j - \overline{W}.)^2} \qquad [5.12]$$

其中：

$$\tilde{Y}.. = \sum \overline{Y}._j / J \quad \text{和} \quad \overline{W}. = \sum W_j / J.$$

所有这三个估计值都是无偏估计，但是分层估计是最有效率的。这三类分析结果的差异取决于 n_j 的差异程度（如果在 J 个组织中，样本规模 n_j 是相同的，那么三个估计值也相同）。在 Bryk 和 Driscoll（1988）的研究中，n_j 没有很大差别，绝大多数学校的案例数在 20 ~ 30 之间。于是，层 - 2 的研究结果就比较接近。

总之，在层 - 2 分析中数据不平衡的条件下，对固定效应进行估计的稳健性（robustness）就是需要加以关注的问题。一个样本规模非常小的单位很容易成为异常值（outlier）或杠杆点（leverage point），因为这一单位因信息有限而不稳定。在分层研究和层 - 1 研究中使用的加权方法能对这一方面加以保护。

固定效应的标准误。在本章的引言中已经介绍过，层 - 1 分析产生的标准误往往过小，因为它没有考虑这样一个事实：层－1 的单位并不是独立的，而是整群地嵌套于层－2 单位的。例如在上面的构成分析中，层－1 的估计值基本上要比分层分析和层－2 分析的相应值小三分之一。

在样本规模不等的条件下，直接对这三种不同标准误的计算公式进行比较是很困难的。不过，如果在数据平衡且只有一个自变量 W_j 的情况下，我们可以确认一些基本的特征。γ_1 的抽样方差的期望估计在分层线性模型和层－2 分析中是相等的：

$$\mathrm{E}\big[\,\mathrm{Var}(\hat{\gamma}_1)\,\big]_{\text{分层}} = \frac{V + \tau_{00}}{\sum_j (W_j - \overline{W}.)^2} \qquad [5.13]$$

对于层－1 的分析，抽样方差的期望估计是：

$$\mathrm{E}\big[\,\mathrm{Var}(\hat{\gamma}_1)\,\big]_{\text{层}-1} = \frac{J(n-1)\sigma^2 + (J-2)n(V + \tau_{00})}{(Jn-2)n\sum_j (W_j - \overline{W}.)^2} \qquad [5.14]$$

如果层－1 和层－2 的样本量（分别为 n 和 J）都很大，方程 5.14 的层－1 分析的抽样方差期望值与方程 5.13 分层分析的抽样方差期望值之比大约为：

$$\frac{\mathrm{E}\big[\,\mathrm{Var}(\hat{\gamma}_1)\,\big]_{\text{层}-1}}{\mathrm{E}\big[\,\mathrm{Var}(\hat{\gamma}_1)\,\big]_{\text{分层}}} \approx 1 - \lambda \qquad [5.15]$$

其中，$\lambda = \tau_{00} / [\sigma^2/n + \tau_{00}]$，它是反映 OLS 估计的学校平均数 $\hat{\beta}_{0j}$ 的可靠性（reliability）指标。

方程 5.15 非常近似于表 5.2 中的经验值。在层－1 平均样本规模为每个学校 22 个教师的条件下，层－1 的方差估计值 $\hat{\sigma}^2 = 0.915$，而构成模型 τ_{00} 的估计值为 0.055，于是，

$$1 - \lambda = 1 - \frac{0.055}{(0.915/22) + (0.055)} = 0.431$$

至于两个标准误的相对规模便是它们之间的比，即 $(1-\lambda)^{1/2}$，在构成模型中，其值为 0.657。这个比值接近于表 5.2 上端部分中的结果。简单地看一下就可以发现，层－1 的标准误约相当于由分层分析和层－2 分析得出的更适当的结果的三分之二。

总之，分层分析可以准确地抓住层－1 和层－2 分析中那些最好的特征。它提供了固定效应的无偏和有效的估计，而层－1 分析比较接近这些估计值；

它同时还提供了更适当的标准误估计值，不论单位内聚类的程度，层－2分析比较接近这些估计值。

上述结果在这类分析中是比较典型的。固定效应的估计在三类分析中很接近，但估计的标准误却不是。

解释方差的统计量。从分层分析估计的解释方差比例和从传统层－1分析或层－2分析的相应估计值可能很不同，甚至可以导致不同的结论。例如在Bryk和Driscoll（1988）的研究中，对共管制组织的重要性的解释很大程度上取决于所采用的分析方法（参见表5.2中的下面部分）。在分层线性模型分析中，与COMMUNAL相联系的解释方差比例增量为28.6％，相应的统计量在教师层次分析和学校层次分析中分别为2.5％和19.2％。尽管28.6％大得足以使我们对所做的研究加以进一步考虑，但2.5％的统计结果却很容易使人得出相反的推论。

要理解为什么被COMMUNAL解释的方差比例如此不同，需要弄清在这三类分析中总的因变量变化是如何被分解的。在随机截距模型中，层－2的变量如COMMUNAL只能解释实际学校平均数 β_{0j} 的差异，即只有参数的差异 τ_{00} 是可以解释的（这就是为什么在削减方差比例的计算中，我们用无条件模型中的 τ_{00} 作为分母）。被COMMUNAL解释的28.6％的方差意味着学校平均数的差异中有很大一部分是与学校组织的差异有关。与其他所有的学校层次上的差异相比，共管制组织的确很重要。

相比之下，在层－1的分析中，因变量 Y_{ij} 的总变化 $\tau_{00}+\sigma^2$ 被作为解释方差统计量的分母。不过，组内变化 σ^2 反映的是个人效应和因变量的测量误差，这两者都是无法用组织特征进行解释的。依照这一标准来判断，有些研究人员可能会错误地认为COMMUNAL的影响小得不值一提。

一般说来，分层分析与层－1分析相比，相对的解释方差取决于下面这个比值：

$$\frac{解释方差（层-1）}{解释方差（分层）} \approx \frac{\tau_{00}}{\tau_{00}+\sigma^2} = \rho \qquad [5.16]$$

其中，ρ 是组内相关系数（见方程2.10）。请注意，组内相关表示的是理论上因变量 Y_{ij} 的总方差中所有学校因素能够解释的最大数量。如上所述，教师效率数据中，估计的组内相关为0.084。我们用 $\hat{\rho}$ 将层－1分析和分层分析中的解释方差的统计量联系起来，有：

$$\hat{\rho} \times \big[\text{解释方差增量（分层）}\big] \approx \big[\text{解释方差增量（层 - 1）}\big]$$
$$0.084 \times \big[0.286\big] \approx 0.024$$

我们也可以得到一个类似的公式来比较分层分析和层 - 2 分析的解释方差的统计量。层 - 2 分析中解释方差统计量的分母是 $\tau_{00} + \sigma^2/n_j$，这正好就是样本平均数的总方差。这样，分层分析与层 - 2 分析相比，相对的解释方差为：

$$\frac{\text{解释方差（层 - 2）}}{\text{解释方差（分层）}} \approx \frac{\tau_{00}}{\tau_{00} + (\sigma^2/\bar{n}.)} = \bar{\lambda} \qquad [5.17]$$

其中，$\bar{\lambda}$ 是在层 - 1 平均样本规模为 $\bar{n}$ 的条件下，$\bar{Y}._j$ 作为 μ_{Y_j} 的估计值（见方程 4.8）的平均可靠性。对于教师效率数据，$\hat{\lambda}$ 为 0.669，由层 - 2 分析所解释的方差大约是相应分层分析中的三分之二。

总之，分层分析中的解释方差的统计提供了最清晰的证据来判断层 - 2 的自变量的重要性。它们既不会像层 - 1 的统计量那样受集群程度的影响（即依赖于 ρ），又不会像层 - 2 的统计量那样受 $\bar{Y}._j$ 的不可靠性的影响。另外，由于 λ 和 ρ 的估计值在传统分析中一般得不到，分析人员根本无法估计一套层 - 2 自变量在任何模型上的解释力与最大解释程度的相对规模。从直观上讲，这正是解释方差统计应该告诉我们的。

包括层 -1 协变量的随机截距模型

在上一个例子中，我们估计了组织特征和因变量平均数之间的关系。我们没有根据不同组织内个人的不同特征去调整层 - 2 效应的估计值。

一般说来，根据个人背景进行统计调整很重要，其理由有二：第一，由于个人常常并不是被随机分配到组织之中的，因此如果对个人背景不加以控制就会使组织效应的估计产生偏差；第二，如果层 - 1 的自变量（或称协变量）与因变量高度相关，那么对它们加以控制，将会因为减少层 - 1 未解释的残差方差 σ^2 而增加组织效应估计的精度和假设检验的功效。

这类分析的正规模型在第 2 章进行了介绍。在层 - 1，有：

$$Y_{ij} = \beta_{0j} + \beta_{1j}(X_{1ij} - \bar{X}_{1..}) + \beta_{2j}(X_{2ij} - \bar{X}_{2..}) + \cdots + \beta_{Qj}(X_{Qij} - \bar{X}_{Q..}) + r_{ij} \qquad [5.18]$$

而层-2模型就是方程5.3。由于每个协变量以各自的总平均数对中，则随机截距β_{0j}就是一个调整平均数，而不是原始的平均数。在协方差分析（ANCO-VA）模型中，方程5.18假定层-1的系数β_{1j}，$\cdots$，β_{Qj}具有同质性。这一假定是否有效可以通过第3章中介绍的方法很容易地进行检验。如果需要的话，可以将任何层-1系数都设置为非随机变化的，或设置为随机效应。

例子：写作的项目效果评估

这一实例使用写作的认知策略项目（Cognitive Strategies in Writing Project）的数据（Englert et al.，1988）。该项目的目的是通过一系列策略来改进儿童的写作能力和提高儿童对学业能力的自我认识。因变量是学术能力的自我评价（均值=2.918；标准差=0.580），一项前测值X_{ij}作为协变量。样本包括22个班级的256名儿童，用标准的二组设计方法，以15个班为实验组，7个作为控制组。由于班级的老师在实施实验时包括了整个班级的学生，因此用经典的术语讲，这是一个嵌套或分层的设计：学生嵌套于班级，而班级嵌套于两个设计分组。与前面的例子一样，我们先来看分层分析的结果，然后将这些结果对比两种传统分析的结果：在学生层次上忽略班级的协方差分析模型和基于班级平均数的协方差分析模型。

对于分层分析，层-1的模型如下：

$$Y_{ij} = \beta_{0j} + \beta_{1j}(X_{ij} - \bar{X}..) + r_{ij} \tag{5.19}$$

其中：

Y_{ij}是第j个班级（$j=1,\cdots,22$）中第i个学生的自我能力评估；

β_{0j}是在控制前测状况的差异后第j个班级调整的平均结果；

β_{1j}是固定的层-1协变量效应。

初步分析模型中设定β_{0j}和β_{1j}都是随机的，并检验协变量效应的同质性假设$[H_0: \mathrm{Var}(\beta_{1j})=0]$。鉴于这一$\beta_{1j}$的零假设得以保留，可以将前测协变量设定为固定效应。最后的层-2模型为：

$$\beta_{0j} = \gamma_{00} + \gamma_{01}W_j + u_{0j}$$
$$\beta_{1j} = \gamma_{10} \tag{5.20}$$

其中：

W_j 是实验处理标识变量（1 = 实验组；0 = 控制组）；

γ_{00} 是控制班的调整的平均评价值；

γ_{01} 是实验处理效应；

γ_{10} 是层 – 1 协变量汇合的班级内回归系数。

表 5.3 展示了这一分析结果。对前测值进行调整后的实验组和控制组平均结果的差异为 0.188［$t = 1.87$，df = 20，p（单尾）< 0.04］。汇合的班级内回归斜率为 0.396（$t = 7.02$，$p < 0.001$）。

与传统的学生层次和班级层次分析结果的比较

学生层次分析的模型为：

$$Y_i = \gamma_{00} + \gamma_{01} W_i + \gamma_{10} (X_i - \overline{X}_.) + r_i \qquad [5.21]$$

其中，参数 γ_{00}、γ_{01} 和 γ_{10} 分别代表截距、实验效应和协变量效应，$\overline{X}_.$ 是前测平均分（即 $\sum_{i=1}^{N} X_i / N$）。请注意，下标 j 没有了，这是因为我们省略了班级属性，即省略了方程 5.20 中的与班级相联的效应（即 u_{0j}）。

这一分析的结果展示在表 5.3 中的第 2 列中。结果表明，实验组的儿童的自我能力评估要显著地高于控制组的儿童［$\hat{\gamma}_{01} = 0.160$，$t = 2.17$，$p$（单尾）< 0.02］。实验组内汇合的前测值对后测值的回归斜率为 0.406（$t = 7.25$，$p < 0.001$）。

表 5.3　实验指导对自我评估的写作能力的影响

	分层分析[a]		学生层次分析[b]		班级层次分析[c]	
	系数	标准误	系数	标准误	系数	标准误
截距，γ_{00}	2.774	0.084	2.802	0.063	2.763	0.112
实验效应，γ_{01}	0.188	0.100	0.160	0.074	0.209	0.135
前测值，γ_{10}	0.369	0.056	0.406	0.056	0.649	0.223

[a] 残差方差估计值：$\hat{\sigma}^2 = 0.258$；$\hat{\tau}_{00} = 0.019$。

[b] 估计的残差方差 = 0.273。

[c] 估计的残差方差 = 0.087。

对于班级层次的分析，其模型为：

$$\overline{Y}_{.j} = \gamma_{00} + \gamma_{01}W_j + \gamma_{10}(\overline{X}_{.j} - \tilde{X}..) + u_{0j} \qquad [5.22]$$

其中，$j = 1$，$\cdots$，22 个班。这里，$\overline{X}_{.j}$是班级 j 的前测平均数，$\overline{Y}_{.j}$是后测班级平均数。前测的总平均数 $\tilde{X}..$ 是班级平均数的平均数（即 $\tilde{X}.. = \sum \overline{X}_{.j}/J$）。这些结果列在表 5.3 中的第三列。尽管其实验效应的值（$\hat{\gamma}_{01} = 0.209$）要大于分层分析和班级层次分析中的估计值，但是它并不显著，因为其标准误 [se $(\hat{\gamma}_{01}) = 0.135$] 要大得多。协变量效应的估计值（$\hat{\gamma}_{01} = 0.649$）及其标准误（0.223）也都要大得多。

看起来令人惊讶的是，分层分析的结果近似于学生层次分析的结果，而不同于班级层次分析的结果。在这两种情况下，对教学改革效果的检验统计量取决于两个数的比：固定效应的规模及其标准误的规模。下面分别加以比较说明。

固定效应。实验效应的估计值在三类分析中都比较接近，其中学生层次分析的估计值最小（0.160），班级层次分析的估计值最大（0.209），分层分析的估计值居中（0.188）。在这三类分析中，实验效应的估计都是通过下面的通用公式：

$$\hat{\gamma}_{10} = \hat{\mu}_{Y_T} - \hat{\mu}_{Y_C} - \hat{\beta}_{Y \cdot X}(\hat{\mu}_{X_T} - \hat{\mu}_{X_C}) \qquad [5.23]$$

其中，$\hat{u}_{Y_T}$ 和 $\hat{u}_{Y_C}$ 分别是实验组和控制组的后测平均数的估计值。三者之间的主要差别在于 $\beta_{Y \cdot X}$ 及前测和后测平均数的估计方法。表 5.4 展示了这些结果。

表 5.4 处理效应估计：多层的、学生层次和班级层次的分析

	分层分析	学生层次分析	班级层次分析
$\overline{Y}_E$	2.968	2.980	2.964
$\overline{Y}_C$	2.742	2.754	2.980
$\overline{X}_E$	2.895	2.921	2.855
$\overline{X}_C$	2.797	2.759	2.893
$\hat{\beta}_{Y \cdot X}$	0.396	0.406	0.649
$\overline{Y}_E - \overline{Y}_C - \hat{\beta}_{Y \cdot X}(\overline{X}_E - \overline{X}_C)$	0.188	0.160	0.209

在学生层次的分析中，$\beta_{Y\cdot X}$ 是实验组和控制组组内汇合的后测对前测的回归系数。分层分析也类似，只是 $\beta_{Y\cdot X}$ 是在 22 个班级中对每个班级内汇合的。然而，班级层次分析是将 22 个班级的后测平均数对前测平均数进行的回归。表 5.4 表明，$\beta_{Y\cdot X}$ 在分层分析（$\hat{\beta}_{Y\cdot X} = 0.396$）和学生层次分析（$\hat{\beta}_{Y\cdot X} = 0.406$）中很接近，而与班级层次分析（$\hat{\beta}_{Y\cdot X} = 0.649$）有较大差异。

这三类不同方法对实验分组前测和后测平均数的估计方法也是不同的。我们用后测平均数来举例，在分层分析中是使用加权平均数：

$$\overline{Y}_E(\text{分层}) = \sum_j^{J_E} \Delta_{jE}^{-1} \overline{Y}_{\cdot jE} / \sum_j \Delta_{jE} \qquad [5.24]$$

其中，$\overline{Y}_{\cdot jE}$ 是实验组中第 j 个班级的平均数，权数 Δ_{jE}^{-1} 是相应的样本平均数的精度。这样，分层估计值就是精度加权平均数。

学生层次的估计值是用样本规模加权的：

$$\overline{Y}_{Ej}(\text{学生层次}) = \sum_j^{J_E} n_{jE} \overline{Y}_{\cdot jE} / \sum_j n_{jE} \qquad [5.25]$$

其中，n_{jE} 是实验组中第 j 个班级的样本规模。

与此不同，班级层次分析中使用的却是未加权的平均数：

$$\overline{Y}_{Ej}(\text{班级层次}) = \sum_j \overline{Y}_{\cdot jE} / J_E \qquad [5.26]$$

其中，J_E 是实验组中班级的数量。

当每个班级平均数的可靠性差异很大时，班级层次的估计值就有可能不准确，因为它会受到班级平均数中异常值的很大影响，而这些异常值的产生正是源于不可靠性。但是，学生层次分析的估计值和分层分析的估计值不会出现这种情况。事实上，如果精度 Δ_j^{-1} 已知或能被准确估计，那么分层分析的加权方法是最优的。班级层次的估计值只有在样本平均数都同样可靠的条件下才是合理的。

标准误。实验效应估计值的标准误在这三个分析中也不同。学生层次分析中的标准误估计 0.074 显然具有误导性，如前所述，模型中没有考虑班级内部观察值之间的关联性，实际上，学生层次分析中假定了有比实际情况更多的信息（即假定班级内每个个人的回答都提供一条额外的独立信息）。但是，为什么分层模型中的标准误估计值（0.100）会小于班级层次分析中的估计值（0.135）呢？

除了样本规模，协方差分析模型中两个实验分组之间差异的标准误取决于三个因素：（a）未被解释的因变量方差，（b）协变量回归系数估计的精度，和（c）协变量在组间差异的大小。分层分析一般比班级层次分析更有效，这是因为在因素（a）和（b）上更有利。

对于因素（a），未被解释的因变量方差在分层分析中更小。第 j 个班级的样本平均数 $\bar{Y}_{.j}$ 的方差为 $\Delta_j = \tau_{00} = \sigma^2/n_j$。在班级层次分析中，只有 τ_{00} 有可能被协变量所解释。在分层分析中，τ_{00} 和 σ^2 都能被解释。如果在班级内，层－1 的协变量与因变量高度相关，那么 σ^2 就会大幅度下降，其相比于班级层次分析的优势就要大得多。

对于因素（b），协变量效应估计的精度在分层分析中要大于班级层次的分析，因为分层分析使用所有的数据来估计协变量效应。与此相对，班级层次分析只使用了班级的前测和后测平均数之间的协变信息。

具体地说，如表 5.3 中所显示的，分层分析中的标准误 $\mathrm{se}(\hat{\beta}_{Y\cdot X})$ 一般小于班级层次分析中的标准误 $\mathrm{se}(\hat{\beta}_{Y\cdot X})$。因为实验效应的标准误 $\mathrm{se}(\hat{\gamma}_{10})$ 依赖于标准误 $\mathrm{se}(\hat{\beta}_{Y\cdot X})$，这一点在方程 5.23 中可明显看出。

总之，分层分析在这一应用研究中有许多优点。第一，它是一个诚实的模型。分层模型考虑了班级内观察值之间的关联性，而不是错误地假定班级内观察值的独立性。

第二，对于不平衡的嵌套设计，它提供对实验效应的有效估计。传统上，人们建议用班级层次的分析替代学生层次的分析，因为残差独立性假设不成立。然而，研究人员悲叹，这种分析虽然也许更合适，但是其辨别各种效应的能力很差，正是由于这个理由，研究人员往往并不采纳这个建议。关键的一点是，研究人员再也不必在明显站不住脚的模型（即学生层次分析）和诚实但低效的模型（班级层次分析）两者之间进行选择了。分层线性模型能适当地处理嵌套设计中的差异来源，并提供有效的参数估计。

最后，分层模型能够检验回归的同质性，并且不管就什么标准来划分结果，都能提供较理想的方法。在上面的应用中，对于班级来说，后测值对前测值的回归就班级而言是同质的，因此我们将协变量设定为固定效应。然而，如果回归系数被发现在班级之间是变化的，那么我们就会建立一个模型来预测这些变化。在层－1 系数中任何未被解释的变化都可以在实验的推断中加以考虑。

例2：通过以截距和斜率为因变量的
模型来解释组织的不同效应

在上面讨论的例子中，组织特征对组织内的所有个人都有共同的影响。组织变量的唯一的效应是改变因变量的平均水平，而因变量的分布并不受影响。在这一节，我们讨论组织特征影响层－1变量的关系，其影响或者是增强或者是减弱这种关系。针对这类现象的统计模型就是方程5.1和5.2中的完全分层模型。组织内的关系表现在层－1模型的回归系数上，组织变量对这些关系的影响表现在相应的层－2模型中。

过去在建立以斜率为因变量的回归模型时所遇到的困难

以回归系数或斜率为因变量回归的使用效果很吸引人，因为它大大扩展了组织研究中可以涵盖的问题。但不幸的是，一系列的技术困难使得过去在使用以斜率为因变量的模型受到了限制。

第一，一般说来，回归系数的抽样方差要比样本平均数大得多。如果一个单位内的样本很小，那么回归系数的估计就会有很大误差。这样，斜率的较差可靠性就会削弱我们对层－2模型中的关系的判断能力。当层－1自变量的离散度受到限制时，这种误差就会被夸大。例如，校内各班的学生要比真正随机抽样样本的学生有更大的同质性，其结果是校内的社会经济状况与成绩的斜率估计的抽样方差就会增加。这时尽管结构参数是正的，但对一些个别学校来说会产生负的斜率估计（见图4.2）。这尤其成为问题，因为这些异常值会对层－2的研究结果产生不良影响。

第二，由于各单位内收集数据的方法不同，斜率估计的抽样精度在不同单位是不同的。但是在层－2分析中常用的OLS估计方法却假设因变量在不同单位之间是等方差的。忽略不同单位之间抽样精度的差异将削弱参数估计的有效性，从而进一步限制我们对斜率及其层－2解释变量之间关系的判断能力。

第三，斜率估计的总方差包括两个部分。其中之一是，不同组织之间的斜率参数可能的确有差异。在斜率估计中，区分这一参数方差和误差方差是最基本的。当我们想要阐述层－2模型的结果时，这尤其重要。正如前面所提到的，只有层－1系数的参数方差才有可能被层－2自变量解释。在许多情况下，由于上述原因，观测的斜率方差在很大程度上是误差方差。于是层 - 2 模型只能解释回归斜率观测方差中的很小一部分，使层 - 2 模型的解释力看上去打了折扣，而就理论上可能被解释的方差而言，实际上它已经解释了很大的部分。不幸的是，简单地以斜率为因变量的模型不能在这方面发挥作用。

第四，要将多个斜率作为因变量纳入层 - 2 模型，需要考虑存在于每个层 - 2 单位的多元回归系数估计值之间特殊的协方差结构。缺少这样一个模型就会导致精度进一步被削弱。

第五，在许多应用中，组织成员的样本量并不支持对每个组织的常规最小二乘回归。如果某个组织的样本规模太小，或者这个样本不随某一 X 而变化，那么就不可能对回归进行计算。如果应用以斜率为因变量的回归，这样的组织就必须舍弃，于是又有可能使样本偏差加大及精度下降。而用最大似然估计分层模型时，这样的组织就没有必要舍弃。

例子：公立学校和天主教学校成绩的社会分布

Lee 和 Bryk（1989）使用"高中及以上学校调查"数据的一个子样本，与第 4 章中使用的样本类似，用分层分析检验了是否天主教学校学习成绩上的社会阶层分布要比公立学校更公平。具体地说，他们抽了一个包含 74 所天主教学校的样本和一个包含 86 所公立学校的随机子样本，将这两批学生合在一起以增加层 - 1 的样本规模 n_j，总样本规模 N 达到 10999 名学生。表 5.5 描述了有关的分析变量。下面我们将讨论他们的分析逻辑，阐明如何使用以截距和斜率为因变量的模型来解释在天主教学校和公立学校学习成绩的社会分布。

随机效应方差分析模型。这项分析以建立一个单因素随机效应方差分析模型开始，以确定校内和学校间因变量（高年级数学成绩）的总变化。平均的学校平均数 γ_{00} 为 12.125。汇合的校内方差或称层 - 1 方差 $\hat{\sigma}^2$ 为 39.927，在 J 个学校平均数之间的方差 $\hat{\tau}_{00}$ 为 9.335。用这些结果和方程 4.6，我们就可以估计学校间方程比例（即组内相关）为 0.189。我们注意到，随机效应方差分析模型中估计的 σ^2 表示层 - 1 的总方差。我们在下面将要看到，随着在层 - 1 模型中引进各自变量，有一部分方差得到了解释。

随机系数回归模型。下一步是建立一个反映 J 个学校成绩的社会分布的模型。具体地说，在层 - 1（学生模型），第 j 个学校中的第 i 个学生的数学成绩（Y_{ij}）对其种族（MINORITY）、社会经济状况（SES）和学业背景（BACK-

GROUND）进行回归：

$$Y_{ij} = \beta_{0j} + \beta_{1j}(\text{MINORITY})_{ij} + \beta_{2j}(\text{SES})_{ij} + \beta_{3j}(\text{BACKGROUND})_{ij} + r_{ij} \qquad [5.27]$$

表 5.5　公立学校和天主教学校数学成绩的社会分布研究中的有关变量
（Lee & Bryk，1989）

变量名称	描　述
学生层次	
数学成绩（MATH ACHIEVEMENT）	高年级数学测试（平均数 = 12.92，标准差 = 6.70）。
社会经济状况（SES）	社会经济状况的合成度量。在样本中，平均数接近 0，标准差为 0.8。
种族（MINORITY）	虚拟变量（1 = 黑人或西班牙裔；0 = 其他）。
学业背景（BACKGROUND）	学生高中之前的学业背景。它包括小学时的留级情况、9 年级参加补习班的信息、进入高中时的期望。这是一个标准化指标（平均数 = 0；标准差 = 1.0）。
学校层次	
学校类别（SECTOR）	效应编码变量（1 = 教会；−1 = 公立）。
平均社会经济状况（AVSES）	校内学生社会经济状况的平均数（即学校的平均 SES）。
种族（HIMNRTY）	效应编码变量（1 = 少数种族注册学生超过 40%；−1 = 未超过）。
平均学业背景（AVBACKGRD）	校内学生学业背景平均数（即学校平均的 BACKGROUND）。

注：AVSES 和 AVBACKGRD 是从比本例使用的一个更大的样本中计算的。

　　请注意，r_{ij} 的方差 σ^2 现在是层 −1 上考虑了学生的种族状况、社会经济状况和学业背景后尚未解释的残差方差。

　　每个学校的成绩分布用四个参数表示：一个截距和三个回归系数。变量 MINORITY、SES 和 BACKGROUND 都是以组平均数对中的（见第 2 章）。这四个参数可以解释如下：

　　β_{0j} 是第 j 个学校的平均成绩；

　　β_{1j} 是第 j 个学校的种族差异（即白人和少数种族学生成绩的平均差异）；

　　β_{2j} 是第 j 个学校的社会经济状况的差别效应（即学生的社会经济状况差异与高年级成绩的关系强度）；

　　β_{3j} 是第 j 个学校的学业背景的差别效应（即学生的学业背景差异与高年级

成绩差异的关系强度)。

各个分布效应 β_{0j}、β_{1j}、β_{2j} 和 β_{3j} 都是在控制了其他自变量以后的净效应。例如,第 j 个学校的种族差异 β_{1j} 是在控制学生的社会经济状况 SES 和学业背景 BACK GROUND 以后的白人和少数种族学生成绩差异的调整平均数。

就这一模型而言,一个有效而公平的学校应该是平均成绩较高(即 β_{0j} 是一个较大的正值)、种族差异较小(即 β_{1j} 接近于 0),以及社会经济状况及学业背景的差别效应较弱(即 β_{2j} 和 β_{3j} 分别都是较小的正值)。

方程 5.27 中的 4 个系数在层 –2 模型中都被设定为随机的。具体地说就是:

$$\beta_{qj} = \gamma_{q0} + u_{qj}, \qquad \text{其中 } q = 0,1,2,3 \qquad [5.28]$$

其中,γ_{q0} 是每一学校效应的平均数。由于有 4 个层 –2 的随机效应,它们的方差和协方差就形成了一个 4×4 的矩阵:

$$\mathbf{T} = \begin{bmatrix} \text{Var}(u_{0j}) & & & \text{对称} \\ \text{Cov}(u_{1j}, u_{0j}) & \text{Var}(u_{1j}) & & \\ \text{Cov}(u_{2j}, u_{0j}) & \text{Cov}(u_{2j}, u_{1j}) & \text{Var}(u_{2j}) & \\ \text{Cov}(u_{3j}, u_{0j}) & \text{Cov}(u_{3j}, u_{1j}) & \text{Cov}(u_{3j}, u_{2j}) & \text{Var}(u_{3j}) \end{bmatrix} = \begin{bmatrix} \tau_{00} & & & \text{对称} \\ \tau_{10} & \tau_{11} & & \\ \tau_{20} & \tau_{21} & \tau_{22} & \\ \tau_{30} & \tau_{31} & \tau_{32} & \tau_{33} \end{bmatrix}$$

方程 5.27 和 5.28 所表示的随机效应回归模型代表的假设是成绩的社会分布在 J 个学校之间是不同的。如下面将要阐述的,矩阵 $\mathbf{T}$ 的对角线上的元素提供了经验数据,可以用来检验这一假设。

一般情况下,随机系数回归模型是分层分析中很重要的第一步。它的结果可以指导层 –1 方程的最终设置,并为层 –2 模型的建立提供一系列有用的统计量。

表 5.6 显示了 Lee 和 Bryk (1989) 的分析结果。在随机效应方差分析中,学校平均成绩的估计值为 12.125,种族差异平均数 $\hat{\gamma}_{10}$ 为 –2.78 分。这说明,在一个各方面处于平均的学校里,如果学业背景和社会背景相当,少数种族学生比白人学生低 2.78 分。同样,学生的社会经济状况和学业背景(分别为 $\hat{\gamma}_{20}$ 和 $\hat{\gamma}_{30}$)与学习成绩是正相关的。这说明在一个平均水平的学校,那些更富有和以前学习更好的学生在高年级时数学成绩更好。报告的 t 值很大,表明层 –1 自变量的统计性都很显著。

层 –1 和层 –2 随机效应方差的估计值(σ^2 和 τ_{qq})显示在表 5.6 的第二组数据中。请注意,在控制了学生的种族状况、社会经济状况和学业背景后,层 –1 方差已经由随机效应 ANOVA 模型中的 39.927 下降到 31.771。方差被这

个层 - 1 模型所解释的比例为：

$$(39.927 - 31.771)/39.927 = 0.204$$

表 5.6　数学成绩社会分布的随机系数回归模型

固定效应	系　数	标准误 se	t 值	
学校平均成绩，γ_{00}	12.125	0.252	48.207	
种族差异，γ_{10}	-2.780	0.242	-11.515	
SES 差异，γ_{20}	1.135	0.104	10.882	
学业差异，γ_{30}	2.582	0.093	27.631	
随机效应	方差成分	自由度 df	χ^2	p 值
平均成绩，u_{0j}	9.325	137	1770.70	0.000
种族差异，u_{1j}	1.367	137	161.01	0.079
SES 差异，u_{2j}	0.360	137	173.39	0.019
学业差异，u_{3j}	0.496	137	219.02	0.000
层 - 1 效应，r_{ij}	31.771			
学校效应之间的相关程度	平均成绩	种族差异	SES 差异	
种族差异	0.397			
SES 差异	0.182	-0.109		
学业差异	0.327	0.085	0.652	
OLS 回归系数估计的可靠性				
平均成绩	0.922			
种族差异	0.098			
SES 差异	0.167			
学业差异	0.330			

随机系数回归模型层 - 2 方差的估计值提供了学校间成绩的社会分布变化的经验证据。对这些层 - 2 随机效应的方差同质性检验能够用来检验成绩的社会分布结构在学校间是否有差别，即拒绝下面的假设：

$$H_0 : Var(u_{qj}) = Var(\beta_{qj}) = 0, \quad 其中 q = 0,1,2,3 \qquad [5.29]$$

则意味着学校间的成绩分布是有差别的。

就单参数的 χ^2 检验而言，在同质性假设下，对于平均成绩和学业差异的系数 β_{qj} 估计的变化概率小于 0.001；而对于 SES 差异，其概率小于 0.02。种族差异系数的斜率同质性假设的 p 值接近临界点（0.079）。不过，由于以往研究已经发现不同类型学校之间少数种族学生在成绩上的巨大差异，因此就保持这一效应为随机效应。

我们注意到这些 χ^2 检验只能提供近似的概率值，其原因有二：第一，它们只是简单的单参数检验，因为在模型中并没有考虑其他的随机效应。第二，它们的估计只是根据那些有足够数据计算 OLS 回归的学校。在这种情况下，160 所学校中只有 138 所能被利用，而其余的 22 所在种族状况上没有差别，这就是为什么表 5.6 中第二组的自由度 $df = 137$。

当我们产生怀疑时，可以利用所有数据的多元似然比（见方程 3.105 和 3.107）来交叉检验这些单变量的同质性。具体地说，完全的随机系数回归模型的偏差度 deviance 可以与其简化模型比较，比如，只有一个随机截距的模型：

$$\beta_{0j} = \gamma_{00} + u_{0j}$$
$$\beta_{qj} = \gamma_{qj}, \qquad \text{其中 } q = 1,2,3 \qquad [5.30]$$

在 Lee 和 Bryk（1989）的数据中，完全的随机系数回归模型的偏差度为 58248.4，自由度为 11。在简化模型中（所有的回归斜率都设置为固定效应），其值为 58283.6，自由度为 2。其结果，似然比检验统计量为 35.2，自由度为 9（$p < 0.001$），这就确认了分布效应在学校间是不同的。

随机系数回归模型的可能值（plausible value）估计（见方程 4.19）提供了有用的描述性统计来说明学校间在平均成绩、种族差异大小和社会及学业差别效应上的实际变化幅度。在正态分布假定下，我们可以期望有 95% 的学校的这些效应都在下面的区间内：

$$\hat{\gamma}_{q0} \pm 1.96(\hat{\tau}_{qq})^{1/2} \qquad [5.31]$$

这样，在这个高中及以上调查数据中，学校平均数（β_{0j}）可以期望在（6.140，18.110）范围内，种族差异（β_{1j}）主要在（-5.072，-0.488）内，社会和学业差别效应分别在（-0.041，2.311）和（1.202，3.962）之间。显然，这些结果表明每个效应在学校间的差异都很大。有趣的是，我们可以期望发现一些学校少数种族学生的成绩与白人一样，而社会差别效应很小——因为 β_{1j} 和 β_{2j} 的值接近 0 是很可能的。然而，所有学校似乎都存在一定程度的学业背景效应差别——因为 β_{3j} 的值为 0 似乎不太可能。我们注意到，那些可能值是就实际的学校参数 β_{qj} 而言的，而不是就分别的 OLS 估计的参数 $\hat{\beta}_{qj}$ 而言的。OLS 估计值，尤其是回归斜率，由于这些个别学校参数的样本估计值的不可靠性，会有很大差别。

可以从层 - 2 方差协方差成分中计算的另一类有用的描述性统计是学校效应之间的相关系数。对于任何两个随机效应 u_{qj} 和 $u_{q'j}$（或者与此等价的随机系数回归模型中的 β_{qj} 和 $\beta_{q'j}$），有：

$$\hat{\rho}(u_{qj}, u_{q'j}) = \hat{\tau}_{qq'} \big/ (\hat{\tau}_{qq} \hat{\tau}_{q'q'})^{1/2} \qquad [5.32]$$

这些结果显示在表 5.6 的第 3 组数据中。与学习成绩较低的学校相比，学习成绩较高的学校一般种族差异较小（$\hat{\rho}_{01} = 0.397$），但社会经济状况（$\hat{\rho}_{02} = 0.182$）和学业背景（$\hat{\rho}_{03} = 0.327$）差异略大。有趣的是，社会和学业上差别效应的相关系数为 0.652，表明这两个学校效应可能具有共同的原因。

一般说来，考察随机系数回归模型中估计的相关系数是重要的。尽管在上面的例子中，社会和学业上差别的相关系数较高，但仍然有足够大的独立变化可以把它们看作是不同的学校效应。在本书后面所讨论的例子中，还发现相关系数高达 0.90 及以上。在这种情况下，两个随机效应实际上反映的是层 - 2 单位之间的同一种变化。我们就可以有把握地将这个模型简化，把这两个层 -1 效应之一设定为固定效应或非随机变化效应。根据理论和研究目的，可以得知其中哪一个更重要，应设置为随机效应。

表 5.6 还报告了这些层 -2 随机效应的可靠性指标。在随机系数回归模型中，它们等价于真实参数 β_{qj} 的 OLS 估计值 $\hat{\beta}_{qj}$ 的可靠性。这些可靠性的计算是用估计值代入方程 3.59 中的层 -1 和层 -2 的方差成分。我们注意到，这些统计量，像 χ^2 同质性检验统计量一样，使用了对每个层 -2 单位分别做的 OLS 估计。所以在本例中，它们是根据 138 个学校计算的。

随机系数回归模型的可靠性估计有助于提供更多信息来指导对层 -1 系数的恰当设置（即固定的、随机的或非随机变化的效应）。由于 τ_{qq} 的计量取决于相应 X_q 和 Y_{ij} 的计量，在解释 τ_{qq} 的绝对值时要多加小心。这一可靠性提供了另外一种数据所显示的信息量的指标，即它告诉我们观察到的 $\hat{\beta}_{qj}$ 差异中有多少可以得到解释。过去使用这些方法的经验表明，当层 -1 随机系数的可靠性降到0.05时，这一系数就可以设置为固定的或非随机变化的效应。

这些统计量还有助于考察某一数据中用来检验结构效应假设的功效[1]。对于"高中及以上"数据，我们有很大的功效来检验学校特征对学校平均成绩影响的假设，因为截距估计很可靠。然而，这个数据对于考察学校特征对不同种族学生相对成绩的影响却不太有用。如上所述，有22所学校在这方面没有信息，还有一些学校的信息也很有限。这说明，我们在做对于不同种族学生的相对成绩上"学校特征并不重要"这样的推断时要非常小心。可靠性系数告诉我们，这些数据并未给这样的推断提供充分证据。简而言之，它们提醒我们在确认一个虚无假设时，不能过于热情。

以截距和斜率作为因变量的模型：学校类别和环境的影响。随机系数回归模型的结果表明，平均而言，每个层－1的自变量和数学成绩都有显著的关系（这一判断是根据固定效应的估计值及其标准误和 t 值）。因此，每个自变量都应保留在学生层次模型中，至少可作为固定效应。另外，τ_{qq} 的点估计、同质性的 χ^2 检验、似然比检验以及可靠性统计量都表明，各个层－1回归系数在学校之间有足够大的差异，至少可以开始将这些系数设置为随机效应。

Lee 和 Bryk（1989）下一步建立了一些解释性模型来阐明学校间组织特征的差异是如何影响学校内成绩的社会分布的。其中一个模型假设学校在类别和构成方面存在差别效应。他们注意到无论是天主教学校还是公立学校，学生构成都有很大差异，因此即使是在层－1模型中控制了学生的个人特征后，这些环境差异也可能影响因变量（关于组织研究中的构成效应这一点将在后文中更详细地讨论）。这样，他们拟合了学校类别和环境变量（如表5.5中学校的平均社会经济状况、种族差异和平均学业背景）对平均成绩、少数种族、社会差别和学业背景差别上的联合效应。他们还假设这些环境影响在两类学校中的影响是不同的。因此，他们将 SECTOR 和各环境变量的交互影响作为自变量纳入层－2模型中。

他们的层－1模型还是方程5.27，并建立了下列层－2模型：

$$\beta_{0j} = \gamma_{00} + \gamma_{01}(\text{AVSES})_j + \gamma_{02}(\text{HIMNRTY})_j + \gamma_{03}(\text{AVBACKGRD})_j$$
$$+ \gamma_{04}(\text{SECTOR})_j + \gamma_{05}(\text{SECTOR} \times \text{AVSES})_j + \gamma_{06}(\text{SECTOR} \times \text{HIMNRTY})_j$$

[1] 功效（power）指在虚无假设为真时正确接受虚无假设的概率，即 $1-\beta$，其中 β 为假设检验中的第二类错误的概率。第二类错误即弃真错误。——译注

$$+ \gamma_{07} (\text{SECTOR} \times \text{AVBACKGRD})_j + u_{0j}$$

$$\beta_{1j} = \gamma_{10} + \gamma_{11} (\text{HIMNRTY})_j + \gamma_{12} (\text{SECTOR})_j$$

$$+ \gamma_{13} (\text{SECTOR} \times \text{HIMNRTY})_j + u_{1j} \qquad [5.33]$$

$$\beta_{2j} = \gamma_{20} + \gamma_{21} (\text{AVSES})_j + \gamma_{22} (\text{SECTOR})_j + \gamma_{23} (\text{SECTOR} \times \text{AVSES})_j + u_{2j}$$

$$\beta_{3j} = \gamma_{30} + \gamma_{31} (\text{AVBACKGRD})_j + \gamma_{32} (\text{SECTOR})_j$$

$$+ \gamma_{33} (\text{SECTOR} \times \text{AVBACKGRD})_j + u_{3j}$$

这一模型的初步分析表明，其中的一些系数估计值很小（γ_{06}、γ_{07}、γ_{11}、γ_{13}、γ_{31} 和 γ_{33}）。将相应的层 - 2 自变量删除，得到一个简化的模型。其结果展示在表 5.7 中，并在下面加以讨论

学校平均成绩。学生的平均学业背景（AVBACKGRD）与学校的平均成绩正相关（$\hat{\gamma}_{03} = 1.301$，$t = 2.514$）。少数种族学生集中的学校，平均成绩要低一些（$\hat{\gamma}_{02} = -1.488$，$t = -2.699$）。平均社会经济状况（AVSES）对学校平均成绩的影响在两类学校之间是不同的。也就是说，存在一个显著的交互效应（$\hat{\gamma}_{05} = -1.572$，$t = -3.642$）。在天主教学校，AVSES 和学校平均成绩之间的关系为 2.534［即 $\hat{\gamma}_{01} + (1)\hat{\gamma}_{05} = 4.106 - 1.572$］。在公立学校，这一关系要强得多，为 5.678［即 $\hat{\gamma}_{01} + (-1)\hat{\gamma}_{05} = 4.106 + 1.572$］。

这种交互效应的存在表明学校类别的影响程度取决于所比较学校的社会经济状况。一般而言，学校类别对平均成绩的影响为：

天主教学校预测值 - 公立学校预测值

$$= (1)\hat{\gamma}_{04} + (1)(\text{AVSES})(\hat{\gamma}_{05}) - [(-1)\hat{\gamma}_{04} + (-1)(\text{AVSES})(\hat{\gamma}_{05})]$$

$$= 2 [\hat{\gamma}_{04} + (\text{AVSES})_j (\hat{\gamma}_{05})]$$

对于那些处于平均社会经济状况的学校（AVSES = 0），学校类别的影响为 1.432 分，即 $2 [\hat{\gamma}_{04} + (0)\hat{\gamma}_{05}]$。天主教学校的优势在社会经济状况较低的学校要大一些。例如，如果 AVSES = -1.0，那么学校类别的影响就是 4.576 分，即 $2 [\hat{\gamma}_{04} + (-1)\hat{\gamma}_{05}]$。而对于较富裕（即 AVSES > 1）的公立学校，平均数学成绩反而要高一些。

种族差异。在不同类别的学校中，种族差异的效应也是不同的（$\hat{\gamma}_{12} = 0.721$，$t = 2.816$）。在一个平均水平的天主教学校，少数种族学生要比白人学生低 2.173 分［即 $\hat{\gamma}_{10} + (1)\hat{\gamma}_{12}$］（这是控制学生的社会经济状况和学业背景之后的净效应）。在一个平均水平的公立学校，种族差异效应为 3.615 分［即 $\hat{\gamma}_{10} + (-1)\hat{\gamma}_{12}$］。

表 5.7　部门和控制变量对成绩的社会分布的影响估计

固定效应	系　数	标准误 se	t 比率
学校平均成绩			
截距（BASE），γ_{00}	13.678	0.186	73.393
平均社会经济状况（AVSES），γ_{01}	4.106	0.493	8.327
种族差异（HIMNRTY），γ_{02}	-1.488	0.551	-2.699
平均学业背景（AVBACKGRD），γ_{03}	1.301	0.517	2.514
学校类别（SECTOR），γ_{04}	0.716	0.194	3.700
交互效应（SECTOR×AVSES），γ_{05}	-1.572	0.432	-3.642
种族差异			
截距（BASE），γ_{10}	-2.894	0.256	-11.300
学校类别（SECTOR），γ_{12}	0.721	0.256	2.816
社会阶层差异			
截距（BASE），γ_{20}	1.381	0.141	9.819
平均社会经济状况（AVSES），γ_{21}	0.131	0.325	0.402
学校类别（SECTOR），γ_{22}	-0.362	0.141	-2.571
交互效应（SECTOR×AVSES），γ_{23}	-0.869	0.325	-2.671
学业背景差异			
截距（BASE），γ_{30}	2.482	0.093	26.650
学校类别（SECTOR），γ_{32}	0.072	0.093	0.778

随机效应	方差成分	自由度 df	χ^2	p 值
平均成绩	2.681	132	631.19	0.000
种族差异	0.624	136	151.04	0.179
SES 差异	0.218	134	159.94	0.063
学业背景差异	0.475	136	221.70	0.000
层-1效应，r_{ij}	31.778			

社会经济状况差异。一个学校内的社会经济状况差别效应同时取决于平均社会经济状况和学校的类别。估计的交互效应 $\hat{\gamma}_{23}$ 要比相应的主效应 $\hat{\gamma}_{21}$ 和 $\hat{\gamma}_{22}$ 都大。在公立学校，学生的社会经济状况差异在社会经济状况好的学校要大于社会经济状况差的学校。而在天主教学校则正好相反：社会经济状况好的学校社会差异性小于社会经济状况差的学校。这一点可以根据 $\hat{\gamma}_{21}$ +（SECTOR）$\hat{\gamma}_{23}$ 分别

计算出天主教学校和公立学校平均社会经济状况（AVSES）对学生 SES 差异效应的影响，便可以看出来。对于公立学校而言，AVSES 的影响是 0.131 + $(-1)(-0.869) = 1.000$。对于天主教学校而言，AVSES 的影响是 0.131 + $(1)(-0.869) = -0.738$。

学业背景差异。对于学业背景差异，没有证据表明存在环境、类别以及两者的交互效应。

辅助统计量。表 5.6 最下面的一组数据中显示了层 -1 和层 -2 的类别与环境效应模型中估计的方差成分。层 -1 的方差估计值 $\hat{\sigma}^2$ 和随机系数回归模型的几乎一样，这是预料中的，因为其层 -1 模型是相同的。一般说来，$\hat{\sigma}^2$ 估计值会有细小的差别，因为所有的固定效应和随机效应是同时估计的，而且每个参数的估计都依赖于其他各参数。

在层 -2，各 $\hat{\tau}_{qq}$ 估计值都是条件方差，或称残差方差，即 u_{qj} 是未被模型中层 -2 自变量所解释的学校残差效应。相反，每个与随机系数模型相联系的 $\hat{\tau}_{qq}$ 都是非条件方差。将条件方差（表 5.7）和非条件方差（表 5.6）对比，可以发现在控制了学校类别和环境后，削减方差的幅度很大。计算被层 -2 模型与环境模型所解释的方差比例，应用方程 4.24，即：

$$\beta_q \text{ 方差的解释比例} = [\hat{\tau}_{qq}(\text{无条件}) - \hat{\tau}_{qq}(\text{有条件})]/\hat{\tau}_{qq}(\text{无条件})$$

上述结果显示在表 5.8 中。平均成绩、种族差异和社会经济状况差异的方差很大一部分都得到了解释。而学校间学业背景差异的方差则基本上没有得到解释。由于学业背景差异效应的可靠性较高（表 5.6 中的 0.330），我们可以比较有把握地认为，学业背景效应虽然有很大差异，但可能与学校类别或环境无关，而是与别的因素有关。事实上，Lee 和 Bryk（1989）随后的分析将 β_{3j} 的这种差异作为学术组织和学校环境差异的函数而解释了其中很大一部分。

表 5.8　被解释的方差比例的最终模型

模型	平均成绩 Var（β_{0j}）	种族差异 Var（β_{1j}）	社会阶层 Var（β_{2j}）	学业背景 Var（β_{3j}）
无条件模型	9.325	1.367	0.360	0.496
条件模型	2.681	0.624	0.218	0.475
被解释的方差比例	71.2	54.4	39.4	4.2

再回到表 5.7，我们注意到种族差异和 SES 差别效应的 χ^2 统计量与这两个学校效应的残差方差都为 0 的假设是一致的。当然，这些结果并不表明这一虚无假设是成立的。因为研究人员有理论上的理由去考察这些分布效应是否随着学校组织和规范环境而变化，于是他们扩大了层 -2 的自变量范围，对 4 个学校的随机效应估计了新的模型。许多假设的组织关系被证实。关键的一点是截距和斜率的同质性检验只能作为一种指导，而不能去代替知情判断。

层 -1 既有随机斜率又有固定斜率的应用实例

为了清楚地说明问题，本章是按两类应用实例来组织的。在实例 1 中，只有截距参数随不同组织变化，而层 -1 自变量即使有也都设置为固定效应。在上面刚刚讨论的实例 2 中，所有层 -1 系数都设置为随机效应。事实上，有许多情况可以适用层 -1 系数为随机效应和固定效应并存的模型。例如，假设我们有一个随机变化的层 -1 斜率 β_{1j} 和一系列作为协变量引入的层 -1 自变量：

$$Y_{ij} = \beta_{0j} + \beta_{1j}(X_{1ij} - \overline{X}_{1 \cdot j}) + \sum_{q=2}^{Q} \beta_{qj}(\overline{X}_{q \cdot j} - \overline{X}_{q \cdot \cdot}) + r_{ij} \qquad [5.34]$$

在层 -2：

$$\beta_{qj} = \gamma_{q0} + \sum_{s=1}^{S_q} \gamma_{qs} W_{sj} + u_{qj}, \qquad q = 0,1 \qquad [5.35a]$$

以及

$$\beta_{qj} = \gamma_{q0}, \qquad q = 2,\cdots,Q \qquad [5.35b]$$

其中，u_{q0} 和 u_{q1} 服从平均数为 0、方差分别为 τ_{00} 和 τ_{11}、协方差为 τ_{01} 的双变量正态分布。

在这个模型中，假设对每个组织都存在两个随机效应，即一个截距和一个斜率。截距 β_{0j} 是在控制了这些组织中的个人之间在 X_2，$\cdots$，X_Q 的差异后的调整的平均数。同样，斜率 β_{1j} 也是控制了 X_2，$\cdots$，X_Q 的固定效应后的结果。在层 -2，假设 β_{0j} 和 β_{1j} 随组织特征 W_{sj} 而变化。

一般说来，层 -1 模型可以包括任何随机的、非随机的变化和固定的系数。在决定层 -1 系数是否应作为随机效应时，理论上的考虑是首要的。

专题

这一章剩下的部分是一系列的"专题"，涉及在组织应用中分层模型的设计和使用。有许多内容是第 2 版中新增加的。我们将说明，如何将基本的多层模型加以推广，应用到层 –1 方差异质性的场合。接着，我们将说明层 –2 变量的对中选择将如何影响层 –1 随机系数 β_j、固定效应 γ 和 **T** 矩阵中的方差协方差成分的估计。然后，我们讨论在较为复杂的组织效应模型中在解释方差比例的阐述时可能产生的问题。接下来，我们将描述如何应用层 –1 系数的经验贝叶斯估计值作为具体组织单位的绩效指标（performance indicators），并讨论在这些应用中可能产生的有效性问题。本章在最后将介绍两层次组织效应研究在收集新数据的设计中对功效问题的考虑。

层 –1 方差异质性情况下的应用

在这一章前面所有的应用中，我们都假设层 –1 的残差方差齐性，即 $\mathrm{Var}(r_{ij}) = \sigma^2$。有统计证据表明，在违反这一假设的条件下，固定效应 γ 及其标准误的估计也是稳健的（Kasim & Raudenbush，1998）。尽管如此，在层 –1 出现明显异质性的情况也会发生，而且有可能非常显著。在这种情况下，分析人员就希望将这种异质性作为某些测量变量的函数来建立模型。这些预测变量既可以定义在层 –1 上，也可以定义在层 –2 上。

例如，在第 4 章中使用的高中及以上（HS&B）调查的学生数学成绩数据显示出，在层 –1 上存在残差方差异质性（检验层 –1 方差异质性的方法在第 9 章中有介绍，并用 HS&B 数据进行了举例说明）。我们可以假设这些数据中层 –1 的残差方差在公立学校和天主教学校是不同的；或者残差方差可能依赖于某些层 –1 的特征，例如性别［例如，一些研究证据表明学习成绩在男生之间的变化要比在女生之间大（Hedges & Nowell，1995）］。

形式上，由于层 –1 方差 σ^2 被约束为正值，将 $\ln(\sigma^2)$ 作为层 –1 和层 –2 的变量 X 和 W 的线性函数来建立模型要比直接对 σ^2 建模更合理，因为这保证了与 σ^2 总为正值的一致性。这样，我们在基本的分层线性模型中又增加了一个结构方程。

$$\ln(\sigma^2) = \alpha_0 + \sum \alpha_j C_j \qquad [5.36]$$

其中，C_j 可以分别是层 -1 或层 -2 的预测变量 X 和 W。由于方程 5.36 中的 α 系数将通过最大似然法估计，在大样本理论下，这些系数与其标准误之比构成 z 统计量。如下所述，这一检验统计量可以用于检验层 -1 异质性来源的假设。

例子：对数学成绩的层 -1 残差方差的类别效应建模

为了举例说明使用 HS&B 数据进行分层线性模型的这一扩展应用，我们考虑层 -1 的残差方差在天主教学校和公立学校之间是否不同。我们建立一个简单的模型，层 -1 包括学生的社会经济状况 X_{ij}，以组平均数对中；层 -2 以类别 SECTOR 作为两类学校的平均成绩 β_{0j} 和 SES 差别效应 β_{1j} 的预测变量，即：

$$Y_{ij} = \beta_{0j} + \beta_{1j}(X_{ij} - \overline{X}_{\cdot j}) + r_{ij}$$

以及
$$\beta_{0j} = \gamma_{00} + \gamma_{01}(\text{SECTOR}) + u_{0j}$$
$$\beta_{1j} = \gamma_{10} + \gamma_{11}(\text{SECTOR}) + u_{1j}$$

其中，r_{ij} 现在是被假定服从正态分布 $N(0, \sigma_{ij}^2)$。对这个例子，我们规定：

$$\ln(\sigma_{ij}^2) = \alpha_0 + \alpha_1(\text{SECTOR})_j$$

表 5.9 显示了这一模型分别在假定层 -1 上存在和不存在方差异质性情况下的估计结果。有清楚的证据表明，在控制了学生的社会经济状况后，层 -1 的残差变化在公立学校和天主教学校之间是不同的（$\alpha_1 = -0.182$，$z = 5.409$）。将模型的结果 $\ln(\sigma^2)$ 指数化，我们就可以分别计算出天主教学校和公立学校在层 -1 的残差方差估计。同质性模型得到的总的层 -1 残差方差的估计值为 36.705。可以看到，其实天主教学校的层 -1 残差方差为 33.31，而在公立学校其值要大得多，为 39.96。

总的来看，异质性模型要比简单的同质性层 -1 模型能更好地拟合数据。除了对 α_1 的 z 检验统计量高度显著外，用来比较这两个模型偏差度的似然比检验值 $\chi^2 = 29.139$，自由度为 1，$p < 0.000$，也确认了这一推断。即使如此，我们注意到这两个模型的 γ、$\text{se}(\gamma)$ 和 $\mathbf{T}$ 的参数估计值仍非常接近。

表 5.9 数学成绩的同质性和异质性层 −1 方差模型的比较

(i) 同质性方差模型的结果，$\mathrm{Var}\,(r_{ij})\ =\sigma^2$

固定效应	系　数	标准误 se	t 比率	自由度 df	p 值
学校平均成绩					
截距（BASE），γ_{00}	11.394	0.291	39.166	158	0.000
SECTOR，γ_{01}	2.807	0.436	6.434	158	0.000
社会阶层差异					
截距（BASE），γ_{10}	2.803	0.154	18.215	158	0.000
SECTOR，γ_{11}	−1.341	0.232	−5.777	158	0.000

随机效应	标准差	方差成分	自由度 df	χ^2	p 值
平均成绩，u_{0j}	2.577	6.641	158	1383.310	0.000
SES 差异，u_{1j}	0.489	0.239	158	175.240	0.165
层 −1 效应，r_{ij}	6.058	36.705			

偏差度 Deviance = 46632.04

估计参数的个数 = 8

(ii) 异质性方差模型的结果，$\ln[\,\mathrm{Var}(\,r_{ij})\,] = \alpha_0 + \alpha_1(\mathrm{SECTOR})$

固定效应	系　数	标准误 se	t 比率	自由度 df	p 值
学校平均成绩					
截距（BASE），γ_{00}	11.393	0.292	38.982	158	0.000
SECTOR，γ_{01}	2.807	0.436	6.441	158	0.000
社会阶层差异					
截距（BASE），γ_{10}	2.802	0.160	17.472	158	0.000
SECTOR，γ_{11}	−1.341	0.232	−5.789	158	0.000

随机效应	标准差	方差成分	自由度 df	χ^2	p 值
平均成绩，u_{0j}	2.574	6.626	158	1392.580	0.000
SES 差异，u_{1j}	0.499	0.249	158	173.520	0.189

层 −1 方差模型

参　数	系　数	标准误 se	z 值	p 值
截距（BASE），α_0	3.688	0.024	154.533	0.000
SECTOR，α_1	−0.182	0.033	−5.409	0.000

对于公立学校，$\hat{\sigma}^2 = \exp[\,3.688 - 0.182(0)\,] = 39.96$

对于天主教学校，$\hat{\sigma}^2 = \exp[\,3.688 - 0.182(1)\,] = 33.31$

模型拟合优度

模　型	参数个数	偏差度 Deviance		
1. 同质性层 −1 方差	8	46632.04		
2. 异质性层 −1 方差	9	46602.90		
	χ^2	自由度 df	p 值	
模型 1 对模型 2	29.139	1	0.000	

层 -1 存在异质性情况下的数据分析建议

拟合层 -1 残差方差的潜力说明,在一些实质性应用中可以对基本模型进行扩展。正如第 9 章中所讨论的(另见 Raudenbush & Bryk,1987),层 -1 方差异质性的存在可以看作是表示层 -1 模型设置错误的一个综合指标,即层 -1 异质性的发生要么是由于某个重要的层 -1 预测变量没有包括在模型中,要么是某个层 -1 预测变量被错误地设置为固定效应,而实际上它应该是被作为随机或非随机变化的。于是,在本例中发现 σ^2 存在类别差异,建议我们要重新设置层 -1 模型。什么原因会导致两类学校之间残差方差出现差异呢?有两个直接的原因:(1)天主教学校和公立学校中的学生除了社会经济状况外可能还存在其他因素上的差别,有必要将这些学生层次的背景控制变量纳入模型;以及/或者(2)天主教学校和公立学校各自内部的学生可能存在不同的学习经历,导致这两类学校之间最终的学习成绩分布不同。例如,公立学校的学生如果选修的课程更分散,就会导致更大的异质性(Bryk,Lee,& Holland,1993)。这一解释表明有必要在模型中增加一个学生层次的选课变量。这样,在上述两个方面对层 -1 模型的改进将使残差异质性减少。

简而言之,层 -1 异质性的存在表明有必要在这一层次上对模型进行改进。模型设置不当而导致 γ 和 $\mathbf{T}$ 的估计产生偏差是可能的。另外,对层 $-1\sigma^2$ 异质性的设置有助于提供这种异质性来源的线索,但它本身不能避免模型不当产生的偏差。只有将模型建立得更精细才能有助于解决这一问题。

组织效应研究中层 -1 自变量的对中

正如第 2 章中所讨论的(参见"X 变量的定位"),在两层模型中,层 -1 预测变量的定位会影响到层 -1 截距的定义。在某些情况下对中于某一个常数如 X 的总平均数是明智的;而在另一些情况下则应该对中于层 -2 平均数(例如,"以组平均数对中")。下面我们考虑出于 5 种推断目的而做的不同选择。

- 估计层 -1 的固定系数
- 分离个人层次效应和构成效应
- 在调整层 -1 协变量的条件下估计层 -2 效应

- 估计层 -1 系数的方差
- 估计层 -1 随机系数

层 -1 固定系数的估计

除了估计组织因素对个人层次因变量的影响外，多层数据还经常被用来估计个人层次效应。例如，在高中及以上调查数据中，分析的一个主要问题是学生的社会经济状况与数学成绩之间的关系。学生嵌套于学校的事实对层 -1 关系的恰当估计构成困难。Burstein（1980）提供了一个在这种情况下进行模型拟合的有关问题的全面综述。下面我们简要讨论一下这些问题，并说明如何通过分层模型拟合嵌套结构来解决这些问题。我们用高中及以上调查数据来演示这些方法。现在，我们假设所感兴趣的层 -1 的关系在所有的层 -2 单位上是固定的。

表 5.10 层 -1 回归系数的不同估计方法的比较

不同的统计方法			
层 -1 的 OLS 回归 （没有分组的分析）	层 -2 的 OLS 回归 （组间分析）	分层线性模型 （以组平均数对中）	分层线性模型 （以总平均数对中）
$Y_i = \beta_0 + \beta_1 X_i + r_i,$ $i = 1, \cdots, N$ 个人 （忽略个人嵌套于 组织）	$\overline{Y}_{\cdot j} = \beta_0 + \beta_1 \overline{X}_{\cdot j} + u_j,$ $j = 1, \cdots, J$ 个组织	$Y_{ij} = \beta_{0j} + \beta_{1j}(X_{ij} - \overline{X}_{\cdot j}) + r_{ij}$ $\beta_{0j} = \gamma_{00} + u_{0j}$ $\beta_{1j} = \gamma_{10}$	$Y_{ij} = \beta_{0j} + \beta_{1j}(X_{ij} - \overline{X}_{\cdot \cdot}) + r_{ij}$ $\beta_{0j} = \gamma_{00} + u_{0j}$ $\beta_{1j} = \gamma_{10}$
$\beta_1 = \beta_t$	$\beta_1 = \beta_b$	$\gamma_{10} = \beta_w$	$\gamma_{10} = \dfrac{W_1 \beta_w + W_2 \beta_b}{W_1 + W_2}$
用高中及以上调查数据的估计值			
$\hat{\beta}_t = 3.184$	$\hat{\beta}_b = 5.909$	$\hat{\beta}_w = 2.191$	$\hat{\gamma}_{10} = 2.391$
$se(\hat{\beta}_t) = 0.097$	$se(\hat{\beta}_b) = 0.371$	$se(\hat{\beta}_w) = 0.109$	$se(\hat{\gamma}_{10}) = 0.106$

注：为了在本节中举例说明，我们将 SES 系数设置为固定效应。然而，第 4 章中的结果表明学校间的 β_{1j} 存在很大的变化。将 β_{1j} 设置为随机系数的模型的估计并没有很大地改变 γ_{10} 的估计（2.193 对 2.191）。不过，标准误由 0.109 增加到 0.125。通过假设 SES 为一个层 -1 的固定系数，我们限制了 Var$(\beta_{1j}) = \tau_{11} = 0$。由于 τ_{11} 是标准误 γ_{10} 的一部分（见第 3 章），在它不接近于 0 时而将它设置为 0 至少将会导致对标准误的低估。

我们先采用分析多层次数据最常用的方法，即用常规最小二乘法在层 -1

上进行回归，并忽略个人嵌套于组。表 5.10 的第一列是这一分析的模型和数学成绩对学生的 SES 的回归结果。SES 的回归系数估计值为 3.184，标准误为 0.097。由于下面将要说明的原因，我们将这一模型中的回归系数标为 β_t。

为了比较，表 5.10 的第二列中显示了相应的层 – 2 或组间分析模型。当得不到个人层次的数据时，这一回归系数 β_b 经常被当作个人层次关系的估计值〔Robinson（1950）、Burstein（1980）及 Aitkin 和 Longford（1986）讨论了这种用法的适用条件〕。然而，在这里的研究中，β_b 的估计值 5.909 几乎是 $\hat{\beta}_t$ 的 2 倍。显然，这两种分析对个人的社会经济状况与数学成绩之间的关系强弱的答案很不一样。还要注意，在这里，标准误也很大（0.371 对 0.097），主要是由于层 – 2 分析中的自由度为 158，而层 – 1 分析中的自由度为 7183。即使 $\hat{\beta}_b$ 作为个人层次关系的估计是恰当的（实际上在这里并不恰当），这一估计一般也比层 – 1 分析估计的精度差，就是因为单位平均数的信息要少于全部个人的数据。

人们经常认为（例如，见 Firebaugh，1978）真正感兴趣的个人层次系数是组织内汇合的数学成绩与学生的 SES 之间的关系。这就是说，我们想估计排除了嵌套的组效应以后的层 – 1 关系。通常将这一系数标为 β_w，可以通过 OLS 求解下列方程：

$$Y_{ij} - \overline{Y}_{\cdot j} = \beta_w (X_{ij} - \overline{X}_{\cdot j}) + r_{ij} \qquad [5.37]$$

表 5.10 的第三列显示了与此相当的分层线性模型。对于高中及以上调查数据，$\hat{\beta}_w$ 为 2.191，标准误为 0.109。尽管估计的 $\hat{\beta}_w$ 的标准误与 $\hat{\beta}_t$ 的标准误很接近（一般都是这样），但实际上 $\hat{\beta}_t$ 处于 $\hat{\beta}_w$ 和 $\hat{\beta}_b$ 之间。$\hat{\beta}_t$ 在形式上是 β_w 和 β_b 的加权合计：

$$\hat{\beta}_t = \eta^2 \hat{\beta}_b + (1 - \eta^2) \hat{\beta}_w \qquad [5.38]$$

其中，η^2 是 SES 的学校间误差平方和与总误差平方和之比。

图 5.1 显示了 β_w、β_b 和 β_t 的关系。图中是假想的三个学校的数据：一个 SES 平均数很低的学校、一个 SES 平均数中等的学校和一个 SES 平均数很高的学校。对于每个学校有一条斜率为 β_w 的回归线，描述该校学生的 SES 和 Y 的关系。这些校内斜率被假设为是相等的。还有一条回归线（粗实线）描述 SES 平均数和 Y 平均数之间的关系。这是一条只用三个数据点，即各个学校的 SES

平均数和 Y 平均数来估计的回归线。这条线的斜率为 β_b。最后一条虚线是在忽略校内学生聚类的条件下来描述学生的 SES 和 Y 之间的关系。该线的斜率 β_t 既没有像 β_w 那么平坦，也没有像 β_b 那么陡峭。

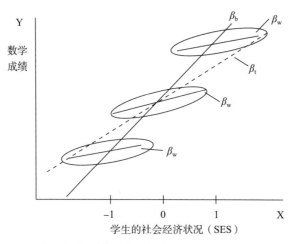

图 5.1　组内回归线（椭圆内）斜率为 β_w，组间回归线（粗实线）斜率为 β_b，总回归线（虚线）斜率为 β_t

这样，当需要对个人层次效应进行估计时，忽视数据的嵌套结构将会产生误导性的结果。正如 Cronbach（1976）所注意到的，$\hat{\beta}_t$ 一般是一种无法解释的 $\hat{\beta}_w$ 和 $\hat{\beta}_b$ 的混合物。在大多数研究中，想要估计的个人层次效应应该是 $\hat{\beta}_w$，而不是 $\hat{\beta}_t$。

根据分层分析来估计 β_w 时，X_{ij} 以组平均数对中至关重要。相反，如果数据是以总平均数对中，如表 5.9 中的第四列，那么最终的估计值就是 β_w 和 β_b 的混合物。在一般情况下，权数 W_1 和 W_2 都相当复杂。请注意，高中及以上数据中，以总平均数对中的系数估计值为 2.391。

这一结果的取得是根据这样一个事实：以总平均数对中的模型实际上包括了 X_{ij} 和 $\overline{X}_{.j}$，但分析仅限于估计一个参数而不是分别估计 β_w 和 β_b（在下一节将显示同时估计 β_w 和 β_b 的分层模型）。

重要的是要注意，在某些情况下，如果 β_b 和 β_w 实际上是相等的，那么以总平均数对中的模型将是最有效的。在 $\beta_b = \beta_w = \beta$ 的假设下，$\hat{\beta}_b$ 和 $\hat{\beta}_w$ 是 β 的独立的无偏估计。在平衡设计的情况下，这两个 OLS 估计值的抽样方差分别是：

$$\mathrm{Var}(\hat{\beta}_{\mathrm{b}}) = \Delta \Big/ \sum_j (\overline{X}_{.j} - \overline{X}..)^2, \qquad \text{其中 } \Delta = \tau_{00} + \sigma^2/n$$

以及

$$\mathrm{Var}(\hat{\beta}_{\mathrm{w}}) = \sigma^2 \Big/ \sum_j \sum_i (X_{ij} - \overline{X}_{.j})^2$$

在这一具体实例中，表 5.10 第 4 列中显示的 β 估计量为：

$$\hat{\gamma}_{10} = \hat{\beta} = (W_1 \hat{\beta}_{\mathrm{b}} + W_2 \hat{\beta}_{\mathrm{w}}) / (W_1 + W_2) \qquad [5.39]$$

其中：

$$W_1 = \left[\widehat{\mathrm{Var}} \ (\hat{\beta}_{\mathrm{b}}) \right]^{-1} = \sum (\overline{X}_{.j} - \overline{X}..)^2 / \hat{\Delta}$$

$$W_2 = \left[\widehat{\mathrm{Var}} \ (\hat{\beta}_{\mathrm{w}}) \right]^{-1} = \sum \sum (X_{ij} - \overline{X}_{.j})^2 / \hat{\sigma}^2$$

在这一具体实例中，$\hat{\gamma}_{10}$ 是 $\hat{\beta}_{\mathrm{b}}$ 和 $\hat{\beta}_{\mathrm{w}}$ 的加权平均数，权数是每个估计值的精度。由于 $\hat{\beta}_{\mathrm{b}}$ 和 $\hat{\beta}_{\mathrm{w}}$ 都包含 β 的信息，那么分层估计应该使用这一信息以产生比其任何之一的精度更大的估计值。形式上，

$$\left[\mathrm{Var}(\hat{\beta}_{\text{分层}}) \right]^{-1} = W_1 + W_2 \qquad [5.40]$$

即分层估计的精度是 $\hat{\beta}_{\mathrm{b}}$ 和 $\hat{\beta}_{\mathrm{w}}$ 二者的精度之和。有意思的是，W_1 与 J 近似成比例，W_2 与 Jn 近似成比例。

在非平衡设计中，公式就变得更加复杂。不过原则是相同的。假设 $\beta_{\mathrm{w}} = \beta_{\mathrm{b}}$ 时，以总平均数对中的分层估计值将是最有效的。

当 $\beta_{\mathrm{b}} \neq \beta_{\mathrm{w}}$ 时，如本实例中的情况，那么以总平均数对中的分层估计是个人层次效应的不恰当的估计。它也是一个无法解释的混合物：既不是 β_{w}，也不是 β_{b} 和 β_{t}。于是，当需要 β_{w} 的无偏估计时，以组平均数对中就可以做到。下面将显示对 β_{w} 和 β_{b} 同时进行估计的两种分层模型。

分离个人层次效应和构成效应

构成或环境效应在组织社会学研究中一直都是热点（见 Erbring & Young，1979；Firebaugh，1978）。在控制了个人特征效应 X_{ij} 后，当把汇总的个人层次特征 $\overline{X}_{.j}$ 与因变量 Y_{ij} 联系起来分析时，这些效应就会出现。在层 – 1 的 OLS 回归分析中，这些效应由作为自变量而纳入模型的 $(X_{ij} - \overline{X}_{.j})$ 和 $\overline{X}_{.j}$ 来代表：

$$Y_{ij} = \beta_0 + \beta_1(X_{ij} - \bar{X}_{\cdot j}) + \beta_2 \bar{X}_{\cdot j} + r_{ij} \qquad [5.41]$$

构成效应是组织层次关系 β_b 与个人层次效应 β_w 的差异程度。形式上，构成效应为：

$$\beta_c = \beta_2 - \beta_1 = \beta_b - \beta_w \qquad [5.42]$$

图 5.2 展示了这一构成效应。我们注意到 β_2 的非零估计并不一定是构成效应。如果 β_1 和 β_2 相等，那么就不存在构成效应。

对构成效应的解释是多种多样的。这种效应的发生可能是由于与某个组织有关的规范效应，或者是由于 $\bar{X}_{\cdot j}$ 近似地代替了模型中没有包括的一些重要的组织变量。它们也可能表明 $\bar{X}_{\cdot j}$ 包含了部分 X_{ij} 中的测量误差效应。无论其来源如何，过去的经验研究表明，构成效应的发生是有很大的规律性的〔见 Willms（1986）的综述〕。

在分层模型框架内，这些效应可以通过两种方法估计。在这两种方法中，个人层次 X_{ij} 包括在层－1 模型中，而它汇总的变量 $\bar{X}_{\cdot j}$ 包括在层－2 模型的截距中。这两种方法的区别，如表 5.11 中第 1 和第 2 列所显示的，在于 X_{ij} 的对中方法不同。比如第 1 列，是选择组平均数对中，X_{ij} 和 Y_{ij} 之间的关系就被直接分解为组内和组间成分。具体地说，γ_{01} 就是 β_b，γ_{10} 就是 β_w。构成效应就可以通过简单的减法求得。而当 X_{ij} 用第 2 列中的总平均数对中时，则构成效应就可以直接估计，而 β_b 可以通过简单的加法求得。

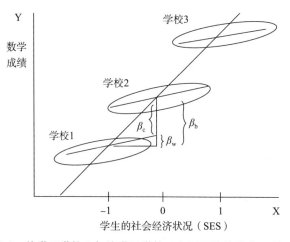

图 5.2　就学于学校 2 与就学于学校 1 有不同情境效应 β_c 的示意图

表 5.11 个人层次和构成（环境）效应示例

统计模型	
以组平均数对中	以总平均数对中
$Y_{ij} = \beta_{0j} + \beta_{1j}(X_{ij} - \overline{X}_{.j}) + r_{ij}$	$Y_{ij} = \beta_{0j} + \beta_{1j}(X_{ij} - \overline{X}_{..}) + r_{ij}$
$\beta_{0j} = \gamma_{00} + \gamma_{01}\overline{X}_{.j} + u_{0j}$	$\beta_{0j} = \gamma_{00} + \gamma_{01}\overline{X}_{.j} + u_{0j}$
$\beta_{1j} = \gamma_{10}$	$\beta_{1j} = \gamma_{10}$
$\gamma_{01} = \beta_b$	$\gamma_{01} = \beta_c$
$\gamma_{10} = \beta_w$	$\gamma_{10} = \beta_w$
$\beta_c = \gamma_{01} - \gamma_{10}$	$\beta_b = \gamma_{01} + \gamma_{10}$

使用"高中及以上"数据的估计

	系 数	标准误 se		系 数	标准误 se
$\hat{\gamma}_{00}$	12.648	0.149	$\hat{\gamma}_{00}$	12.661	0.149
$\hat{\gamma}_{01} = \hat{\beta}_b$	5.866	0.362	$\hat{\gamma}_{01} = \hat{\beta}_c$	3.675	0.378
$\hat{\gamma}_{10} = \hat{\beta}_w$	2.191	0.109	$\hat{\gamma}_{10} = \hat{\beta}_w$	2.191	0.109
$\hat{\beta}_c$	3.675	0.378*	$\hat{\beta}_b$	5.866	0.362[a]

*并不是直接估计的，但是可以依据 γ 系数的抽样方差 - 协方差矩阵来决定。

图 5.2 显示了所存在的环境效应。与前面一样，我们显示 3 个学校的结果，它们相互之间在平均 SES 上相差一个单位。同样，对于每个学校，图中显示了学校内的关系 β_w，也显示了学校之间的关系 β_b。β_w 代表同一学校在 SES 上相差一个单位的两个学生 Y 的期望差异（这显示在学校 1 内）。相反，β_b 表示 SES 均值相差一个单位的两个学校成绩均值的期望差异（这显示在学校 1 对学校 2）。环境效应 $\beta_c = \beta_b - \beta_w$ 是两个学生在因变量上的期望差异，这两个学生的个人 SES 相等，但他们学校的 SES 均值相差一个单位。如图 5.2 所显示的，环境效应 β_c 就是一个学生是在学校 2 还是学校 1 上学而使学生增加的成绩。

在"高中及以上"数据中，学生层次的效应为 2.191（与表 5.10 中第 3 列相等），学校层次的效应为 5.866，两者之差即构成效应为 3.675。上述两种方法得出的结果是相同的。显然，学校的社会经济状况构成对数学成绩有很大的影响，甚至大于学生个人层次的效应。

我们应该注意到，通过方程 5.41 对层 –1 的 OLS 回归可以得到类似的 β_b、β_w 和 β_c 的点估计。一般而言，OLS 估计是无偏的，但不如分层线性模型的估计更有效（见第 3 章）。而且 $\hat{\beta}_c$ 和 $\hat{\beta}_b$ 的 OLS 标准误存在负偏差，因为方程 5.41 没有包括由 u_{0j} 表示的学校之间的随机变化。

对层 –1 协变量调整后的层 –2 效应估计

HLM 在组织研究中应用最多的是在控制一个或多个层 –1 协变量的情况下，估计一个层 –2 的自变量和 Y 的平均数之间的关系。一般假定（或通过经验分析确立）不存在构成效应。我们在前面举了一个这样的例子（参见 "写作的项目效果评估"）。在这种情况下，以组平均数对中是不恰当的。在以组平均数对中的模型中，层 –1 的截距是未经调整的结果变量平均数，这里为了强调用 μ_j 来表示，

$$Y_{ij} = \mu_j + \beta_{1j}(X_{ij} - \bar{X}_{.j}) + r_{ij} \qquad [5.43]$$

请注意，当我们对各个学校计算样本平均数时，层 –1 预测变量 X 的影响就消失了：

$$\bar{Y}_j = \mu_j + \bar{r}_{.j} \qquad [5.44]$$

一个简单的层 –2 模型代表一个层 –2 预测变量 W_j 的贡献：

$$\mu_j = \gamma_{00} + \gamma_{01}W_j + u_{0j} \qquad [5.45]$$

总之在这一分析中，要是以组平均数对中，W_j 的效应是没有对 X 加以调整的。

相反，当我们以 X 总平均数对中时，层 –1 模型就变为：

$$\begin{aligned}
Y_{ij} &= \beta_{0j} + \beta_{1j}(X_{ij} - \bar{X}..) + r_{ij} \\
&= \beta_{0j} + \beta_{1j}(X_{ij} - \bar{X}_{.j} + \bar{X}_{.j} - \bar{X}..) + r_{ij} \\
&= \beta_{0j} + \beta_{1j}(\bar{X}_{.j} - \bar{X}..) + \beta_{1j}(X_{ij} - \bar{X}_{.j}) + r_{ij}
\end{aligned} \qquad [5.46]$$

对方程 5.43 和 5.46 的比较发现：

$$\beta_{0j} = \mu_j - \beta_{1j}(\bar{X}_{.j} - \bar{X}..) \qquad [5.47]$$

这样，在总平均数对中的模型中，斜率 β_{0j} 就是平均数 μ_j 减去一个调整值。现

在，把这个经过调整的平均数作为结果变量，我们在层 - 2 上有：

$$\beta_{0j} = \mu_j - \beta_{1j}(\overline{X}_{.j} - \overline{X}_{..}) = \gamma_{00} + \gamma_{01}W_j + u_{0j} \qquad [5.48]$$

在方程 5.48 中，W_j 效应的估计将根据不同组织之间层 - 1 自变量 X 平均数的差异加以调整。

估计层 -1 系数的方差

让我们再来看一个只有一个层 - 1 协变量 X 的层 - 1 模型。这一分析的主要的目的是估计层 - 1 系数 β_{1j} 的方差 τ_{11}。如果每个组织除了抽样变化和随机缺失数据，都有相同的 X 平均数，对中的选择对 τ_{11} 的推断将没有重要的影响。在这种情况下，分析者可以选择 X 的定位，得到最合理的截距定义，而不需要顾虑对中对层 - 1 斜率的方差估计的影响。

然而，当 X 的平均数在不同学校之间有系统性的变化时，τ_{11} 的估计将变得相当复杂。在组织研究中，这种变化常常存在，这有两个原因：第一，不同组织内的人常常是选择或被分配而来的，这往往导致不同组织在 X 上的分布有一定程度的分离。例如，学校在一定程度上是根据学生的社会经济状况而分的；公司在一定程度上是根据员工的教育背景而分的；邻居在一定程度上是根据收入和种族而分的。第二，组织可以利用其构成来创造效应。平均社会经济水平高的学校要比水平低的学校在学生学习上有更积极的相互影响。员工受教育程度高的公司可能比其他公司更快地引进新技术。

一般说来，如果 X 的平均数在不同学校之间是系统性变化的，对中的选择（即对中于组平均数还是对中于一个常数）对 τ_{11} 的估计将有影响。在这种情况下，我们建议用组平均数对中来检查和估计斜率的异质性。为了建立这一建议的根据，让我们再来看看高中及以上调查（HS&B）的数据。

回忆一下我们的美国高中数学成绩分析，MEAN SES 与截距和 SES 与成绩的斜率都有关。在这种情况下，让我们来看对中的选择如何影响层 - 2 方差的估计。我们先看一个无条件的层 - 2 模型，然后看一个包括 MEAN SES 的模型。在每一种情况下，模型要么用以组平均数对中，即：

$$Y_{ij} = \mu_j + \beta_{1j}(X_{ij} - \overline{X}_{.j}) + r_{ij} \qquad [5.49]$$

要么用以总平均数对中，即：

$$Y_{ij} = \beta_{0j} + \beta_{1j}(X_{ij} - \overline{X}_{..}) + r_{ij} \qquad [5.50]$$

无条件模型。基于无条件层 -2 模型，表 5.12（第 1 列）显示了我们所得到的方差协方差估计值。截距 τ_{00} 的方差在组平均数对中模型中为 8.68，要比总平均数对中模型的 4.83 大得多。这种差别的原因是，组平均数对中模型的截距是未经调整的平均数，而总平均数对中模型的截距是经过调整的平均数（参见前一节）。不过，我们还注意到，τ_{11} 的估计值也有明显差异，在组平均数对中模型中为 0.68，而在总平均数对中模型中为 0.42。为什么这一斜率的方差在不同对中的情况下会有所不同？由于 MEAN SES 和 SECTOR 都与截距和斜率有联系，我们可以认为在层 -2 增加这些预测变量将会消除不同对中情况下 τ_{11} 估计值上的差别。

条件模型。以 SECTOR 和 MEAN SES 作为层 $-2\beta_{0j}$ 和 β_{1j} 的预测变量，估计结果展示在表 5.12 的第 2 列中。请注意，截距方差 τ_{00} 的两个估计值现在基本上收敛于 2.38（组平均数对中模型）和 2.41（总平均数对中模型）。之所以这样，是因为现在两个模型都包括了一个关于截距的构成效应 β_c。然而，τ_{11} 的估计值却仍然有明显差异，在组平均数对中模型中为 0.15，而在总平均数对中模型中为 0.06。模型在包括了 MEAN SES 和 SECTOR 来预测斜率后，仍然发生这种情况。显然，在这一应用中，对 X 的对中选择会影响我们对 $\tau_{11} = \text{Var}(\beta_{1j})$ 的估计结果。

对中如何影响 τ_{11} 的估计。为了理解以组平均数和以总平均数对中如何影响对一个随机系数的方差估计，需要对最大似然（ML）估计方法在这种情况下的工作原理有所了解。形式上，EM 运算（参见方程 3.76）的各次迭代上的新的 ML 估计是两部分的和：

$$\hat{\tau} = J^{-1}\left[\sum_{j=1}^{J} \left(u_{1j}^{*\,2} + V_{11j}^{*} \right) \right]$$

第一部分 $u_{1j}^{*\,2}$ 是与回归系数 β_{1j} 相联系的经验贝叶斯（EB）残差的平方。在给定的数据 Y 和现在模型的参数估计值下，这个 EB 残差也被称作 u_{1j} 的期望值。第二部分 V_{11j}^{*} 是在给定的数据 Y 和现在模型的参数估计值下的 u_{1j} 的后验方差。类似地，τ_{00} 的估计值是截距的经验贝叶斯残差的平方加上 u_{0j} 的后验方差。这些公式表明，对斜率和截距的方差估计直接取决于经验贝叶斯残差。不过，以组平均数对中和以总平均数对中产生了这些方差的不同定义。

表 5.12 对中对层 −1 斜率方差估计的影响

模 型		
层 − 1	$Y_{ij} = \beta_{0j} + \beta_{1j}X_{ij} + r_{ij}$	$r_{ij} \sim N(0, \sigma^2)$

层 − 2   无条件

$$\beta_{0j} = \gamma_{00} + u_{0j}$$

$$\beta_{1j} = \gamma_{10} + u_{1j}$$

层 − 2   有条件

$$\beta_{0j} = \gamma_{00} + \gamma_{01}\,(\text{SECTOR})_j + \gamma_{02}\,(\text{MEANSES})_j + u_{0j}$$

$$\beta_{1j} = \gamma_{10} + \gamma_{11}\,(\text{SECTOR})_j + \gamma_{12}\,(\text{MEANSES})_j + u_{1j}$$

$$\text{Var}\begin{pmatrix} u_{0j} \\ u_{1j} \end{pmatrix} = \begin{pmatrix} \tau_{00} & \tau_{01} \\ \tau_{10} & \tau_{11} \end{pmatrix}$$

无条件下的结果	有条件下的结果
以组平均数对中	
$\hat{\mathbf{T}} = \begin{bmatrix} 8.68 & 0.05 \\ 0.05 & 0.68 \end{bmatrix}$	$\hat{\mathbf{T}} = \begin{bmatrix} 2.38 & 0.19 \\ 0.19 & 0.15 \end{bmatrix}$
$\hat{\sigma}^2 = 36.70$	$\hat{\sigma}^2 = 36.70$
以总平均数对中	
$\hat{\mathbf{T}} = \begin{bmatrix} 4.83 & -0.15 \\ -0.15 & 0.42 \end{bmatrix}$	$\hat{\mathbf{T}} = \begin{bmatrix} 2.41 & 0.19 \\ 0.19 & 0.06 \end{bmatrix}$
$\hat{\sigma}^2 = 36.83$	$\hat{\sigma}^2 = 36.74$

这种差异可以形象地由图 5.3 显示，图中是理想化的 HS&B 数据。图中显示了三类学校：平均 SES 很低的学校，平均 SES 中等的学校和平均 SES 很高的学校。在各类学校中，成绩与 SES 斜率的 OLS 估计值有所变化。在以组平均数对中的情况下（图 5.3 中没有显示），截距的 OLS 估计值将会有所收缩。当估计的截距可靠性较低时，其收缩程度会较大。不过，这种收缩对斜率将没有什么大的影响，除非两者高度相关，但 HS&B 数据并不是这种情况。虽然不可靠的 OLS 斜率估计值一定会收缩，但是收缩的方向基本不会受截距收缩的影响。

相反，总平均数对中模型中截距估计的是调整平均数。图 5.3a 启发性地展示了 6 个学校的调整平均数 β_{0j} 的 OLS 估计。这里关键的一点是，无论对于平均 SES 很低还是很高的学校，经过调整的平均数需要外推（由虚线表示）到这些学校的实际数据（由实线表示）之外，即学校 j 的调整平均数代表该学校的一个在 SES 总平均数上的孩子的期望值。不过，如图所示，学校 1、2、5

（a）最小二乘法（OLS）估计

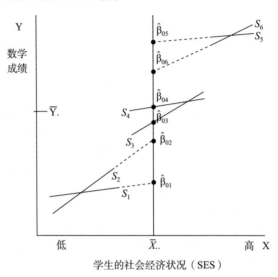

（b）经验贝叶斯（EB）估计

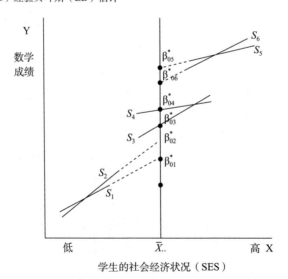

图 5.3   以总平均数对中条件下斜率同质化的示范

注：实线代表各学校收集的实际数据的范围；虚线是基于拟合模型的外推。

和 6 中并没有这样的学生。其结果，它们经过调整的总平均数要比学校 3 和 4 更不可靠（假定 6 个学校的样本规模大致相当）。于是，学校 1、2、5 和 6 的 β_{0j} 的经验贝叶斯估计将朝着 Y 的总平均数收缩很多（请比较图 5.3a 的 OLS 估计值和图 5.3b 中 β_{0j} 的 EB 估计）。调整平均数收缩的一个主要后果是斜率 β_{1j} 也必然收缩。具体地说，OLS 斜率较为平坦和 SES 值较为极端（或者很高或者很低）的学校，其经验贝叶斯斜率估计值将明显增大（请注意，例如在学校 1 斜率估计值上的显著影响）。总体上的结果就是斜率变化的同质化和对 τ_{11} 的低估。

现在我们将这些思路应用到 HS&B 数据中来分析在以总平均数对中的情况下对估计 τ_{11} 的影响。在前面我们已经知道不同学校的平均 SES 存在很大差异。其结果，上面所说的在以总平均数对中的情况下的"外推问题"对 SES 很低和很高的学校都很麻烦。HS&B 数据中还有更多的复杂性。在前面我们还知道成绩与 SES 斜率的大小取决于学校的 SES 水平。具体地说，我们发现 SES 水平高的学校，成绩与 SES 斜率较为陡峭；而 SES 水平低的学校，成绩与 SES 斜率较为平坦（见表 4.5）。基于上面所讨论的启发式的例子，我们期望 SES 水平低的学校斜率的经验贝叶斯估计值在以总平均数对中的情况下会大幅度地朝正方向收缩而变得更陡峭。而对于 SES 水平高的学校，由于它们的 OLS 斜率本来就较为陡峭，在以总平均数对中的情况下，斜率的经验贝叶斯估计值收缩幅度可能较小，即 SES 水平高且 OLS 斜率较为陡峭的学校，其 OLS 调整的平均数已经朝着 $\overline{Y}..$ 向下延伸。尽管对于 SES 水平低的学校，这些 OLS 调整的平均数可能同样不可靠，但由于它们没有那样地偏离 $\overline{Y}..$，在以总平均数对中的情况下，绝对收缩将较小。这正是我们在图 5.4 中所看到的。

图 5.4 中的纵轴显示的是以组平均数对中和以总平均数对中的 EB 斜率残差之差，即：

$$Y = u_{1j(组)}^{*} - u_{1j(总)}^{*}$$

而横轴显示的是学校的平均 SES。正如所预测的，在 SES 低的学校，经验贝叶斯残差在以组平均数对中的情况下要比在以总平均数对中的情况下更为负向（more negative）。这种情况的发生是由于以总平均数对中已经人为地增陡了这些学校的斜率（见图 5.3）。如果成绩与 SES 斜率和学校的 SES 无关，那么我们可以预料同样的现象会发生在 SES 高的学校，并会出现总体上的一种曲线关系，即我们可以预料，SES 高的学校在以组平均数对中的情况下要比在以总平均数对中的情况下出现更多的负残差。其实，负残差的确已经发生在 SES 高的学校了，但不像在 SES 低的学校那么多而已。

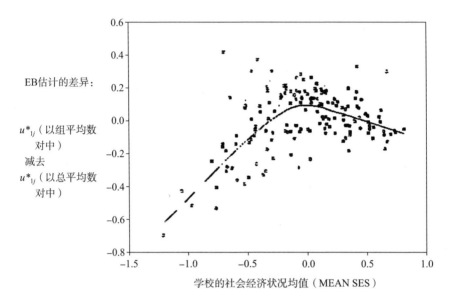

图 5.4   成绩与 SES 之间的斜率 β_{1j} 作为学校的平均 SES 的函数时，
以组平均数对中和以总平均数对中的经验贝叶斯估计的差别

总之，基于以总平均数对中的经验贝叶斯斜率估计值不太可靠，因为它们在计算每个学校的调整平均数时受到必须进行外推的严重干扰。经验贝叶斯的截距估计值会朝着分布的中心显著收缩。在此过程中，回归斜率被人为地同质化，最后的结果是斜率变化的估计存在负偏差。这种干扰在以组平均数对中的情况下是不会发生的。而且如上所述，就是将平均 SES 包括进来作为对 β_{0j} 和 β_{1j} 的一个预测变量也并不能解决这一问题。

我们注意到，以总平均数对中在组织效应研究中所带来的这一问题并非是独特的。在不同单位的层 –1 预测变量平均数存在差异和该预测变量的斜率存在显著变化的情况下，任何分层模型都有可能产生这样的问题。比如在第 6 章，我们将考虑对中的选择将如何影响在历时环境中对增长率方差的估计。

估计层 –1 随机系数

我们在前面一节里已经看到，对中如何影响层 –1 回归系数的方差估计。估计这一方差时产生的扭曲源于对截距和斜率的经验贝叶斯估计，因而在估计具体单位的回归方程时，同样的问题显然是存在的。于是有下面的结论：

1. 如果对于一个层－2 单位，其层－1 的样本规模较大，那么该单位回归函数的 OLS 和 EB 估计将会重合。这种重合不取决于对 X 所选的对中方法。

2. 当层－1 的样本规模较小或中等时，EB 估计将会比 OLS 估计有更稳定且更小的均方误（mean-squared error）。在这种情况下，存在两种可能性：

a. 如果 X 的组平均数在层－2 单位之间没有变化，或者它的变化可以忽略（只代表抽样波动或随机缺失数据），那么以组平均数对中和以总平均数对中都应该得到类似的结果，尽管以总平均数对中会使精度增加一点。

b. 如果 X 的组平均数变化很大，那么以组平均数对中将比以总平均数对中得到更稳健的单位别回归方程的估计。

使用方差统计量的削减比例

在本章中，我们详细论述了在一个分层线性模型中引进自变量如何解释层－1 和层－2 的方差。我们还说明了如何计算与某种基准模型相比的方差统计量的削减比例。总之，本章中所介绍的两层组织效应模型的原则可以直接扩展为两层增长模型（见第 6 章）以及三层模型（见第 8 章）。不过，这些技术的使用会产生混淆，并随着模型变得越来越复杂而产生估计的异常，尤其是在层－2（或者在三层模型的层－2 和层－3）。由于这个原因，下面我们总结一下一些重要的数据分析建议，这些建议能很好地解决我们遇到的多数问题。

只有随机截距的模型。在这些应用中，我们要追踪两个统计量：层－1 方差的削减比例和层－2 截距方差的削减比例。层－1 预测变量的引进通常将减少层－1 的残差方差，并也可能改变层－2 的方差 τ_{00}。这种情况之所以发生，部分是因为随着每一个新的层－1 自变量被引进模型，截距 β_{0j} 的意义都会发生变化（回忆一下，β_{0j} 是单位 j 的某个层－1 自变量值都为 0 的个人的预测结果）。于是，τ_{00} 表示的是对一个不同参数时的变化。唯一的例外是，当所有的层－1 预测变量是以组平均数对中时，τ_{00} 就是组平均数这个常数。从形式上看，层－1 预测变量的引进并不会减少层－2 的方差，然而实际上，层－2 的残差方差既可能大于无条件方差，也可能小于无条件方差。

这一观察产生了在分层模型层－2 上使用方差统计量削减比例的一个关键

原则。从技术上说，一个层－2参数比如β_{0j}上的解释方差，是以层－1模型设置不变为条件的。其结果，层－2方差统计量的削减比例只有对同样的层－1模型时才能够说得通。所以，我们建议研究人员先建立层－1模型，然后再在分析中纳入层－2的预测变量。假如层－1模型固定不变，在层－2方程中对β_{0j}纳入新的预测变量，计算方差的削减比例不会出现异常。方差的削减比例，或称"解释方差"，将随着显著的预测变量纳入模型而增加。而引入不显著的预测变量对这些"R^2"统计量应该影响很小或没有影响。我们注意到，如果一个真正不显著的预测变量被纳入方程，残差方差的最大似然估计的细微增加在数学上是可能的。这些情况导致所计算的刚刚被纳入的变量得到较小负值的解释方差。然而，这些负差异通常都相当小。

Snijders和Bosker（1999）提供了另一种方法来检测解释方差比例。这种应用于随机截距模型的方法，考虑的是各个层次上的"预测误差的削减比例"；即在层－1上Y_{ij}的预测误差的削减比例，以及在层－2上$\bar{T}_{.j}$的预测误差的削减比例。这一方法确保解释方差比例是正的。请注意，解释方差就是观察到的结果变量的变化（它通常包括测量误差）。

随机的斜率和截距模型。当层－2上存在多项随机效应时，层－2上的解释方差可以变得更加复杂，就像上面所举的成绩的社会分布例子中的以截距和斜率作为因变量的模型。这些复杂性的产生，是由于层－2上的随机效应可能相互关联。其结果，在一个层－2方程中引入的一个预测变量，可能影响另一个方程中的方差估计。

成绩的社会分布的例子较为简单，因为所有层－1预测变量都是以组平均数对中的，并且所有的系数也都设置为随机的。（请看下面的讨论，在一些层－1预测变量是以总平均数对中的以及/或者它们的系数是固定的情况下，复杂性将进一步增加。）像这样的情况，唯一可能出现的"异常"是，在一个层－2方程中引入一个预测变量似乎能够解释另一个层－2方程中的方差。这种情况的发生是由于这两个方程的随机效应的误差相关，所以该预测变量实际上属于两个方程，但是在其中一个方程中没有包括。例如，对于SES的差别效应引入一个新的预测变量有可能导致截距项的残差方差估计下降（即学校平均成绩的变化），即使它并没有被纳入截距方程。这一现象表明模型设置有误，可以通过在这两个方程中都引入这一预测变量来解决（第9章中详细介绍了一种检测这种模型错误设置的方法）。我们注意到，在极端的情况下，一个层－2方程中的一个预测变量本来具有显著影响，但是当模型中的另一个方程纠正了错误设置以后，这一预测变量的影响会完全消失。

　　这就产生了另一个在数据分析中建立模型的原则。尽管在层－2模型中对于每个结果变量可以纳入一组不同的层－2预测变量，但这种灵活性必须使用得巧妙和谨慎。最安全的方法是对于所有层－2的方程都引入一组共同的层－2预测变量。不幸的是，照着这一建议去做并不总是可行的，因为可能导致估计过量的固定效应参数。另外，在许多应用中，为了比较模型的差别效应，可能假设一组不同的变量去预测平均差异。在这些情况下，我们一般建议先设置截距 β_{0j} 的模型。如果对于一个或多个斜率方程要考虑增加预测变量，那么它们也应该被纳入该截距模型。只有它们在截距模型中的确不显著时，才能加以删除。同样，当两个或多个随机斜率是中、高度相关，要被纳入其中一个方程的任何层－2预测变量也应该被纳入另一个方程。只有其效应在一个方程中的确不显著时，才应该舍弃。

　　具有固定的和随机的层－1系数以及混合对中形式的复杂模型。解释方差出现异常最有可能发生在一些复杂的分层模型中，其原因并未在所有的情况下被充分地认识。除了遵循上述提出的建议外，在一般情况下，下面这一做法也很有用。对于每个层－1预测变量，无论是以组平均数对中还是以总平均数对中（或不对中），该层－1预测变量的汇总指标 $\overline{X}_{.j}$ 也应该被纳入截距模型。这使模型能够代表每个层－1预测变量有可能存在的、分别的两种关系 β_{w} 和 β_{b}。如果 β_{w} 和 β_{b} 是不同的，这在组织应用中是经常碰到的情况，那么不能包括这两种关系就意味着模型设置有误。如上所述，模型设置错误的出现会导致"解释方差"异常，因为存在层－2上误差项的相关。最安全的方法是假定这两个系数是不同的，只有在出现相反的证据时，才对模型加以限制。

估计个别组织的效应

具体组织的效应的概念化

　　多层数据一项很重要的应用是监测单个组织的绩效，例如公司、学校或班级的业绩。我们可以利用这种数据使组织领导得以考察并对各单位进行排序评估，或者去发现那些特别有效或无效的组织，以便深入研究。

　　下面我们讨论在这种情况下分层模型的使用。我们的讨论围绕着建立一个好的个体学校考察指标。不过，这里提出的问题也适用于一般情况。

常用的学校业绩估计

对学校业绩最常用的估计是基于该校学生的背景和以前的能力而预测的平均成绩。分值高于预测值的学校被认为是效果好的。每个学校的效果分值或业绩指标就是其实际平均成绩减去其预测的平均成绩。具体地说，如果只有一个背景变量，则业绩指标或学校效应为：

$$\overline{Y}_{\cdot j} - \overline{Y}.. - \beta(\overline{X}_{\cdot j} - \overline{X}..) \qquad [5.51]$$

其中：

$\overline{Y}_{\cdot j}$ 是学校 j 的平均成绩；

$\overline{Y}..$ 是所有学校的总平均成绩；

$\overline{X}_{\cdot j}$ 是学校的背景变量 X_{ij} 的平均值；

$\overline{X}..$ 是 X 的总平均值；

β 是调整系数。

在方法论上，争论的一个焦点是选择用什么方法来估计 β。Aitkin 和 Longford（1986）总结了一些常用的方法。他们的主要结论之一是，用 OLS 回归来估计的 β 值可能有很大的误导性（忽略了学生所属的学校）。一种替代的方法是用协方差分析（ANCOVA）模型，将所属学校作为一系列虚拟变量包括在模型内。然而，当学校数量增加时，这种方法就变得不实用。当每个学校的样本规模较小时，OLS 回归和协方差分析产生的学校效应估计值都不稳定。Raudenbush 和 Willms（1995）讨论了使用这些指标对有效推断的威胁。

经验贝叶斯估计的使用

分层线性模型估计的经验贝叶斯残差提供了另一种判定个别学校业绩的稳定指标。这些经验贝叶斯估计比以前的方法有明显的优越性：（a）考虑了个体的组别，即使组的数量很大；以及（b）当每个学校的样本规模适中时，所得到的估计值便相当稳定。

前面讨论的随机截距模型是这类应用的一种常用选择。在学生层次上：

$$Y_{ij} = \beta_{0j} + \sum_q \beta_{qj}(X_{qij} - \overline{X}_{q\cdot\cdot}) + r_{ij} \qquad [5.52]$$

在学校层次上：

$$\beta_{0j} = \gamma_{00} + u_{0j} \qquad\qquad [5.53]$$

及
$$\beta_{qj} = \gamma_{q0}, \qquad \text{其中 } q = 1, \cdots, Q \qquad\qquad [5.54]$$

其中，γ_{00} 是总截距。请注意，除了截距外，所有层 -1 回归系数都被限定为在不同学校间固定不变，因而某一学校的效应就为 u_{0j}。

组合起来的模型如下：

$$Y_{ij} = \gamma_{00} + \sum_q \gamma_{q0}(X_{qij} - \overline{X}_{q..}) + u_{0j} + r_{ij} \qquad\qquad [5.55]$$

该模型假设，学校 j 的所有学生都有一个效应 u_{0j} 加到他们的期望分值上，因为他们都在该学校上学。从形式上，它是协方差分析，其中的 X 为协变量，J 个学校在单因素随机效应协方差分析中形成了独立的组。然而，与传统的随机效应协方差分析的一个主要区别是，在这里，我们的目的是估计每个层 -2 单位的效应，而不只是它们的方差。

估计。每个学校 J 的效应的 OLS 估计公式为：

$$\hat{u}_{0j} = \overline{Y}_{.j} - \hat{\gamma}_{00} - \sum_q \hat{\gamma}_{qs}(\overline{X}_{q.j} - \overline{X}_{q..}) \qquad\qquad [5.56]$$

注意，方程 5.56 中的 $\hat{u}_{0j}$ 只是协方差分析中的校平均残差。样本 n_j 少的学校产生的 $\hat{u}_{0j}$ 估计值不稳定。这些学校更有可能仅仅由于随机误差而成为极端情况。于是，选择最大的或最小的 $\hat{u}_{0j}$ 值表示最有效或最无效的组织就有可能被随机发生的极端情况所误导。

如第 4 章中介绍的，分层分析中 u_{0j} 的估计 u_{0j}^* 是一个经验贝叶斯估计，或称收缩估计。u_{0j}^* 使学校效应的 OLS 估计 $\hat{u}_{0j}$ 按其不可靠性成比例收缩。一个学校的 OLS 估计越可靠，发生的收缩就越少。因此那些因不稳定而成为极端的估计值将被拉向 0 值。

具体地说，分层分析中学校效应的估计值为：

$$u_{0j}^* = \lambda_j \hat{u}_{0j} \qquad\qquad [5.57]$$

其中：

$$\lambda_j = \tau_{00} \Big/ \left[\tau_{00} + \sigma^2/n_j\right]$$

它是作为 u_{0j} 估计值的 $\hat{u}_{0j}$ 的可靠性指标。

对业绩指标进行有效推断所面临的威胁

尽管经验贝叶斯估计有技术上的优势，但作为对业绩指标的估计仍然存在有效性问题。下面我们讨论其中的一些问题。更详细的讨论请参见 Raudenbush 和 Willms（1995）的论文。

偏差。学校业绩指标的研究可以看作是半实验性的研究，其中每个学校是一个实验分组。在这种情况下，因果关系推断的有效性问题已得到广泛的研究（Cook & Campbell，1979）。当不可能随机地将个体分配到每个分组时，就必须找到与组别和因变量同时有关的个人背景特征，并对其加以控制。这就产生了两个问题：第一，我们没有把握能找到所有有关背景变量并对它们加以控制；第二，人们在计算调整系数的合理模型上存在不同意见，而不同的调整对单个学校效应的推断会有重大影响。不过，在考虑调整时有一个总的原则：一个分组在背景特征上越是异常，则根据不同调整方法对其进行的推断就越敏感，推断结果也越不可信。

这一原则可以通过一个虚构的夸张例子加以说明。图 5.5 中纵轴是学生的成绩，横轴是学生的社会经济状况（SES）。每个学校都有一条回归线，描述社会经济状况与成绩之间的关系。每条线的长度表示各个学校社会经济状况的取值范围。请注意，有两组学校：第一组学校学生的 SES 较低，而第二组学校学生的 SES 明显较高。在各组之内，从平行的回归线之间的较小距离可以看出，学校之间的效果差别较小。还请注意，存在一个构成效应 D，即用学生成绩对其 SES 回归时，第 1 组和第 2 组学校之间的差别要比我们预料得大，这似乎与学校的平均 SES 有关。

现在我们用另外两个模型来估计个别学校的效应。第一个模型是固定效应的协方差分析，控制了学生的社会经济状况，但忽略构成效应。形式上是用方程 5.51 的模型：

$$Y_{ij} = \beta_{0j} + \beta_1(X_{ij} - \bar{X}..) + r_{ij} \qquad [5.58]$$

其中，β_1 是与学生的 SES 有关的调整系数，β_{0j} 为固定的学校效应。由于在 6 个学校之间，成绩与 SES 的关系是相同的，任何两个学校效应的差别就是它们回归线之间的距离。例如，学校 2 与学校 5 之间差别很大。注意，在这个模型中，第 2 组中的任何一个学校都要比第 1 组中的任何一个学校更有效。

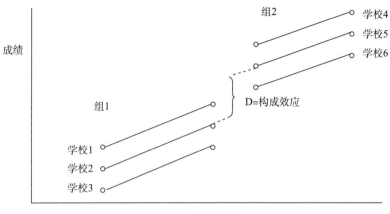

图 5.5   两组学校内成绩与学生的社会经济状况之间关系的虚构例子：
组 1 社会阶层较低，组 2 社会阶层较高

第二个模型在估计学校效应时对学校的 SES 水平加以控制。这要将方程
5.58 扩展，加入学校的平均 SES 水平 $\overline{X}_{.j}$ 作为第二个协变量。例如：

$$Y_{ij} = \beta_{0j} + \beta_1(X_{ij} - \overline{X}_{.j}) + \beta_2(\overline{X}_{.j} - \overline{X}_{..}) + r_{ij} \qquad [5.59]$$

实际上，方程 5.59 意味着相同境况的人之间的比较。现在，将第一组的学校
相互比较，将第二组的学校相互比较。从图 5.5 看出，现在学校 2 和学校 5 被
看作是同样有效的：它们各自都是该组内（具有相似社会构成的学校）的平
均水平。

这一方法好像比前一种方法更合理，但真的是这样吗？假设第 2 组学校拥
有更有效的教师，并且是教师素质高而不是学生构成导致了较高的考试成绩。
比如，如果学校所在的区将最好的校长和教师分配到较富裕的学校中，那么图
5.5 中的结果就会发生。如果真的是这样，第二种方法的结果也不会对这些工
作更有效的领导给予荣誉。

关键的问题是，在模型中没有明确加入一个代表学校质量的变量时，我们
永远不可能将学校构成效应与其他和构成相关的学校效应相分离。

回归的异质性。尽管存在问题，但上面的例子仍比实际情况简单得多。我
们的例子假设 SES 与成绩的回归线在所有学校是相同的。但在许多情况下，回

归是异质性的，如图5.6所示。现在，无论采取何种调整方法，学校效果的估计将依赖于学生的社会经济状况。例如，对于低SES的学生来说，学校1相比于学校2是非常有效的（即图5.6中的效应1）。然而，对于高SES的学生来说，两个学校之间的差异很小（即效应2）。

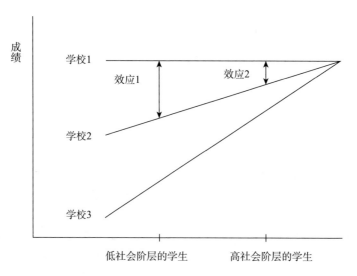

图5.6　在成绩与学生背景之间的关系存在异质性时
对学校效应的识别

自我实现的收缩。如第3章所讨论的，收缩估计u_{0j}^{*}的期望均方误要比最小二乘估计$\hat{u}_{0j}$的小，并能避免我们的推论受随机波动的干扰。然而，收缩估计是有条件偏差的。从方程5.56看出，在给定u_{0j}真值的条件下，其期望值$\hat{u}_{0j}$为：

$$\mathrm{E}\left(\hat{u}_{0j}\,\bigg|\,u_{0j}\right)\;=\;u_{0j}\;=\;\mu_{Y_j}-\sum_q\gamma_{qs}(\bar{X}_{q\cdot j}-\bar{X}_{q\cdot\cdot})\qquad[5.60]$$

其中，μ_{Y_j}是第j组未调整的因变量平均数。请注意，u_{0j}是第j组未调整的平均数μ_{Y_j}与根据学生背景变量的预测值之间的离差。经验贝叶斯估计u_{0j}^{*}的条件期望值为：

$$\mathrm{E}(u_{0j}^{*}\,u_{0j})\;=\;\lambda_j u_{0j}\qquad[5.61]$$

因此，偏差（bias）就是：

$$\text{bias}(u_{0j}^* \mid u_{0j}) = -(1 - \lambda_j)\left[\mu_{Y_j} - \sum_q \gamma_{qs}(\overline{X}_{q \cdot j} - \overline{X}_{q \cdot \cdot})\right] \qquad [5.62]$$

这一公式表明，按照 $\hat{u}_{0j}$ 的不可靠程度，u_{0j}^* 估计值将朝着根据学生背景的预测值方向偏过去。例如，那些虽然学生背景不利但却非常有效的学校，它们较高的平均效应估计将会向下朝着其他学校的一般值偏过去，那些不利学校的情况也与之类似。这样，这种方法就形成了一种统计上的自我实现能力，即在数据不可靠的条件下，学校效应会偏离实际情况，趋向于期望值。

设计两层组织效应研究时对功效的考虑

在设计两层组织效应研究中，关键的考虑是每个组织内的样本规模 n 以及组织的个数 J 的选择。对 n 和 J 的最优选择主要取决于研究目的。我们简单地考虑三种情况：主要关注的解释变量在层 – 2；主要关注的解释变量在层 – 1；主要关注点是跨层的交互效应（即层 – 2 的预测变量对层 – 1 的斜率系数的影响）。

主要解释变量在层 – 2。每个组织适当的 n 取决于各层抽样单位的成本和各层上的变化。当（a）对组织进行抽样成本较高时（相对于选中一个组织后对其组织成员的抽样而言）和（b）组织内的变化较大（Raudenbush，1997；Snijders & Bosker，1999）时，定一个大规模的 n 是有用的。在只有一个层 – 1 解释变量和一个层 – 2 解释变量的简单的平衡设计的情况下，抽样研究的一个著名的结果（参见 Cochran，1975）是，每一群的最优规模 n 为：

$$n_{\text{opt}} = \sqrt{\frac{C_2}{C_1} \times \frac{1 - \rho}{\rho}}\ ,\quad \rho > 0 \qquad [5.63]$$

其中，C_2 / C_1 是层 – 2 和层 – 1 的抽样成本之比，$\rho = \tau_{00} / (\tau_{00} + \sigma^2)$ 是组织内的相关。劳登布什（Raudenbush，1997）讨论了在层 – 1 增加协变量如何通过减少 τ_{00} 和 σ^2 来增加功效。

主要解释变量在层 – 1。当主要的解释变量在层 – 1，我们的关注就可能是层 – 1 变量的平均效应，即 γ_{10}。例如，假设层 – 1 变量是一个实验处理标识（实验组 $X_{ij} = 1$，控制组为 0），并且在任何层次上都没有其他预测变量，那么每个组织中最优的 n 为：

$$n_{opt} = \sqrt{\frac{C_2}{C_1} \times \frac{\sigma^2}{\tau_{11}}} \quad , \quad \tau_{11} > 0 \qquad [5.64]$$

其中，τ_{11}是层-1斜率的方差，σ^2是层-1或"群内"的方差。我们注意到，如果主要目的是要精确地估计τ_{11}，那么所需要的n通常要大于n_{opt}（Raudenbush & Liu，2000）。

　　跨层的交互效应。假设我们的目的是要推断一个跨层的交互效应，例如，层-2的实验处理标识W对与层-1预测变量X_1相联的单位内斜率有影响。假定$\tau_{11} > 0$（τ_{11}是在控制W_j后的层-1斜率的残差方差），就可以应用方程5.64。然而，如果$\tau_{11} = 0$，则精度将取决于总样本规模nJ。

　　Raudenbush和Liu开发了一个基于Windows的计算程序，用于为不同组织效应和增长研究计算最优样本设计和功效，该程序可以从www.ssicentral.com得到。

个体变化研究中的应用

- 个体变化研究中的背景问题
- 建立模型
- 线性增长模型
- 二次增长模型
- 其他形式的增长模型
- 个体变化研究中层 –1 自变量的对中
- 比较分层模型、多元重复测量模型和结构方程模型
- 层 –1 中缺失观测值的影响
- 利用分层模型来预测未来情况
- 增长与变化的研究设计中有关功效的考虑

个体变化研究中的背景问题

在个体变化的研究中，行为科学研究者一直缺乏有效的方法。Harris（1963）所总结的许多相关问题仍然困扰着个人成长的定性研究。这些方法论上的问题，导致了研究设计与分析中的两难现象：一方面是出于好的愿望，另一方面则是错误地引导了研究方向。然而，Rogosa、Brand 和 Zimowski（1982），Rogosa 和 Willett（1985）与 Willett（1988）已解决了其中的许多错误概念。劳登布什（Raudenbush，2001）对这些问题及最新的发展作了回顾。

简而言之，对变化的研究受到概念化、测量及设计等方面不足的影响。概念方面的考虑是：需要一个模型来指导对研究现象进行更加深入的考察。然而，个体变化的研究一直都不能确定一个关于个人成长的明确模型。在测量问题上，个体变化研究经常使用的是在固定时点上对个体差别进行区分的工具。这种测量很少考虑个体之间变化率差异的适当性。此外，在实际应用这种测量工具时，规定所有时点上都具有相同方差是研究变化及其决定因素的致命问题（Rogosa et al. , 1982）。最后，或许也是最重要的，就是研究设计问题。许多变化研究仅仅收集两个时点上的数据。这种研究设计对于个体成长过程研究来说是不够的（Bryk & Weisberg, 1977；Rogosa et al. , 1982；Bryk & Raudenbush, 1987）。历时研究中的频数与间隔将会严重影响统计的精度（Raudenbush & Liu, 2001）。

分层线性模型的发展为个体变化的研究提供了一个强大的方法体系。在应用多个时点上的有效测量时，这些模型将为研究个体成绩增长的结构及其预测变量提供一体化的方法。

正如第 5 章，本章在第 2 版中有了很大的扩展。新增加了一节，专门阐述层 -1 自变量对中的作用。比较分层模型与多元重复测量（multivariate repeated-measures）和结构方程模型（structural equation models）的一节也有很大修订，并包括了对第 1 版以来在这方面的主要发展的讨论。我们还示范了层 -1 中的异质性误差现在是如何被结合到分层增长模型中的，并且考虑了层 -1 缺失的时间序列观察值对推论的影响。本章的最后一节也是本版新增加的内容，它讨论了增长曲线研究设计中的功效问题。

建 立 模 型

许多个体变化现象可以通过一个两层分层模型来代表。在层 -1 中，每个人的发展可以用一套独特的参数所决定的个体增长轨迹来表达。这些个人的增长参数是层 -2 模型中的结果变量，它依赖于一些个人层次的特征。就形式而言，我们将对每一个人的多次观察视为嵌套于这个人。在观察时点的数量与间隔在个人之间变化时，这种将多次观察视为嵌套的方法使得研究工作得以毫无困难地进行。

我们先介绍本章用到的一种新标注，用来表示两层分层模型。层 -1 系数现在用 π 来表示，层 -2 系数则用 β 来表示。层 -1 和层 -2 的自变量分别标注为 a_{ti} 和 X_{pq}，两层中的随机效应则分别用 e_{ti} 和 r_{pi} 来表示。这种新的标注有利于我们在第 8 章中的介绍，它将个人成长研究与组织效应研究结合在一个三层的模型中。

重复观察模型（层 −1）

假定 Y_{ti} 是一个系统的增长轨迹或者成长曲线加上随机误差的函数。其中，Y_{ti} 是个体 i 在时间 t 上所观察到的状态。如果系统的增长随时间变化可以表达为 P 阶多项式的话，就比较方便了。这时层 −1 模型可以表示为：

$$Y_{ti} = \pi_{0i} + \pi_{1i}a_{ti} + \pi_{2i}a_{ti}^2 + \cdots + \pi_{pi}a_{ti}^p + e_{ti} \qquad [6.1]$$

其中，$i = 1$，$\cdots$，n 分别表示不同的个人，a_{ti} 是指第 i 个人在时间 t 上的年龄，而 π_{pi} 则是对应于个人 i 的增长曲线的参数 p，它与多项式的阶数 P 相联系（即 $p = 0$，$\cdots$，P）。①每个人被观察的时点为 T_i。注意，测量的次数和间隔在每个人之间可以是不同的。

通常情况下总是假设 e_{ti} 有一个简单的误差结构，也就是说，每一误差 e_{ti} 是独立的，服从平均值为 0 和方差为常数 σ^2 的正态分布。然而，这种误差结构可以采用多种更复杂的形式，这将在本章的后面部分予以讨论。在考虑更复杂的假定之前，我们先来考虑有固定方差的层 −1 独立误差的情况。

个人层次模型（层 −2）

方程 6.1 的一个重要特征就是，假设个体之间的增长参数是不同的。因此我们构造了层 −2 模型来表示这种变化。具体来说，对 $P + 1$ 个个体增长参数中的每一个有：

$$\pi_{pi} = \beta_{p0} + \sum_{q=1}^{Q_p} \beta_{pq} X_{qi} + r_{pi} \qquad [6.2]$$

其中：

X_{qi} 或是测量的个人背景特征（如性别或社会阶层），或是实验分组（如课程类型或教学量）；

---

① 一般来说，将指标 a_{ti} 对中以减少 a_{ti}、a_{ti}^2 和 a_{ti}^3 之间的共线性是非常重要的。对于高阶多项式，正交变换是非常有帮助的，甚至是基本的（见 Kirk，1982：151~154）。

β_{pq}表示X_q对第p个增长参数的效应；

r_{pi}是平均值为0的随机效应。假定对第i个人的一系列$P+1$个随机效应服从多元正态分布，有满秩的$(P+1)\times(P+1)$阶的协方差矩阵$\mathbf{T}$。

我们假定在本章所讨论的所有应用研究的随机效应都服从于这种多元正态分布。

线性增长模型

在许多情况下，特别是当对每个人的观察数量都比较少时（如仅有三四次），利用方程6.1的线性个人增长模型是比较方便的。当时间段较短时，更复杂的过程由于极少的观测值而无法完全拟合，这个模型可以为一些复杂过程提供一个较好的近似。

层－1为线性模型时，方程6.1简化为：

$$Y_{ti} = \pi_{0i} + \pi_{1i}a_{ti} + e_{ti} \qquad [6.3]$$

其中，我们假定误差项e_{ti}是独立的，而且服从于方差为相同σ^2的正态分布。

这里，π_{1i}是第i个人在数据收集过程中的增长率，表示固定单位时间中的期望变化。截距参数π_{0i}是第i个人在$a_{ti}=0$时的真实能力。因此，π_{0i}的具体意义就有赖于年龄的计量单位。

截距和增长率参数都被允许在层－2中作为个人特征测量的函数而变化，因此，方程6.2就可以转换成：

$$\pi_{0i} = \beta_{00} + \sum_{q=1}^{Q_0}\beta_{0q}X_{qi} + r_{0i}$$
$$\qquad [6.4]$$
$$\pi_{1i} = \beta_{10} + \sum_{q=1}^{Q_1}\beta_{1q}X_{qi} + r_{1i}$$

注意，这里有两个层－2的随机效应r_{0i}和r_{1i}，它们的方差分别为τ_{00}和τ_{11}，协方差为τ_{01}。

在这一节中，我们示范线性个人增长模型如何应用到以下几个方面：（a）估计一个平均增长曲线以及个体在其周围的变化范围；（b）在研究状态和变化时评价测量的可靠性；（c）估计初始状况和变化率之间的相关；（d）个体层次的自变量与状态、变化之间的模型关系。

例子：教导对认知发展的作用

本例的数据来自"早期发育项目"中所涉及的143个儿童的自然科学知识的测试结果。整个研究是为了建立学龄前和低年级儿童的成长测量（而不仅仅是现状），所用数据是整个研究的一部分调查内容。这种测量产生于一系列基于分项反应理论测量的项目测验分数，并用"logit单位"来表示。这种单位指一个人应对不同难度问题的能力，即回答正确的对数发生比。

最初的设计要求对每个儿童的测试是一年四次，并且间隔近似相等。实际上，各儿童的测试日期有所变化，而且也并不是每个儿童每次都参加了测试。年龄变量 a_{ti} 以月为单位，定义为自初次数据收集时点后所度过的月份。在这种设置下，方程6.3中的 π_{0i} 代表在数据收集开始时第 i 个人的真实能力水平，也可以称之为初始状况。除了测试数据以外，还收集了学生的其他信息，包括母语（如西班牙语或英语），以及直接教导的数量（平均每学年的课时）。

随机系数回归模型

方程6.3设置了层－1模型。在层－2，我们先建立一个最简单的个人层次模型：

$$\pi_{0i} = \beta_{00} + r_{0i}$$
$$\pi_{1i} = \beta_{10} + r_{1i}$$

[6.5]

我们注意到，方程6.5是一个无条件模型，其中对 π_{0i} 和 π_{1i} 没有设置以上所提到的层－2自变量。在上一章所讨论的组织研究应用中，分层分析通常也是从拟合无条件模型开始。这个模型为确定一个适当的个人增长方程提供了非常有用的经验证据，而且为评价以后的层－2模型提供了参照统计。表6.1中列出了这个分析的结果。

平均增长轨迹。对于自然科学的数据来说，估计的平均截距 $\hat{\beta}_{00}$ 和平均增长率 $\hat{\beta}_{10}$ 分别为 －0.135 和 0.182。这就表明，在最初测试中平均的自然科学得分为 －0.135 个 logit 单位，以后儿童在学习期间以平均每个月 0.182 个 logit 单位的速度增长。

正如在第3章中所讨论的，对于固定效应（现在用 β 来表示）的假设检

验采用估计效应与其标准差的比率作为检验值。不论是截距还是增长率，只要
有 t 检验值足够大，就表明这两个参数在描述平均增长轨迹时是必要的。

表 6.1　自然科学知识增长的线性模型（无条件模型）

固定效应	系　数	标准误 se	t 比率	
平均初始状况，β_{00}	− 0.135	0.005	− 27.00	
平均增长率，β_{10}	0.182	0.025	7.27	
随机效应	方差分量	自由度 df	χ^2	p 值
初始状况，r_{0i}	1.689	139	356.90	< 0.001
增长率，r_{1i}	0.041	139	724.91	< 0.001
层 − 1 误差，e_{ti}	0.419			
常规最小二乘法回归系数估计的可靠性				
初始状况，π_{0i}	0.854			
增长率，π_{1i}	0.799			

增长轨迹的个人差异。下面，我们将考察个人增长轨迹与平均曲线之间离
差的性质。个人增长参数 π_{0i} 和 π_{1i} 的方差估计值分别为 1.689 和 0.041。正如
第 3 章所讨论的，最简单的同质性检验，即在个人之间增长参数没有真实差
异，使用 χ^2 统计值。利用方程 3.103 可以得到截距的检验统计值 356.90（df =
139，$p < 0.001$）。这就可以使我们拒绝虚无假设，并且认为儿童的自然科学知识
在刚进入这个"早期发育项目"时就存在显著性差异。相应于统计假设：每个
儿童的增长率没有个体差异，即 $H_0 : \tau_{11} = 0$ 的 χ^2 统计值为 724.91（df = 139，
$p < 0.001$）。这可以让我们得出结论，认为他们的学习增长率存在显著的差异。

方差估计值 $\hat{\tau}_{11} = 0.041$ 意指估计的标准差为 0.202。因此，对于某个儿童
而言，如果他的增长率在平均值的一个标准差以上，可望他将以每个月
0.182 + 0.202 = 0.384 个 logit 单位的速度增长。

初始状况及变化的可靠性。对无条件模型的估计还允许我们考察个人增长
参数估计的心理计量特征。如果一个人增长参数 π_{pi} 的 OLS 估计值 $\hat{\pi}_{pi}$ 中的变异
性大部分归因于模型的误差，那么我们就不可能发现这些估计值与个人层次变
量间的任何系统关系。如果不知道增长参数估计的可靠性的话，我们或许会错
误地认为它们之间没有任何关系，而事实却是这一数据还没有能力探测这种

关系。

回想方程 3.28，层 - 1 系数的 OLS 估计的总变异包括了误差方差和参数方差。按照本章的标注方法，有：

$$\mathrm{Var}(\hat{\pi}_{pi}) = \mathrm{Var}(\hat{\pi}_{pi} \mid \pi_{pi}) + \mathrm{Var}(\pi_{pi}) = v_{ppi} + \tau_{pp} \qquad [6.6]$$

根据经典的测量理论，"真实的"参数方差 $\mathrm{Var}(\pi_{pi})$ 与"总的"观测方差 $\mathrm{Var}(\hat{\pi}_{pi})$ 之比，是 OLS 估计 $\hat{\pi}_{pi}$ 的可靠性，其中 $\hat{\pi}_{pi}$ 作为"真实的"增长参数 π_{pi} 的测量值。类似于方程 3.58，对于任何个人 i 的 $p = 0, \cdots, P$ 个增长参数估计值的可靠性为：[1]

$$\mathrm{reliability}(\hat{\pi}_{pi}) = \mathrm{Var}(\pi_{pi})/\mathrm{Var}(\hat{\pi}_{pi}) = \tau_{pp}/(v_{ppi} + \tau_{pp}) \qquad [6.7]$$

对这 n 个人取平均值之后，便得到对这些人增长参数估计的一个总的、概括性的可靠性指标。根据自然科学知识的数据，对初始状况和增长率估计的可靠性分别为 0.854 和 0.799（见表 6.1）。这些结果表明，不论是初始状况还是增长率方面，数据中有足够的信息量，因此确保了将每一参数作为个人层次变量的函数的建模。[2]

变化与初始状况的相关。个体变化与初始状况之间的相关性是许多变化研究的重要内容之一。然而，在一个简单的前测 - 后测设计中很难对这种关系得出一个一致性估计。研究者通常发现，在前测 - 后测研究中会存在初始状况与增长率之间的虚假负相关，这种相关关系的出现是因为前测时的测量误差和观察的变化值之间有负相关。

然而，利用多次观察数据就可以得到初始状况与真实变化之间相关的一致性估计。在个人线性增长模型中，这种相关关系就是 π_{0i} 和 π_{1i}。类似于方程 2.3，有：

$$\hat{\rho}(\pi_{0i}, \pi_{1i}) = \hat{\tau}_{01}/(\hat{\tau}_{00} + \hat{\tau}_{11})^{1/2} \qquad [6.8]$$

从自然科学测量成绩的数据来看，真实变化与真实初始状况之间的相关估计为

[1] 每个人都有一套独特的可靠性，在经典测量理论中看上去是很奇怪的，因为经典测量理论将可靠性定义为应用于总体的测量手段的特征。然而，经典定义总是假定，标准的测量手段是用于所有抽中样本上的。在现代应用中，如删截检验，每个案例都可以有一套不同的检验项目。

[2] 我们可以估计在个人层次变量与增长参数之间的联系，这种联系的估计精度取决于个人总数 n 和增长曲线估计的可靠性。因此，如果可靠性较低，那么为了得到一定的精度就需要一个更大规模的样本。

-0.278。这就意味着，在进入这个项目之前自然科学知识较少的学生，其知识将有可能会以稍快的速度增长。我们可以断定，它们是真正的负关系，而不是测量过程中的虚假结果。注意，初始状况与增长率之间的相关性会根据所选择的初始状况的时间点不同而发生变化。如前所述，π_{0i} 的意义取决于年龄即时间变量的测量 a_{ti}。

以截距和斜率作为结果的模型

层-1 模型仍然用方程 6.3。现在在层-2 模型中加入两个自变量：母语（LANGUAGE，表示学生的母语的虚拟变量：1 为非英语，0 为英语）；课时（HOURS，为连续变量，表示儿童在项目进行的一年中直接上课的小时数）。现在，个人层次的模型为：

$$\pi_{0i} = \beta_{00} + \beta_{01}(\text{LANGUAGE})_i + \beta_{02}(\text{HOURS})_i + r_{0i} \qquad [6.9]$$

以及

$$\pi_{1i} = \beta_{10} + \beta_{11}(\text{LANGUAGE})_i + \beta_{12}(\text{HOURS})_i + r_{1i} \qquad [6.10]$$

表 6.2 列出了这一分析所估计的固定效应的结果。

表 6.2　自然科学知识增长的线性模型结果（母语和课时的效应）

固定效应	系　数	标准误 se	t 比率
初始状况的模型，π_{0i}			
截距，β_{00}	0.895	0.267	3.35
母语，β_{01}	-0.463	0.304	-1.52
课时，β_{02}	1.523×10^{-3}	0.853×10^{-3}	1.79
增长率模型，π_{1i}			
截距，β_{10}	0.029	0.039	0.74
母语，β_{11}	0.187	0.045	4.20
课时，β_{12}	4.735×10^{-4}	1.252×10^{-4}	3.78

不论是母语或者是课时都与初始能力没有很强的关系。两者的 t 值都小于 2.0。但是，其效应估计的结果却是合理的。一般而言，说西班牙语的儿童比

说英语的儿童的起点要低 0.463 个 logit 单位，即 $\hat{\beta}_{01} = -0.463$。在本项研究中经常会碰到，尽管以非英语为母语的儿童在初始状况时成绩较低，但他们的进步速度却较快。

课时与初始状况之间的正向关系也是合理的，因为第一次测试的时间是在项目开始年份的前 6 ~ 14 周进行的。正是由于儿童已经上了一段时间的课，所以这种正效应也就不足为奇了。

母语与课时都与个体增长率有显著的关系。相对于母语为英语的儿童，那些母语为西班牙语的儿童的测试成绩平均每月的增长率要快 0.187 个 logit 单位，即 $\hat{\beta}_{11} = 0.187$。类似地，每年每增加一个小时的课时，将会使增长率提高 0.000474 个 logit 单位，即 $\hat{\beta}_{12} = 0.000474$。为了理解后一个结论，我们可以假设是在考察具有相同母语但所上课时不同的两个儿童的期望增长率。具体地说，可以假设第一个儿童平均每个月上 40 小时的辅导课，而另一个则上 80 个小时（这些数字约为研究项目中的最大值与最小值）。这一模型表明，在 9 个月的时间里，新增加的每月 40 个小时的课时将会使第二个儿童的增长率额外地增加 $9 \times 40 \times 0.0004735 = 0.170$ 个 logit 单位。这也就是说，对于平均每个月上课时间为 80 个小时的儿童来说，他们每月的增长率将比只有 40 个小时的儿童的增长率高出 0.170 个 logit 单位。

表 6.3 列出了模型中随机效应的估计方差，并将它们与无条件模型（方程 6.5）相比较。按照方程 4.24，解释方差比例是总方差（根据无条件模型估计）与残差方差（根据拟合模型估计）之差与总方差的比值。在这一自然科学测试成绩研究中，母语和课时这两个变量解释了初始状况的 54.9% 的参数方差，解释了增长率的 75.6% 的参数方差。

表 6.3　初始状况和增长率中由母语与课时所解释的方差

模　型	初始状况，$Var(\pi_{0i})$	增长率，$Var(\pi_{1i})$
无条件模型[a]	1.689	0.041
以母语和课时为条件的模型[b]	0.761	0.010
解释方差比例	54.9	75.0[*]

[a] 根据表 6.1；[b] 基于表 6.2 模型估计的残差方差。

[*] 依数值计算，此处应为 75.6。——译者注

二次增长模型

在这一节中，我们示范二次增长模型的应用，并说明在建立模型的过程中如何应用各种假设检验。因此，层 - 1 模型现在就变成下面的形式：

$$Y_{ti} = \pi_{0i} + \pi_{1i}(a_{ti} - L) + \pi_{2i}(a_{ti} - L)^2 + e_{ti} \qquad [6.11]$$

前面我们曾经介绍过层 - 1 自变量为 a_{ti} 的幂时可参照一种特定的或称预先的（priori）常数 L 对中。这样，方程 6.11 中每个增长参数都有了实际意义。截距 π_{0i} 代表第 i 个人在时间 L 时的状况。线性分量系数 π_{1i} 是指第 i 个人在时间 L 时的瞬时增长率，而 π_{2i} 则是指每一增长轨迹的曲率或者加速度。尽管加速度是整个轨迹的特征，但初始状况和瞬时率参数还是依赖于 L 值的特殊取值。

在层 - 2，我们专门为每一个层 - 1 系数 π_{pi}（其中 $p = 0，1，2$）建立各自的方程，即：

$$\pi_{pi} = \beta_{p0} + \sum_{q=1}^{Q_p} \beta_{pq} X_{qi} + r_{pi} \qquad [6.12]$$

层 - 2 随机效应的方差协方差 r_{pi} 现在形成一个 3×3 的矩阵：

$$\mathbf{T} = \begin{bmatrix} \tau_{00} & & 对称 \\ \tau_{10} & \tau_{11} & \\ \tau_{20} & \tau_{21} & \tau_{22} \end{bmatrix}$$

$$= \begin{bmatrix} Var(\pi_{0i}) & & 对称 \\ Cov(\pi_{1i},\pi_{0i}) & Var(\pi_{1i}) & \\ Cov(\pi_{2i},\pi_{0i}) & Cov(\pi_{2i},\pi_{1i}) & Var(\pi_{2i}) \end{bmatrix}$$

例子：母亲的语言能力对儿童词汇量的影响

这里，我们将利用儿童在 1 岁时词汇发展状况的有关数据（Huttenlocher et al.，1991），来说明二次增长模型的应用。Huttenlocher 等的研究假设是：在家里，母亲的语言能力对儿童早期词汇的获取有着重要的影响。儿童的性别差异同样对之也有影响。

数据实际上包含两项密切相关的研究：第一项研究总共考察了 11 名儿童，在其年龄为 14 ~ 26 个月期间，每两个月他们将在家中接受观察，总共是六七次（有些案例的第 14 个月的记录是缺失的）。每个观察点上每个儿童的词汇量 Y_{ti} 都是从这些观察中得到的。在第二项研究中，另外的 11 名儿童分别在其年龄为 16、20、24 个月时接受观察。同时，这两项研究都记录了儿童在 16 个月时母亲的词汇量。

利用分层分析方法来研究个体变化的一个优点是：像上例那样不同的重复测量模式可以被结合到一个分析中来。但是，由于上述两项研究在程序上有一些细微的差别，研究者就会担心将两项研究的数据结合在一起是否会有问题。但是如果将两项研究分别进行分析的话，又有可能会因为每个分析的功效太小而可能无法检测其中的重要关系。这里所要描述的是如何将这两个研究结合在一起，而又能够对学习效应以及学习与个人之间的交互效应进行严格的检验。

随机系数回归模型

观察图 6.1 中每个儿童的词汇量增长曲线，其中清楚地表明了非线性的增长模式。事实上，所有 22 个案例的轨迹都是加速增长的曲线，这表明新词的掌握是随着时间而不断增长的。这些观测值说明可以用方程 6.11 的二次增长模型来进行拟合。

对中参数 L 被有意地设在 12 个月的时候，这是因为大部分儿童都是在这个时候开始说出他们的第一句话。因此，π_{0i} 表示儿童在第 12 个月时的词汇量，但它应该接近于 0。而 π_{1i} 是在第 12 个月时的瞬时增长率，它也应该接近于 0，这是因为以往的研究表明，在开始时词汇量的增长是很慢的。

通常，研究者总是从无条件的层 – 2 模型开始，即：

$$\pi_{0i} = \beta_{00} + r_{0i} \qquad [6.13a]$$

$$\pi_{1i} = \beta_{10} + r_{1i} \qquad [6.13b]$$

$$\pi_{2i} = \beta_{20} + r_{2i} \qquad [6.13c]$$

表 6.4 中列出了结果。在年龄为 12 个月时，平均词汇量和平均增长率都非常接近于 0（注意，两个参数的系数估计都远小于它们各自的标准误）。平均加速度是正的（即 $\hat{\beta}_{20} = 2.035$），而且非常显著。这表明，一般而言，儿童掌握新词汇的增长率随着时间而不断提高。

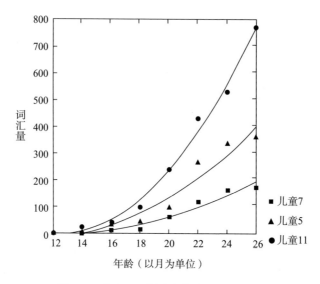

图6.1 个人词汇量增长轨迹的几个示例

资料来源：Huttenlocher, Haight, Bryk, & Seltzer（1991）。

注：■、●、▲代表实际观测值。圆滑曲线根据对每个儿童的词汇量数据拟合二次多项式取得。

表6.4 模型1：词汇量增长的完全二次增长模型

固定效应	系　数	标准误 se	t 比率
第12个月时的平均词汇量，β_{00}	−3.879	5.427	−0.715
第12个月时的平均增长率，β_{10}	−0.327	2.295	−0.143
平均加速度，β_{20}	2.035	0.200	10.172

随机效应	方差分量	自由度 df	χ^2	p 值[a]
第12个月时的状态，r_{0i}	62.307	10	0.790	>0.500
增长率，r_{1i}	46.949	10	6.211	>0.500
加速度，r_{2i}	0.510	10	17.434	0.065
层−1误差，e_{ti}	676.882			

Deviance = 1277.03 ，df = 7

[a] 这些结果是根据11个案例得到的，其中每个儿童的数据足以分别进行 OLS 回归。统计量 χ^2 和 p 值则由于样本量较小而只是粗略的近似值。

　　一般来说，在某一特定年龄上的增长率是增长率模型对年龄的一阶导数。对于二次增长模型来说，

$$\text{年龄 } t \text{ 时的增长率} = \pi_{1i} + 2\pi_{2i}(a_{ti} - L) \qquad [6.14]$$

例如，在年龄为 14 个月时，平均增长率是平均每月增加 7.81 个新单词〔即 $-0.327 + 2(2.035)(14 - 12)$〕。到第 16 个月，平均增长率已提高到平均每月增加 15.91 个新单词。

个体观测值相对增长曲线的标准差是 26.02 个单词（即 $\hat{\sigma} = 676.88^{1/2}$）。[①] 与 π_{0i} 和 π_{1i} 相联的 χ^2 统计表明，在年龄为 12 个月时所观察的词汇量与瞬时增长率的方差主要反映的是 OLS 估计中的误差方差。事实上，儿童之间在这些参数上可能会存在显著性差异，但由于我们在本研究中并没有观测年龄小于 14 个月的儿童的情况，因此缺乏必要的信息来考察这种影响作用。同时，我们也注意到，在本例中由于半数以上的儿童仅有 3 个观测值，因此结果中并没有报告可靠性统计。从结果来看，尽管 OLS 估计很好地拟合了数据，但可靠性统计却是相当具有误导性的。

这些结果表明，层 –1 模型还可以简化。估计所得的在第 12 个月时的平均初始状况以及平均增长率都没有显著地不等于 0（而且事实上非常小）。这两个随机参数的同质性假设也可以保留。这些随机效应之间的相关估计（见表 6.5）为模型的简化提供了进一步依据。截距系数 π_{0i} 与增长率 π_{1i} 和加速度 π_{2i} 之间几乎是线性关系，至少它建议可以应用"无截距"模型。也就是说，层 –1 模型可以简化为：

$$Y_{ti} = \pi_{1i}(a_{ti} - L) + \pi_{2i}(a_{ti} - L)^2 + e_{ti} \qquad [6.15]$$

这一模型的结果请见表 6.6。

表 6.5 完全的二次模型中随机系数之间的相关

	π_{0i}	π_{1i}	π_{2i}
12 个月时的状态，π_{0i}	1.000		
在 12 个月时的增长率，π_{1i}	-0.982	1.000	
加速度，π_{2i}	-0.895	0.842	1.000

---

① 注意，有迹象表明层 –1 的误差是异质的，它是 Y_{ti} 的函数。当然，这并不奇怪，层 –1 的残差变化在词汇量较小时是比较小的。因为方差异质性实际上并不影响所得到的关键结果，所以我们在这种介绍性示范中略去不说了。具有更为复杂的误差结构的层 –1 模型将在本章的后面予以详细讨论。

表 6.6 模型 2：词汇量增长的二次增长模型（无截距）

固定效应	系 数	标准误 se	t 比率	
第 12 个月时的平均增长率，β_{10}	-1.294	1.557	-0.831	
平均加速度，β_{20}	2.087	0.205	10.201	
随机效应	方差分量	自由度 df	χ^2	p 值
增长率，r_{1i}	21.908	21	37.532	0.015
加速度，r_{2i}	0.663	21	89.359	0.000
层 -1 误差，e_{it}	709.231			

Deviance = 1285.02，df = 4

第一个模型中的基本发现在简化模型中得到了支持。在第 12 个月时的平均增长率仍然接近于 0，而平均加速度也并没有什么显著的变化。个体观测值相对增长曲线的标准差略有一点提高 $[\hat{\sigma} = \text{Var}(e_{ti})^{1/2} = 26.63]$，这表明无截距的层 -1 模型对数据的拟合与最初的模型基本相同。与随机增长率和加速度参数相联的 χ^2 统计量表明，这两个参数在不同个体之间存在很大差异。

两个随机系数之间的相关仍然很高，达到 0.904。它表明，对参数同质性的 χ^2 检验可能是误导，因为它们是独立的单变量检验，并没有考虑到随机效应之间的关系。

作为核对，我们进行了似然比检验（见第 3 章）。具体地说，我们将第二个模型的偏差度统计（Deviance = 1285.02，自由度 df = 4）与另一个模型中相应的偏差度统计做比较，在后一个模型中假设瞬时增长率 π_{1i} 是固定效应。这样，增长率的方差和增长率与加速度之间的协方差就被限制为 0。也就是说，层 -1 模型仍然为方程 6.15，但层 -2 模型为：

$$\pi_{1i} = \beta_{10}$$
$$\pi_{2i} = \beta_{20} + r_{2i}$$

[6.16]

替换模型的偏差度统计为 1292.03，自由度 df = 2。两者在偏差度统计量上的差为 7.01，这个差服从自由度为 2 的 χ^2 分布。其检验结果非常显著（p < 0.001），表明模型的简化并不恰当。这个结果也证实了单变量的同质性检验，并且随机增长率分量应当保留在模型中。

然而，我们还可以做另一种简化，即把平均增长率系数规定为 0。也就是说，层 -1 模型仍然像方程 6.15 一样不变，而层 -2 模型则变为：

$$\pi_{1i} = r_{1i}$$
$$\pi_{2i} = \beta_{20} + r_{2i} \qquad [6.17]$$

表 6.7 列出了这种"最好的"模型设置的结果。

表 6.7　模型 3：词汇量增长的二次模型（线性增长率中既无截距也无固定效应）

固定效应	系　数	标准误 se	t 比率
平均加速度，β_{20}	2.098	0.206	10.172

随机效应	方差分量	自由度 df	χ^2	p 值
增长率，r_{1i}	20.158	22	40.947	0.006
加速度，r_{2i}	0.685	21	88.528	0.000
层 –1 误差，e_{ti}	708.085			

Deviance = 1286.57，$df = 4$

以截距和斜率作为结果的模型：母亲的语言能力、性别及研究组的作用

在已经确定了层 –1 模型后，研究者将继续检验有关的研究假设。具体地说，他们提出下面的个人层次的模型：

$$\pi_{1i} = r_{1i} \qquad [6.18a]$$
$$\pi_{2i} = \beta_{20} + \beta_{21}(\text{STUDY})_i + \beta_{22}(\text{SEX})_i$$
$$+ \beta_{23}(\text{MOMSPEECH})_i + \beta_{24}(\text{STUDY} \times \text{SEX})_i \qquad [6.18b]$$
$$+ \beta_{25}(\text{STUDY} \times \text{MOMSPEECH})_i + r_{2i}$$

方程 6.18a 设置 π_{1i} 为纯随机效应模型。这个层 –2 方程像前面的模型一样，其中没有截距，因为平均增长率被限制为 0。个体加速度参数的变化被设定为以下几个变量的函数：研究组（STUDY）（第一组 = –1；第二组 = 1）；儿童的性别（SEX）（男性 = –1，女性 = 1）；母亲的语言能力（说话时所用的词汇量，以自然对数单位计，并以总平均数对中）；以及研究组分别与性别和母亲的语言能力之间的两个交互项（注意：这里对 STUDY 和 SEX 重新编码为 –1 和 1 主要是为了检验它们的交互效应）。模型的结果请见表 6.8。

表 6.8　最终的二次增长模型

固定效应	系　数	标准误 se	t 比率
平均加速度，π_{2i}			
截距，β_{20}	2.031	0.157	12.887
研究组效应（STUDY），β_{21}	−0.433	0.157	−2.747
性别效应（SEX），β_{22}	0.312	0.165	1.891
母亲的语言能力效应（MOMSPEECH），β_{23}	0.793	0.334	2.370
研究组－性别交互效应（STUDY × SEX），β_{24}	0.144	0.165	0.876
研究组－母亲的语言能力交互效应（STUDY × SPEECH），β_{25}	−0.158	0.334	−0.473

随机效应	方差分量	自由度 df	χ^2	p 值
增长率，r_{1i}	18.778	22	39.547	0.010
加速度，r_{2i}	0.282	16	39.864	0.001
层−1 误差，e_{ti}	707.156			

Deviance = 1284.3，$df = 4$ [a]

　　[a] 表 6.6 ~ 6.8 的偏差度统计量无法进行对比，因为固定效应在这三个模型中都不相同，并且应用的是有条件的最大似然法 MLR（见第 3 章）。

　　两个研究组的平均加速度存在着显著的差异，达 0.866 字/月^2［即第一组的效应－第二组的效应 = (−1)(−0.433) − (−1)(−0.433)］。造成这种差异的原因是由于在两个研究中对于各个年龄上总词汇量的估计程序略有不同。正如我们所假设的那样，女孩的平均加速度显著地高于男孩，差值达 0.624 字/月^2。类似地，母亲说话时所用的词汇量对于孩子学习词汇有正效应（$\hat{\beta}_{23}$ = 0.793，t = 2.370）。而孩子性别与母亲词汇量的交互效应在两个研究组之间没有太大的差异；也就是说，两个交互效应相对较小，而且也不显著（$\hat{\beta}_{24}$ 和 $\hat{\beta}_{25}$ 的 t 值均小于 1.0）。因此，我们有了一些信心来解释将这两个研究的数据汇合在一起的分析结果。加速度参数 π_{2i} 的残差方差从无条件模型总参数方差为 0.685（见表 6.7）减少到 0.282，个人加速度的变化中约有 59%［即 (0.685 − 0.282)/0.685］与研究组、儿童性别以及母亲的语言能力有关。

　　一般来说，分层分析提供了确凿证据表明，母亲的语言能力和儿童性别对词汇量掌握有重要的作用。当只控制研究组后，词汇量增长加速度的残差方差为 0.551（即将方程 6.18b 简化为只剩下变量 STUDY）。当将无显著作用的交互项从方程 6.18b 中剔除并重新估计最终模型时，π_{2i} 的残差方差为 0.257。比较这些结果可以发现，在控制了研究组之后，加速度参数的残差方差中的 53.4% 与儿童性别和母亲的语言能力有关。

其他形式的增长模型

前两节中所描述的程序可以直接推广到更为复杂的增长模型。原则上，只要时间序列足够长，任何阶次的多项式都可以被拟合和检验。但是，至少对于层 -2 的某些单位而言（比如上例中的儿童），观测次数 T_i 必须多于个人增长模型（方程 6.1）中所设置的随机参数的个数 $P+1$。只要这一点符合条件，其他一些单位即使不符合这一条件也可以被包括到分析中来。（有关内容请见第 3 章中对"降秩数据"的讨论细节，它是指部分单位没有足够数据分别进行 OLS 估计的条件下的估计。）

不同的年龄单位可以通过转换结果变量或者是先转换年龄变量再进行以上步骤之后，很容易地被纳入模型中。例如，在词汇量研究中 $(Y_{ti})^{1/2}$ 可以被用作结果变量，便可以用线性增长模型来拟合这个平方根的测量。一般来说，我们建议先对个人及平均的时间序列轨迹图做必要的察看，以便识别适合于拟合这一数据的可能模型。我们同样也注意到，平均增长曲线和个人增长曲线可能会有不同的模式。比如，在对数据进行二次增长模型的拟合时，我们可能会发现，一些正曲率的个人增长轨迹掩盖了另外一些负曲率的个人增长轨迹。在这种情况下，一条曲线可能会很好地代表平均水平的曲线，但并不能完全代表个人增长的信息。正是由于这个原因，我们在随机系数回归中要对平均增长参数和个体围绕其变化的范围进行检验。

我们也注意到，当结果是离散变量时，同样也有可能表现出个人增长现象。在这种情况下，我们可能会希望建立某种事件的发生概率随时间变化的模型，或者是对某些行为的变化率建模，比如在青少年阶段的犯罪倾向。离散型结果变量将在第 10 章中介绍。

在层 -1 误差结构更为复杂时的情况

直到现在，我们都是假定了一个简单的层 -1 误差结构，即：每个误差项

e_{ti} 都是独立的，而且都服从于均值为 0、方差为常数 σ^2 的正态分布，但这里有几种更为一般的可能性。

1. e_{ti} 有可能与层 – 1 或层 – 2 的测量特征有关。例如，在词汇量增长的数据中，我们可以规定 σ_t^2 是年龄的函数，因为在层 – 1 中越往后的时点上异方差性越大。同样，层 – 1 异质性中的异方差性可以用性别或者研究组的函数来表示。

2. 如果数据是按时间模式的，比如在词汇量增长的例子中，如果时间 t 对应 12，14，16，…，26 个月，那么另外一种选择就是分别估计出每一时间点上的层 – 1 方差。

这两种可能都可以通过转换来完成，即用对数线性模型（log-linear model）将方差 σ_t^2 作为测量特征（如年龄、性别或者是一套时点的虚拟变量）的函数。我们在第 5 章中示范过这种分层模型的扩展（见"层 – 1 方差异质性情况下的应用"）。

3. 每个人的误差项 e_{ti} 之间有可能自相关。例如，我们可以设置一个一阶自回归"AR(1)"模型。这导致了一个结构，其中任何一个时点 t 上的误差都依赖于前一个时点 $t-1$。

对于这种变化的应用将在后面的"比较分层模型、多元重复测量模型和结构方程模型"一节中示范。

分段线性增长模型

对数据的探测型检查表明是非线性时，一种选择是将曲线增长轨迹拆分成几段。当我们希望从实际意义上比较两段不同时期中的增长率时，这种方法就特别有吸引力。可能的研究问题包括："第一段时期的增长率上的差异是否比第二段更大？""这两段时期中的增长率的影响因素是否相同？"

例如，Frank 和 Seltzer（1990）曾对芝加哥公立学校一年级到六年级之间学生阅读能力的提高做了调查。在每个学年末对每个学生安排一次测试，但由于各种原因，某些学生一次或多次未能参加其中的测试。根据性别、种族和学校分别选择部分样本，对某些个人和子类样本的增长轨迹做探索性分析后发现，一年级到三年级之间的学生在提高阅读能力时与四年级以上的同学存在着模式上的差异。前者的增长率与后者相比，表现出速度更快、差别更大的特点。这个结果表明，可以利用两段的线性增长模型来尝试拟合：第一段时期用一个统一的增长率，后一段时期用另一个不同的增长率。具体地说，层－1 模型可以设为：

$$Y_{ti} = \pi_{0i} + \pi_{1i}a_{1ti} + \pi_{2i}a_{2ti} + e_{ti} \qquad [6.19]$$

其中，a_{1ti} 和 a_{2ti} 分别为表 6.9a 中所定义的编码变量，表示分段的回归。

尽管表 6.9a 中所列的编码方式乍看上去似乎很奇怪，但如果将简单的数值代入方程 6.19 中的 a_{1t} 和 a_{2t}，并得到预测结果，那么这个编码过程也就不奇怪了。例如，利用表 6.9a 中的第一种编码，每个年级的预测状况就将变为：π_0、$\pi_0 + \pi_1$、$\pi_0 + 2\pi_1$、$\pi_0 + 2\pi_1 + \pi_2$、$\pi_0 + 2\pi_1 + 2\pi_2$，以及 $\pi_0 + 2\pi_1 + 3\pi_2$。因此，在二、三年级时，每年的增长率均为 π_1，而在四、五、六年级时，每年的增长率则为 π_2。

表 6.9 分两段线性模型时所用的几种可能的编码方法（以阅读成绩为例）

（a）两种增长率的模型

				年级			
	1	*2*	*3*	*4*	*5*	*6*	π 的解释
a_{1t}	0	1	2	2	2	2	π_1 第一阶段的增长率
a_{2t}	0	0	0	1	2	3	π_2 第二阶段的增长率
							π_0 一年级时的状况
a_{1t}	－2	－1	0	0	0	0	π_1 第一阶段的增长率
a_{2t}	0	0	0	1	2	3	π_2 第二阶段的增长率
							π_0 三年级时的状况

（b）增量（减量）模型

				年级			
	1	*2*	*3*	*4*	*5*	*6*	π 的解释
a_{1t}	0	1	2	3	4	5	π_1 基准增长率
a_{2t}	0	0	0	1	2	3	π_2 第二阶段增长率的增量（减量）
							π_0 一年级时的状况
a_{1t}	－2	－1	0	1	2	3	π_1 基准增长率
a_{2t}	0	0	0	1	2	3	π_2 第二阶段增长率的增量（减量）
							π_0 三年级时的状况

图 6.2 提供了 Frank 和 Seltzer（1990）报告的 50 个案例的增长轨迹，是

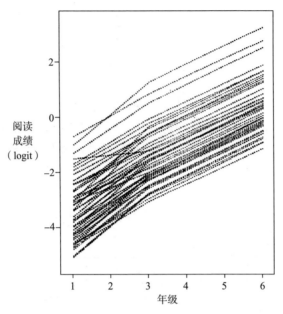

图 6.2   阅读成绩的轨迹图的示例（经验贝叶斯估计，芝加哥公立学校数据）

根据方程 6.19 和层 – 2 无条件模型计算的，其中 π_{0i}、π_{1i} 和 π_{2i} 设置为随机效应。这些显示的轨迹是经验贝叶斯估计值，或称收缩估计，其公式为：

$$\pi_i^* = \Lambda_i \hat{\pi}_i + (\mathbf{I} - \Lambda_i)\beta^* \qquad [6.20]$$

其中：

$\hat{\pi}_i$ 是 3×1 的向量 OLS 估计值 $(\hat{\pi}_{0i},\ \hat{\pi}_{1i},\ \hat{\pi}_{2i})^T$，是根据个人数据对个人增长参数的估计；

β^* 是一个 3×1 的向量，包含了描述平均增长轨迹的三个参数的估计值；

Λ_i 是一个 3×3 的、对第 i 个人的多变量可信度矩阵（见方程 3.57）。

我们注意到，方程 6.19 这种两段线性增长模型可以被参数化，作为整个时期（从一年级到六年级）的基准增长率，以及在第一和第二阶段时基准增长率的增量（或减量）。如果按表 6.9b 中示范的方式那样对 a_{1t} 和 a_{2t} 编码，就可以完成这种工作。

随时间变化的协变量

在某些应用中，除了年龄或时间外，我们可能用其他形式的层 – 1 自变量

来解释 Y_{ti} 的变化。我们将这些指标称为随时间变化的协变量（time-varying covariates）。例如，在阅读能力研究中，假设我们还有另一个测量指标来表示每一年级学生的缺席状况，试想，如果一个儿童在一个学年中缺席了很长一段时间，那么，这个儿童在期末时所能取得的成绩肯定会低于个人增长轨迹的预测值。这种临时的变化可以通过在方程 6.19 的层-1 模型中加入学生的一个缺席的指标来表示。具体地说，当我们定义 a_{3ti} 为在某一阶段的缺席状态，那么，层-1 模型就成为：

$$Y_{ti} = \pi_{0i} + \pi_{1i}a_{1ti} + \pi_{2i}a_{2ti} + \pi_{3i}a_{3ti} + e_{ti} \qquad [6.21]$$

由于学生缺席是作为一个协变量，在形式上将它设为层-2 中的固定效应（即 $\pi_{3i} = \gamma_{30}$）。然而，它同样也可以被设为非随机变化的，例如，允许在一至三年级和四年级以上这两个阶段中有不同的效应，它甚至可以被设为是随机的。我们将在第 8 章中用学生学习和暑期退步效应的三层模型的分析中，详细讨论随时间变化的协变量的应用。

个体变化研究中层-1 自变量的对中

在前几章中，我们曾讨论了层-1 自变量的定位选择对分层线性模型的建立与参数估计有重要意义（见第 2 章中"X 变量的定位"和第 5 章中"组织效应研究中层-1 自变量的对中"这两节）。我们现在考察在个体变化研究中层-1自变量定位有哪些影响：

- 线性增长模型中截距的定义；
- 在高阶多项式模型中其他增长参数的定义；
- 在研究随时间变化的协变量时的可能偏差；
- 增长参数的方差估计。

线性增长模型中截距的定义

考察层-1 模型，其中每个儿童的增长都是用 Y 来表示结果，它被表达成一条直线：

$$Y_{ti} = \pi_{0i} + \pi_{1i}a_{ti} + e_{ti}$$

其中，截距 π_{0i} 是当 $a_{ti} = 0$ 时的预测结果。假设每年一次在儿童的年龄为 2、3、4、5、6 岁时进行观测，如果我们定义在年龄为 2 岁时 a_{ti} 等于 0，那么 π_{0i} 就是第 i 个儿童在年龄是 2 岁时的状态；而如果在这个时候开始收集数据，那么它又可以被认为是初始状况（我们在本章第一个例子里涉及儿童"早期发育项目"研究中有关自然科学知识的增长中，就用了类似的定义）。将 π_{0i} 定义为初始状况的有效性主要依赖于作为表示个体变化的直线的准确性。事实上，π_{0i} 是根据所有年龄在 2~6 岁的案例计算出的 2 岁时 Y 的预测值。如果增长趋势事实上是条曲线，那么，根据直线模型所得的预测初始状态值就可能相当不准。

a_{ti} 的其他定位选择也可以是（$age_{ti} - 4$），即定义 π_{0i} 是第 i 个儿童在 4 岁时的状态，这是研究时间段的中点；或者也可以是（$age_{ti} - 6$），这时的截距就是儿童在 6 岁时的状态，即处于研究时间段的末端。由于对中的选择会影响对截距的定义，因此它也同样会影响对层 – 2 上的截距方差以及截距和斜率之间的协方差的解释。因此，"初始状态"及其增长率之间的相关，也就会不同于年龄为 4 岁时的状态及其增长率之间的相关。而且对层 – 2 模型系数 π_{0i} 的解释也主要依赖于按 a_{ti} 的定位选择所产生的 π_{0i} 的定义。

在高阶多项式模型中其他增长参数的定义

现在考察二次增长模型：

$$Y_{ti} = \pi_{0i} + \pi_{1i}a_{ti} + \pi_{2i}a_{ti}^2 + e_{ti}$$

这里，截距 π_{0i} 仍然是第 i 个儿童在 $a_{ti} = 0$ 时的状态。然而，现在线性系数 π_{1i} 的定义取决于 a_{ti} 的定位选择。在这个模型中，各年龄上 Y 的增长率随着年龄的变化而变化，而 π_{1i} 则是第 i 个儿童在 $a_{ti} = 0$ 时的增长率。回顾我们刚才对 2~6 岁儿童评估的假设例子，现在如果将 a_{ti} 定义为（$age_{ti} - 2$），那么 π_{1i} 的定义就是"初始增长率"，即儿童在年龄为 2 岁时的瞬时增长率。伴随这种选择产生的一个问题是，数据几乎没有提供什么关于儿童初始增长率的信息，而且这种定义还会使 a_{ti} 和 a_{ti}^2 这两个指标之间产生高度相关。这种共线性将会使估计过程变得不稳定，特别是在所选时点较多时。

与此相比，按"中心"即 $a_{ti}=4$ 对中却有两种理想的效果：第一，这种对中所定义的 π_{1i} 不仅是 4 岁时的增长率，而且是整个数据收集阶段的平均增长率，或者说是"平均速度"。这个数量对于某些研究来说具有重要的理论意义。第二，按时段的中心来对中，可以使 a_{ti} 和 a_{ti}^2 之间的相关最小化，从而可以使估计程序稳定化。[①]

请注意，对二次项系数 π_{2i} 的解释并不依赖于 a_{ti} 的对中选择。无论如何对中，它都表示加速度。然而，假设我们现在有一个三次模型，这时，截距、一次项和二次项系数的意义都取决于 a_{ti} 的对中选择，只有三次项系数的解释是不变的。一般而言，对于任意的多项式模型，最高阶项系数的解释总是不变的，而其他低阶系数的意义则取决于对中的选择。

在研究随时间变化的协变量时的可能偏差

回想在组织研究时，如果层－1自变量的汇总与截距之间分别有不同的关系，那么层－1自变量的效应可能是有偏的（参见第5章"层－1固定系数的估计"一节中对 β_w 和 β_b 的讨论）。我们已经指出，以组平均对中将会消除这种偏差。另一种选择是将层－1自变量的平均值结合到层－2的截距模型中，这样也可以消除这种偏差。同样的问题也会出现在重复测量研究中。

Horney、Osgood 和 Marshall（1995）研究了生活环境的变化（如就业和婚姻状况）与犯罪倾向性之间的联系。数据是对犯罪频率较高者在三年内每月进行的犯罪行为的重复观测值 Y_{ti}。层－1随时间变化的协变量（就业和婚姻状况）也是每个月测量一次。Horney 等发现，就业状况和婚姻状况的变化与犯罪率有关。特别是，就业后或者是有配偶在一起生活以后，犯罪率就会有所下降。这种研究的有效性面临的一个威胁是，观测对象的那些随时间变化的协变量的平均值也是有所变化的：有些人可能在大部分时间中就业了，而有些人则不是；有些人在大部分时间（甚至在整个时期）中都与配偶同住，但有些人则不是。这些层－1自变量汇总值上的人际差异可能与其犯罪率的个人层次

---

① 在这个例子中，包括了第二年的词汇量增长，违反了将年龄以初始年龄为 12 个月对中时的建议。在那里，我们很有理论上的理由相信 π_{0i} 和 π_{1i} 两者均为 0。这使得我们可以设置一个能较好拟合数据的简约模型；同时，在给定一个小样本时，简约本身就是一个关键的考虑因素。

效应有关，除非加以考虑，否则就会使层 – 1 系数的估计有偏。Horney 等按每人将所有随时间变化的协变量都对中了，从而保证了层 – 1 自变量与结果之间的关系估计是无偏的。同时，他们还将平均犯罪率作为平均就业时间比例和平均与配偶同住时间比例的函数，对所有对象之间的差异进行了模型分析。

增长参数的方差估计

在第 5 章，我们曾讨论了对中是如何影响随机系数的方差估计的（见"估计层 – 1 系数的方差"）。在研究个体变化的增长模型中我们也沿用同样的思路。如果时间序列研究将所有案例设计为相同的（除随机的缺失数据以外），那么层 – 1 自变量如年龄或者时间的平均数就不会发生变化。在这种情况下，对中选择并不会影响增长率的方差估计。然而，在一些研究中，时间序列设计要假设案例之间有系统性变化。特别是，当被调查者是随其平均年龄而变化时，将个人以其平均数对中对避免偏差就非常有用了。

我们来看全国青年调查中的 7 个出生队列的数据（Miyazaki & Raudenbush，2000）。样本的调查对象是在 1976 年时年龄为 11～17 岁的人，他们在 1976 年开始每年被调查一次，共延续了 5 年，到 1980 年调查时他们的年龄分别为 15，…，21 岁。结果变量是关于反社会态度的一个指标。图 6.3 展示了拟合的二次变化曲线。[1] 我们的研究兴趣在于：每个年份所有对象在反社会态度上的平均变化率，以及不同对象在变化率上的差异。尽管图 6.3 中的曲线是二次曲线，但我们仅考察线性的变化率。表 6.10 中提供的结果是按不同对中方式估计的：（a）以总的年龄中位数 16 岁来对中，对比（b）以不同队列中的年龄中位数来对中（队列 1～7 分别为 13，…，19 岁）。（除缺失值外，以队列中位数对中与按个人的平均数对中是等价的，而这便于对本例进行解释。）注意，以队列中位数对中所估计的线性变化率的方差，约为以总的中位数对中得到的估计结果的两倍。[2]那么，到底哪一种估计更准确呢？

---

[1] 我们感谢《心理学方法》允许我们复制了图 6.3，它出于 Miyazaki 和 Raudenbush（2000）的论文。

[2] 这里采用按中位数对中而不是按平均数对中，是为了保持层 – 1 变量按整年来测量，从而更便于解释。它与对本数据采用平均数中的整数部分值来对中的结果基本相同。

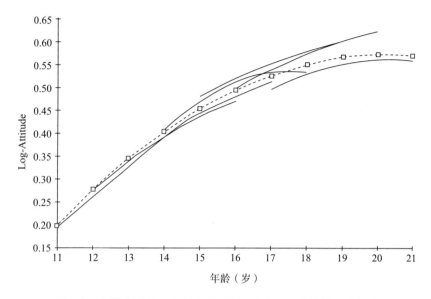

图 6.3　实线分别为 7 个出生队列的二次曲线，虚线是平均曲线

表 6.10　不同对中方法对线性变化率方差估计的影响

方　　法	估计值	标准误 se
（a）以总的中位数对中	0.00122	0.00015
（b）以队列中位数对中	0.00269	0.00022
（c）稳健的一致性估计量	0.00269	0.00022

　　为了检验这些估计的有效性，我们将它们与稳健的一致性估计进行比较，后者在应用最大似然估计中并没有用到有关截距的信息。在本研究中，这种估计是对所有 576 位被调查者的 τ_{11} 的无偏估计值的加权平均数，即：

$$\hat{\tau}_{11} = \frac{\sum_{i=1}^{n} \lambda_i^2 \left[(\hat{\pi}_{1i} - \hat{\beta}_{10})^2 - v_{11i} \right]}{\sum_{i=1}^{n} \lambda_i^2}$$

其中，$\hat{\pi}_{1i}$ 是对第 i 个被访者的 OLS 斜率估计，v_{11i} 是这一估计的抽样方差，λ_i 是这种估计的可靠性，$\hat{\beta}_{10}$ 是总平均斜率的估计。上述结果表明，这个稳健估计与按队列中位数对中的估计在三位有效小数上都是相同的。与按总的中位数对中不同，通过以队列中位数对中已避免了由于 7 个队列的平均年龄的系统性

变化所导致的估计偏差。其中的原因与第 5 章中所讨论的问题是相同的（见
"估计层 − 1 系数的方差"）。

比较分层模型、多元重复测量模型和
结构方程模型

本章所讨论的增长模型中的分层方法在文献中以不同的名词出现，包括：
随机效应模型（Laird & Ware, 1982），混合线性模型（Diggle, Liang, & Zeger,
1994；Goldstein, 1995），随机系数模型（Longford, 1993），以及分层线性模型
（Strenio et al. , 1983；Bryk & Raudenbush, 1987）或简称"HLM"。我们下面
要讨论的是，这种方法与其他方法之间的关系，如多元重复测量（multivariate
repeated-measures，MRM）的方差分析和结构方程模型（SEM）。

多元重复测量模型

分层线性模型和多元重复测量模型的主要差异是对个体变化建模的概念基
础不同。分层线性模型的层 − 1 模型明确地将每个个体的变化轨迹作为个人特
定参数加上随机误差的函数。层 − 2 模型描述了这批人各自增长参数的变化，
与之形成对照，多元重复测量（MRM）方法则需要：（a）设置主效应与交互
效应，以便描述不同子群或各类个体的期望轨迹；（b）设置不同时间上重复
测量的方差与协方差。

第二个不同点在于某一数据的方法适用性问题。传统的 MRM 要求每个
被访者都有一个固定的时间序列设计，即所有人被调查的时点的次数和间隔
完全相同。相反，分层模型在这方面对数据的要求就更为灵活，因为重复观
察被视为嵌套于个人，而不像 MRM 那样被视为所有调查者都是相同的固定
系列。因此，每个被访者的观察次数和时间可以是随机变化的。层 − 1 自变
量（包括时间或年龄）可以是连续的，并允许每个样本案例可以有不同的
分布。

第三，在分层模型中，建立个体变化模型可以让我们自然地研究外部情境
如社区或组织是如何随着时间影响个人发展的。模型的层 − 3 可以用来表示这
种情境的变化（见第 8 章）。而标准框架的 MRM 要想扩展为这种有效估计是
非常困难的，甚至是不可能的。

结构方程模型（SEM）

另外一种正逐步推广的方法是结构方程模型（SEM），应用软件主要有 LISREL（Joreskog & Sorbom，1989），M-plus（Muthén and Muthén，1998），或者是 EQS（Bentler，1995）。[①] 在 McArdle（1986）以及 Meridith 和 Tisak（1990）奠定的基础上，Willett 和 Sayer（1994）已经证明，有一部分两层增长模型也可以在结构方程模型的框架内进行估计。结构方程模型中的测量模型对应于分层分析中的层－1模型，结构方程模型中的潜在变量就是分层模型中的个人增长参数。因此，结构方程模型中的结构模型就对应于分层分析中的层－2模型，或称"人际模型"（between-person model）。Willett 和 Sayer 提出的这种重新构建的好处在于：一旦这个模型转变为结构方程模型框架，就可以利用结构方程模型软件中的所有协方差结构分析。它们包括自相关的层－1随机效应和异质性的层－1随机效应。利用结构方程模型，可以检验各式各样的协方差结构。但这种方法的一个缺点是，它要求各个子类必须具有平衡的"时间结构"（time-structured）数据。也就是说，像 MRM 一样，每个被访者都必须具有相同的被访次数和间隔，并且子类中所有案例的、具有随机效应的层－1自变量都必须具有相同的分布。[②] 相反，分层模型则允许案例被访的次数和空间可以不同，而且包含随机效应的层－1自变量对于不同的人可以有不同的分布。

因此，看起来研究者不得不在分层模型和结构方程模型之间做出选择。分层模型允许使用不同的数据结构和层－1模型，但协变量结构的选择很少；而结构方程模型允许多种协方差结构，但不够灵活，无法把握不平衡的研究设计。然而，更准确地说，目前这种被迫的选择反映的是当前软件能力上的限制，而并不是在模型方法能力上的限制。

心理学研究常常忽略了 Jennrich 和 Schlucter（1986）的重要研究，[③] 他们

___

① 对这些方法而言，"协方差结构模型"也许比"结构方程模型"描述得更准确，因为这种模型是通过对多元正态分布的协方差矩阵加以某种约束来推导的。然而，这里我们仍沿用普遍应用的名称"结构方程模型"。

② 有些结构方程模型的软件要求数据具有时间结构设计，但允许有随机缺失数据。

③ 这个结果已经被包括在 BMDP 的 Program 5v 中了，它受到 SPSS 和 SAS 等统计分析软件最新发展的影响。

研创了一种更灵活的方法，可以分析服从于多元正态分布的时间序列数据。这种方法与 SEM 的类似之处是，可以估计多种类型的协变量结构，比如：与分层模型或自相关模型中一样的"随机效应"的协方差结构，层－1 异分布的方差模型，以及带有因子分析结构的模型。像结构方程模型一样，他们假定设计是按"时间结构"的（即每个案例调查时点之间的间隔不变），但是它允许时间序列数据中存在随机缺失。这种方法在生物医学研究中很流行，它将两个优点结合起来，既允许缺失数据，又允许多种协方差结构。后来，Thum（1997）将这种方法扩展为三层的模型（见第 8 章）。这种由 Jennrich 和 Schlucter 研创的方法既可以应用于分层模型的框架中，也可以应用于结构方程模型的框架中。

为了更清楚地理解多元重复测量、结构方程模型和分层线性模型之间的相似和差异之处，考察以下三种类型的数据是重要的：（1）观察数据是平衡的；（2）完整数据是平衡的，但在某些时点上有随机缺失，因此每个人的时点次数有所不同；（3）完整数据是不平衡的，比如当个人之间的层－1 自变量有不同分布时的情况。

假设在时间 t 上对第 i 个人有结果变量 Y_{ti}，他总共被观察了 T_i 次（$t = 1, \cdots, T_i$），我们可以建立简单的层－1 线性模型：

$$Y_{ti} = \pi_{0i} + \pi_{1i} a_{ti} + e_{ti}, \quad e_{ti} \sim \mathrm{N}(0, \sigma^2) \qquad [6.22]$$

其中，a_{ti} 是第 i 个人在时间 t 上的年龄。为了简单起见，在层－2，我们用无条件模型：

$$
\begin{aligned}
\pi_{0i} &= \beta_{00} + u_{0i} \\
\pi_{1i} &= \beta_{10} + u_{1i} \\
\begin{pmatrix} u_{0i} \\ u_{1i} \end{pmatrix} &\sim N\left[\begin{pmatrix} 0 \\ 0 \end{pmatrix}, \begin{pmatrix} \tau_{00} & \tau_{01} \\ \tau_{10} & \tau_{11} \end{pmatrix} \right]
\end{aligned}
\qquad [6.23]
$$

其组合方程为：

$$Y_{ti} = \beta_{00} + \beta_{10} a_{ti} + \varepsilon_{ti} \qquad [6.24]$$

其中：

$$
\begin{aligned}
\varepsilon_{ti} &= u_{0i} + u_{1i} a_{ti} + e_{ti} \\
\mathrm{Var}(\varepsilon_{ti}) &= \delta_{ti}^2 = \tau_{00} + 2a_{ti}\tau_{01} + a_{ti}^2 \tau_{11} + \sigma^2
\end{aligned}
$$

$$\text{Cov}(\varepsilon_{ti}, \varepsilon_{t'i}) = \delta_{tt'i} = \tau_{00} + (a_{ti} + a_{t'i})\tau_{01} + a_{ti}a_{t'i}\tau_{11} \qquad [6.25]$$

例 1：观察数据是平衡的

假设每个人都有 T 个观测值（即所有的 i 有 $T_i = T$），由此，对于第 i 个人的结果变量 Y_{ti} 就服从于 T 维多元正态分布，在时间 t 上的方差为 δ_{ti}^2，在时间 t 和 t' 的观察值之间的协方差为 $\delta_{tt'i}$。再进一步假设，对于所有被调查者，他们在时间 t 上的年龄是完全相同的（即每个人都是在每年生日的时候被调查，而且在研究开始时他们的年龄也是一样的）。①因此，对于每个人都有 $a_{ti} = a_t$。在这种情况下，这批数据就服从于离散一致性的假设，即对于所有的 i 有 $\delta_{ti}^2 = \delta_t^2$ 和 $\delta_{tt'i} = \delta_{tt'}$（即用 a_t 代替方程 6.25 中的 a_{ti}）。总而言之，每个人的数据都服从于 T 元正态分布，具有共同的方差协方差矩阵，其中方差为 δ_i^2，协方差为 $\delta_{tt'}$。原则上，这个共同的协方差矩阵内有 $T(T+1)/2$ 个参数，包括 T 个方差（对应每个时点）和 $T(T-1)/2$ 个协方差（对应每一对时点）。例如在下面的例子中，$T=5$，那么这个矩阵中就有 5 个方差和 10 个协方差。然而，在方程 6.22 和 6.23 这样的两层模型中，这些方差和协方差是 4 个参数（τ_{00}、τ_{01}、τ_{11}、σ^2）的函数。因此，在这种情况下，对应于像方程 6.25 那样更一般地规定有 $T(T+1)/2$ 个协方差参数的 T 维正态分布来说，方程 6.22 和 6.23 所表示的分层模型仅是一个特殊情况。因此，方程 6.22 和 6.23 所表示的分层线性模型可以视为特殊的"协方差结构"模型。标准的结构方程模型软件可以估计这种模型，并且可以估计其他类型的协方差结构（比如自相关的层 –1 残差以及那种在不同时点上有不同方差的层 –1 残差）。

例 2：完整数据是平衡的

现在假设，研究目的是对每个人收集 T 个观测值，但所收集的数据中有随机缺失，那么，第 i 个人可能只有 T_i 个观测值，其中 $T_i \leqslant T$。现在，对于第 i 个人的数据服从 T_i 维正态分布，即每个人的数据所服从的分布是不同的。由于标准的多元重复测量分析方法要求每个子类中的案例都具有相同的协方差矩

---

① 当然，每一个人都在相同的确切年龄上被调查不是真的，但它可以近似是真的。

阵，所以这种方法在这里是不适用的。因此，方程 6.22 和 6.23 所表示的分层线性模型就不能再被视为 T 维正态分布的一种特殊情况了。

但是，我们可以解决这个问题，其方法是设一个变量 Y_{ti}^*，$t = 1$，…，T，作为"完整数据"，也就是我们希望收集的数据，而 Y_{ri}，$r = 1$，…，R_i，是实际观测数据 Y 的一个子集。于是，方程 6.22 和 6.23 所构成的分层模型就是 T 维正态分布模型的一个特例。根据 Joreskog 和 Sorbom（1996）以及 Goldstein（1995）的研究结果，我们可以建立一个新的层-1 模型来描述缺失数据的模式：

$$Y_{ri} = \sum_{t=1}^{T} m_{tri} Y_{ti}^* \qquad [6.26]$$

其中，当 Y_{ti}^* 在时间 t 得到观测时，m_{tri} 取值为 1；否则为 0。例如，在全国青年调查（NYS）中有一个被访者 i 在时点 2 和 4 上得到观测，但在时点 1、3、5 上却没有被观测。因此，第 i 个人的第一个观测值就处于 $t = 2$ 时，而他的第二次观测值则处于 $t = 4$ 时，或者用方程表示前者为：

$$
\begin{aligned}
Y_{1i} &= m_{11i} Y_{1i}^* + m_{21i} Y_{2i}^* + m_{31i} Y_{3i}^* + m_{41i} Y_{4i}^* + m_{51i} Y_{5i}^* \\
&= (0) \times Y_{1i}^* + (1) \times Y_{2i}^* + (0) \times Y_{3i}^* + (0) \times Y_{4i}^* + (0) \times Y_{5i}^* \qquad [6.27] \\
&= Y_{2i}^*
\end{aligned}
$$

同理，第 i 个人的第二次观测值是在时间 $t = 4$ 时：

$$
\begin{aligned}
Y_{2i} &= (0) \times Y_{1i}^* + (0) \times Y_{2i}^* + (0) \times Y_{3i}^* + (1) \times Y_{4i}^* + (0) \times Y_{5i}^* \\
&= Y_{4i}^*
\end{aligned}
$$

用分层线性模型的术语，各 m_{tri} 都是层-1 自变量，而完整数据 Y_{1i}^*、Y_{2i}^*、Y_{3i}^*、Y_{4i}^*、Y_{5i}^* 则是层-1 的系数。在这里，层-1 没有随机效应。

然后，在层-2 模型中设潜在变量 Y_{ti}^* 为结果变量，这相当于方程 6.24。第 14 章讨论对这种特殊情况的分层线性模型的估计理论。

建立其他协方差结构的模型。下面我们将用全国青年调查（NYS）中第一个出生队列的数据为例，来阐述几种不同的增长模型分析。有关该调查的情况请参见（Elliott, Huizinga, & Menard, 1989）。调查目的是对第一个队列的所有 239 名对象在其年龄为 11、12、13、14、15 岁时对其进行调查访问，因此，这里 $T = 5$。事实上，其中在 5 个时点有完整观测值的对象共有 168 人，而有

45 人只有 4 个时点数据，14 人只有 3 个时点数据，5 人仅有 2 个时点数据，而其余 7 人则只有 1 个时点数据。

全国青年调查的主要目的是了解青年人反社会的态度和行为。在这里，我们仅关注他们对越轨行为的态度，通过每年调查，它可以被近似地视为一个连续变量。Gottfredson 和 Hirschi（1990）关于犯罪的一般理论预言，在青少年早期阶段（11～15 岁），反社会行为随年龄而线性增长。作为这种理论的合理推论，本例中所关注的结果变量，即青少年对越轨思想的容忍度，也可以假设为线性增长。因此，我们就可以对完整数据 Y_{ti}^* 建立一个模型：

$$Y_{ti}^* = \pi_{0i} + \pi_{1i}a_t + e_{ti} \qquad [6.28]$$

其中：

Y_{ti}^* 是第 i 个人在时间 t 时的容忍度；

a_t 是在时间 t 时的年龄减去 13；因此有

π_{0i} 表示第 i 个人在 13 岁时的期望容忍度；

π_{1i} 表示在 11～15 岁之间容忍度的年增长率；

e_{ti} 是个人的残差。

以下我们提供了一系列由易而难的模型结果。

（I）复合对称（compound symmetry）模型。单变量重复测量的方差分析假定有一个共同的协方差结构，这要求在不同时点上方差相同，而且还要求所有的协方差也相同。这就相当于假定：（a）层 -1 随机效应 e_{ti} 是独立的，而且有同质的层 -1 方差 σ^2；（b）所有个人都有相同的线性斜率。在这种复合对称模型中，方程 6.23 中的层 -2 模型可以简化为：

$$\pi_{0i} = \beta_{00} + u_{0i}$$
$$\pi_{1i} = \beta_{10} \qquad [6.29]$$

那么其组合模型就是将方程 6.24 和 6.25 中的 τ_{11} 和 τ_{01} 设为 0 的特例：

$$\varepsilon_{ti} = u_{0i} + e_{ti},$$
$$\mathrm{Var}(\varepsilon_{ti}) = \delta_t^2 = \tau_{00} + \sigma^2 \qquad [6.30]$$
$$\mathrm{Cov}(\varepsilon_{ti},\varepsilon_{t'i}) = \delta_{tt'} = \tau_{00}$$

于是，复合对称模型将调查数据中在 $T=5$ 个时点上的 15 个方差协方差参数作为仅有两个潜在参数（τ_{00}和σ^2）的函数来表达。

（Ⅱ）一阶自回归（first-order-autoregressive）或称 AR（1）模型。这个模型就是在方程 6.30 所示的复合对称模型中再加入一个自相关项，即：

$$\delta_t^2 = \tau_{00} + \sigma^2$$
$$\delta_{tt'} = \tau_{00} + \sigma^2 \rho^{|t-t'|}$$

[6.31]

于是，这个模型将全国青年调查数据中的 15 个可能的方差协方差作为 3 个潜在参数（τ_{00}、ρ 和 σ^2）的函数来表达。

（Ⅲ）随机斜率，同质性层 - 1 方差。这是广为应用的分层线性模型，即方程 6.22 和 6.23。它用 4 个潜在参数（τ_{00}、τ_{01}、τ_{11}、σ^2）的函数来表达这 15 个方差协方差参数。

（Ⅳ）随机斜率，异质性层 - 1 方差。这一模型将方程 6.22 和 6.23 进一步改进，使之允许在各时点上有不同的方差。因此，15 个方差协方差参数在这里表达为 8 个潜在参数（τ_{00}、τ_{01}、τ_{11}、σ_1^2、σ_2^2、σ_3^2、σ_4^2、σ_5^2）的函数。另一种最简约的对层 - 1 模型中异方差性模型的设置就是将方差的对数表示为年龄的函数，例如：

$$\ln(\sigma_t^2) = \alpha_0 + \alpha_1 a_t$$

[6.32]

用线性模型表示方差对数的理论依据曾在第 5 章"层 - 1 方差异质性情况下的应用"中予以了讨论。

（Ⅴ）无约束（unrestricted）模型。在这种模型中，有一个 $T \times 1$ 阶的误差向量，服从于以均值为 0、通用方差协方差矩阵为 $\sum$ 的 T 维正态分布。在全国青年调查研究中，无约束模型需要估计 15 个独特的方差协方差参数。注意，随着 T 的增大，这个模型会变得异常复杂。例如，一个有 20 个时点的无约束模型将会有 210 个方差协方差参数。但是，如果 T 较小，这个模型就可以作为拟合程度的标准来检测那些较简单的子模型。

结果：层 - 2 系数。表 6.11 给出了 5 个模型的估计值和拟合统计指标。比较这 5 套估计值，总的截距 β_{00}（13 岁时的期望结果）都非常接近（0.321 ~ 0.328 之间），而且相应的标准误也基本相同（都在 0.013 左右）。平均增长率的估计值 β_{10} 也都非常相似。然而，复合对称模型所得的标准误估计却小于其他方法的结果。一般来说，本例对层 - 2 固定系数的推断与模型协方差结构的选择应该是没有太大关系的，只有一个例外，从误差的角度考虑，复合对称模

表 6.11　用全国青年调查数据做的五个模型之间的比较

层 - 2 系数	复合对称模型 系数	se	AR (1) 系数	se	随机斜率, σ^2 系数	se	随机斜率, σ_t^2 系数	se	无约束模型 系数	se
平均截距, β_{00}	0.328	0.013	0.328	0.013	0.328	0.013	0.328	0.013	0.321	0.013
平均增长率, β_{10}	0.064	0.004	0.061	0.005	0.065	0.005	0.063	0.005	0.059	0.005

方差协方差成分

层 - 1:

复合对称模型：$\hat{\tau}_{00} = 0.034$

AR (1)：$\hat{\tau}_{00} = 0.034$

随机斜率, σ^2：
$$\hat{\tau} = \begin{bmatrix} 0.034 & 0.008 \\ & 2.5 \times 10^{-3} \end{bmatrix}$$

随机斜率, σ_t^2：
$$\hat{\tau} = \begin{bmatrix} 0.034 & 0.008 \\ & 2.9 \times 10^{-3} \end{bmatrix}$$

无约束模型：
$$\hat{\Sigma} = \begin{bmatrix} 0.035 & 0.017 & 0.019 & 0.022 & 0.025 \\ & 0.045 & 0.028 & 0.025 & 0.027 \\ & & 0.073 & 0.053 & 0.048 \\ & & & 0.086 & 0.066 \\ & & & & 0.090 \end{bmatrix}$$

层 - 2:

复合对称模型：$\hat{\sigma}^2 = 0.032$

AR (1)：$\hat{\sigma}^2 = 0.042$，$\hat{p} = 0.397$

随机斜率, σ^2：$\hat{\sigma}^2 = 0.026$

随机斜率, σ_t^2：$\hat{\sigma}_1^2 = 0.020$，$\hat{\sigma}_2^2 = 0.028$，$\hat{\sigma}_3^2 = 0.034$，$\hat{\sigma}_4^2 = 0.025$，$\hat{\sigma}_5^2 = 0.019$

模型拟合情况

	复合对称模型	AR (1)	随机斜率 σ^2	随机斜率 σ_t^2	无约束模型
偏差	-229.00	-294.32	-338.07	-348.57	-378.26
自由度 df	4	5	6	10	17

型将会低估平均增长率的不确定性（表 6.11 并没有列出对数线性模型的结果，因为发现年龄与层 - 1 方差之间无关）。

结果：模型拟合。一般而言，我们总是寻找最为简约而又能够充分说明数据的模型（见表 6.12）。毫不奇怪，无约束模型即分别对 17 个参数（5 个方差、10 个协方差以及 2 个层 - 2 固定系数）做出估计的模型，比其他较简单的模型有更好的拟合度。注意，该模型的偏差度为 - 378.26。在其余的模型中，最为复杂的就是层 - 1 随时间有异方差性的随机斜率模型（总共有 10 个参数），其模型的偏差度为 - 348.57。上述两种模型的偏差度差异为 - 348.57 - （- 378.26）= 29.68。与自由度为 17 - 10 = 7 的 χ^2 分布的百分位值相比较，有 $p < 0.001$，表明必须拒绝较简单的模型。这当然是可能的，因为更复杂的增长模型将会有更充分的拟合度，如本例加入了随机变化的线性与二次的斜率。

表 6.12　比较不同模型之间的偏差度统计量

（a）模型概述	偏差度 Deviance	自由度 df
（1）随机截距模型："复合对称"（层 - 1 同质方差）	- 229.00	4
（2）随机截距模型：AR（1）（层 - 1 方差自相关）	- 294.32	5
（3）随机斜率模型（层 - 1 同质方差）	- 338.07	6
（4）随机斜率模型（层 - 1 方差在各时点上不同）	- 348.57	10
（5）随机斜率模型（层 - 1 方差为对数线性模型）	- 347.71	8
（6）无约束模型	- 378.26	17

（b）有选择的模型对比	偏差度的差异	自由度 df	p
模型 1 对比模型 3	109.07	2	0.000
模型 3 对比模型 4	10.51	4	0.032
模型 5 对比模型 4	0.87	2	—
模型 4 对比模型 6	29.68	7	0.000

拟合最不好的模型是复合对称模型，所得的偏差度是 - 229.00，有 4 个自由度。如果其再加入一个参数（自相关参数），那么偏差度减少为 - 294.32 - （- 229.00）= 65.32。自相关的估计值为 0.40。如果在复合对称模型中再加入两个参数（即自相关参数和随机斜率参数），随机斜率也使模型拟合度继续大幅度改善（注意，其偏差度为 - 338.07）。显然，该模型又比 AR（1）要好

得多。如果再允许层 – 1 方差在每个时点上不同，那么随机斜率模型又使偏差度略减少到 – 348.57。我们注意到，这套数据不可能同时既允许估计自相关参数又允许斜率随机变化。①我们怀疑要同时估计这两个参数就需要更多的时点数据。

结果：拟合的方差和相关。比较偏差度统计值是比较模型好坏的一种经验方法。另一种对各种不同模型更有实际意义的度量方法是，以无约束模型所反映的方差与相关为标准，评价不同模型对这种基本结构的再现能力。这是可能做到的，但有个条件，就是时点数必须足够小，以确保无约束模型估计的稳定性。这正如我们当前例子的情况，时点数 $T = 5$，而案例数为 239 人。表 6.13 列出了 5 个时点上的拟合方差和协方差。

在无约束模型中方差协方差结构具有三个关键特征：第一，方差随年龄增长而增加：注意，当年龄从 11 岁到 15 岁之间增加时，估计值为 0.035、0.045、0.073、0.086、0.090。第二，相邻两个时点的相关性也随着年龄逐步增强，这表明"态度明朗化"（参见表 6.13 底部最后相关矩阵中对角线上边的相关系数 0.42、0.49、0.67、0.76）。第三，相邻两个时点的相关性比其他任意两个时点上的相关性要强，例如第 5 个时点与其他较早时点上的相关性分别为 0.76、0.59、0.43、0.44。假定这组数据中有一个核心的协方差结构特征，那么我们的问题是：其他较简单的模型到底在多大程度上能够表现出这三个基本的特征？

复合对称模型在这方面做得很差。在这个模型中，方差并没有随年龄而增长，而是被限制为一个常数 0.066。相关性也没有随年龄增加或者随距离而减少，也都被固定为一个常数 0.51。

自回归模型稍微好一点，相关性随着时点间的距离而逐步减小（15 岁时的残差和其他更小年龄时的残差之间的相关分别为 0.62、0.47、0.41、0.38）。然而，所得模型中的方差并没有随时间而变化，而且相邻两个时点上的相关性也均为常数。

层 – 1（同质方差的）随机斜率模型比前两个模型要好得多，能够再现协方差结构的关键特征。注意，方差估计随年龄而逐步增大（0.040、0.048、0.061、0.079、0.102）；相邻两个时点的相关性也随年龄而增大（0.37、0.49、0.61、0.70），而且也随着两时点间的距离而减少（如 15 岁和更小年龄

———————————

① 应用费舍尔得分算法（Fisher scoring algorithm）的尝试得出了负的斜率方差估计。

表 6.13　拟合的协方差矩阵和相关矩阵

（a）协方差矩阵

复合对称

$$
\begin{bmatrix}
.066 & & & & \\
.034 & .066 & & & \\
.034 & .034 & .066 & & \\
.034 & .034 & .034 & .066 & \\
.034 & .034 & .034 & .034 & .066
\end{bmatrix}
$$

AR（1）

$$
\begin{bmatrix}
.066 & & & & \\
.041 & .066 & & & \\
.031 & .041 & .066 & & \\
.027 & .031 & .041 & .066 & \\
.025 & .027 & .031 & .041 & .066
\end{bmatrix}
$$

随机线性斜率，同质方差 σ^2

$$
\begin{bmatrix}
.040 & & & & \\
.016 & .048 & & & \\
.019 & .026 & .061 & & \\
.021 & .032 & .042 & .079 & \\
.024 & .037 & .050 & .062 & .102
\end{bmatrix}
$$

无约束模型

$$
\begin{bmatrix}
.035 & & & & \\
.017 & .045 & & & \\
.019 & .028 & .073 & & \\
.022 & .025 & .053 & .086 & \\
.025 & .027 & .048 & .066 & .090
\end{bmatrix}
$$

（b）相关矩阵

$$
\begin{bmatrix}
1.00 & & & & \\
.51 & 1.00 & & & \\
.51 & .51 & 1.00 & & \\
.51 & .51 & .51 & 1.00 & \\
.51 & .51 & .51 & .51 & 1.00
\end{bmatrix}
$$

$$
\begin{bmatrix}
1.00 & & & & \\
.62 & 1.00 & & & \\
.47 & .62 & 1.00 & & \\
.41 & .47 & .62 & 1.00 & \\
.38 & .41 & .47 & .62 & 1.00
\end{bmatrix}
$$

$$
\begin{bmatrix}
1.00 & & & & \\
.37 & 1.00 & & & \\
.38 & .49 & 1.00 & & \\
.38 & .52 & .61 & 1.00 & \\
.38 & .53 & .63 & .70 & 1.00
\end{bmatrix}
$$

$$
\begin{bmatrix}
1.00 & & & & \\
.42 & 1.00 & & & \\
.37 & .49 & 1.00 & & \\
.39 & .40 & .67 & 1.00 & \\
.44 & .43 & .59 & .76 & 1.00
\end{bmatrix}
$$

之间的残差相关分别为 *0.70*、*0.63*、*0.53*、*0.38*）。

　　将无约束模型表示为个体变化的多项式模型。对于时间结构的数据，总是可以用一个"标准"的分层线性模型（比如个体变化的多项式模型）完美地再现无约束模型的结果。具体而言，如果层 – 1 模型为 $T-2$ 阶的多项式且所有系数是随机的，而且层 – 1 方差可以随时间而变化（即每个时点上都有一个方差），那么两层分层线性模型的层 – 2 将有 $T(T+1)/2$ 个协方差参数，正好可以表示出无约束模型的边际方差协方差估计。在我们的例子中，因为 $T=5$，所以异质方差的随机三次方模型就可以再现无条件模型的结果。

　　层 – 1 模型为：

$$Y_{ti}^* = \pi_{0i} + \pi_{1i}a_t + \pi_{2i}a_t^2 + \pi_{3i}c_t + e_{ti}$$
$$e_{ti} \sim N(0, \sigma_t^2)$$

[6.33]

这里，c_t 是三次方的对比值（contrast），即当以 a_t 和 a_t^2 为自变量、a_t^2 为因变量回归所得的残差。给定 a_t 是对中的，这种方法就可以保证三个多项式部分为正交。在层 – 2，4 个变化参数（π_{0i}、π_{1i}、π_{2i}、π_{3i}）围绕其平均值变化和协变。因此，层 – 2 的方差协方差矩阵是 4×4 的矩阵，有 10 个参数。最后，模型的层 – 1 有 5 个方差 σ_t^2，$t=1, \cdots, 5$，这样就产生了全部 15 个方差协方差参数。

例 3：完整数据是不平衡的

　　现在假设，模型包括一个有随机效应 π_{1i} 的层 – 1 自变量 a_{ti}，并且每个人都有一套不同的 a_{ti} 值。在大规模的调查研究中，肯定会由于多种原因而无法严格保证各次观测之间的时间间隔。例如，许多调查对象难以找到，或者对象要求安排其他访谈时间，或者是由于调查费用限制了调查员数量配置上的灵活性。在这种情况下，对各个被访者而言，年龄分布就必然存在着差异。事实上，也不会有两个对象在时间 t 上有完全相同的年龄 a_{ti}。而且即使层 – 2 单位的个人都有几乎相同的年龄，层 – 1 的自变量值也会因人而异。正如下面所描述的，在全国青年调查数据中，与某个人特征相同的其他人（peers）的反社会态度就是模型中一个包含了随机效应并随时间变化的协变量；这个协变量的一套观测值对于每个人来说也是不同的。在这种情况下，即使每个人被调查的

次数都是常数 T，完整数据也不能被看成是平衡的。因此，方差 δ_{ti}^2 在每个人之间都是连续变化的，每个协方差 $\delta_{tt'i}^2$ 也是这样。这种方差异质性模型就不能用多元重复测量或者结构方程模型来进行估计了。在这种情况下，标准的分层线性模型方法就不能被看成是一个简化的"无约束模型"。事实上，在这方面，分层线性模型就显得包容性更强了。

例子。在全国青年调查数据中，在每一时点我们对被访者都建立一个揭示（exposure）指标 EXPO，来测量有多少个特征相同且能够容忍越轨行为的其他人（细节请参见 Raudenbush & Chan, 1993）。这个名为"EXPO"的变量值对于不同对象是随时间变化的。假设现在我们将"EXPO"定义为分层线性模型层 - 1 中的一个自变量，即所谓的"随时间变化的协变量"（time-varying covariate），那么，当下面两个条件之一成立时，这个边际方差协方差矩阵就会是异方差性的：

1. EXPO 变量有一个随机系数；或者

2. σ_{ti}^2 是变量 EXPO 的函数。

为了示范，我们来估计一个"标准的"两层模型，其中层 - 1 模型为：

$$Y_{ti} = \pi_{0i} + \pi_{1i}a_{ti} + \pi_{2i}a_{ti}^2 + \pi_{3i}(\text{EXPO})_{ti} + e_{ti} \qquad [6.34]$$

同时，层 - 1 方差仍然保持为同质性的 σ^2。在层 - 2，所有的系数都是随机的，即：

$$\pi_{pi} = \beta_{p0} + u_{pi}, \quad p = 0,1,2,3 \qquad [6.35]$$

由于 T 现在是 4×4 的矩阵，因此层 - 2 模型有 10 个方差协方差参数，而整个模型有 11 个参数。我们将这个模型与下面的"无约束模型"相比较：

$$Y_{ti}^* = \beta_{00} + \beta_{10}a_t + \beta_{20}a_t^2 + \beta_{30}(\text{EXPO})_{ti} + \varepsilon_{ti} \qquad [6.36]$$

这个模型总共有 15 个方差协方差参数。表 6.14 列出了模型的结果。注意，这两个模型中关于固定效应的推断基本相同。然而，建立在 11 个方差协方差参数基础上的分层线性模型的偏差度实际上要小于无约束模型的偏差度，其中后者有 15 个方差协方差参数（如果包括固定效应，总共就有 19 个参数）。这里，尽管分层线性模型中的参数少了几个，但它并不是无约束多元重复测量模型的子模型。这个分层线性模型允许在各被访者中具有异质性的方差协方差矩阵，并将其作为各被访者 EXPO 变量的函数；而无约束模型仅仅是就假设方差协方差矩阵同质性的一族模型而言的一般模型。在这种情况下，无约束多元重复测量模型就不能表示出全国青年调查数据中的一个关键特征。

表 6.14 无约束多元重复测量模型与带随时间变化的协变量的
随机效应分层线性模型的结果比较

固定效应	无约束的 MRM			HLM 模型		
	系数	标准误 se	t 比率	系数	标准误 se	t 比率
截距，β_{00}	0.3252	0.0127	25.56	0.3251	0.0125	25.86
线性，β_{10}	0.0487	0.0045	10.74	0.0466	0.0047	10.00
二次，β_{20}	−0.0006	0.0030	−0.21	0.0006	0.0030	0.21
EXPO，β_{30}	0.3186	0.0244	13.07	0.3430	0.0295	11.62

方差协方差成分

$$\hat{\Sigma} = \begin{bmatrix} 0.035 & 0.011 & 0.014 & 0.015 & 0.014 \\ & 0.035 & 0.018 & 0.016 & 0.016 \\ & & 0.054 & 0.034 & 0.028 \\ & & & 0.062 & 0.042 \\ & & & & 0.062 \end{bmatrix}$$

$$\hat{\tau} = \begin{bmatrix} 0.0236 & 0.0034 & -0.0016 & 0.0072 \\ & 0.0021 & 0.0000 & -0.0029 \\ & & 0.0038 & 0.0000 \\ & & & 0.0457 \end{bmatrix}$$

$$\hat{\sigma} = 0.0210$$

模型拟合情况

偏差度 Deviance	−517.26	−522.47
自由度 df	19	15

层－1 中缺失观测值的影响

结合最大似然估计，应用分层线性模型来研究增长的一个重要优点在于：这种方法具有能够处理缺失观测值的灵活性。与传统方法不同，这种方法可以将所有的人包括进来，只要每个人至少有一次观测。在数据缺失是随机的这种假定之上，对分析结果的解释与所有数据都没有缺失值时的解释是完全相同的。这种假定并不像表面上这么严格。为了能够看清楚这一点，让我们考虑以下由 Little 和 Rubin（1987）以及 Schafer（1997）所提出的由于各种损耗（attrition)① 而产生的三种数据缺失的情况。

1. 损耗可能导致完全随机缺失（missing completely at random，简标为 MCAR）。当缺失的时点是所有时点的一个随机样本，或者遗漏的被访者是所有被访者的一个随机样本时，所得的数据就是完全随机缺失（MCAR）的数据。在这种情况下，简单地应用传统方法得到的就是无偏估计，例如仅分析那些有完整数据的案例。然而，假定数据为完全随机缺失一般而言是令人难以置信的，也不容易证实，而且存在风险。此外，抛弃那些数据不完整的案例还会损失精度，在有些研究中精度损失还会很大。

2. 数据也可以是随机缺失（missing at random，简标为 MAR）的。在给定的观测数据中，某个时点上的数据缺失的概率独立于所有缺失数据时，就是随机缺失的情况。当观测数据能够很好地抓住关键的复合效应时，这个假定就是合理的，例如，当变量同时与损耗和结果变量有关时。在这种随机缺失的情况下，如果以下两种情况都符合，那么对实验处理效应的估计将是无偏的：（a）在分析中应用了所有的数据；（b）采用的估计方法是完全有效的（fully efficient）。例如，应用最大似然估计的分层模型将会有效地利用所有可得的时点数据来进行模型估计，并保证在随机缺失的情况下对处理效应的估计是渐近无偏的。在上述条件成立时，产生缺失的机制就可以忽略不计。应用多元的、以模型为基础的归因方法（Little & Rubin, 1987；Schafer, 1997）在数据为随机缺失的情况下也能保证可以忽略这种缺失（进一步的讨论请见第11章）。

3. 当数据既不是完全随机缺失也不是随机缺失时，就是不可忽略的缺失（nonignorable missingness）。在这种情况下，损耗的概率的确依赖于缺失值，即使在控制了所有观测数据以后也是这样。统计结果对不可忽略的缺失的稳健程度取决于以下因素的程度，即：（a）所有数据都被有效地应用；（b）缺失信息的比例很小。②

Little（1995）与 Hedeker 和 Gibbons（1997）曾描述了一种在所谓的模式混合模型（pattern-mixture models）中分析有不可忽略的缺失的历时数据的方

---

① 这种损耗通常指调查对象死亡、失踪、不愿再接受观察等情况，因而无法继续对其进行测量。——译注

② 缺失信息的比例并不是缺失数据点的比例；相反，它与缺失数据中不能被观测数据所解释的变化量有关。如果观测数据与缺失数据之间具有很强的相关性，即使缺失案例的比例相当大，缺失数据的比例也是很小的。

法。利用这种方法，将调查对象按照其数据模式来分组，而重要的关系也是在这些组内进行估计，这就使得分析者能够评估对损耗推论的敏感性。

利用分层模型来预测未来情况

本章的首要目的是示范如何利用分层线性模型来建设性地研究个体变化。我们还介绍了一些常用的层 -1 模型的设置和解释，以及对增长假设的检验。

正如第 1 章和第 3 章所提到的，分层线性模型的另一个优点在于，将层 -1 系数的经验贝叶斯估计，如方程 6.20 中的增长参数等，与仅用每个个体的离散时间段趋势数据进行最小二乘法估计相比，前者具有更小的均方误。这个特点在许多实际应用中被证明非常有用。例如，第 4 章曾用对层 -1 系数的经验贝叶斯估计来识别那些具有异常效应模式的组织。在增长研究中，当需要估计个人增长曲线时（如要预测未来状况），这种方法也非常有用。现在我们利用前面分析过的词汇量数据的一部分来进行示范。

为了比较，我们将以前 22 个月的数据为基础，来预测在第 24 个月时的词汇量，然后再对这些预测值与实测值进行比较。具体地说，我们建立一个与方程 6.15 相同的层 -1 模型和一个与方程 6.17 相同的层 -2 无条件模型。然后我们对两种方法所得的每个儿童在第 24 个月时的预测值进行比较：一种是根据经验贝叶斯方法所得的 π_{pi} 估计（见方程 6.20），另一种是无截距的二次项回归的最小二乘法估计。结果在表 6.15 中列出。第 1 列是 22 名儿童在第 24 个月时词汇量的实测值，第 2 列和第 3 列分别是最小二乘法和经验贝叶斯估计的预测值。第 4 列和第 5 列分别是相应的预测误差。

表 6.15 年龄在 24 个月时的分层模型与最小二乘法模型的预测值比较

案例	实测词汇量	OLS 预测	经验贝叶斯预测	OLS 误差	经验贝叶斯误差
1	139.00	126.649	127.898	12.351	11.102
2	449.00	505.802	512.202	-56.802	-63.202
3	142.00	111.458	111.028	30.542	30.972
4	579.00	723.594	702.335	-144.594	-123.335
5	317.00	326.472	311.864	-9.472	5.136
6	78.00	56.648	55.519	21.352	22.481

续表

案例	实测词汇量	OLS 预测	经验贝叶斯预测	OLS 误差	经验贝叶斯误差
7	577.00	703.864	690.083	−126.864	−113.083
8	491.00	489.922	492.341	1.078	−1.341
9	595.00	634.180	656.442	−39.180	−61.442
10	604.00	727.508	715.186	−123.508	−111.186
11	137.00	145.040	138.352	−8.040	−1.352
12	350.00	366.000	346.939	−16.000	3.061
13	149.00	126.007	134.250	22.993	14.750
14	56.00	6.007	28.904	49.993	27.096
15	188.00	186.000	239.329	2.000	−51.329
16	172.00	228.007	240.512	−56.007	−68.512
17	240.00	174.007	190.903	65.993	49.097
18	292.00	153.007	167.123	138.993	124.877
19	99.00	111.007	127.636	−12.007	−28.636
20	142.00	174.000	176.779	−32.000	−34.779
21	265.00	120.000	163.448	145.000	101.552
22	329.00	432.007	432.892	−103.007	−103.892
预测值均方误的平方根				75.30	66.51

注意，正如我们所预计的，根据经验贝叶斯估计所得的预测误差的标准差要小于最小二乘法的估计结果（66.51 对 75.30）。这主要是因为经验贝叶斯估计对某些极端案例的预测较好，例如第 4、7、10、18 号案例，特别是第 21 号案例。经验贝叶斯估计的优点在这个例子应用中的体现还算是一般的，因为本研究采用了比较仔细的测量程序，最小二乘法的估计也相当可靠。对于本预测应用的模型而言，分层分析估计的线性增长率部分的可靠性为 0.51，而二次项则为 0.88。这一点同样也可以从图 6.1 中看出，其中个人的最小二乘法的二次轨迹与观测数据之间非常接近。

一般来说，当应用于带有很大随机波动的时间趋势数据时，经验贝叶斯估计比最小二乘法估计的优越性就表现得更加明显了。即使是这样，还是要保持常规的谨慎。多项式增长模型只能对与大多数数据的时间点相对比较接近的时点提供比较可靠的预测值。在我们这个例子中，对于年龄为 24 个月的预测看起来还比较合理，但是，如果对远超过第 24 个月的时点做预测的话，预测值就不那么可信了。

增长与变化的研究设计中有关功效的考虑

在第 5 章中，我们曾讨论过在组织研究设计中的功效问题。我们曾指出，如何选择样本量 n、每个组织中的人数以及组织的个数 J，都将会影响到检测各种效应的功效。我们看到，n 和 J 对功效的影响主要取决于组织之内与组织之间方差幅度的大小、每一层抽样的成本以及所研究的问题。

在重复测量的研究中，类似的样本规模是每一个人的时点数 T 和人数 n。人们也许会认为，当个人内部的方差 σ^2 比较大时，最有用的是增加时点数；而当增长率的人际差别很大时，最有用的是增加样本规模 n。这种直觉有一些道理，但设计上的问题会更为复杂。

在一项重复测量的研究中，通过增加每个单位时间上的观测频数（保持研究期间不变），或者是延长研究期间（保持观测频数不变），都可以增加时点数 T。但是这两种增加 T 的方法在成本和收益上却是相当不同的。

设 D 为研究的总时间，取某种有意义的测量单位（如年），再设 T 为时间序列上的观测次数。例如，本章曾分析过全国青年调查的数据，它始于 1976 年，到 1980 年结束，因此，$D = 4$ 年，$T = 5$ 个时点（第一个时点是 1976 年年初，其后参与者每年都被访问一次，直至 1980 年）。与此类似，在词汇量增长研究中，$D = 14$ 个月（即 Huttenlocher 等在儿童年龄为 12～26 个月之间时进行观测），而完整数据包括 $T = 8$ 个时点（即 12、14、16、18、20、22、24 和 26 个月）。假定有相同间隔的时点是从时间 0 开始的，那么观测频数就是 $f = (T-1)/D$。对于全国青年调查，f 等于每年 1 次，而对于词汇量增长调查来说，f 就等于每个月 0.5 次。

假设线性增长模型为：

$$Y_{ti} = \pi_{0i} + \pi_{1i}a_{ti} + e_{ti}, \quad e_{ti} \sim N(0, \sigma^2) \qquad [6.37]$$

其中，在时点 $t = 0$，1，$\cdots$，$T-1$ 时，$a_{ti} = Dt/(T-1)$，Raudenbush 和 Liu（2001）曾证明，对个人增长率的最小二乘法估计值为：

$$\mathrm{Var}(\hat{\pi}_{1i} \mid \pi_{1i}) \equiv V_1 = \frac{\sigma^2}{\sum_{t=0}^{T-1} a_{ti}^2} = \frac{\sigma^2}{T} \bigg/ \frac{D^2(T+1)}{12(T-1)} \qquad [6.38]$$

现在假设我们的研究目的是比较两个实验处理组（一个实验组和一个控制组）各自的平均增长率，相应的层 – 2 模型为：

$$\pi_{1i} = \beta_{10} + \beta_{11}X_i + u_{1i}, \quad u_{1i} \sim N(0, \tau_{11}) \qquad [6.39]$$

这里，如果是实验小组有 $X_i = 1$；如果是控制小组则取 0。检测这些处理效应的功效将取决于非中心性（noncentrality）参数：

$$\varphi = n\lambda\delta^2/4 \qquad [6.40]$$

它服从于 df = $(1, n-2)$ 的 F 分布，其中，$\delta = \beta_{11}/(\tau_{11})^{1/2}$，是标准化的效应规模，而 λ 为可靠性：

$$\lambda = \tau_{11}/(\tau_{11} + V_1) \qquad [6.41]$$

时间长度或频数上的变化只能通过改变可靠性 λ 而改变非中心性参数。例如，假设我们选择 $T = 5$ 个时点，且每年观察一次，那么时间为 $D = 4$。然后，利用方程 6.38 和 6.41 计算，可靠性为 $\tau_{11}/(\tau_{11} + \sigma^2/10)$。另一方面，如果时点数相同但每年观测 2 次，时间就变成 $D = 2$，而现在的可靠性为 $\tau_{11}/(\tau_{11} + \sigma^2/2.50)$，它有可能会变得很小，特别是当方差 σ^2 远大于 τ_{11} 时。尽管时点数保持不变，第二种方法的可靠性较小，因为研究时间被缩短，从而减少了在个人增长率估计中的杠杆作用。

当方差 σ^2 相对小于 τ_{11}，且个人增长率差别较大时，可靠性就会向 1.0 收敛。在这种情况下，总样本规模在决定功效时的作用，要远大于观测频数或研究时间的作用。上述公式仅可以用在线性增长模型中。Raudenbush 和 Liu（2001）评估了高次多项式（如加速度）增长模型的功效，并提供了类似的结果。

HLM 在元分析和其他层 −1 方差已知情况下的运用

- 引言
- 为元分析建立模型
- 例子：教师对学生智商期望的效应
- 其他层 −1 方差已知时的问题
- 多元的方差已知模型
- 不完整多元数据的元分析

引　言

许多领域的研究者都对从一系列相关研究中总结出结论的定量方法感兴趣，这种形式的探索被称为"元分析"（meta-analysis）（Glass，1976），或称"综合研究"（research synthesis）（Cooper & Hedges，1994），在这种"对研究的研究"中，一项研究就成了对同一假设进行检验的一系列研究中的一个案例。

元分析的关键问题是各研究结果的一致性。如果每个新实验的实施产生相同的效应，那么将整个系列研究概括为一个单一的共同效应规模估计就是顺理成章的事了。然而，如果研究结果不一致，也就是说实验效果的大小在各个研究之间有所不同，那么元分析的主要任务就是建立并检验这样一个问题的可能解释：为什么这些研究的结论有变化？哪些实验特征、对象背景、研究环境或者是研究方法有可能导致这些研究结果出现不同？

在评价研究结果的一致性以及在解释不一致时最主要的困难就是，即使每个研究结果得到的都是同一"真正的"效应，这一效应的估计在不同研究之间仍然会由于抽样误差而有所变化。例如，在"真正的"实验中，实验效应的估计会受到实验效果的影响，以及实验组与控制组之间的随机差异的影响。因此，即使研究具有完全相同的研究设计和实施，或者即使研究的样本都是从同一总体中随机抽取的，从一系列研究中所得的一套效应估计仍然会出现变异。元分析面对的任务就是辨别效应估计中的变异成分，其中第一种成分源于抽样误差，第二种成分则是由于效应规模参数之间的不一致。

如果发现了不一致，那么就可以建立一个模型来对其进行解释。这时，差异成分的问题还会产生：在研究效应估计中的残差变异中，在多大程度上是反映抽样误差，又在多大程度上是代表模型所不能解释的真正的不一致。

分层模型提供了一个非常有用的框架，来解决元分析中差异成分的问题（Raudenbush & Bryk，1985）。这个模型使元分析可以完成的任务有：（a）估计不同研究的平均效应规模；（b）估计效应规模参数的方差；（c）估计每一线性模型的效应规模参数的残差方差；（d）利用所有研究的信息对每一研究的效应做出经验贝叶斯估计。

当研究关注于具体研究的实际效应规模时，最后一项任务便是重要的。我们将在后面对这种情况加以示范（见"无条件分析"）。第 13 章扩展了这种方法，利用完全贝叶斯方法估计效应规模的后验分布。

作为第 2 版新增加的内容，我们还考虑到在多变量模型中并非所有研究都报告了一套完整的效应规模时的情况。我们将示范如何将处理缺失数据的多元模型应用到这种问题上。

元分析数据的分层结构

将分层线性模型运用到元分析中来是非常自然的事情，因为这种元分析数据也具有分层结构：对象"嵌套"于不同研究之中。模型需要区分对象层次和研究层次的变异。其实，每一项研究的分析者都试图搞清不同对象之间的差异来源，那么元分析者的任务就是将不同研究中的变异筛选出来。

本书前面所讨论的研究本身就可以被看成是元分析。例如，在第 5 章中我们将学校理解为学生背景与其数学成绩之间的一种关系。层 - 2 模型使我们能够比较各所学校之间这种关系的差异。在这种意义上，每所学校就是社会背景与成绩之间关系的一个研究。层 − 2 模型使我们能够将这些"研究"结果组合在一起来评价这种关系的一致性，并对不一致性做出解释。同样，第 6 章的增长例子也可以视为元分析。每个儿童的数据提供了一个年龄与结果之间关系的"研究"，通过将这些儿童的数据组合在一起，我们就能够研究这种关系的变化。

然而，元分析的两个特征将它与前几章所描述的研究区别开来：第一，在元分析中，不一定都可以得到每个研究的原始数据，元分析所能得到的往往仅是研究报告中的概要统计。第二，不同的研究常常会用不同的测量指标，尽管它们可以被看成是相同结构的测度。例如，在下面报告的一系列研究中，研究者关于老师对学生智商的期望所用的是不同的智商测试，每个测量值都有不同的尺度。

为了解决这些问题，元分析运用了一系列标准化的效应测度，最常用的是标准化均值差和相关系数（更详细的内容请见 Cooper & Hedges，1994）。利用标准化的效应测度将所有的研究结果转换为相同的尺度，从而可以加以比较。

扩展到其他层 −1 "方差已知"的问题

如果标准化效应测度是根据中等样本取得的，比如每个研究中有 30 个或更多的样本，那么统计量的抽样分布就会近似于正态分布，其抽样方差也可以假设是已知的（见下面）。因此，从统计的角度来讲，元分析为分析者提供了一系列独立的效应估计值，它们都服从正态分布，并且层 − 1 的方差已知。

有趣的是，除了元分析以外，许多其他的研究问题都有这种相同的结构。众多研究中的每一个都可以提供一个单独的统计量（比如标准差、比例或相关系数），而其目标则是比较这些统计量。通常，统计量的转换可以证明正态分布及方差已知的假设，我们将这种情况称为层 − 1 方差已知（variance-known，或 V-known）的应用。于是，元分析也就代表了这类情况的一个重要特例。

本章结构

我们先来考虑分层线性模型在这种元分析中的应用，其中系列研究的每一个都能得到一个标准化的效应。下一节将介绍模型的建立，再下一节描述它在研究教师对学生智商的期望值效应中的运用。接下来的一节是将元分析方法推广到更广泛的"层–1方差已知"的问题，最后的两节将讨论层–1为多结果变量的情况。

为元分析建立模型

标准化均值差异

正如上面提到的，元分析很少能得到每个研究的原始数据；相反，所能得到的是对研究对象的数据的某一概括性统计指标，这个统计量表示了效应的幅度或各变量之间联系的强度。我们将第 j 个研究的"效应规模估计"标注为 d_j。

在许多实际应用中，d_j 是一个实验组与一个控制组之间标准化的均值之差：

$$d_j = (\bar{Y}_{Ej} - \bar{Y}_{Cj})/S_j \qquad [7.1]$$

其中：

$\bar{Y}_{Ej}$ 是实验组的平均结果；

$\bar{Y}_{Cj}$ 是控制组的平均结果；

S_j 是汇合的组内标准差。

每个 d_j 都是实验组与控制组用标准离差单位测量的总体平均值差异的估计值。例如，$d_j = 0.50$，表示在第 j 个研究中，实验组对象的估计值在平均水平上比控制组对象高出半个标准差。

统计量 d_j 也可以被视为相应总体参数 δ_j 的估计值，这里：

$$\delta_j = (\mu_{Ej} - \mu_{Cj})/\sigma_j \qquad [7.2]$$

当然，d_j 作为 δ_j 的估计值的准确性取决于实验组和控制组各自的样本规模 n_{Ej} 和 n_{Cj}。Hedges（1981）说明，对于一个 δ_j 的固定值，统计量 d_j 是近似无偏的，而且服从方差为 V_j 的正态分布，即：

$$d_j \mid \delta_j \sim N(\delta_j, V_j) \qquad [7.3]$$

其中：

$$V_j = (n_{Ej} + n_{Cj})/(n_{Ej}n_{Cj}) + \delta_j^2/[2(n_{Ej} + n_{Cj})] \qquad [7.4]$$

事实上，d_j 并不是确切无偏的。Hedges（1981）也提供了当 n_{Ej} 或 n_{Cj} 非常小时特别有用的一种对偏差的矫正方法。更通常的做法是，用 d_j 代替方程 7.4 中的 δ_j，然后假定 V_j 为 "已知"。[①]

层 −1（研究之内）模型

层 −1 模型是比较简单的，对于研究 $j = 1, \cdots, J$，有：

$$d_j = \delta_j + e_j \qquad [7.5]$$

其中，e_j 是与 d_j（δ_j 的估计值）相关联的抽样误差，并假设 $e_j \sim N(0, V_j)$。

我们注意到，方程 7.5 在推广到元分析时用的是效应规模测度，而不是标准化的均值差异。也就是说，d_j 是研究 j 中的任意的标准化效应测度；δ_j 是相应的参数；V_j 是作为 δ_j 估计的 d_j 的抽样方差。例如，假设一个相关系数 r_j 是由一系列研究所报告的，那么，标准化效应测度 d_j 为：

$$d_j = \frac{1}{2}\log[(1 + r_j)/(1 - r_j)] \qquad [7.6]$$

而相应的参数是：

$$\delta_j = \frac{1}{2}\log[(1 + \rho_j)/(1 - \rho_j)] \qquad [7.7]$$

抽样方差 d_j 近似为：

$$V_j = 1/(n_j - 3) \qquad [7.8]$$

其中：

　　r_j 是研究 j 中观测的两个变量之间的样本相关系数；

　　ρ_j 是相应的总体相关系数；

[①] Hedges 和 Olkin（1983）提供了一个 d_j 的转换，以消除样本方差对 δ_j 的依赖性。这种转换在 n_{Ej} 或 n_{Cj} 非常小时特别有用。

n_j 是研究 j 中的样本规模。

在这个例子中，d_j 是 "Fisher 的 $r - Z$" 转换。注意，V_j 独立于未知的 ρ_j，而这正是一个优点。

层 -2（研究之间）模型

在层 -2 模型中，真正的未知效应规模 δ_j 取决于研究特征和层 -2 的随机误差：

$$\begin{aligned} \delta_j &= \gamma_0 + \gamma_1 W_{1j} + \gamma_2 W_{2j} + \cdots + \gamma_S W_{Sj} + u_j \\ &= \gamma_0 + \sum_s \gamma_s W_{sj} + u_j \end{aligned} \quad [7.9]$$

其中：

W_{1j}，$\cdots$，W_{Sj} 表示影响这些效应规模的研究特征；

γ_0，$\cdots$，γ_s 为回归系数；

u_j 是层 -2 随机误差项，假定其服从 $u_j \sim N(0, \tau)$。

组合模型

将方程 7.9 代入方程 7.5 就可以得到观测 d_j 的单一方程：

$$d_j = \gamma_0 + \sum_s \gamma_s W_{sj} + u_j + e_j \quad [7.10]$$

显而易见，d_j 服从正态分布：

$$d_j \sim N(\gamma_0 + \sum_s \gamma_s W_{sj}, \tau + V_j)$$

为了简单起见，我们标注：

$$Var(d_j) = \tau + V_j = \Delta_j \quad [7.11]$$

估计

这里的估计是按第 3 章所介绍的基本程序来进行的，但由于假定 V_j 已知，所以程序已被简化。现在仅有一个方差成分 τ 需要估计。给定 τ 的一个最大似然估计，那么层 −2 系数（即不同的 γ）可以通过加权的最小二乘法来估计，其中权数即为方程 3.17 中的精度 Δ_j^{-1}。

每个研究的效应 δ_j 的经验贝叶斯估计值 δ_j^* 是：

$$\delta_j^* = \lambda_j d_j + (1 - \lambda_j)(\hat{\gamma}_0 + \sum_s \hat{\gamma}_s W_{sj}) \qquad [7.12]$$

其中，$\lambda_j = \tau / (\tau + V_j)$。

例子：教师对学生智商期望的效应

教师对学生智商（Intelligence quotient）的期望会影响学生智力发展，这一假设已被持续地激烈争论了二十多年 [参见 Wineburg（1987）的综述和 Rosenthal（1987）的回应]。劳登布什（Raudenbush, 1984）找到了 19 个这种假设检验的实验报告。在这些研究中，教师被告知实验组儿童有"高"智商的期望，控制组的儿童则并未被赋予特殊期望。这些研究的样本规模和报告的标准化均值差异都列在表 7.1 中。

表 7.1 教师对学生智商的期望效应的实验研究

研　究	实验前师生接触的周数	效应规模的估计，d_j	d_j 的标准误	经验贝叶斯估计值 δ_j^* 无条件模型	条件模型
1. Rosenthal et al.（1974）	2	0.03	0.125	0.05	0.09
2. Conn et al.（1968）	3	0.12	0.147	0.10	− 0.06
3. Jose & Cody（1971）	3	− 0.14	0.167	− 0.00	− 0.06
4. Pellegrini & Hicks（1972）	0	1.18	0.373	0.22	0.41
5. Pellegrini & Hicks（1972）	0	0.26	0.369	0.11	0.41
6. Evans & Rosenthal（1969）	3	− 0.06	0.103	− 0.01	− 0.06
7. Fielder et al.（1971）	3	− 0.02	0.103	0.02	− 0.06
8. Claiborn（1969）	3	− 0.32	0.220	− 0.03	− 0.06
9. Kester & Letchworth（1972）	0	0.27	0.164	0.16	0.41
10. Maxwell（1970）	1	0.80	0.251	0.25	0.25
11. Carter（1970）	0	0.54	0.302	0.16	0.41
12. Flowers（1966）	0	0.18	0.223	0.11	0.41

研　究	实验前师生接触的周数	效应规模的估计，d_j	d_j 的标准误	经验贝叶斯估计值 δ_j^* 无条件模型	条件模型
13. Keshock（1970）	1	−0.02	0.289	0.06	0.25
14. Henrickson（1970）	2	0.23	0.290	0.11	0.09
15. Fine（1972）	3	−0.18	0.159	−0.03	−0.06
16. Greiger（1970）	3	−0.06	0.167	0.03	−0.06
17. Rosenthal & Jacobson（1968）	1	0.30	0.139	0.19	0.25
18. Fleming & Anttonen（1971）	2	0.07	0.094	0.07	0.09
19. Ginsburg（1970）	3	−0.07	0.174	0.02	−0.06

看上去，报告的效应规模变化很大，从 −0.32 到 1.18。然而，一些极端的结果（如研究 4）所用的是小样本，因而标准误（即 $V_j^{1/2}$）很大。因为表 7.1 中所列的效应估计有一定的变异，其部分原因在于每个 d_j 的抽样误差，所以，所有 d_j 的总变异很可能会大大高于未知效应参数 δ_j 中的变异。

下面我们做两个分析：第一个分析的目的是评价真实效应参数中的变异；第二个分析的目的是解释这种变异。具体而言，在第一个分析中，我们估计真实效应的均值和方差，以及计算每一研究的效应规模的经验贝叶斯估计值。在第二个分析中，我们建立一个模型来预测这些效应规模，以估计真实效应的残差方差，并计算每一研究的新的经验贝叶斯估计。

无条件分析

利用方程 7.5，层 −1 模型为：

$$d_j = \delta_j + e_j \qquad [7.13]$$

其中，d_j（表 7.1 中的第 3 列）是在研究 j 中实验组（被分配"高期望"条件）与控制组儿童之间标准化均值差异的估计值；δ_j 是相应的参数值。因此，每一个 d_j 都按已知抽样方差 V_j（在方程 7.4 中用 d_j 替代 δ_j 得出）估计了 δ_j。

在无条件分析中，层 −2 模型没有包括任何自变量。我们将真实效应规模 δ_j 看作是围绕总均值 γ_0 简单波动的，并加上了一个层 −2 误差 u_j。因此，在层 −2 中，

$$\delta_j = \gamma_0 + u_j \qquad\qquad [7.14]$$

将方程 7.14 代入方程 7.13，得到组合模型：

$$d_j = \gamma_0 + u_j + e_j \qquad\qquad [7.15]$$

并且，$d_j \sim N(\gamma_0, \Delta_j)$，而 $\Delta_j = \tau + V_j$。

结果。表 7.2 列出了总均值的估计 γ_0 和层 −2 方差 τ。效应规模的总平均数估计值较小，$\hat{\gamma}_0 = 0.083$，这意味着，平均而言，实验组学生的得分比控制组学生的得分高 0.083 个标准差单位。然而，效应参数的估计方差值 $\hat{\tau} = 0.019$。它对应的标准差是 0.138，意味着在真实效应规模上存在着重要的差别。例如，高于平均水平一个标准差的效应为 $\delta_j = 0.22$，这并不是很小的幅度。

表 7.2　教师期望效应的元分析的无条件模型

固定效应	系　数	标准误 se	t 比率	
总均值，γ_0	0.083	0.052	1.62	
随机效应	方差分量	自由度 df	χ^2	p 值
真实的效应规模，δ_j	0.019	18	35.85	0.009

有人或许会有疑问：估计值 $\hat{\tau} = 0.019$ 会不会是一个偶然性结果？利用第 3 章中介绍的程序，我们来检验虚无假设 $H_0 : \tau = 0$，其统计量为：

$$H = \sum V_j^{-1}(d_j - \bar{d}.)^2 \qquad\qquad [7.16]$$

其中，$\bar{d}. = \sum V_j^{-1}d_j / \sum V_j^{-1}$。这个统计量服从 $J-1$ 个自由度的 χ^2 分布，而且也是 Hedges（1982）与 Rosenthal 和 Rubin（1982）所讨论的 "H 统计量"。这里，$H = 35.85$，df $= 18$，$p < 0.01$，表明这些研究中所得到的效应之间的确存在着显著的差异。

表 7.1（第 5 列）列出了经验贝叶斯估计值，对于每个研究有 $\delta_j^* = \lambda_j d_j + (1 - \lambda_j)\hat{\gamma}_0$。图 7.1 展示了这些估计值与原始估计值 d_j 之间的比较，每个研究的两个估计值分别用直线连接。注意，经验贝叶斯估计值比 d_j 值更集中于 $\hat{\gamma}_0 = 0.083$ 附近。一些 d_j 值，尤其是样本规模很小的和距离 0.083 较远的，发生了很大程度的收缩。例如，研究 4 的 d_4 值从 1.18 "收缩" 到 0.22。

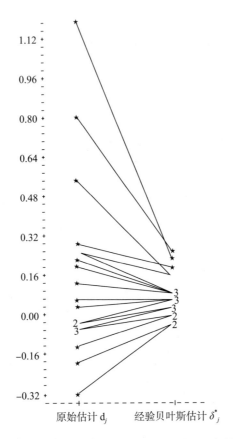

图 7.1   原始的标准化均值差异估计 d_j 与基于无条件模型的

经验贝叶斯估计 δ_j^* 之间的比较

条件分析

　　这种"期望"的实验依赖于蒙蔽的效果。在一些案例中，实验者交给教师一个学生名单，说明这些学生在智力发展上有巨大的潜力。事实上，这些"高期望"的学生已经被随机分配了实验条件。在其他一些研究中，研究者提供给教师的学生智商成绩表中的某些学生的成绩是被夸大了的，而这些学生已被随机分配了较高的期望条件。在这两种情况下，如果蒙蔽失败了，教师拒绝相信实验者提供的信息，那么仅仅因为没有实施实验处理，自然不会观测到实验效应。这种实施的失败并不能驳倒期望理论，因为这种理论只有在实验者能够成功地改变教师对学生的期望以后才能得到检验。

劳登布什（Raudenbush，1984）曾假设，教师期望效应的变化可能与其在面临这种蒙蔽信息时对学生的了解程度有关，这一点可以用实验前师生接触的周数来表示。这种假设建立在以前的研究结果上，这些结果表明，当教师对学生有较深了解时，他们可能不会理睬这种新的但与其已形成的观点有矛盾的信息。

图 7.2 中展示了这 19 个研究得到的效应规模与实验前师生交流周数之间关系的标绘图。这个图示与劳登布什（Raudenbush，1984）的假设是一致的。条件模型的估计将会为这种假设提供更为明确的检验。

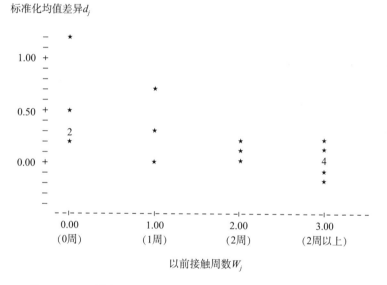

图 7.2 观测的标准化均值差异 d_j（纵轴）作为师生以前接触
周数 W_j（横轴）的函数的标绘图

层 −1 模型仍沿用方程 7.5 不变。在第 2 层，我们现在利用实验前师生交流时间的信息来预测效应规模。其模型为：

$$\delta_j = \gamma_0 + \gamma_1 (WEEKS)_j + u_j \qquad [7.17]$$

其中：

γ_0 表示师生间没有前期交流的研究的期望效应规模；

γ_1 是前期交流时间相差一周的两个研究之间在效应规模上的期望差异；

$(WEEKS)_j$ 分别用 0、1、2、3 来表示实验前师生之间已经交流了 0、1、2

或 2 周以上时的情况；

u_j 是研究 j 的残差效应规模，即没有被实验前交流时间所解释的那一部分效应，这里，$u_j \sim N(0, \tau)$。

我们注意到，现在 τ 是效应规模的残差方差或称条件方差，即真实效应规模残差 $\delta_j - \gamma_0 - \gamma_1(WEEKS)_j$ 的方差。

将方程 7.17 代入方程 7.5，得到：

$$d_j = \gamma_0 + \gamma_1(WEEKS)_j + u_j + e_j \qquad [7.18]$$

这里，$d_j \sim N[\gamma_0 + \gamma_1(WEEKS)_j, \Delta_j]$，其中，$\Delta_j = \tau + V_j$ 是控制了实验前交流时间后 d_j 的条件方差。

结果。表 7.3 列出了对 γ_0、γ_1 和 τ 的估计值。结果表明，当教师和学生之间实验前有交流的话，那么实验效应就比较小。最大的预测效应产生于那些实验前没有交流的研究，有 $\hat{\gamma}_0 = 0.407$，$t = 4.67$。随着交流时间（周数）增加，期望效应规模会依次减少 0.157（即 $\hat{\gamma}_1 = -0.157$，$t = -4.38$）。在那些实验前交流时间长于 2 周的研究中，期望效应几乎为 0。显然，教师期望效应的变化在很大程度上可以由前期交流时间来加以解释。其实，在控制了变量 $(WEEKS)_j$ 以后，对 δ_j 残差方差的最大似然点估计实际上就等于 0。

根据方程 7.18 设置的模型，经验贝叶斯估计 δ_j^* 为：

$$\delta_j^* = \lambda_j d_j + (1 + \lambda_j)[\hat{\gamma}_0 + \hat{\gamma}_1(WEEKS)_j] \qquad [7.19]$$

然而，如果 $\hat{\tau} = 0$，那么对于所有的 j 有 $\lambda_j = \tau/(\tau + V_j) = 0$。因此，在这种情况下有：

$$\delta_j^* = \hat{\gamma}_0 + \hat{\gamma}_1(WEEKS)_j$$

表 7.3　对教师期望效应的元分析的条件模型

固定效应	系　数	标准误 se	t 比率	
截距，γ_0	0.407	0.087	4.67	
周数（WEEKS），γ_1	-0.157	0.036	-4.38	
随机效应	方差分量	自由度 df	χ^2	p 值
真实效应规模，δ_j	0.000	17	16.57	> 0.500

图 7.3 展示了在本模型下每个 d_j 向 δ_j^* 的收缩（根据方程 7.19 得到的 δ_j^*

的经验贝叶斯估计在表 7.1 的第 6 列）。这是另一个条件收缩的例子（正如第 3 章中所介绍的，以及第 4 章中所示范的）。比较图 7.1 中 d_j 都是朝着总均值估计 0.083 收缩，现在每个 d_j 都向一个基于实验前交流的条件均值收缩。由于（WEEKS$)_j$ 可以取 4 个值，因此 d_j 就向这 4 个点收缩。向这些点收缩是完全的，因为实际上 τ 估计为 0。

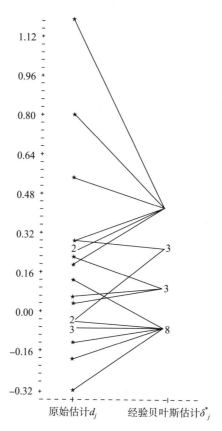

图 7.3　原始的标准化均值差异估计 d_j 与基于条件模型的经验贝叶斯估计 δ_j^* 之间的比较

贝叶斯估计的元分析

在教师期望的例子中，层 −2 固定系数 γ 的估计是加权最小二乘估计，其中权数为精度 Δ_j^{-1}。实际上，当这些权数可以从数据中得到估计时，便可以假定其为已知。这些估计的权数为：

$$\hat{\Delta}_j^{-1} = (\hat{\tau} + V_j)^{-1} \qquad [7.20]$$

其中，$\hat{\tau}$ 是研究之间的方差估计值。如果研究的样本规模 J 比较大，这个方差估计就比较精确，尽管从技术上讲不真实，但方程 7.20 中权数已知的假定的实际影响可以忽略。但是，如果 J 比较小，那么这一方差估计的抽样误差将相当可观，导致 γ 有额外的不确定性。这种额外的不确定性将不会反映在最大似然估计得到的 γ 的标准误上。当各研究的样本规模差异较大时，权数也具有高度变异性，这种额外的不确定性的影响就会表现得最为显著。而当数据接近平衡的时候，这种额外的不确定性也可以忽略。

贝叶斯估计方法提供了另一条选择途径，它允许分析者在对其他未知量的推断中充分地考虑到这种方差估计的不确定性影响。这种方法的优点还可以扩展到对具体研究的效应规模 δ_j 的推断中去。我们将在第 13 章中对这种贝叶斯估计方法进行详细介绍，其中所分析的例子仍然是教师期望的数据。

其他层 –1 方差已知时的问题

元分析之所以与本书所讨论的其他方法之间有区别，其原因在于它的两个本质上的统计特征：第一，层 –1 中仅有概括性数据；第二，层 –1 参数估计 d_j 的抽样方差 V_j 可以假定为已知。许多非元分析研究的问题也具有类似的结构。我们将这一类的问题统称为层 –1 方差已知的问题，元分析是其中的一个特例。

在方差已知的分析中，对于每个研究、组织或其他层 –2 单位，都会对其进行分别计算得到某一个或一套统计量。除了标准化均值差异以外，这些统计量还可以是相关系数、比例或者标准差。通常，对于这些统计量的转换将会提高正态性与方差已知这两个假定的合理性。例如：样本相关系数 r 有一个近似正态的抽样分布，但这种近似性会很差，特别是在参数值接近 –1.0 或 1.0 的时候。用方程 7.6 进行 Fisher 转换以后，对于 ρ 的非零值，抽样分布就会更近似于正态分布。并且 r 的抽样方差取决于未知的 ρ 值，而 Fisher 转换的相关系数 r 的抽样方差却不取决于它。

表 7.4 列出了在层 –1 方差已知的分析中可能要研究的一些参数（第 1 列）。表中也列出了对每个参数的样本估计值（第 2 列）以及近似的抽样方差

（第 3 列）。方程 7.5 和 7.9 这样的分层线性模型可以用于所有这些统计量。

表 7.4　一些单变量方差已知的例子

	层 −1 参数，δ_j	样本估计值，d_j	近似方差，V_j
标准化均值差异[a]	$(\mu_E - \mu_C)/\sigma$	$(\bar{Y}_E - \bar{Y}_C)/S$	$(n_E + n_C)\,/\,(n_E n_C)$ $+\, d^2/[2(n_E + n_C)]$
相关系数	$\frac{1}{2}\log[(1+\rho)/(1-\rho)]$	$\frac{1}{2}\log[(1+r)/(1-r)]$	$1/(n-3)$
Logit[b]	$\log[p/(1-p)]$	$\log[\hat{p}/(1-\hat{p})]$	$n^{-1}\hat{p}^{-1}(1-\hat{p})^{-1}$
Log(sd)[c]	$\log(\sigma)$	$\log(S) + [1/(2f)]$	$1/(2f)$

a. 通常，σ 是汇合的组内标准差，μ_E 和 μ_C 是实验组和控制组的总体均值，而 $\bar{Y}_E$ 和 $\bar{Y}_C$ 是相应的样本估计值。

b. 其中 p 表示总体中具有某种给定特征的对象所占的比例；$\hat{p}$ 为样本比例。

c. 其中 σ 表示标准差，S 为样本标准差估计值，而 f 为与 S 相关联的自由度。因此，当 σ 为标准差时，$f = n-1$；但当 σ 是有 p 个参数的回归模型所估计的残差标准差时，$f = n-p$。

例子：关联的多样性

大多数学校作用的研究都关注于均值（mean）差异，然而，劳登布什和布里克（Raudenbush & Bryk, 1987）试图研究数学成绩离散度（dispersion）的学校差异，所用的数据来自"高中及以上学校调查"中的一部分样本，与第 4 章所用的数据类似。本研究的特殊关注点是这样一个问题：学校在组织、政策和实际工作等方面的差异是否会影响到成绩的离散度？规模大的学校是否比规模小的学校更不平等？如果一所学校中的学生在选课上存在较大差异的话，是否会导致学习成绩有更大的差异？

结果变量的选择。这些问题需要对每个学校分别计算数学成绩的标准差，作为由学校层次自变量的差异所解释的结果变量。为了更加可信，分析必须考虑到学校在学生构成上的差异。因此，研究者首先计算了在控制了社会经济状况、种族状况、性别以及以前学业背景后的残差（residual）标准差（即每个学校的标准差）（细节请参见 Raudenbush & Bryk, 1987）。

标准差（或者残差标准差）的抽样分布在样本规模很大时近似于正态分布，但略呈正偏态。而且样本标准差 S_j 的抽样方差近似于 $\sigma_j^2/2n$，它又取决于

未知的总体标准差 σ_j。在这两种情况下，对 S_j 的对数转换都会有帮助。$\log(S_j)$ 的抽样分布比 S_j 的分布更接近于正态分布，并且它的抽样方差并不取决于 σ_j。具体地说，研究者使用了下列方程：

$$\delta_j = \log(\sigma_j)$$
$$d_j = \log(S_j) + 1/(2f_j) \qquad [7.21]$$
$$V_j = 1/(2f_j)$$

其中：

S_j 是学校 j 的残差标准差的估计值；

σ_j 是学校 j 的总体残差标准差；

δ_j 是 σ_j 的自然对数；

f_j 是与 S_j 关联的自由度；

d_j 是 δ_j 的估计值，其中 $1/(2f_j)$ 是对负偏差的小样本校正值；

V_j 是 d_j 的抽样方差。

在元分析的情况下，层－1模型（方程7.5）就是在描述估计值 d_j 时的抽样分布，其中现在的 d_j、δ_j 和 V_j 的定义与前面相同。

在学校层次上，离散度 δ_j 被假定作为某些学校特征的函数而变化。具体地说，我们假设，在小规模的学校和那些学生上相同课程的学校会有较小的数学成绩差异。其他学校层次的自变量还包括各学校在学生的社会经济状况和学业背景方面的构成变异，以及学校是教会学校还是公立学校的类别差异：

$$\delta_j = \gamma_0 + \gamma_1(\text{SD SES})_j + \gamma_2(\text{SD BACKGROUND})_j + \gamma_3(\text{SECTOR})_j$$
$$+ \gamma_4(\text{SIZE})_j + \gamma_5(\text{SD MATH COURSES})_j + u_j \qquad [7.22]$$

其中：

SD SES 是在校学生社会经济状况的标准差；

SD BACKGROUND 是在校学生学业背景变量的标准差；

SECTOR 是一个标识变量（公立学校＝0，教会学校＝1）；

SIZE 是学校的学生规模；

SD MATH COURSES 是在校学生上数学课的课时数的标准差；

u_j 是残差，我们假定 $u_j \sim N(0, \tau)$。

　　表 7.5 中的结果表明，在学生的社会经济状况差异较大的学校（即 SD SES 有较大的正值），在数学成绩上也会有较大的差异（$\hat{\gamma}_1 = 0.231$，$t = 4.64$）。同样，学业背景上的差异也能解释数学成绩的差异（$\hat{\gamma}_2 = 0.525$，$t = 5.78$）。教会学校比公立学校具有较小的数学成绩差异（$\hat{\gamma}_3 = -0.048$，$t = -2.05$），而规模大的学校比规模小的学校在数学成绩上有更大的差异（$\hat{\gamma}_4 = 4.15 \times 10^{-5}$，$t = 2.47$）。那些数学课课时数有较大差异的学校，其数学成绩也有较大的差异（$\hat{\gamma}_5 = 0.139$，$t = 4.06$）。

　　研究者还发现，一开始自变量中没有包括学校规模和数学课课时的研究中表现出学校类别有很强的效应，其中教会学校比公立学校的差异性要小。在他们最后的分析中（见表 7.5），学校类别 SECTOR 的效应估计值要小得多。研究者认为，教会学校中成绩差异更小的原因其实主要是由于这些学校本身的规模较小，以及它们有限制性更强的选课要求所导致的。

表 7.5　学校特征对数学成绩离散度的影响

固定效应	系　数	标准误 se	t 比率	
截距，γ_0	1.324	0.1007		
SD SES，γ_1	0.231	0.0498	4.64	
SD BACKGROUND，γ_2	0.525	0.0909	5.78	
SECTOR，γ_3	−0.048	0.0235	−2.05	
SIZE，γ_4	4.15×10^{-5}	1.68×10^{-5}	2.47	
SD MATH，γ_5	0.139	0.0342	4.06	
随机效应	方差分量	自由度 df	χ^2	p 值
真实的学校离散度，δ_j	0.0019	154	179.81	0.075

　　这一点对检验这样一个假设是很有用的，即 δ_j 中的所有变化都已经被模型解释了（即 $H_0: \tau = 0$）。如果这个假设为真，那么 d_j 中唯一尚未解释的变化就是出自"估计误差"（即用样本估计值 d_j 来估计真实差异 δ_j 的不精确性）。这一虚无假设的检验统计量（见方程 3.103）服从于自由度为 $J - S - 1$ 的 χ^2 分布。在本例中，这一统计值为 179.81，自由度为 $160 - 6 = 154$，且 $p = 0.075$。这些结果表明，即使 δ_j 的变化中还有没有被解释的，剩余的部分也很少。事实上，我们的模型已经解释了 δ_j 总变化的 85% 以上（这一解释方差统计量就

是前面所介绍过的方程5.6，它是通过比较无条件模型和条件模型的 τ 估计值而得到的）。

多元的方差已知模型

层 -1 模型

多元模型是单变量模型的直接扩展。在每个单位中，Q 个参数 δ_{1j}，δ_{2j}，$\cdots$，δ_{Qj} 可以用统计量 d_{1j}，d_{2j}，$\cdots$，d_{Qj} 来估计。在真实参数的条件之下，统计量被假定为具有多元正态的抽样分布，其中方差为 V_{qqj}，而对于每一对统计量 q 和 q'，协方差为 $V_{qq'j}$。这些方差和协方差都被假定为已知。于是，对于每一 $q = 1$，$\cdots$，Q 的单独统计量的层 -1 模型为：

$$d_{qj} = \delta_{qj} + e_{qj} \qquad [7.23]$$

层 -2 模型

真实参数 δ_{qj} 作为层 -2 自变量的函数变化，再加上误差项为：

$$\delta_{qj} = \gamma_{q0} + \sum_{s=1}^{s_q} \gamma_{qs} W_{sj} + u_{qj} \qquad [7.24]$$

其中：

W_{sj} 是自变量；

γ_{qs} 是相应的回归系数；

u_{qj} 是每个单位 j 的独特效应。

这些效应被假定为服从均值为 0、方差为 τ_{qq}、任意 u_{qj} 和 $u_{q'j}$ 之间的协方差为 $\tau_{qq'}$ 的多元正态分布。注意，对每个 δ_{qj} 都可以设置一套不同的层 -2 自变量。

正如一元的方差已知模型，多元模型可以被应用于许多不同的参数上。表7.6列出了一些可能的自变量。同样，对这些自变量进行转换也可以提高关于 d_{qj} 符合多元正态性假设的合理性，以及符合方差协方差已知假设的合理性。

表 7.6 一些多元方差已知的参数[a]

层 −1 参数, δ_q	样本估计值, d_q	方差, V_{qq}	协方差, $V_{qq'}$
标准化均值差异[b,c]			
$(\mu_{Eq} - \mu_{Cq})/\sigma_q$	$(\bar{Y}_{Eq} - \bar{Y}_{Cq})/S_q$	$\sigma^2(d_q)$	$\dfrac{\rho_{qq'}(n_E + n_C)}{n_E n_C} + \dfrac{\rho_{qq'}^2 d_q d_{q'}}{2(n_E + n_C)}$
多元名义测度的比例[d]			
$\log[p_q/(1-p_q)]$	$\log[\hat{p}_q/(1-\hat{p}_q)]$	$n^{-1}\hat{p}_q^{-1}(1-\hat{p}_q)^{-1}$	$-n^{-1}(1-\hat{p}_q)^{-1} \times (1-\hat{p}_{q'})^{-1}$
标准差[e]			
$\log(\sigma_q)$	$\log(S_q) + [1/(2f)]$	$1/(2f)$	$\rho_{qq'}^2/(2f)$

[a] 每个样本可以产生 Q 个统计量, $q = 1, \cdots, Q$, 其中 d_q 和 $d_{q'}$ 分别是任何一对参数 δ_q 和 $\delta_{q'}$ 的估计值。

[b] 其中 $\sigma^2(d_q) = (n_E + n_C)/(n_E n_C) + d_q^2/[2(n_E + n_C)]$。

[c] 其中 $\rho_{qq'}$ 是用于估计效应规模 d_q 和 $d_{q'}$ 的变量 Y_q 和 $Y_{q'}$ 之间的相关系数 (Hedges & Olkin, 1985)。

[d] 我们假定对象落在第 q 类中的概率是 p_q, 其中 $\sum p_q = 1$。

[e] 其中 $p_{qq'}$ 是用于估计 σ_q 和 $\sigma_{q'}$ 的变量 Y_q 和 $Y_{q'}$ 之间的相关系数。

不完整多元数据的元分析

前几节描述的多元方差已知模型要求每一研究都测量相同的 Q 个结果变量。然而, 元分析很少能遇到真正的系列研究, 即每一个研究都报告完全相同的一套因变量。通常, 不同研究将会报告不同因变量的效应规模。例如, 在研究教师期望效应的例子中, 结果变量可以包括教师行为、学生智商和学生态度。然而, 并不是所有研究对这三个结果变量都进行测量。在下面的例子中, 每个研究都评价测试训练对学生 "学业能力测验" (Scholastic Aptitude Test, 简标为 SAT) 成绩的效应。然而, 一些研究进行的是词汇测试, 一些则进行数学测试, 其他的则两个都进行。

在 Kalaian 和 Raudenbush (1996) 研究的基础上, 我们将这些例子视为 "不完整多元数据" (参见 Jennrich & Schlucter, 1996; Little & Rubin, 1987; Schafer, 1997)。在 SAT 例子中, 我们将每个研究的 "完整数据" 视为词汇测试和数学测试的总效应规模。在两种测试都进行的研究中, 观测数据包括了成对的效应规模估计。在仅估计两者之中任一的研究中, 观测数据包括一项估计值，但我们认为必须是成对的真实规模效应估计才是完整的数据，其中既要包括词汇测试，也要包括数学测试。

为了处理这种不完整的多元数据，我们建立的层－1模型设置了观测数据与完整数据之间的关联。层－2模型描述的是真实效应规模（"完整数据"）是如何在各研究构成的总体中变化的。

层 －1 模型

与每个研究 j 相关联的是 Q 个"真实的"效应规模 δ_{1j}，…，δ_{Qj}。然而，研究 j 只产生 P_j 个效应规模估计值 d_{1j}，…，$d_{p_j j}$，其中 $P_j \leqslant Q$。层－1模型将观测的效应规模作为结果，将真实的效应规模作为系数，利用标识变量作为"层－1自变量"，使每一观测的效应规模与其真实的效应规模联系起来：

$$d_{pj} = \sum_{q=1}^{Q} \delta_{qj} X_{qpj} + e_{pj} \qquad [7.25]$$

其中，当 d_{pj} 能够估计 δ_{qj} 时有 $X_{qpj}=1$；否则为 0。研究 j 中的估计误差 e_{pj} 被假定为服从多元正态分布，其均值向量为 0，方差协方差矩阵为假定已知的 V_j。V_j 的确切结构取决于效应规模的类型（如标准化均值差异、相关系数等，如表 7.6 中所列的）。

层 －2 模型

层－2模型与前面（方程 7.24）相同。它将真实的效应规模作为结果，这个结果取决于研究的特点，还要假定随机效应为多元正态分布。

示例

SAT 得分可以影响大学录取的决策。测试准备项目声明，可以通过被称为"测试训练"的相对短期的指导项目来推进学生的 SAT 成绩。为了评价这个声明，许多研究者已进行了一些研究来比较实验组（接受训练）和控制组（没接受训练）。这些研究在实验组接受训练的时间上有所差异。评价这种训练的影响，以及探索这种影响如何随训练时间变化，都是非常有趣的。

Kalaian 和 Raudenbush（1996）将来自 47 个研究这种训练对 SAT 成绩影响的数据都结合在一起，[①]其中仅有 17 个研究报告的结果里既有词汇测试也有数学测试。在其余的研究中，有 18 个研究仅包括词汇测试，而另外 12 个则仅包括数学测试。作者对需要进行多元分析的两个问题感兴趣：

- 词汇测试和数学测试两种测试训练的效应是否相同？
- 训练时间与效应规模之间的联系在两个结果之间是否有所不同？

层 −1 模型。在这个例子中，我们有 $Q = 2$ 个可能的结果，因此层 −1 模型为：

$$d_{pj} = \delta_{1j} X_{1pj} + \delta_{2j} X_{2pj} + e_j \qquad [7.26]$$

其中，如果 d_{pj} 是词汇测试的效应规模，有 $X_{1pj} = 1$；否则为 0。如果 d_{pj} 是数学测试的效应规模，有 $X_{2pj} = 1$；否则为 0。

每个结果是一个标准化的效应规模。因此，假定层 −1 那些随机效应的方差由方程 7.4 给定，它们之间的协方差则如表 7.6 中所定义的：

$$\mathrm{Cov}(e_{1j}, e_{2j}) = \frac{\rho_{12j}(n_{Ej} + n_{Cj})}{n_{Ej} n_{Cj}} + \frac{\delta_{1j} \delta_{2j} \rho_{12j}^2 / 2}{n_{Ej} + n_{Cj}} \qquad [7.27]$$

这里，ρ_{12} 是研究 j 中词汇测试与数学测试之间的相关系数。它通常是通过这一研究的数据来估计，或者是通过以前 SAT 的大规模数据来估计。对 δ_{1j} 和 δ_{2j} 的样本估计值被代入方程 7.27。来自那些同时有两个结果变量的研究的方差和协方差组成了 2×2 的协方差矩阵 V_j，并假设其为已知。对于那些仅有一个效应规模的研究，V_j 是与效应规模相联的方差。

层 −2 模型。不管一个给定研究估计的是一个还是两个效应规模，我们都设想其有两个潜在的"真实"效应规模，分别对应两个结果。因此，我们的层 −2 模型为：

$$\begin{aligned} \delta_{1j} &= \gamma_{10} + \gamma_{11} \times (\mathrm{LOG\ HOURS})_j + u_{1j} \\ \delta_{2j} &= \gamma_{20} + \gamma_{21} \times (\mathrm{LOG\ HOURS})_j + u_{2j} \end{aligned} \qquad [7.28]$$

---

① 这些数据列于 Kalaian 和 Raudenbush（1996）的论文中。

这里，LOG HOURS 是实验组接受训练时间的自然对数，训练时间则表示为距所有研究的总平均值的离差。因此，对于一项具有平均 LOG HOURS 水平的研究来说，γ_{10} 和 γ_{20} 分别是词汇测试和数学测试的期望效应规模。层－2 随机效应有通常的方差结构，其中 T 是一个 2×2 的协方差矩阵。

结果。表 7.7 中提供了这个模型的估计值与标准误。我们看到，平均的训练效应分别都是显著的正值。对于词汇测试有 $\hat{\gamma}_{10} = 0.103$，$t = 4.18$；对于数学测试有 $\hat{\gamma}_{20} = 0.099$，$t = 2.33$。LOG HOURS 和效应规模之间的联系在数学测试方面（$\hat{\gamma}_{21} = 0.149$，$t = 2.42$）要大于词汇测试方面（$\hat{\gamma}_{11} = 0.058$，$t = 1.74$）。然而，多元假设检验（见方程 3.91）却无法拒绝虚无假设：

$$H_0 : \gamma_{11} = \gamma_{21}$$

其中，χ^2 统计值为 1.61，自由度 $df = 1$，$p = 0.20$。Kalaian 和 Raudenbush（1996）还将这一估计模型的拟合度（见表 7.7）与另一个将数学测试效应规模的方差 τ_{11} 和协方差 τ_{12} 限制为 0 的模型进行了比较。结果是：χ^2 统计值为 9.30，自由度 $df = 2$，导致拒绝虚无假设，也就是说，支持这个模型应该包括 2×2 的方差协方差矩阵 T。

表 7.7　SAT 训练数据的拟合模型

指　　标	系　　数	标准误 se	t 比率	p 值
对 SAT 的词汇测试				
截距，γ_{10}	0.103	0.025	4.18	0.000
log（hours），γ_{11}	0.058	0.033	1.74	0.088
对 SAT 的数学测试				
截距，γ_{20}	0.099	0.042	2.33	0.029
log（hours），γ_{21}	0.149	0.061	2.42	0.024

$$\begin{bmatrix} \hat{\tau}_{11} & \hat{\tau}_{12} \\ & \hat{\tau}_{22} \end{bmatrix} = \begin{bmatrix} 7.68 \times 10^{-3} & -8.35 \times 10^{-3} \\ & 28.48 \times 10^{-3} \end{bmatrix}$$

三 层 模 型

- 制定和检验三层模型
- 研究组织内的个人变化
- 层 – 1 的测量模型
- 估计三层模型中的随机系数

在前三章中我们已经示范了如何用两层模型来表示一系列心理学、社会学和教育方面的现象。本章将介绍三层模型，并提供几个近期研究的示例。

制定和检验三层模型

为了交代得更为清楚，我们将在一个具体问题的情境之下来介绍三层模型，即一套有着三层结构的截面数据，包括学生（层 – 1）嵌套于班级（层 – 2），再嵌套于学校（层 – 3）。其他一些常见的、三层的截面例子还包括个人从属于户，再从属于某一地区；或个人从属于公司，再从属于不同的行业。具有三层的历时应用研究模型将在下一节讨论，然后讨论关于潜在变量的应用研究。

完全无条件模型

最简单的三层模型是完全无条件的模型，即任何一层中都不定义自变量。这样一个模型代表着测量结果的变差是如何在三个不同层次（学生、班级、学校）中分配的。

学生层次的模型。我们将每个学生的学业成绩建模为这样一个函数，即所属班级的平均数加上一个随机误差：

$$Y_{ijk} = \pi_{0jk} + e_{ijk} \qquad [8.1]$$

其中：

Y_{ijk} 是学校 k 中班级 j 的学生 i 的成绩；

π_{0jk} 是学校 k 中班级 j 的平均成绩；

e_{ijk} 是一个随机的"学生效应"，即学生 ijk 的成绩距班级平均数的离差。我们假定这些效应为正态分布并有平均数等于 0 和方差等于 σ^2。

下标 i、j、k 代表不同的学生、班级、学校，其中：

$i = 1, 2, \cdots, n_{jk}$，即学校 k 的班级 j 中的各个学生；

$j = 1, 2, \cdots, J_k$，即学校 k 的各个班级；

$k = 1, 2, \cdots, K$，即各学校。

班级层次的模型。我们将每个班级的平均成绩 π_{0jk} 视为围绕所在学校的平均成绩随机变化的结果：

$$\pi_{0jk} = \beta_{00k} + r_{0jk} \qquad [8.2]$$

其中：

β_{00k} 是学校 k 的平均成绩；

r_{0jk} 是一个随机的"班级效应"，即班级 jk 的平均成绩距所在学校平均数的离差。我们假定这些效应为正态分布并有平均数等于 0 和方差等于 τ_π。在 K 个学校的每一个中，都假定班级之间的变异性相同。

学校层次的模型。层 - 3 模型代表学校之间的变异性。我们将学校的平均成绩 β_{00k} 视为围绕总平均成绩随机变化：

$$\beta_{00k} = \gamma_{000} + u_{00k} \qquad [8.3]$$

其中：

γ_{000} 是总平均成绩；

u_{00k} 是一个随机的"学校效应"，即学校 k 的平均成绩距总平均成绩的离差。假定这些效应为正态分布并有平均数等于 0 和方差等于 τ_β。

方差分解与可靠性

这一简单的三层模型将结果 Y_{ijk} 的总差异分解为三个部分：（层-1）同班级之内的学生之间的差异 σ^2；（层-2）同学校中不同班级之间的差异 τ_π；（层-3）学校之间的差异 τ_β。我们还可以估计出班级内的、同学校班级之间的以及学校之间的差异各自所占的比例，即：

同班级之内的方差比例	$\sigma^2/(\sigma^2 + \tau_\pi + \tau_\beta)$	[8.4]
同学校中不同班级之间的方差比例	$\tau_\pi/(\sigma^2 + \tau_\pi + \tau_\beta)$	[8.5]
学校之间的方差比例	$\tau_\beta/(\sigma^2 + \tau_\pi + \tau_\beta)$	[8.6]

如同两层模型一样，我们也能检查最小二乘法所估计的系数的可靠性。然而，现在需要对两个层次的可靠性进行估计，即班级的 $\hat{\pi}_{0jk}$ 和学校的 $\hat{\beta}_{00k}$。对于层-2 的每一个班级 jk，

$$\text{reliability}(\hat{\pi}_{0jk}) = \tau_\pi/[\tau_\pi + \sigma^2/n_{jk}] \qquad [8.7]$$

是班级样本平均数的可靠性，用以鉴别同校之内的各班级。对于层-3 的某一学校 k，

$$\text{reliability}(\hat{\beta}_{00k}) = \frac{\tau_\beta}{\tau_\beta + \left\{ \sum \left[\tau_\pi + \sigma^2/n_{jk} \right]^{-1} \right\}^{-1}} \qquad [8.8]$$

是学校样本平均数的可靠性，作为其平均数真值的估计。

所有班级的可靠性（方程 8.7）的平均数和所有学校的可靠性（方程 8.8）的平均数可以被分别视为班级和学校平均数的可靠性的概括性指标。

条件模型

完全无条件模型的方程 8.1~8.3 可以用来估计与三个层次即学生、班级和学校相联的变异性。可想而知，每一层次变异性中的一部分可以由该层所测量的变量来加以解释。也就是说，学生的背景特征、班级的特征和学校的特征都可以作为解释变量。此外，在班级和学校层次的一些关系也可以在这些单位之间随机变化。比如，班级内学生的性别与学业成绩有关。这一性别差异的幅度也许依赖于某些老师的特征（如教师的期望或班级组织的方法）。在这种情况下，代表性别效应的回归系数也许会随着教师和班级的特征而变化。

　　与此类似，学校层次的回归系数也可能有随机变化。学校的截距尤其可能是随机的，而回归斜率也可能在学校之间有所不同。比如，学生的社会阶层对学业的效应可能随所在学校的不同而不同。这些可能性都鼓励我们对每一层次建立一个一般性的结构模型。

　　一般性层－1模型。在每个班级内，我们将学生的成绩作为学生层次的自变量的函数再加上一个学生层次的随机误差：

$$Y_{ijk} = \pi_{0jk} + \pi_{1jk}a_{1ijk} + \pi_{2jk}a_{2ijk} + \cdots + \pi_{pjk}a_{pijk} + e_{ijk} \qquad [8.9]$$

其中：

　　Y_{ijk} 是学校 k 中班级 j 的学生 i 的成绩；

　　π_{0jk} 是学校 k 中班级 j 的截距；

　　a_{pijk} 是 $p=1, \cdots, P$ 个学生的特征，用以解释其成绩；

　　π_{pjk} 是相应的层－1系数，表示每个学生的特征 a_p 与班级 jk 的成绩之间的联系方向与强度；

　　e_{ijk} 是层－1的随机效应，代表学生 ijk 的成绩与其基于学生层次模型的预测值之间的误差。我们假定这些学生效应残差为正态分布并有平均数等于0和方差等于 σ^2。

　　一般性层－2模型。学生层次模型中的每个回归系数（包括截距）都可以被视为或是固定的、非随机变化的，或是随机变化的。这些可能性导致以下对同学校中不同班级之间差异所建立的一般性模型。对每一班级效应 π_{pjk}，有：

$$\pi_{pjk} = \beta_{p0k} + \sum_{q=1}^{Q_p} \beta_{pqk}X_{qjk} + r_{pjk} \qquad [8.10]$$

其中：

　　β_{p0k} 是所建班级效应 π_{pjk} 的模型中关于学校 k 的截距；

　　X_{qjk} 是班级效应 π_{pjk} 的模型中作为自变量的班级特征（注意，每一 π_p 可能有一套独特的层－2变量 X_{qjk}，$q=1, \cdots, Q_p$）；

　　β_{pqk} 是相应的系数，代表班级特征 X_{qjk} 与 π_{pjk} 之间的联系方向与强度；

　　r_{pjk} 是层－2随机效应，代表班级 jk 的层－1系数 π_{pjk} 与其基于班级层次模型的预测值之间的误差。

　　注意，在层－2模型中有 $P+1$ 个公式：——对应着每一个层－1系数。假定这些公式中的随机效应是相关的。正规地说，我们假定这一套 r_{pjk} 为多元正态分布，且其中的每一维都有平均值等于 0、方差为特定的 τ_{pp}、各元素 r_{pjk} 与 $r_{p'jk}$ 之间的协方差为特定的 $\tau_{pp'}$。我们将这些方差和协方差收集于一个矩阵之中，标志为 $\mathbf{T}_\pi$，它的维度取决于设置为随机的层 −1 系数的数目。例如，如果一个班级效应 π_{pjk} 被设置为固定的，那么方程 8.10 中便没有对应那项效应的层 −2 自变量，于是相应的 r_{pjk} 就被设置为 0。如果 π_{pjk} 被定义为非随机变化的，就会出现 X 变量，但 r_{pjk} 仍然被设置为 0。

一般性层 −3 模型。对学校层次的建模过程仍重复类似的过程。每一层 −3 "结果"（即每一 β_{pq} 系数）都可以用一些学校层次的特征加以预测，即：

$$\beta_{pqk} = \gamma_{pq0} + \sum_{s=1}^{S_{pq}} \gamma_{pqs} W_{sk} + u_{pqk} \qquad [8.11]$$

其中：

γ_{pq0} 是求 β_{pqk} 的学校层次模型中的截距项；

W_{sk} 是学校特征，在求学校效应 β_{pqk} 时用作自变量（注意，每一 β_{pq} 可以有一套独特的层 −3 自变量 W_{sk}，$s=1$，$\cdots$，S_{pq}）；

γ_{pqs} 是相应的层 −3 系数，代表学校特征 W_{sk} 与 β_{pqk} 之间的联系方向和强度；

u_{pqk} 是层 −3 的随机效应，代表学校 k 的系数 β_{pqk} 与其基于学校层次模型的预测值之间的误差。

注意，在层 −3 模型中对于每一个学校都有 $\sum_{p=0}^{p}(Q_p+1)$ 个方程。这些方程的残差都假定为多元正态分布，并假定每一个都有平均数为 0，各对元素之间有特定的方差和协方差。这些方差和协方差也被收集于一个矩阵之中，标志为 $\mathbf{T}_\beta$。$\mathbf{T}_\beta$ 的维度取决于层 −2 系数中定义为随机的数目。正如层 −2 模型的 π 系数一样，在层 −3 模型中每一个 β 系数（包括截距）都可以设定为固定的、非随机变化的，或随机变化的，如果 β_{pq} 被定义为固定的或是非随机变化的，相应的 u_{pqk} 便假定为 0。

多种可能的替代模型

在完全无条件模型的方程 8.1～8.3 与完全的三层模型的方程 8.9～8.11 之间，存在许多可能的替代公式。如果将自变量纳入层 −1 模型，并定义所有相应的层 −2 和层 −3 的 π 参数为随机变化，使这两层形成无条件模型，我们便得到一个随机系数模型，其中 π 参数有两个变化来源，即班级和学校。

我们也可以定义学生层次模型的截距是随机的，学生层次的自变量在层 -2 和层 -3 有固定效应。如果学生层次的自变量是以总平均数对中的（即 $a_{pijk} - \bar{a}_{p\cdots}$），那么 π_{0jk} 便是班级 jk 的调整的平均成绩，这一平均成绩已经对班级之间就学生层次自变量的平均差异进行了调整。许多不同的班级和学校变量还可以被分别纳入层 -2 和层 -3 模型，用以解释这些调整的班级平均数的变化。

还有一种不同的方法是，层 -1 模型中不含任何自变量。也就是说，层 -1 模型只是代表个人围绕班级平均数的变化。而这些班级平均数的变异的解释可以完全由层 -2 和层 -3 的建模完成。此外，一些被纳入层 -2 模型的自变量又可以在随后层 -3 模型中定义为随机的或非随机变化的。这一方法将在后面加以示范。

还有更多的可能性，但我们不可能一一加以示范，甚至不可能一一列举。在最一般的情况下，应用三层模型的研究可以选择：（a）在每一层纳入自变量（即在每一层定义一个结构模型）；（b）决定各层模型中的结构效应（即截距与斜率）究竟定义为是固定的，还是非随机变化的，或是随机变化的；（c）定义替代模型以分解方差协方差分量，而不用方程 8.9 ~ 8.11 中的假定。

就以上最后一点而言，许多备选方案都能取得 σ^2、$\mathbf{T}_\pi$ 和 $\mathbf{T}_\beta$，这取决于实际研究的假设，以及是否具备用以估计这些假设所要求的模型参数的数据。比如，班级层次效应中的协方差在 K 个学校中有不同的结构，也就是说，要估计出一套方差均方差 $\mathbf{T}_{\pi k}$，$k = 1$，…，K；或者层 -1 的变异也可以在班级或学校之间方差不齐，比如，要估计出一套 σ_k^2，$k = 1$，…，K。总而言之，模型定义得越复杂，估计与推断所需要的数据量就越大。

三层模型的假设检验

三层模型的假设检验与第 3 章介绍的两层模型的检验程序十分相似。简而言之，我们能够设立并检验三层中任意一层的关于固定效应、随机系数和方差协方差分量的假设。对每一类型的假设而言，既有单参数检验的方法，也有多参数检验的方法。

对固定效应的单参数检验有助于研究者决定哪一个具体参数是所需要的。对固定效应的多参数检验既可用作整体检验（omnibus tests），也可用于固定效应之间的先验（priori）比较。比如，若是学校是按类别（公立的、天主教的或其他私立的）分类的，那么就需要用两个虚拟变量来代表。整体检验便是同时检验这两个虚拟变量的效应都为 0。如果不能拒绝这一假设，那么学校类别的变量可以从模型中删去。或者考虑用单自由度的比较，比如比较私立学校与公立学校之间是否有差别，或比较天主教学校与其他私立学校之间是否有差别。

对层 -2 或层 -3 的方差分量也可以进行单参数检验。也就是说，$\mathbf{T}_\pi$ 或 $\mathbf{T}_\beta$ 的任一对角线元素都可以被假设为 0。对方差分量的多参数检验可以用于检验两个及以上的方差分量，既可包括层 -2 的元素，也可包括层 -3 的元素。比如，一个模型在拟合时允许性别效应和社会阶层效应在层 -2（在学校内的班级之间）随机变化。也许研究人员想知道，是否一个较简单的模型（假定这两个变量的效应在同一学校内的各班级中相同）就足够了。要检验这个假设，研究人员需要重新估计这个模型，但现在要固定性别效应和社会阶层效应。如第 3 章曾讨论过的，限制性模型（将学校内的性别和社会阶层的斜率固定化）与更一般的替代模型（即随机斜率模型）的偏离度统计的比较就是用似然比检验。

例子：对教学的研究

这一示范基于来自美国 14 个学校的 57 个高中数学教师的数据（Raudenbush, Rowan, & Cheong, 1991）。[①] 这些教师平均每天被安排教 4 堂数学课。这些教师的目标在不同班级有所不同。劳登布什及其同事所关注的是每一教师对高级思维方式（higher order thinking，简标为 HOT）的强调程度。要求每个教师对每一堂课都要回答 4 项量度测量，代表对证明结构、代数式、数学计算背后的推理要点的强调程度。基于这 4 项测量的平均数，建构了 HOT 指标。这里，层 -1 单位是班级，层 -2 单位是教师，层 -3 单位是学校。

我们考虑用由方程 8.1、8.2 和 8.3 构成的完全无条件模型，其中：

Y_{ijk} 是学校 k 中教师 j 的班级 i 的 HOT 指标值；

π_{0jk} 是教师 jk 的 HOT 指标平均数；

β_{00k} 是学校 k 的 HOT 平均数；

γ_{000} 是总平均数。

---

① 感谢斯坦福大学中学教学情景研究中心（由美国教育部教育研究与改革办公室资助，合约 No. 0ERI - G0089C235）允许我们使用这些数据。

结果。在完全无条件模型中，只有一个固定效应 γ_{000}，它在本研究中的意义是所有班级平均数的平均数。对于 HOT 数据，有 $\hat{\gamma}_{000} = -0.252$，$t = -0.959$（参见表 8.1）。如期望的那样，班级 HOT 值的总平均数距期望结果 0 的差异不显著，因为这一量度已经标准化了，有平均数为 0。

表 8.1 对 HOT 数据的三层分析（完全无条件模型）

固定效应	系　数	标准误 se	t 比率	
班级的总平均数，γ_{000}	-0.252	0.262	-0.959	
随机效应	方差分量	自由度 df	χ^2	p 值
班级（层-1），e_{ijk}	5.85			
教师（层-2），r_{0jk}	3.11	56	195.2	0.000
学校（层-3），u_{00k}	0.01	13	11.7	>0.500
方差分解（按层的百分比）				
层-1	65.2			
层-2	34.7			
层-3	0.1			

在方差分解方面，$\sigma^2 = \mathrm{Var}(e_{ijk})$ 是各教师在不同班级的方差，$\tau_\pi = \mathrm{Var}(r_{0jk})$ 为同一学校中教师之间的方差，$\tau_\beta = \mathrm{Var}(u_{00k})$ 是学校之间的方差。将这些方差分量的估计值代入方程 8.4、8.5 和 8.6，便得到 Y_{ijk} 方差分布在每一层次的百分比（参见表 8.1 中的第三部分）。最大的百分比（65.2%）存在于同一教师教学的不同班级之间（即层-1 中）；也很显著但值稍小的百分比（34.7%）存在于同一学校的不同教师之间（即层-2 中）；只有很小比例（0.1%）存在于学校之间（即层-3 中）。教师之间的差异统计性显著，有 $\chi^2 = 195.2$，自由度 $df = 56$（相应 $p < 0.001$）；但是学校之间的方差统计性不显著，有 $\chi^2 = 11.7$，自由度 $df = 13$（相应 $p > 0.500$）。

这些结果表明，教师倾向于对不同的数学课修改他们的目标要求。因此，劳登布什等（Raudenbush et al., 1991）制定了一个层-1 模型来预测 HOT 值：

$$Y_{ijk} = \pi_{0jk} + \pi_{1jk}(\mathrm{TRACK})_{ijk} + e_{ijk} \qquad [8.12]$$

其中，$(\mathrm{TRACK})_{ijk}$ 测量各班的情况或水平，对职业教育班和一般的班赋值为 -1，对专业班赋值为 0，对专业重点班赋值为 1（这种对比编码看起来已能充分捕捉了这三种类型之间的差异）。π_{0jk} 和 π_{1jk} 都被设为在教师和学校之间随机变化，但是并未被教师或学校层次的变量所预测。于是，层 – 2 模型为：

$$\pi_{0jk} = \beta_{00k} + r_{0jk} \qquad\qquad [8.13a]$$

$$\pi_{1jk} = \beta_{10k} + r_{1jk} \qquad\qquad [8.13b]$$

注意，层 – 2 有两个随机效应，其结果是 $\mathbf{T}_\pi$ 为一个 2×2 的矩阵。在层 – 3，有：

$$\beta_{00k} = \gamma_{000} + u_{00k} \qquad\qquad [8.14a]$$

$$\beta_{10k} = \gamma_{100} + u_{10k} \qquad\qquad [8.14b]$$

其中也有两个随机效应，并且 $\mathbf{T}_\beta$ 为一个 2×2 的矩阵。这些结果（这里未提供）说明，HOT 指标与班级情况密切相关。也就是说，$\hat{\gamma}_{100}$ 是个很大的、显著的正效应。这意味着，教师很可能在学生水平较高的班级上更为强调高级思维方式。然而，这一情况的效应幅度 π_{1jk} 在不同教师之间有所不同。也就是说，$\hat{\tau}_{\pi 11} = \widehat{\mathrm{Var}}\ (r_{1jk})$ 显著地大于 0。与此相反，这些班级效应在学校之间并没有变化迹象。也就是说，$\tau_{\beta 11} = \mathrm{Var}\ (u_{10k}) = 0$ 的假设可以保留。

下一步分析是在层 – 1 模型中引入班级层次的自变量（比如年级、前修数学课类型），在层 – 2 模型中引入教师层次的自变量（如受教育程度、数学水平、教学经历）。我们假设教师变量能够对教师的 HOT 平均数 π_{0jk} 及其对学生水平较高的班级强调高级思维方式的倾向 π_{1jk} 做出解释。

由于涉及的学校数目很少，并且学校之间的差异并不明显，就没有在层 – 3 模型中定义自变量。实际上，根据学校层次在 β_{0jk} 或 β_{1jk} 上都很少有差异，可以考虑建立更简单的两层模型了，只分析层 – 1 的班级和层 – 2 的教师，省略对学校的分析。

研究组织内的个人变化

教育研究的一个基本现象是个人学习在班级和学校的组织情境中的增长过程。为了研究嵌套于学校的学生的学习增长，我们将第 5 章对嵌套于组织的个人建模方法和第 6 章对个人的历时变化的建模方法结合起来。个人的增长轨迹由层 – 1 模型反映；同一学校的学生之间在增长参数上的差别用层 – 2 模型来表示；学校之间的差别由层 – 3 模型来代表。

布里克和劳登布什（Bryk & Raudenbush, 1988）用持续效应研究（Sustaining Effects Study）（Carter，1984）① 所得的历时数据的一个再抽样的小样本示范了这一研究。数据中包含了来自 86 所学校的 618 名学生，对每一个学生都在一年级春季至三年级春季期间做了 5 次测量。

无条件模型

我们从层 –1 的个人学业增长模型着手，其中反映了学校 j 的学生 i 在时间 t 上的学业情况：

$$Y_{tij} = \pi_{0ij} + \pi_{1ij}(\text{ACADEMIC YEAR})_{tij} + \pi_{2ij}(\text{SUMMER PERIOD})_{tij} + e_{tij} \qquad [8.15]$$

其中：

Y_{tij} 是学校 j 的学生 i 在时间 t 上的学业结果；

（ACADEMIC YEAR）$_{tij}$ 在一年级春季和二年级秋季时赋值为 0，在二年级春季和三年级秋季时赋值为 1，在三年级春季时赋值为 2；

（SUMMER PERIOD）$_{tij}$ 在一年级春季时赋值为 0，在二年级秋季和春季时赋值为 1，在三年级秋季和春季时赋值为 2；

π_{0ij} 是学生 ij 的初始状况，即这一学生在一年级春季时的期望成绩（这时有 ACADEMIC YEAR = 0 和 SUMMER PERIOD = 0）；

π_{1ij} 是学年期间学生 ij 的学习效率；

π_{2ij} 是学生 ij 在暑期中的数学学习效率。

初步分析的结果表明，π_0 和 π_1 在层 –2 和层 –3 中都有很大的随机变化。然而，学生层次的 π_{2ij} 的可靠性却小于 0.02，虚无假设 $\tau_{\pi22} = 0$ 不能被拒绝。（还注意到这一模型迭代了 1000 次才取得收敛！）在学校层次，π_{2ij} 的可靠性约为 0.20，相应的虚无假设 $\tau_{\beta22} = 0$ 勉强显著。此外，在 π_{0ij} 和 π_{2ij} 之间存在很强的负相关（高于 –0.90）。鉴于学校样本量（$J = 86$）不大，这些结果建议我们在层 –1 模型中保留 π_{2ij}，但在层 –2 和层 –3 中将其视为固定的。就形式而言，SUMMER PERIOD 在层 –1 模型中是个随时间变化的协变量，而在层 –2 和层 –3 的效应是固定的。

具体地说，在层 –2，有：

---

① 这里呈现的结果与其初次发表时有所不同（Bryk & Raudenbush，1988）。因为这里对层 –1 自变量采用了不同的编码方法，所以这样能更为直接地代表研究的初衷。

$$\pi_{0ij} = \beta_{00j} + r_{0ij} \qquad [8.16a]$$

$$\pi_{1ij} = \beta_{10j} + r_{1ij} \qquad [8.16b]$$

$$\pi_{2ij} = \beta_{20j} \qquad [8.16c]$$

并且在层 – 3 有：

$$\beta_{00j} = \gamma_{000} + u_{00j} \qquad [8.17a]$$

$$\beta_{10j} = \gamma_{100} + u_{10j} \qquad [8.17b]$$

$$\beta_{20j} = \gamma_{200} \qquad [8.17c]$$

注意，β_{00j} 代表学校 j 的平均初始状况，而 γ_{000} 是初始状况的总平均数；β_{10j} 是学校 j 的平均学年学习效率，而 γ_{100} 是总平均的学年学习效率；β_{20j} 是学校 j 的 SUMMER PERIOD 的效应，我们假定其对所有学校是相同的水平 γ_{200}，所以是个固定的暑期学习效应。

　　结果。表 8.2 提供的结果表明，正如所期望的那样，对所有的学生和学校取平均以后，存在一个总的正增长轨迹。估计的初始状况 $\hat{\gamma}_{000}$ 为 403.685。每一学年的平均学习效率估计为 56.537（即 $\hat{\gamma}_{100}$）。但是在暑期 SUMMER PERIOD 中，学生的平均学习效率实际上是 0（即 $\hat{\gamma}_{200} = 0.272$，统计性不显著）。

表 8.2　对持续效应研究数据的三层分析（在层 – 2 和层 – 3 的完全无条件模型）

固定效应		系　数	标准误 se	t 比率
初始状况的总平均数，γ_{000}		403.685	2.054	196.516
平均学年学习效率，γ_{100}		56.537	1.411	40.095
平均暑期学习效率，γ_{200}		0.272	0.096	0.283
随机效应	方差分量	自由度 df	χ^2	p 值
层 – 1				
时间变异，e_{tij}	600.112			
层 – 2（同学校的学生）				
个人初始状况，r_{0ij}	1127.633	532	2536.8	0.000
个人学年学习效率，r_{1ij}	48.970	532	695.9	0.000
层 – 3（学校之间）				
学校平均的初始状况，u_{00j}	98.546	85	126.7	0.002
学校平均的学习效率，u_{10j}	68.568	85	221.7	0.000
层 – 1 系数	学校之间的方差比例			

续表

初始状况，π_{0ij}	8.0
学习效率，π_{1ij}	58.3

方差协方差分量和层 -2 与层 -3 随机效应之间的相关

层 -2　$\begin{pmatrix} 1127.633 & 0.236 \\ 55.478 & 48.970 \end{pmatrix} = \hat{T}_\pi = \begin{pmatrix} \hat{\tau}_{\pi11} & \\ \tau_{\pi12} & \hat{\tau}_{\pi22} \end{pmatrix}$

层 -3　$\begin{pmatrix} 98.546 & 0.361 \\ 29.697 & 68.568 \end{pmatrix} = \hat{T}_\beta = \begin{pmatrix} \hat{\tau}_{\beta11} & \\ \tau_{\beta12} & \hat{\tau}_{\beta22} \end{pmatrix}$

注：矩阵对角线下的元素为协方差；而对角线上的元素为相关系数。

　　这一研究实际关注的是将 π_{0jk} 和 π_{1jk} 的方差分别分解为学校内和学校间的分量。这些方差分量的估计在表 8.2 中的第二部分。这些方差分量的 χ^2 统计表明，同学校内学生在初始状况和学年学习效率（即 π_{0ij} 和 π_{1ij}）上的差异显著，并且学校之间在平均初始状况和平均学年学习效率（即 β_{00j} 和 β_{10j}）上差异也显著。

　　在这些方差分量估计的基础上，我们还可以计算学校之间在初始状况和学习效率上所占差异的百分比。其公式为：

$$学校之间在 \pi_{pjk} 方差上占的百分比 = \frac{\tau_{\beta pp}}{\tau_{\beta pp} + \tau_{\pi pp}} \qquad [8.18]$$

其中，$p = 1, \cdots, P$。在这种情况下，$p = 0, 1$。将相应方差分量估计代入方程 8.18，可得到表 8.2 中第三部分的结果。我们发现，大约 8.0% 的初始状况方差存在于学校之间。这一结果比应用截面研究中的学校效应值略小，因为截面研究中学校效应通常占成绩差异中的 $10\% \sim 30\%$ 之间。然而，学习效率的结果是惊人的，近 60% 的方差存在于学校之间。

　　研究还关注将初始状况和学年学习效率之间的相关分解为学校之内（层 -2）和学校之间（层 -3）的分量（参见表 8.2 中最下面的部分）。在典型的社会经济状况的学校之内，估计的相关为 0.236。然而在学校层次上这一关联略强一些，为 0.361。我们注意到，在其他研究中这一联系的分解能够导致非常不同的关联估计，包括在一个层次上可能为正相关，而在另一个层次上却是负相关。

　　总之，无条件的层 -2 和层 -3 模型应该在这两层中尚未考虑解释性模型之前进行拟合。这种无条件模型可以提供研究个人增长的重要统计，包括：将个人增长参数的变异性划分为层 – 2 和层 – 3 分量；增长参数之间的相关性；以前每一层次效应的可靠性（如方程 8.7 和 8.8）。

在这一特定应用中，方差分量的分解凸显出这种数据的一个重要特征，即学习效率的大部分变异存在于学校之间。可靠性估计还有助于我们识别层 – 2 和层 – 3 模型中是否有某些随机效应可以被设置为 0。

条件模型

现在我们来考虑一个解释性模型，其中考虑学生贫困与学校贫困对个人数学成绩的影响。层 – 1 模型仍按方程 8.15 那样定义，层 – 2 模型代表每个增长参数 π_{pij} 在同学校学生之间的差异。变量学生贫困的效应将在这里表示出来。具体而言，我们定义了以下层 – 2 模型：

$$\pi_{0ij} = \beta_{00j} + \beta_{01j}(\text{学生贫困})_{ij} + r_{0ij} \qquad [8.19a]$$

$$\pi_{1ij} = \beta_{10j} + \beta_{11j}(\text{学生贫困})_{ij} + r_{1ij} \qquad [8.19b]$$

$$\pi_{2ij} = \beta_{20j} \qquad [8.19c]$$

我们假设，在方程 8.19a 和 8.19b 中，学生贫困（为虚拟变量，表示此学生是否来自贫困家庭）与初始状况和学习效率有关。方程 8.19c 定义暑期效应对每一学校 j 之内的所有学生相同。由于学生贫困是一个虚拟变量，相应的回归系数可以解释为贫困差别的效应。也就是说，β_{01j} 是贫困差别对同学校学生初始状况的影响（即从贫困学生比其他学生的后进程度），β_{11j} 是贫困差别对同学校学生学习效率的影响（就两组学生在随后学习效率上的差别）。

层 – 3 模型代表学校之间在 5 个 β 系数上的差异。我们在这一示例中假设，学校的贫困状况影响学校的平均初始状况和学习效率，并且在所有学校中学生贫困对初始状况的影响都相同，但是贫困差别对学习效率的作用在学校之间不同，作为学校贫困状况的函数。我们还假设，出于后面讨论的原因，学校贫困与学生暑期退步的幅度有关。于是，我们定义了下面的层 – 3 模型：

$$\beta_{00j} = \text{学校 } j \text{ 中富裕学生的平均初始状况}$$

$$= \gamma_{000} + \gamma_{001}(\text{学校贫困})_j + u_{00j} \qquad [8.20a]$$

$$\beta_{01j} = \text{贫困差别对初始状况的影响}$$

$$= \gamma_{010} \qquad [8.20b]$$

$$\beta_{10j} = 学校\,j\,中富裕学生的学年学习效率$$
$$= \gamma_{100} + \gamma_{101}(学校贫困)_j + u_{10j} \qquad [8.20c]$$
$$\beta_{11j} = 学校\,j\,中学生贫困差别对学年学习效率的影响$$
$$= \gamma_{110} + \gamma_{111}(学校贫困)_j \qquad [8.20d]$$
$$\beta_{20j} = 学校\,j\,中的暑期效应$$
$$= \gamma_{200} + \gamma_{201}(学校贫困)_j \qquad [8.20e]$$

注意，每一学校有两个随机效应：u_{00j} 和 u_{10j}。这一模型估计的固定效应在表 8.3 中给出。

表 8.3　学生和学校的贫困对学习的影响（对持续效应研究数据的三层分析）

固定效应	系　数	标准误 se	t 比率
初始状况的模型，π_{0ij}			
富裕学生的平均初始状况的模型，β_{00j}			
截距，γ_{000}	414.958	2.310	179.599
学校贫困，γ_{001}	−0.457	0.095	−4.818
学生贫困差别对初始状况影响的模型，β_{01j}			
截距，γ_{010}	−12.032	4.845	−2.484
学年学习效率的模型，π_{1ij}			
富裕学生学习效率的模型，β_{10j}			
截距，γ_{100}	60.491	2.123	28.489
学校贫困，γ_{101}	−0.179	0.080	−2.220
学生贫困差别对学习效率影响的模型，β_{11j}			
截距，γ_{110}	−8.215	4.134	−1.988
学校贫困，γ_{111}	0.164	0.099	1.655
暑期学习效率的模型，π_{2ij}			
学校效应的模型，β_{20j}			
截距，γ_{200}	−2.309	1.369	−1.687
学校贫困，γ_{201}	0.132	0.050	2.652

在这一研究中，系数 γ_{000} 代表所预测的在富裕学校（即学校贫困 $=0$）的"富裕学生"（即学生贫困 $=0$）的初始状况。对于这样的学生，其数学成绩估计为 414.958 分。对学校贫困集中度上的每一 10% 的增量，期望初始状况会减

少 4.574 分（即 $10 \times \hat{\gamma}_{001}$）。在一开始收集数据的时点上，学生贫困差别 $\hat{\gamma}_{010}$ 为 12.032 分。这说明来自贫困家庭的学生（即学生贫困 = 1）从一开始就落后富裕学生 12.032 分。

富裕学校的富裕学生的学年学习效率的估计值 $\hat{\gamma}_{100}$ 为 60.491 分。平均而言，这类学生每学年将多得 60 分。然而，富裕学生的学习效率作为学校贫困度的函数会略有下降（$\hat{\gamma}_{101} = -0.179$）。

对一个在富裕学校的贫困学生来说，学年学习效率比一个富裕学生低 8.215 分（即 $\hat{\gamma}_{110}$）。这样一个学生在一学年的学习中的平均获益为 $\hat{\gamma}_{100} + \hat{\gamma}_{110} = 60.491 - 8.215 = 52.276$ 分。学校贫困对贫困学生的学习效率有很小的正影响。在调整了学生贫困程度以后，学校贫困集中度上 10% 的增加预测出学习效率上有 1.64 分的增量（即 $10 \times \hat{\gamma}_{111}$）。可想而知，在这一分析中学校贫困只是对该校补偿性教育资源可得量的一个近似而已，它直接依赖于学校的贫困程度。

学校贫困效应的模式还表现于模型中的暑期效应上。贫困集中度较高的学校，便会有较多人参加暑期学习。比如，在一个所有学生都是贫困学生的学校（学校贫困 = 100）里，期望暑期效应将为 $\hat{\gamma}_{200} + 100 \times \hat{\gamma}_{201} = -2.309 + (0.132) \times 100 = 10.89$。尽管我们没有各学校具体的暑期课程数据，我们也知道，总的来说，补偿性基金是用于这一目的。于是，这些结果表明补偿性教育效应可能影响学生暑期的学习。

表 8.4 展示了所估计的三个层次分解的方差和有关的 χ^2 统计。这些结果表明，π_{0ij}、π_{1ij} 和 β_{10j} 上的残差参数方差还能进一步解释。与此相反，在 β_{00j} 上的残差方差已经没有什么解释的余地了（注意其不显著的 χ^2 统计）。

表 8.4　学生和学校的贫困对学习的影响三层分析的方差分解

随机效应	方差分量	自由度 df	χ^2	p 值
层 - 1 方差				
时间变异，e_{tij}	597.67			
层 - 2（校内学生）				
个人初始状况，r_{0ij}	1116.30	531	3231.9	0.000
个人学习效率，r_{1ij}	47.92	531	694.50	0.000
层 - 3（学校之间）				
学校平均状况，u_{00j}	2.72	84	87.01	0.389
学校平均学习效率，u_{10j}	68.72	84	223.18	0.000
偏差度 Deviance = 29932.31				
参数估计的个数 = 16				

对层 –1 模型的另一种编码方法。布里克和劳登布什（Bryk & Rauden-bush，1988）原来对这一数据的分析所用的是另一种不同的表示学校 j 的学生 i 在时间 t 上的个人增长模型：

$$Y_{tij} = \pi_{0ij} + \pi_{1ij}(\text{时点})_{tij} + \pi_{2ij}(\text{暑期退步})_{tij} + e_{tij} \qquad [8.21]$$

其中：

Y_{tij} 是学校 j 中学生 i 在时间 t 上的成绩；

（时点）$_{tij}$ 在一年级春季时赋值为 0，在二年级秋季时赋值为 1，在二年级春季时赋值为 2，在三年级秋季时赋值为 3，在三年级春季时赋值为 4；

（暑期退步）$_{tij}$ 在秋季时（即时点为 1 和 3 时）赋值为 1，在春季时点上赋值为 0；

π_{0ij} 是学生 ij 的初始状况，即在一年级春季时（这时有时点 =0 和暑期退步 = 0）这一学生的期望成绩；

π_{1ij} 是学生 ij 每一学期的学习效率；

π_{2ij} 是学生 ij 在暑期发生的数学成绩从 π_{1ij} 中的下降幅度。

按照这一模型，学生 ij 在一年学习中的期望学习效率为 $2 \times \pi_{1ij}$。系数 π_{2ij} 测量了学生发生的暑期退步。作为结果，$\pi_{1ij} + \pi_{2ij}$ 现在是暑期的期望学习效率。尽管方程 8.21 的结果也有可能推出方程 8.15 的模型结果，但是回顾方程 8.15 对这一问题而言是更为直接的模型，因为一年的学习过程被直接分解为一整学年和暑期效应两个部分。因此，它们可以被再用作结果变量分别继续在层 –2 和层 –3 建模。现在我们再用一个示例说明，如何根据不同的层 –1 模型发展出更能说明问题的整体分析。

层 –1 的测量模型

如前所述，在分层线性模型中层 –1 模型总是可以被看作是测量模型。我们已经示范了在组织效应研究中层 –1 系数如何根据组织内许多个人的情况来测量组织的特征。与此类似，在增长研究中，我们示范了层 –1 系数如何根据时间系列数据来测量个人增长的参数。现在，我们来示范如何将层 –1 模型定义为一个明确的测量模型，它可以将多个调查项目结合起来形成一个总的量度。我们还将示范如何将其他外部来源的心理测量信息结合到多层次的模型框架中来。

例子：学校氛围的研究

组织氛围研究经常是基于个人的认知之上。典型的做法是：将教师或学生填报的一些调查项目结合起来，构建出对氛围的一个总的测量指标。这些个人的测量先按组织层次汇总，再建立一个总的氛围指标。然而问题是，氛围指标在个人层次或组织层次也许会有不同的意义和不同的测量性质。由于各层的测量误差程度不同，相关程度将被削弱，并可能导致研究结果难以解释。可以应用三层模型来解决这一问题。我们通过一个拥有 5 项氛围指标的例子来说明这一方法。这个例子来自教师调查所得到的 5 个变量，包括主要领导、同事合作、教师控制、教师功效以及教师满意度。

Raudenbush、Rowan 和 Kang（1991）分析了一套来自 110 个学校的 1867 个教师的问卷数据。这一数据包括 35 个里氏量度项目，分别测量了 5 个潜在构件：主要领导、同事合作、教师控制、教师功效以及教师满意度。研究目的是检查这些指标的心理测量性质，并且研究学校特征与这些潜在构件之间的结构关系。

下面提供了无条件模型分析的有关结果。这一模型中的层－1 代表每一教师在这些项目分值上的变异，层－2 代表同一学校中不同教师之间的差异，层－3代表不同学校之间的差异。

层－1 模型。为简单起见，我们假定测量某一构件的各个项目具有相同的权重。此外，在层－1 分析中先将所有项目都进行了标化，以保证它们都有大致相等的误差方差。[①] 层－1 模型为：

$$Y_{ijk} = \sum_p \pi_{pjk} a_{pijk} + e_{ijk} \qquad [8.22]$$

其中：

a_{pijk} 当项目 i 测量构件 p 时赋值为 1，在其他情况下赋值为 0，p =1，…，5；

π_{pjk} 是学校 k 中的教师 j 在构件 p 上的潜在真值；

e_{ijk} 是误差，假定其为正态分布，平均数为 0，方差为 σ^2。

---

① 每一构件的误差方差的估计是在另一篇分析中完成的，参见 Raudenbush、Rowan 和 Kang（1991）的描述。用 σ_p^2 标志构件 p 的误差方差，然后所有项目按 $100/\sigma_p$ 加权，重新加权的数据得到的层－1 方差为 10000。

假定 e_{ijk} 为正态分布对一般情况没有什么影响，比如对采用里氏测量并有着比较对称分布的那些项目（参见第 10 章中所讨论的对序次数据更为精细的方法）。

层 -2 模型。层 -2 模型描述了学校内部不同教师的真值 π_p 的分布：

$$\pi_{pjk} = \beta_{pk0} + r_{pjk} \tag{8.23}$$

其中，β_{pk0} 是学校 k 在构件 p 上的真值平均数，r_{pjk} 是具体个人的特殊效应。对于每一个教师的 5 个随机效应 $r_{1jk}, \cdots, r_{5jk}$，假定其为多元正态分布，有平均数为 0 和一个 5×5 的协方差矩阵 $\mathbf{T}_\pi$。

层 -3 模型。在层 -3，学校的平均分围绕总平均分变化：

$$\beta_{pk0} = \gamma_{p00} + u_{pk0} \tag{8.24}$$

对于每个学校，假定随机效应 $u_{1k}, \cdots, u_{5k}$ 为多元正态分布，有平均数为 0 和一个 5×5 的协方差矩阵 $\mathbf{T}_\beta$。

结果。表 8.5 中提供了有关结果。固定效应为 5 个总平均数。这个表还提供了 2 个协方差矩阵 $\mathbf{T}_\pi$ 和 $\mathbf{T}_\beta$，以及层 -1 的方差 σ^2（注意，在这两个矩阵中，方差协方差呈现在对角线以下，而相应的相关系数则列在对角线以上）。

结果当中最有趣的一个特点是，提供了潜在构件之间的相关系数。比如，在教师层次，教师功效与教师满意度之间（构件 4 和 5）的相关估计为 0.98，表明这两个构件实际上在教师层次是区分不开的。然而，这一含义显然不同于直接检查观测分的相关时所得到的结论。这种对比结果在表 8.6 中给出。注意，观测分之间的相关系数为 0.56。对这种差别的解释是，在建立每一构件的测量时只用 2 个项目的分数。结果，由于用的项目太少，观测分之间的相关很高。分层模型对构件真值之间的相关估计大于在教师层次和学校层次所观测的相关，这不足为奇。

表 8.5　心理测量分析

固定效应	系　数	标准误 se	t 比率
主要领导的平均分，γ_{100}	3.76	5.36	0.70
同事合作的平均分，γ_{200}	9.63	4.42	2.18
教师控制的平均分，γ_{300}	14.24	3.66	3.89
教师功效的平均分，γ_{400}	9.65	3.04	3.17

续表

教师满意度的平均分，γ_{500}	10.79	4.05	2.66

层 – 1、层 – 2、层 – 3 的随机效应的方差协方差分量
以及层 – 2、层 – 3 的随机效应之间的相关系数

层 – 1，$\hat{\sigma}^2 = 9979$

$$层-2，\hat{\mathbf{T}}_\pi = \begin{pmatrix} 6052 & 0.615 & 0.579 & 0.578 & 0.561 \\ 3436 & 5156 & 0.382 & 0.527 & 0.531 \\ 2324 & 1413 & 2660 & 0.561 & 0.468 \\ 2964 & 2498 & 1909 & 4351 & 0.980 \\ 4241 & 3709 & 2347 & 6285 & 9447 \end{pmatrix}$$

$$层-3，\hat{\mathbf{T}}_\beta = \begin{pmatrix} 2957 & 0.746 & 0.560 & 0.633 & 0.690 \\ 1584 & 1694 & 0.605 & 0.709 & 0.734 \\ 1000 & 862 & 1198 & 0.648 & 0.579 \\ 694 & 621 & 478 & 453 & 0.898 \\ 1077 & 915 & 607 & 579 & 916 \end{pmatrix}$$

注：矩阵对角线下的元素为协方差；而对角线上的元素为相关系数。

表 8.6　各个层次上的相关

	教师层次		学校层次	
	序次[a]	分层	序次[b]	分层
主要领导　与				
同事合作	0.57	0.62	0.68	0.75
教师控制	0.48	0.58	0.55	0.56
教师功效	0.38	0.58	0.46	0.63
教师满意度	0.44	0.56	0.56	0.69
同事合作　与				
教师控制	0.35	0.38	0.52	0.61
教师功效	0.35	0.53	0.53	0.71
教师满意度	0.41	0.53	0.63	0.73
教师控制　与				
教师功效	0.35	0.56	0.51	0.65
教师满意度	0.34	0.47	0.51	0.58
教师功效　与				
教师满意度	0.56	0.98	0.74	0.90

[a] 根据教师层次观测值做出，忽略学校所属情况。

[b] 根据学校平均数做出。

这些结果还显示出，这两个层次上的相关结构是不同的。就本质而言，三层分析矫正了相关系数中的测量误差，由于在不同层次上的测量误差结构差别很大，所以对各个层次的矫正也是不同的。在教师层次，可靠性依赖于量度中包括的项目的数目和项目之间的一致程度。在学校层次，虽然多少也受这些因素的影响，但可靠性更依赖于每个学校所抽取的教师数量和学校内部教师之间的一致性水平。

Raudenbush、Rowan 和 Kang（1991）还通过利用教师特征（如教育和社会背景）和学校特征（如类别、规模及社会构成）扩展了这一分析，以解释潜在氛围变量中的变异。他们的分析基本是应用两层的多元分析模型（即对校内的教师定义了多个潜在氛围构件）。这种解释性模型有助于研究人员评价在学校层次和教师层次上影响这 5 个不同的潜在氛围构件的自变量的相对强度。

例子：对以学校为基础的职业社区及其促进因素的研究

Bryk、Camburn 和 Louis（1999）分析了芝加哥学校协会收集的数据，其中包括来自芝加哥的 248 个小学的 5690 个教师的资料，以评价一系列结构、人文、社会因素对学校的工作场所组织的影响。所关注的重点结果变量是以学校为基础的职业社区情况，它由调查资料推导出的 6 个不同指标（反应对话、实践剥夺、同事合作、新教师社会化、关注学生学习、对学校发展的集体责任感）合成。这 6 个指标是通过拉氏量度（Rasch rating scale）分析建立起来的（Wright & Masters，1982），并得到了每个教师在 6 个指标上的测量值及其标准误。由于并不是所有教师都回答了所有调查问项，因此在分析中考虑测量的标准误上的差异尤其重要。此外，像前面的例子一样，职业社区的合成测量也包含在教师层次和学校层次上的变异分量及其自变量。这一研究的分层线性模型的基本形式在下面给出。有关这一研究更多的细节和研究结果，参见 Bryk、Camburn 和 Louis（1999）[①]。

在层 -1，用学校 k 中教师 j 的 6 个分量指标（$i = 1, \cdots, 6$）来预测职业社区合成指标的"真值分"：

$$Y_{ijk} = \pi_{jk} + e_{ijk}, \qquad e_{ijk} \sim N(0, \sigma_{ijk}^2) \qquad [8.25]$$

---

① 原著的文献索引中无此篇名。——译注

其中：

Y_{ijk} 是学校 k 中的教师 j 建立职业社区指标时 6 个分量指标之一的测量；

π_{jk} 是这一教师的职业社区构件指标的 "真值"；

e_{ijk} 是与教师 jk 对第 i 个职业社区分量上的应答相联的测量误差。

注意，这一层 – 1 模型的主要功能是将 6 个分别的分量测量汇总为一个总的合成指标 π_{jk}。

到现在为止，在各种例子中，都是假定层 – 1 的测量误差 e_{ijk} 未知，且为正态分布，有平均数为 0 及某一相同的方差。然而，对每一拉氏量度指标 S_{ijk} 所估计的标准误允许我们将测量误差明确地写入模型。具体而言，我们先通过将方程 8.25 两侧同乘每一分量的标准误估计的倒数 $a_{ijk} = S_{ijk}^{-1}$，这样便根据各分量的不可靠性调整了各分量的测量，得到：

$$Y_{ijk}^{*} = a_{ijk}\pi_{jk} + e_{ijk}^{*}, \qquad e_{ijk}^{*} \sim \mathrm{N}(0,1) \qquad [8.26]$$

其中，$Y_{ijk}^{*} = a_{ijk}Y_{ijk}$，$e_{ijk}^{*} = a_{ijk}e_{ijk}$。注意，当我们调整了测量误差后，现在 σ^2 被固定为 1。

在层 – 2 模型中，教师的 "真值" 被作为一系列教师层次特征 X_{pjk} 的函数。教师个人在 "真值" 上的变异用 r_{jk} 来代表，假定它为正态分布，有平均数为 0、方差为 τ_{π}：

$$\pi_{jk} = \beta_{0k} + \sum_{p=1}^{p} \beta_{pk}(X_{pjk} - \bar{X}_{p..}) + r_{jk}, \qquad r_{jk} \sim \mathrm{N}(0,\tau_{\pi}) \qquad [8.27]$$

通过将教师层次的自变量按其总平均数对中，β_{0k} 便成为学校 k 的预测平均数，这一水平相当于其教师自变量测量在 "平均水平" 的教师结构时得到的平均数值。这里，$p = 1$，$\cdots$，P 个自变量与结果之间的关系由 β_{pk} 代表。

在层 – 3 模型中，学校的调整平均数是学校各种特征的函数：

$$\beta_{0k} = \gamma_{00} + \sum_{q=1}^{Q} \gamma_{0q}W_{qk} + u_{0k}, \qquad u_{0k} \sim \mathrm{N}(0,\tau_{\beta})$$

$$\beta_{pk} = \gamma_{p0}, \qquad p = 1,\cdots,P \qquad [8.28]$$

其中，γ_{00} 是调整了测量误差和教师结构以后的职业社区构件的总平均数估计。γ_{0q} 是 $q = 1,\cdots,Q$ 个系数，表示学校特征与职业社区之间的关系。u_{0k} 代表的是属于学校 k 的个别差异。

估计三层模型中的随机系数

本章着重介绍了应用三层模型来估计多层的固定效应和方差协方差分量，三层模型还能提供对层 – 2 和层 – 3 的随机系数的经验贝叶斯估计。我们先沿用了前面介绍过的关于学生成绩的简单模型（参见"完全无条件模型"），其中有学生嵌套于班级继而嵌套于学校的关系结构。在这个无条件的三层模型中，分层分析提供以下的合成估计（经验贝叶斯估计），即每个班级的平均数（层 – 2）和每个学校的平均数（层 – 3）：

$$\pi_{0jk}^* = \hat{\lambda}_{\pi jk} \overline{Y}._{jk} + (1 - \hat{\lambda}_{\pi jk}) \beta_{00k}^* \qquad [8.29]$$

$$\beta_{00k}^* = \hat{\lambda}_{\beta_k} \hat{\beta}_{00k} + (1 - \hat{\lambda}_{\beta_k}) \hat{\gamma}_{000} \qquad [8.30]$$

其中，$\lambda_{\pi jk}$ 和 λ_{β_k} 是方程 8.7 和 8.8 中定义的班级层次平均数和学校层次平均数的可靠性；$\hat{\gamma}_{000}$ 是总平均数的估计；$\hat{\beta}_{00k}$ 是对 β_{00k} 的加权最小二乘估计：

$$\hat{\beta}_{00k} = \frac{\sum_j [\hat{\tau}_\pi + \hat{\sigma}^2/n_{jk}]^{-1} \overline{Y}._{jk}}{\sum_j [\hat{\tau}_\pi + \hat{\sigma}^2/n_{jk}]^{-1}} \qquad [8.31]$$

注意，β_{00k}^* 将经典加权最小二乘估计 $\hat{\beta}_{00k}$ 按与 $1 - \hat{\lambda}_{\beta_k}$ 成比例的量，即 $\hat{\beta}_{00k}$ 的不可靠性，向总平均数 $\hat{\gamma}_{000}$ 收缩。与此类似，π_{0jk}^* 也将样本平均数 $\overline{Y}._{jk}$ 按与 $1 - \hat{\lambda}_{\pi jk}$ 成比例的量，即对学校 k 计算的 $\overline{Y}._{jk}$ 的不可靠性，向 β_{00k}^* 收缩。

评价分层模型的恰当性

- 引言
- 两层分层线性模型的关键假定
- 建立层–1模型
- 建立层–2模型
- 在样本为小样本时推断的有效性
- 附录

引 言

　　一个好的数据分析应开始于对可能在随后的多元分析中用到的每个变量进行仔细的频数分布检查。检查每一变量的模式和水平可以审核数据质量，识别异常观测值，还可以考虑是否需要做变量的转换。建模的下一步涉及双变量关系的探测。两个连续变量的标绘图有助于识别可能的非线性关系和由于观测错误产生的特异案例。在拟合分层模型之前，需要对每一层次做这种分析。

　　此外，还需要进行各层之间的探测性分析。比如，在进行学校效应研究之前，检查每一学校的 OLS 回归是很有帮助的，它能使研究人员找出特异的学校，即那些回归截距或斜率令人难以置信的学校。我们可以专门研究这些奇异结果的可能原因，比如样本规模太小、所调研的学校的确具有不一般的特征，甚至可能发生了编码错误。由于样本规模太小产生的奇怪结果不是问题，因为第 3 章详细介绍的估计方法在这一方面很稳健。然而，由于数据质量不好产生的扭曲回归却是很严重的问题，因为那些特异的学校会对估计产生很大的影响。

考虑模型的假定条件

基于标准线性模型的推断的有效性依赖于这一模型的结构部分和随机部分的假定条件是否成立。就结构部分而言，OLS 估计要求模型的设置要适当，其中因变量结果是回归系数的线性函数。当误差项中的某些部分与模型中的一个或多个自变量相关时，就发生了模型设置的错误。

在分层线性模型中，每一层次的模型设置都涉及假定条件，并且某一层的错误设置还会影响到其他层次的结果。此外，由于层－2 各方程之间可能存在相关误差，一个方程的错误设置会导致其他方程的估计产生偏差。比如，在第4 章中我们将每一学校的截距和斜率作为层－2 模型的简单回归的因变量。重要的是，要知道对这一模型中截距的错误设置将会对层－2 斜率模型的系数估计产生多大的影响。

就模型的随机部分而言，OLS 回归假定各项误差独立并有相同方差。标准的假设检验还要求，误差项为正态分布。在分层分析中，层－1 和层－2 都应用了误差项为正态分布的假定。虽然对这些假定条件的违反并不导致层－2 系数估计产生偏差，但是会造成对标准误估计及其他推断统计的不利影响。与此类似，层－1 随机系数和方差协方差分量的估计也会产生扭曲。

有经验的数据分析人员非常重视其模型所要求的假定条件。他们研究所用数据是否满足有关假定条件，并考虑其结论对这些假定条件的敏感性。当发现严重违反假定时，便寻求改进方案。在本章中，我们主要讨论固定效应及其标准误和有关推断统计的估计，因为这些是大多数研究者的首要兴趣所在，并且因为这些统计的性质大部分都是已知的。本章还将简单勾画有关随机系数和方差协方差分量的推断统计的含义。

本章的安排

第5 章至第7 章通过一系列两层模型的应用示范了分层模型的逻辑。在本章中，我们关注于制定这些模型时的关键决策问题、所依赖的假定条件以及有助于模型建立的经验步骤。虽然分层线性模型涉及一套相互联系的设置工作，

以及应用于层 -1 和层 -2 的许多假定，为了使表述更为清楚，我们先讨论层 -1 模型，然后再讨论层 -2 模型。这样的讨论实际上遵循了模型建立过程的一般顺序。研究人员都是先尝试性地建立层 -1 模型，然后再考虑层 -2 模型，结果可能还会再反过来修改层 -1 模型。对本章的大部分内容，我们都假定最大似然估计的大样本理论的条件成立。在最后一节，我们将讨论在层 -1 和层 -2 的样本规模不够大的情况下有关估计的性质。

本章所用的示例与第4章所讨论的类似，它是对高中数学成绩的研究。我们先考虑一个层 -1 模型：

$$Y_{ij} = \beta_{0j} + \beta_{1j}(\text{SES})_{ij} + r_{ij} \tag{9.1}$$

其中，Y_{ij} 是学校 j 的学生 i 的数学成绩，它依赖于学生的社会阶层。在层 -2，有：

$$\beta_{0j} = \gamma_{00} + \gamma_{01}(\text{MEAN SES})_j + \gamma_{02}(\text{SECTOR})_j + u_{0j}$$
$$\beta_{1j} = \gamma_{10} + \gamma_{11}(\text{MEAN SES})_j + \gamma_{12}(\text{SECTOR})_j + u_{1j} \tag{9.2}$$

两层分层线性模型的关键假定

方程 9.1 和 9.2 只是一般两层模型的具体情况。层 -1 的一般模型为：

$$Y_{ij} = \beta_{0j} + \sum_{q=1}^{Q} \beta_{qj} X_{qij} + r_{ij} \tag{9.3}$$

在层 -2，对每一 β_{qj}，有：

$$\beta_{qj} = \gamma_{q0} + \sum_{s=1}^{S} \gamma_{qs} W_{sj} + u_{qj} \tag{9.4}$$

从形式上，我们假定以下条件：

1. 对应每一层 -2 单位 j 中的每一层 -1 单位 i 的 r_{ij} 都是独立的，且为正态分布，有平均数为 0 和方差为 σ^2 [即 $r_{ij} \sim iid\ N(0, \sigma^2)$]。

2. 层 -1 自变量 X_{qij} 独立于 r_{ij} [即对所有的 q，有 $\text{Cov}(X_{qij}, r_{ij}) = 0$]。

3. 层 -2 的 $Q+1$ 个随机误差的向量为多元正态分布，每一个都有平均数为 0 和某一方差 τ_{qq}，并且随机元素 q 与 q' 之间的协方差为 $\tau_{qq'}$。层 -2 的 J 个单位的随机误差向量之间相互独立 [即 $u_j = (u_{0j}, \cdots, u_{Qj})' \sim iid\ N(0, \mathbf{T})$]。

4. 一套层 –2 自变量（即贯穿 Q +1 的方程中的 W_{sj} 中所有不同元素）都独立于每一个误差项 u_{qj}［即对每一对 W_{sj} 和 u_{qj} 都有 Cov(W_{sj}，u_{qj}) =0］。

5. 层 –1 的误差与层 –2 的误差之间也相互独立［即对所有的 q 都有 Cov (r_{ij}，u_{qj}) =0］。

6. 每一层上的自变量都与其他层上的随机效应无关。即对于所有的 q 与 q' 有 Cov(X_{qij}，$u_{q'j}$) =0，并且有 Cov(W_{sj}，r_{ij}) =0。

假定条件 2、4、6 表示的是模型中结构部分纳入的变量（X 和 W）与其相联的误差项（r_{ij} 和 u_{qj}）之间的关系，它们关系到模型设置的恰当性。它们的适用性影响到 γ_{qs} 估计的偏差［即是否 E($\hat{\gamma}_{qs}$) = γ_{qs}］。假定条件 1、3、5 只关注模型的随机部分（r_{ij} 和 u_{qj}），它们的适用性会影响到 se($\hat{\gamma}_{qs}$) 估计的一致性，影响到 β_{qj}^*、$\hat{\sigma}^2$ 和 $\hat{\mathbf{T}}$ 的准确性，以及假设检验和置信区间的准确性。

对于方程 9.1 和 9.2 这样的简单两层模型，我们假定以下条件：

1. 在一个学生的具体社会阶层的前提下，学校之内的误差为正态分布并相互独立，每一学校都有平均数为 0 和所有学校有相同的方差（假定 1）。

2. 当任何影响数学成绩的学生层次自变量从模型中被删除时，即将此归入误差项，r_{ij} 仍须与学生的社会阶层相互独立（假定 2）。我们更为强调的是，关注所删自变量是否为真正的预测变量甚于关注相关的结果变量。

3. 假定学校的残差效应 u_{0j} 和 u_{1j} 之间为二元正态分布，分别有方差 τ_{00} 和 τ_{11}，并且有协方差 τ_{01}（假定 3）。

4. 在估计截距和 SES 斜率的模型中所删除的任何学校层次自变量的效应都须与 MEAN SES 和 SECTOR 这两个变量独立（假定 4）。

5. 层 –1 的误差 r_{ij} 与学校层次的残差效应 u_{0j} 和 u_{1j} 独立。

6. 任何要删除的学生层次自变量的效应将归入误差项 r_{ij}，这个自变量必须与层 –2 模型的自变量（即 MEAN SES 和 SECTOR）独立。此外，任何要删除的学校层次自变量的效应将归入层 –2 随机效应 u_{qj}，它必须与学生层次自变量（即 SES）无关。

我们以这种形式来描述这些假定，是为了系统地质询其有效性。假定 1 和 2 属于层 –1 模型内部的，可以通过检查层 –1 的数据和残差来进行一定程度的探测。假定 3 和 4 属于层 –2 模型内部的，可以通过探测层 –2 的数据和残差来做一定程度的检查。与此不同，假定 5 和 6 关系到层间关联，还需要更多的讨论。

现在我们来介绍在建立层 –1 和层 –2 模型的过程中对这些假定条件的考虑。

建立层 – 1 模型

建立模型的初期涉及理论与经验的有关考虑。所研究的实际理论可以提出少数可能的自变量来建立层 – 1 模型。这里存在两个问题：（a）是否应该将候选的 X_q 纳入模型？如果答案是肯定的，还需要考虑（b）如何设置该系数？是定义为随机系数，还是固定系数，或是非随机变化的系数？

把层 – 2 自变量的问题先放在一边，分析关注于不同分层模型之间的比较，每一种在层 – 2 都是无条件模型。人们自然会希望先估计一个"饱和"的层 – 1 模型，即包括所有可能的自变量且都有随机斜率的模型，然后再从模型中逐步淘汰那些不显著的效应。遗憾的是，除非层 – 1 样本规模非常大（即足以支持得到各个单位的层 – 1 各系数的稳定估计），否则这种分析策略一般没有用。即使真是这样，这样一个饱和模型也可能需要几百次的迭代才能收敛，并且通常产生一大堆不显著的结果，对后续研究没有什么指导作用。我们知道，只有一个固定量的变异能被解释。如果设置了过多的随机层 – 1 系数，便过度拟合了这一模型，使这些差异被划分为许多小块，但哪一块都不显著。这里的问题就像调整投影仪的焦距。如果聚焦超出了适当的范围，那么影像便丧失了焦点。

总之，我们发现，采用"步进"策略往往效果更好。假如某种外部理论已经定义了少数的自变量时，我们可以根据情况从单自变量模型逐步扩展到双自变量、三个自变量（等等）的模型。通常，可以通过对层 – 1 的 OLS 分析来识别出最好的层 – 1 自变量子集。

指导建立层 – 1 模型的经验方法

对于分层分析，需要解决两个问题：（a）X_{qij} 的固定效应是否显著？（b）是否有证据表明斜率存在异质性［即 $Var(\beta_q) > 0$］？斜率存在异质性的统计证据包括 $\hat{\tau}_{qq}$ 的点估计和相应的同质性检验指标（即第 3 章所介绍的 χ^2 和似然比检验）。此外，在这一方面，有用的指标还包括对 OLS 截距和斜率所估计的可靠性。

当可靠性变得很小时（如 < 0.05），我们所要估计的方差便可能接近于 0

（技术上称为接近参数空间的边界）。这种情况因方差协方差分量估计中所应用的具体迭代计算程序而导致许多不同的计算困难。尽管一些算法将非正常地结束（或需要修改才能继续），但 EM 算法仅仅是使计算速度减慢而已。在极端的场合，它需要极长时间才能达到收敛。检查算出结果的可靠性可以了解所设置的层－1 的随机系数能否改定为固定系数或非随机变化的系数。重新设置的模型也许会很快地达到收敛。

有趣的是，EM 算法的收敛速度是由迭代次数所标志的，它本身具有可诊断性。如果数据能提供很多信息，EM 算法将迅速达到收敛（比如仅迭代 10 次以内）。与此相反，如果模型有很多个随机效应且数据信息相对贫乏，就需要迭代上百次。

检查层－1 系数之间的相关也是一种诊断方法（参见第 6 章中的词汇量增长分析）。如果发现存在共线性或多元共线性，那么这一模型必须简化。一种方案是约束一个或多个随机效应为 0，于是便能消除共线性。当随机效应被定为 0 而变化很小或根本没变化时，说明这种方法很奏效。如果不能忽视每一随机效应的变化时，最好对这些随机效应强加线性约束。比如，两个随机效应可以被约束为相关系数为 1.0 或 －1.0，但可以有非 0 的方差。这种方案可以视为对层－2 随机效应施加了一个因素模型的特例（Miyazaki, 2000）。

总之，分析人员在设置层－1 系数为随机系数时必须谨慎。在两层模型中（其中层－1 具有相同方差和独立的误差），要估计的方差协方差分量的数目为 $m(m+1)/2+1$，其中 m 是模型中层－1 的随机自变量个数。很清楚，这一数目随 m 变化而迅速增加。当随机效应的个数增加时，便需要大得多的信息量才能得到方差协方差分量的合理估计。比如，高中及以上学校研究的数据中包含 160 个学校，每个学校约有 45 个学生，我们发现该数据最多支持模型中同时容纳三个随机系数加上一个随机截距（当对每个学校有更多的观测时，或当层－1 模型拟合得非常好即 σ^2 很小时，这一数目便能增加）。模型到底能设置多少个随机效应是无法确定的，因为这一最大值有赖于好几个因素：方差分量的幅度、随机效应之间相互关联的程度、σ^2 的幅度以及其他方面的数据特征。

然而，还有一点需要注意：尽管推断性的和描述性的统计可能表示一些 τ_{qq} 为 0 或接近于 0，但这并不能预先排除将相应 β_q 作为非随机变化设置的可能性。如果理论上可以论证这些效应存在，分析人员应该继续尝试在层－2 模型中这样设置 β_{qj}。比如，这种情况在 Lee 和 Bryk（1989）对少数种族学生差别的研究中便发生过，我们曾在第 5 章对此做过讨论。前期研究表明存在学校的类别差异，但是这种差异完全可以解释为是学校因素的函数。这种情况再一次表明，统计证据与虚无假设一致并不意味着它就是真的。

最后还有一个问题：某一具体的层 –1 自变量是否真的属于这个模型？要删除一个变量需要具备两个条件：第一，如上所述，没有斜率异质性的证据；第二，没有"平均水平"或固定效应的证据。在后一种情况下，相应的 γ_{q0} 的幅度应该很小且 t 比率应该不显著。

为了审核层 –1 自变量是否在平均水平上存在非 0 的固定效应，可以直接将这一自变量纳入模型，检验其系数的显著性。这种方法假定这 5 个自变量和结果之间的关系是线性的。这一线性假定可以用做图方法检查，即按层 –1 经验贝叶斯残差（见方程 3.63）和这一自变量画出标绘图。拟合一个非参数的非线性曲线（比如一条"lowess"曲线）一般便可以揭示这种关系的非线性。这种非参数曲线现在已经成为标准统计软件的常规计算程序。

层 –1 的模型设置问题

模型的设置假定意味着，当层 –1 自变量既相关于 Y_{ij} 又相关于模型中的其他 X 时，就不能从模型中省略这个自变量。要是这个自变量被省略，一个或多个 β 的估计将有偏。结果是，层 –2 对这个 β 的模型也是有偏的。然而，正如我们后面将要讨论的那样，存在一些条件使这种偏差不会发生。

我们注意到，即使一个变量就平均水平对单位内部没有影响时，要是省略它，也会违反假定条件。也就是说，它的固定效应可能不存在，但是如果这一自变量的效应在各组之间有所变化，以及它与其他层 –1 的随机系数有关时，要是层 –1 模型中不包括它便还是错误的设置。比如，在 Raudenbush、Kid-chanapanish 和 Kang（1991）对泰国小学的研究中，就泰国所有的小学而言，学生的性别对数学成绩没有固定影响。但是，实际上，在不同的学校中，这一效应在幅度和方向上都有所不同。在某些学校中，男孩的成绩显著地比女孩高，而在另一些学校中，则是女孩成绩更高。

层 –1 错误设置对层 –2 估计的影响

截距模型。众所周知，疏忽设置层 –1 协变量会导致在层 –2 对截距的自变量的估计产生严重偏差。比如，在高中及以上学校数据中有一个学生以往的学业背景（ACADEMIC BACKGROUND）的测量，直到现在在分析中还一直被忽略。如果学业背景与数学成绩有关，并且如果天主教学校和公立学校的学生在学业背景上有显著差别，那么我们以前所估计的学校类别（SECTOR）对 β_{0j} 的效应便是有偏的。

这一偏差可以通过一两种方法来消除，这取决于对学业背景这个变量所应用的对中方法。如果学业背景是在层 –1 被纳入的，并且它是以其总平均数对中的，假如学业背景的测量没有误差，并且它与结果之间是线性关系，那么每一单位的截距 β_{0j} 便是按不同学校在这一变量上的平均差异进行调整的，那么这一来源的偏差便被消除了。另一种可能是，学业背景也是在层 –1 被纳入模型的，但是以组平均数对中。在这种情况下，可以通过将学业背景的学校平均数作为层 –2 截距模型的自变量来消除这一偏差。要是学业背景存在着构成效应（见第 5 章），或者学业背景的斜率被作为随机的，那么后一种解决方案更好。

斜率模型。层 –1 模型的错误设置对层 –2 斜率模型的影响要比对截距模型的影响更为复杂。就一个具体的例子来分析时，这些影响便更容易理解（对公式的推导请参见本章的附录）。设想在方程 9.1 这样一个层 –1 模型中，本来应该纳入一个混杂变量——学业背景，要说明其对斜率模型中系数估计 γ 的影响，我们将学业背景作为层 –1 自变量纳入模型，重新分析了数据。表 9.1 提供了有关结果。就形式而言，学业背景在层 –1 产生了混杂作用：它既预测了结果，又与学生的社会经济状况（SES）相关。

为了将我们的注意力集中于社会经济状况的斜率模型，我们将学业背景按其学校平均数对中。如表 9.1 所示，在原有条件下加入变量——学业背景对模型的截距并无影响（注意，在有没有学业背景这个变量时，$\hat{\gamma}_{01}$ 和 $\hat{\gamma}_{02}$ 其实没什么差别）。

另一方面，斜率模型的效应估计却变化很大。γ_{10} 的估计受省略学业背景影响是合乎逻辑的，因为学业背景和社会经济状况都与成绩正相关，同时它们之间又存在正相关，那么学校内的平均社会经济状况的斜率在控制了学业背景的条件下就应该变得较小。表 9.1 的结果肯定了这样一个推论：当学业背景被纳入模型后，γ_{10} 的估计值从 1.78 缩小为 1.13。

表 9.1 学业背景（ACADEMIC BACKGROUND）的混杂作用[a]

固定效应	原模型估计		加入学业背景为固定效应	
	系数	se	系数	se
模型：学校平均数，β_{0j}				
截距，γ_{00}	13.7	0.20	13.74	0.20
MEAN SES，γ_{01}	4.54	0.48	4.55	0.48
SECTOR，γ_{02}	0.83	0.20	0.83	0.20
模型：学校 SES 斜率，β_{1j}				
截距，γ_{10}	1.78	0.16	1.13	0.16
MEAN SES，γ_{11}	0.68	0.38	0.29	0.36
SECTOR，γ_{12}	-0.58	0.16	-0.39	0.15
模型：学校 ACADEMIC BACK GROUND 斜率，β_{2j}				
截距，γ_{20}			2.14	0.09

[a] 本章所用数据类似于第 4 章和第 5 章中所用数据，但并不是同一数据。由于在新的层-1 自变量学业背景中有数据缺失，所以这里的分析样本略有不同；并且 MEAN SES 是对社会阶层的学校级测量，但不是层-1 中学生个人信息的简单平均数。最后，学校类别 SECTOR 采用的编码是：公立学校为-1，天主教学校为 1。这些差别对本章的示范没有影响，但是，这里的结果的确与以前各章没有严格的可比性。

在估计 γ_{11} 和 γ_{12} 时偏差来源更为复杂。因为涉及层-2 变量（学校的社会经济状况均值 MEAN SES 和学校类别 SECTOR）与层-1 变量（学生的社会经济状况 SES）之间的互动，这两个系数被称为层间交互效应（cross-level interaction effects）。省略一个层-1 自变量而干扰层间互动的推断，有三个必要条件（对此的证明在本章附录中）：

1. 在控制了其他模型自变量的条件下，这一省略变量必须与 Y 相关。

2. 这一省略变量必须与已经被纳入模型的某个 X 相关。

3. 这一省略变量与某个 X 的关联本身必须在不同单位之间有变化；并且两者之间的关联强度必须与某个层-2 自变量相关。

表 9.1 的结果清楚地表明，省略了学业背景这个变量造成了 γ_{11} 和 γ_{12} 的估计偏差。当学业背景被加入模型后，这两个效应估计值都显著缩小了：学校的社会经济状况均值（MEAN SES）对学生的社会经济状况（SES）斜率的效应从 0.68 缩小为 0.29；而学校类别（SECTOR）的效应幅度从-0.58 升为-0.39。

上述三个条件中的每一个都适用于这个例子。条件 1 可以通过将数学成绩对学生的社会经济状况和学业背景做一个简单的回归分析来检查。学业背景在控制了学生的社会经济状况的条件下也与数学成绩相关，这不足为奇。条件 2

和3可以通过一个随机系数模型来研究，即将学业背景对学生的社会经济状况（SES）做回归（见表9.2）。很清楚，这两个变量之间的平均斜率 γ_{01} 高度显著，有 $t = 11.56$（条件2）。此外，结果还表明，这种关系在学校之间存在变化 $[\mathrm{Var}(\beta_{1j}) = 0.016, p = 0.017]$，并且这些斜率与模型中的其他学校变量——MEAN SES 和 SECTOR 显著相关（条件3；参见表9.2最后一部分的加入变量后解释增量的检验统计 t-to-enter）。

表 9.2　学业背景（ACADEMIC BACKGROUND）对社会经济状况（SES）随机系数回归

模型

$$Y_{ij} = \beta_{0j} + \beta_{1j} (\mathrm{SES})_{ij} + r_{ij}$$

其中，Y_{ij} = 学校 j 的学生 i 的学业背景

$$\beta_{0j} = \gamma_{00} + u_{0j}$$

$$\beta_{1j} = \gamma_{01} + u_{1j}$$

固定效应		系数	se	t 比率
平均截距，γ_{00}		0.052	0.027	1.939
MEAN SES 斜率，γ_{01}		0.262	0.023	11.560

随机效应	方差分量	df	χ^2	p 值
截距，u_{0j}	0.081	159	597.5	0.000
SES 斜率，u_{1j}	0.016	159	198.9	0.017

β_{1j}^* 对 MEAN SES 和 SECTOR 的探测性回归[a]

	系数	se	近似 t-to-enter
MEAN SES	-0.038	0.014	-2.750
SECTOR	-0.030	0.005	-5.591

[a] 在本章所描述的经验贝叶斯残差的基础上做出。

层 -2 错误设置对层 -1 估计的影响

如果一个省略的层 -2 自变量与层 -1 自变量相关，那么层 -1 自变量的系数估计也会有偏。在这种情况下，我们有 $\mathrm{Cov}(u_{qj}, X_{q'ij}) \neq 0$。但是，这一问题不需要修订层 -2 模型也可以解决。层 -1 自变量 X_{qij} 和层 -2 随机效应之间的任何协方差项必须通过组平均 $\bar{X}_{qj}$ 和那一随机效应之间的协方差发生作用，

而这一协方差能够通过将层－1自变量对组平均数对中来加以消除。① 还有另一种方案，在每一层－2方程中加入 $\overline{X}_{qj}$ 作为协变量，也能消除 X_{qij} 和层－2省略变量之间的任何混杂。

这两种方法提供了对层－2省略自变量的设置对层－1固定系数估计影响的检验。因此，可以分别运行按组平均数对中和不按组平均数对中的系数模型。如果运行结果表明，与层－1自变量相关的层－1固定系数基本不变化，就说明这一模型不太受此类偏差的干扰。

层－1自变量的测量误差

如果 SES 有测量误差，β_{1j} 的估计将会有偏，并且平均斜率 γ_{10} 也会有偏。对于层间互动 γ_{11} 和 γ_{12}，本章附录表明，偏差仅在以下情况中产生：（a）SES测量的可靠性在学校之间有变化时；（b）可靠性上的差异与模型中的一个或多个层－2自变量有关时。

对层－1随机效应的假定条件的检查

方差的同质性

大多数分层研究中都假定层－1模型的误差有相同的方差 σ^2。由于在每一单位中的数据量有限，研究者一般希望从这一同质性假设开始着手分析（一些对层－1方差的其他设置曾在第5章和第6章讨论过）。如果层－1方差在层－2单位之间随机变化而这些方差却被假定为相等，那么对推断层－2系数的影响将不会很大。偏差不会产生，甚至连标准误也是相当稳健的（Kasim & Raudenbush, 1998）。但是，如果这些方差是层－1或层－2自变量的系统函数，那么后果将更为严重。

一旦设置了一个尝试性模型，研究者可以检验层－1方差的同质性。异质性可能有几个不同的原因。

1. 这一模型可能有一个或多个重要的层－1自变量被忽略了。如果这样的变量在不同组之间有不同的方差，那么忽略它便造成层－1方差的异质性。

---

① 经济学家称这种方法为"固定效应"分析，因为以组平均数对中与包括 $J-1$ 个虚拟变量作为自变量有同样的效果，于是便在层－1分析中消除了所有层－2单位的固定效应。

2. 一个层－1 自变量本来具有随机效应或非随机变化效应，但是却被错误地设置为固定效应，或者完全在这个模型中被忽略了。

3. 某一个或多个单位的数据质量很差。比如，一个简单的编码错误就能造成一个或多个组的方差膨胀，并在整体上产生显著的异质性。

4. 数据为非正态分布，并有着厚尾巴（即比正常期望的有更多极端的观测案例），会导致方差异质性的统计检验显著。参数检验对这种非正态性很敏感，并且峰度（厚尾巴）会伪装为方差异质性。

因为这些原因在其意义上相当不同，我们建议在断定需要更复杂的方差假定之前，先对异质性的可能来源进行研究。为了这一目的，第 7 章介绍的计算每一个组离散情况的标准化测量指标很有用：

$$d_j = \frac{\ln(S_j^2) - \left[\sum f_j \ln(S_j^2) / \sum f_j \right]}{(2/f_j)^{1/2}} \qquad [9.5]$$

一个简单而常用的对同质性的检验指标是：

$$H = \sum d_j^2 \qquad [9.6]$$

它在同质性假设条件下具有大样本 χ^2 分布，自由度为 $J-1$。当数据是正态的且每一单位的样本规模在 10 以上时，这种检验是适当的（Bartlett & Kendall, 1946；还可参见 Raudenbush & Bryk, 1987）。

似然比检验也可以用来评价层－1 的异质性。用具有同质性方差的模型作为限制模型，用以比较更一般的替代模型（比如，J 个层－2 单位中的每一个有着不同的层－1 方差 σ_j^2）。可以应用第 3 章所介绍的标准程序来比较这些替代模型的偏差统计量。

为了示范，我们先拟合方程 9.1 和 9.2，然后检验关于方差同质性的假定。H 统计值为 312.13，自由度为 159，在 0.001 水平显著。这一结果表明，在 160 个学校之间存在层－1 方差的异质性。这就要求在下一步分析之前先要仔细检查层－1 模型。

一种可能的情况是，观测异质性主要是少数几个特殊的学校造成的。实际上，标准化离散测量的概率标绘图表明，很大数量的学校的残差离散度要比所期望的小（参见图 9.1）。这些案例在 d_j 的枝叶图上很容易看出（参见图 9.2）。然后，我们审阅图 9.2 中识别的 5 个最极端的情况。记录的信息看起来是准确的，问题显然在于这些学校录取的学生有同质性方面的异常。这种结果建议我们需要考虑在方程 9.1 中加入新的变量以尝试排除这种残差异质性，至少能排除其中的一部分。

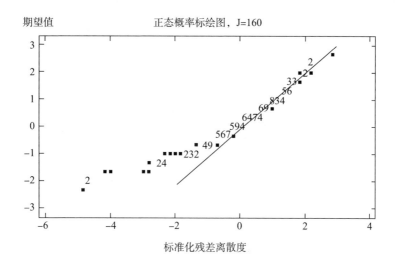

图 9.1 160 所高中学校的残差离散度的概率标绘图[a]

[a] 标准化残差离散度按方程 9.5 计算。

MINIMUM IS:	−4.878
LOWER HINGE IS:	−0.706
MEDIAN IS:	0.159
UPPER HINGE IS:	0.962
MAXIMUM IS:	2.789

```
        −4   86510
        ★★★OUTSIDE VALUES★★★
        −3   0
        −2   995
        −2   43333210
        −1   866555
        −1   33300
        −0 H 9998887777776666555
        −0   444443333322111111000000
         0 M 000000111111222233344
         0 H 5555556666667777777888888899999
         1   0000001112222233334444444
         1   555567889
         2   0111
         2   7
```

图 9.2 160 所高中学校的残差离散度的枝叶图

总而言之，违反同质性假定本身并不是估计层－2系数及其标准误中的严重问题，我们关注它主要是因为这种异质性也许表明层－1模型可能设置有误。具体来说，层－1中斜率异质性如果未被识别，便会表现为层－1误差方差的异质性。如前所述，这样一种斜率异质性会导致层－2系数的估计有偏。

也要谨慎对待上面所示的标准化残差和异质性统计量。尽管这些统计能够提供信息，但对观测数据中违反了正态假定却是相当敏感的。我们还注意到，一些个别的 d_j 极端值构成了异质性统计量 H 幅度的主要部分。所以，与以前一样，对此进行检查能表明哪些类型的单位具有特别的方差。也许还需要对某些单位内部的数据质量做进一步检查。在其他情况下，对 Y 进行转换可以减少厚尾巴数据效应。还有一些时候，我们可以识别 d_j 与某一单位特征之间的关系模式，比如学校类别。可以考虑将这些变量纳入层－2模型作为自变量，以估计层－1的随机斜率系数（进一步的讨论请参见 Raudenbush & Bryk，1987）。

当怀疑层－1方差依赖于测量的自变量时，一种方案是拟合这些自变量的对数线性模型（参见第5章中"层－1方差异质性情况下的应用"）。在某些情况下，异质的层－1方差标志着需要将某些层－1系数设为在层－2是随机变化的。

正态性假定

第10章将讨论几种不同类型结果变量的分层模型应用，在这些模型中，层－1的正态性显然是不切实际的。它们包括二类结果变量、计数数据、序次结果以及多分类结果。在这些情况下，概率模型显然比正态模型更好。此外，应用非线性的连接函数也是明智的，并且可以推导出各层系数的自然的、可解释的效应规模。

但是，如果结果变量是连续的，那么层－1采用线性模型看起来便很自然，但是，也许会违反正态性假定。在这种情况下，层－1误差的非正态性不会造成层－2效应的估计有偏，但是它将对两层的标准误造成偏差，因而置信区间和假设检验的计算也会有偏差。人们对这些效应的方向及其严重性至今还知之甚少。

如果单位的数量 J 很大，数据的正态性能够通过分别计算各个单位的概率标绘图来检查，或者通过审阅各单位汇合的残差的正态概率标绘图来检查

（然而，当存在方差异质性时，这些汇合的标绘图将会产生误导）。对结果变量或若干自变量的转换也可能对误差分布的正态性有所改善。

建立层－2模型

我们就建立层－1模型所说的许多做法也适用于层－2。在理想情况下，这一工作应该由理论来驱动，并提出对层－2的$Q+1$个方程的期望关系假设。同样，加入所有可能的层－2自变量然后逐步淘汰那些不显著者的方法一般都行不通，因为存在层－2单位数量的限制和多元共线性问题。

在回归分析中的一个经验规则是，一个自变量至少要有10个观测案例与之相对应。对于分层模型而言，类似的规则要更复杂一点。仅预测一个层－2结果，比如β_{0j}，观测数便是层－2的单位数J，并且常规的10例规则可以依此类推。

但是当层－2结果有多个β时，所有层－2方程中包含的自变量总数并不确定。如果这些β之间相互独立，那么10例规则可以分别适用于$Q+1$个方程中的每一个。但是，我们怀疑，这一规则在结果之间的相关和方程之内或之间可能存在多元共线性时，会过于宽松。所以，我们竭力主张谨慎地检查层－2自变量之间可能的共线性，并在加入新自变量时小心地监测估计的标准误。

当在模型中加入层－1的固定自变量时，每一自变量的组内相关便很关键。如果这一相关为0（比如自变量是以组平均数对中的），应用10例规则所对应的总观测数就是层－1单位的总数。与此相反，当组内相关接近于1.0时，可以加入的层－1自变量数会受到层－2单位数J的约束。

如果用分层分析来做一个探测性研究，我们建议将层－2自变量划分为概念上不同的子集，并对每一子集进行子模型拟合。然后，仅将这些子模型中最重要的那些自变量结合到总模型中去。这种探测方法曾被 Bryk 和 Thum（1989）用于检查学校和学生缺席与退学的关联。

只要分层模型既包含随机截距也包含随机的或非随机变化的斜率，分析人员一般需要先建立一个关于截距β_{0j}的尝试性模型，然后再拟合含随机斜率的模型。这类似于在一般线性模型分析中先拟合主效应，再考虑交互效应。在分层分析中，分析人员主要感兴趣的交互效应是层间的（当然，仅在层－1或层－2的互动也是可能的）。

指导建立层 −2 模型的经验方法

是否应该将某个层 −2 自变量加入模型的最直接的证据是看其估计效应的幅度及其 t 检验值。自变量的 t 值如接近或小于 1，就应该把它从模型中删除。

经验贝叶斯残差的分析

在探测性分析时，检查层 −2 的经验贝叶斯残差很有帮助。每个组都存在这样的经验贝叶斯残差（甚至那些有缺陷的序次数据也一样），这些残差受估计误差的影响小于 OLS 残差所受的同样影响（尽管 OLS 残差也可以用来分析）。

表 9.3 提供了层 −2 模型候选的学校层次变量分别与经验贝叶斯残差和 OLS 残差之间的简单相关系数（这些残差基于方程 9.1 的层 −1 模型和一个无条件的层 −2 模型计算）。注意，在与截距 β_{0j} 的相关系数上，经验贝叶斯与 OLS 的结果非常接近。在 $\hat{\beta}_{0j}$ 的可靠性很高的条件下（第 4 章已报告其为 0.91），这种结果并不奇怪。但是，经验贝叶斯残差与变量社会经济状况（SES）的斜率之间的相关却比基于 OLS 残差的相关要强得多。与 $\hat{\beta}_{1j}$ 相联系的很大的抽样差异（第 4 章估计的 $\hat{\beta}_{1j}$ 的可靠性为 0.23）解释了 OLS 残差低得多的相关系数。

表 9.3　经验贝叶斯残差和 OLS 残差[a]（层 −2）与其他学校层次变量之间的相关

学校层次的候选变量	经验贝叶斯		OLS	
	截距	SES 斜率	截距	SES 斜率
数学课平均选课数	0.644	− 0.348	0.643	− 0.099
学校规模	− 0.109	0.187	− 0.095	0.109
少数种族比例	− 0.343	0.057	− 0.340	− 0.005
数学课选课数的标准差	− 0.289	0.336	− 0.277	0.199
学业项目的百分比（%）	0.634	− 0.334	0.630	− 0.093
学习氛围	0.595	− 0.289	0.597	− 0.060
纪律氛围	− 0.469	0.327	− 0.472	0.123

[a]OLS 和经验贝叶斯残差的计算采用方程 3.49 和 3.50 所示范的程序。

　　将残差与候选层 - 2 自变量做标绘图还可以帮助识别这些附加关系的函数形式。图 9.3 标绘了 SES 斜率的经验贝叶斯残差与各学校数学课选课数的标准差。SES 斜率与这一学校变量存在着正的线性关系（表 9.3 说明其 $r = 0.336$）。这表明，SES 的分化效应（即 SES 的斜率）在那些数学课选课上差别很大的学校中较大。

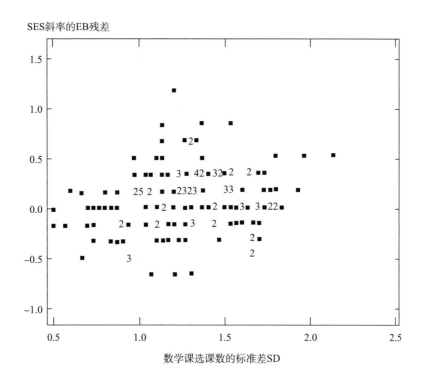

图 9.3　SES 斜率残差与被排除变量（数学课选课数的标准差 SD）的标绘图

　　与此类似，标绘这些残差与尝试性模型的自变量也可以提供图形方式来审查每一层 - 2 方程中结构部分的恰当性。在图 9.4 中，由表 9.1 中第 1 列的拟合模型的 SES 斜率的经验贝叶斯残差相对 MEAN SES 值进行了标绘。由于 MEAN SES 是作为 SES 斜率的自变量加入模型的，所以我们期望这些残差为方差齐性地随机分布于 0 的周围。关于 MEAN SES 与 SES 斜率之间为线性关系的假定看起来相当合理，只有一个例外，即标绘图中被圈起来的案例。

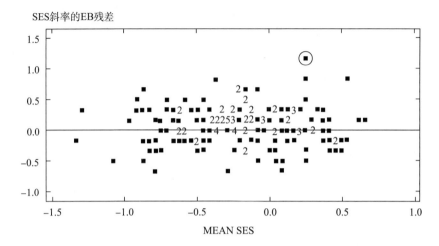

图 9.4　SES 斜率的经验贝叶斯残差与纳入变量（**MEAN SES**）的标绘图

近似的纳入变量 t 统计量

　　另一种检查候选的层－2 模型纳入变量的方法是，对 $Q+1$ 个方程的每一个都用其经验贝叶斯残差对可能加入模型的 W 变量做一个简单的单自变量的回归。用这种方式可以计算出一个近似的纳入变量 t 统计量（标注为 t-to-enter），这种统计的一个示例列入表 9.2 中的最后一部分中。这种纳入 t 统计经常是选择 W 变量的最佳指标。

　　尽管基于经验贝叶斯残差的回归系数比基于 OLS 残差的回归系数更好，它们仍然会低估 W 变量实际加入模型时的效应。幸亏这一回归系数的标准误也是以大致相当的比例低估的，因此纳入 t 统计通常能够很好地指示可能的后果。然而，这种统计量仅仅是近似值，因为模型是双重多元的，即在各个方程间的误差相关，每一个方程又有多个自变量。因此这种统计量往往只是对将要纳入层－2 方程之一的下一个变量具有很好的指标作用。如果几个变量要同时加入模型（比如几个方程各加一个变量），实际后果也许并不遵循这种统计所建议的形式。

层－2 模型设置问题

　　通常假定 $Q+1$ 个层－2 方程的每一个都做了适当的设置。也就是说，假定每一方程的误差项 u_{qj} 都与同一方程中的自变量无关。这意味着，任何省略的自变量都与已经包括在这一模型中的自变量无关。这一假定的必然结果是，所有自变量（即那些 W_j）都没有测量误差。

如果一个混杂变量（即一个与本方程中已有的层－2自变量之间相关显著的自变量）在这些方程之一中被忽略，那么这个方程对一个或多个层－2系数的估计将会有偏。偏差幅度依赖于这一省略变量的预测功效，以及它与模型中其他变量之间的相关程度。

此外，对一个方程的错误设置可能造成其他方程的估计有偏。也就是说，即使某一个层－2方程本身是适当设置的，但是其得到的系数估计仍可能是有偏的。这一偏差是那些适当和不适当设置的方程中误差之间存在的相关导致的。下面将介绍一些对这种方程之间偏差的设置检验和改进方法。

层－2错误设置的后果

同样，我们回到一个具体例子来示范这一问题。出于这个目的，我们假定方程9.1和9.2为适当设置的。因此，表9.4中的第一列也就作为"正确的"估计值。

表 9.4 错误设置效应的示范

	原模型		省略 MEAN SES		设置检验（固定的 SES 斜率）	
	系数	se	系数	se	系数	se
模型：学校平均数，β_{0j}						
截距，γ_{00}	13.73	0.20	12.90	0.23	12.90	0.23
MEAN SES，γ_{01}	4.54	0.48	—	—	—	—
SECTOR，γ_{02}	0.83	0.20	1.56	0.23	1.56	0.23
模型：学校 SES 斜率，β_{1j}						
截距，γ_{10}	1.78	0.16	1.82	0.16	1.80	0.15
MEAN SES，γ_{11}	0.68	0.38	0.93	0.38	0.73	0.34
SECTOR，γ_{12}	−0.58	0.16	−0.62	0.16	−0.61	0.14

假定 MEAN SES 被错误地从截距模型中省略。这种错误设置的结果列在表9.4的第2组中。因为 MEAN SES 和 SECTOR 之间正相关，删除 MEAN

SES 导致截距方程中的 SECTOR 效应被高估，由 0.83 升为 1.56，高估约为 2 倍。此外，如上所述，SES 斜率模型中的估计也受到了影响。MEAN SES 的系数 γ_{11} 现在膨胀了约 40%，从 0.68 扩大为 0.93。这个截距模型的错误设置导致斜率模型也出现了歪曲，它的发生是由于这两个模型的误差是相关的。

一种设置检验

如果在 $\hat{\beta}_{0j}$ 和 $\hat{\beta}_{1j}$ 之间的抽样协方差与在 β_{0j} 和 β_{1j} 之间的真值协方差的合计为 0，那么截距方程和斜率方程的系数估计之间便是独立的（因此不受其他方程的设置误差的影响）。虽然在实践中很少能满足这一条件，分析人员仍可以将此作为模型设置的检验基础。具体而言，将层－1自变量以其单位平均数对中可以保证截距上的抽样协方差为 0；将其斜率的误差项约束为 0 可以将斜率和截距参数之间的协方差设为 0。这可以提供一种设置审核，检查层－2每一个方程的估计是否受到其他方程错误设置的歪曲。

表 9.4 的最后一组提供了这种设置审核，其中 SES 斜率模型的残差方差已经被设为 0。尽管学校平均数模型由于省略了 MEAN SES 而存在严重的设置错误，注意，SES 斜率模型的 γ 估计却并不像第 3 列被歪曲得那样严重。第 3 列和第 5 列结果不同的事实表明，第 3 列对应的模型可能有错误设置。但是，我们需要注意，在模型中将层－2的一个方差约束为 0 的方法只能作为一种设置检验来用（假定相应的方差分量其实并不是 0）。通过将残差方差设为 0，我们将高估 γ 系数的精度。注意，第 6 列的斜率模型的 γ 的标准误都虚假地小于第 2 列的相应估计。

一种改进策略

一个适当设置的层－2方程会由于其他层－2方程的错误设置以及这两个方程之间的误差相关而导致估计有偏。但是这种估计偏差在所有 $Q+1$ 个方程中都被纳入同样一组自变量时便可以避免。正规地说，如果每一个方程都被纳入同样的自变量集并且如果数据是完全平衡的（即每个学校都有同样的样本规模和同样一套 SES 值），层－2斜率模型中的系数估计将独立于截距模型中的系数估计。即使当数据不平衡时，斜率模型的估计也将是渐近地独立于截距模型的估计，并且它们将是渐近无偏的。

在许多研究中，分析者并不想将 $Q+1$ 个方程中任何一个的每个 W 强加于所有 $Q+1$ 个方程中去（出于简约的要求以及计算机的限制）。至少，研究人员应该审核一下那些被纳入层 -2 方程之一但又不包括在其他方程中的变量是不是真的不显著。应用以上所介绍的经验贝叶斯残差来进行探测性分析可以对此提供有用的审核。

层 -2 自变量的测量误差

测量误差可以被视为一种特殊形式的错误设置问题（参见本章附录），因此，以上描述的所有关注也适用于可能有错的层 -2 自变量。总的来说，如果一个层 -2 自变量测量有误，它的系数以及其他层 -2 系数可能也是有偏的。偏差的程度取决于真实自变量的解释功效、测量不可靠性的程度以及自变量之间的相关情况。

第 11 章提供了一些方法，通过采用潜在变量模型来结合对层 -2 自变量测量误差的知识。对这些自变量建立明确的测量模型有助于控制层 -2 系数估计中的偏差。

检查关于层 -2 随机效应的假定

同质性

我们一般都假定层 -2 随机效应在各 J 个单位的离散度是相同的。比如，就高中及以上学校的数据分析而言，如果天主教学校比公立学校的变量随机效应要小，便是违反了这一假定（附带说明，这种类别差异很可能正是实际研究的关注点）。

就固定效应而言，不适当地假定同质性的后果是，在估计这些效应时不能达到最优的加权，最终导致统计效率的损失。但是，层 -2 系数估计仍然是无偏的。就随机效应而言，β_j^* 的收缩将是错误的，并导致 β_j 估计的均方误扩大。

T 的离散度相等可以根据替代假设来进行正规检验。比如，可以对天主教学校和公立学校按类别估计出分别的 **T** 矩阵。这将附加估计 $m(m+1)/2$ 个方差协方差分量，可以应用似然比检验来检查这两个 **T** 矩阵是否相等。至于如何探索这类不相等的来源其实十分类似于以上关于 σ^2 异质性研究的过程。

正态性

固定效应的估计不会由于层－2 正态性假定的违反而有偏。然而，如果层－2 的随机效应有厚尾巴，那么基于正态性的假设检验和置信区间将会对异常值十分敏感。违反正态性假定将影响到固定效应的置信区间和假设检验的有效性。这些效应的本质取决于随机效应分布的真实形态。Seltzer（1993）讨论了可能发生歪曲的类型。

审核层－2 正态性由于层－2 结果 β_{qj} 并不是直接观测的事实而复杂化。可以标绘出经验贝叶斯残差，从标绘图中可以检查异常值。此外，也能够估计它们的边际方差，因此可以对其标准化，并与标准正态分布的正态序列统计量的期望值进行对比。但是，当每一组的样本规模 n_j 很小时，这些方差估计将十分不确定，以至于标准化残差的真实方差也许会稍微大于 1。

使审核正态性假定复杂化的原因是，$Q+1$ 个相关的随机效应也许是按各单位估计的。对每一单位计算一个马氏距离（Mahalanobis distance measure）有助于评价随机效应与正态性的偏离程度，并能发现存在的异常值。这种统计量是以这一模型的期望距离为基准测量的每一组残差估计的相对距离。[1] 在层－1 样本足够大时，要是数据具有正态分布，那么这一统计量将服从自由度为 $Q+1$ 的 χ^2 分布。将观测的距离统计相对期望序列统计画出标绘图，可以从图中检查对正态性可能的偏离。此外，还可以识别出异常单位，以便做进一步的检查。

图 9.5 中提供了对两个不同模型所做的马氏距离标绘图。第一个标绘图来自一个具有随机的截距和 SES 斜率的层－1 模型。第二个标绘图的模型中又附加了一个随机的学业背景（ACADEMIC BACKGROUND）斜率。两个模型都显得大致是正态的。

---

[1] 马氏距离的定义为：$\mathbf{u}_j^{*T}\mathbf{V}_j^{-1}\mathbf{u}_j^*$，其中 $\mathbf{u}_j^*$ 是对单位 j 的随机效应向量 $\mathbf{u}_j$ 的经验贝叶斯估计，$\mathbf{V}_j$ 是这一向量误差离散情况。其定义为：$\mathbf{V}_j = \sigma^2(\mathbf{X}_j^T\mathbf{X}_j)^{-1} + \mathbf{T} - \mathrm{Var}(\mathbf{W}_j\hat{\boldsymbol{\gamma}})$，其中 $\mathrm{Var}(\mathbf{W}_j\hat{\boldsymbol{\gamma}})$ 是 $\mathbf{W}_j\hat{\boldsymbol{\gamma}}$ 中 $P+1$ 个元素的离散矩阵。

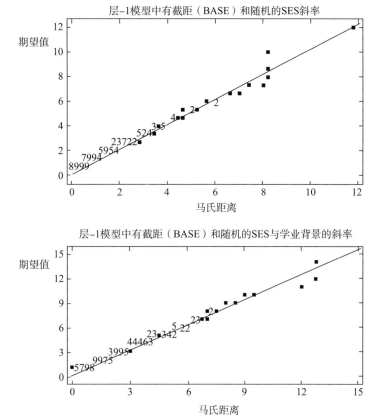

图 9.5　检查正态假定的马氏距离标绘图

如果层－2发生了严重的非正态性，Seltzer（1993）研制的程序将会有帮助。特别是在层－2的随机效应有厚尾巴时，Seltzer曾经示范了 Tanner 和 Wong（1987）的数据增广（data augmentation）方法能够用来估计分层线性模型。他的结果还显示出，一个对层－2随机效应的"预先 *t*"（*t* prior）检验可以提供对固定效应的稳健估计。这些估计对层－2的异常值不太敏感。

稳健标准误

在许多研究中，研究人员的首要兴趣在于固定的系数，标志为 γ。在分层模型的标准应用中，关于这些固定系数的推断在一定程度上取决于各层随机效应分析的假定。如果因为关于随机效应的假定不符合实际而严重地歪曲了关于固定效应的推断，那将是令人遗憾的。为了检查固定效应推断对随机效应假定条件的敏感性，常常计算稳健的或"Huber-矫正"（Huber-corrected）的标准误。Liang 和 Zeger（1986）曾就应用非线性模型于历时分析的情况讨论过这些问题。应用这些稳健标准误在最高一层的单位数量很大时最合适。这类标准误的计算既可以结合常规最小二乘法（OLS），也可以结合分层线性模型的固定效应估计。

在 OLS 下的稳健标准误。为了理解稳健标准误背后的逻辑，我们来考虑一个只有一个自变量 X_{ij} 的两层模型。组合模型为：

$$Y_{ij} = \gamma_0 + \gamma_1 X_{ij} + e_{ij} \qquad [9.7]$$

或者，用矩阵符号表示：

$$\begin{pmatrix} Y_{1j} \\ \vdots \\ Y_{n_j j} \end{pmatrix} = \begin{pmatrix} 1 & X_{1j} \\ \vdots & \vdots \\ 1 & X_{n_j j} \end{pmatrix} \begin{pmatrix} \gamma_0 \\ \gamma_1 \end{pmatrix} + \begin{pmatrix} e_{1j} \\ \vdots \\ e_{n_j j} \end{pmatrix} \qquad [9.8]$$

或者，更简练地表示为：

$$\mathbf{Y}_j = \mathbf{X}_j \boldsymbol{\gamma} + \mathbf{e}_j \qquad [9.9]$$

在 OLS 假定和正态性条件下，我们有：

$$\mathbf{e}_j \sim \mathrm{N}(\mathbf{0}, \sigma^2 \mathbf{I}_{n_j}) \qquad [9.10]$$

证明 OLS 估计量：

$$\hat{\boldsymbol{\gamma}} = \left(\sum_{j=1}^{J} \mathbf{X}_j^T \mathbf{X}_j \right)^{-1} \sum_{j=1}^{J} \mathbf{X}_j^T \mathbf{X}_j \qquad [9.11]$$

为了推导这一估计量的方差，我们回想，如果 C 是一个常量矩阵，Z 是一个随机向量，那么有 $\mathrm{Var}(CZ) = C \, \mathrm{Var}(Z) C^T$。将这一恒等式应用于方程 9.11，有：

$$\mathrm{Var}(\hat{\boldsymbol{\gamma}}) = \left(\sum_{j=1}^{J} \mathbf{X}_j^T \mathbf{X}_j \right)^{-1} \sum_{j=1}^{J} \mathbf{X}_j^T [\mathrm{Var}(\mathbf{Y}_j)] \mathbf{X}_j \left(\sum_{j=1}^{J} \mathbf{X}_j^T \mathbf{X}_j \right)^{-1} \qquad [9.12]$$

在 OLS 假定条件下，$\mathrm{Var}(\mathbf{Y}_j) = \sigma^2 \mathbf{I}$，因此方程 9.12 简化为：

$$\mathrm{Var}(\hat{\boldsymbol{\gamma}}) = \sigma^2 \left(\sum_{j=1}^{J} \mathbf{X}_j^T \mathbf{X}_j \right)^{-1} \qquad [9.13]$$

然而，我们设想，如果 OLS 假定条件不真且 Y 的方差有某种未知结构，我们可以利用一个事实，即每一层 -2 单位 j 提供一个近似于无偏的估计量：

$$\widehat{\mathrm{Var}}(Y_j) = (\mathbf{Y}_j - \mathbf{X}_j\hat{\boldsymbol{\gamma}})(\mathbf{Y}_j - \mathbf{X}_j\hat{\boldsymbol{\gamma}})^T \qquad [9.14]$$

以推导出稳健方差估计量：

$$\widehat{\mathrm{Var}}(\hat{\boldsymbol{\gamma}}) = \left(\sum_{j=1}^{J} \mathbf{X}_j^T\mathbf{X}_j\right)^{-1} \sum_{j=1}^{J} \mathbf{X}_j^T(\mathbf{Y}_j - \mathbf{X}_j\hat{\boldsymbol{\gamma}}) \times (\mathbf{Y}_j - \mathbf{X}_j\hat{\boldsymbol{\gamma}})^T\mathbf{X}_j \left(\sum_{j=1}^{J} \mathbf{X}_j^T\mathbf{X}_j\right)^{-1} \qquad [9.15]$$

这一估计量有依 J 的一致性，也就是说，即使在 OLS 关于 e_j 的假定不真时，当 J 无限增加，这一估计量收敛于真实的标准误。此外，当 J 很大时，有：

$$(\hat{\gamma}_{qs} - \gamma_{qs}) \big/ \left[\widehat{\mathrm{Var}}(\hat{\gamma}_{qs})\right]^{1/2} \qquad [9.16]$$

为近似正态分布，平均数为 0 且方差等于 1。这使得我们即使在残差 e_{ij} 不是正态分布的情况下也可以计算合理的置信区间和统计检验。

在 GLS 下的稳健标准误。在分层线性模型中，γ 系数估计是一般最小二乘法（GLS）估计量。设想在模型（方程9.7）中的残差实际上为：

$$e_{ij} = u_{0j} + u_{1j}X_{ij} + \varepsilon_{ij} \qquad [9.17]$$

或者，用矩阵符号表示为：

$$\mathbf{e}_j = \mathbf{X}_j\mathbf{u}_j + \boldsymbol{\varepsilon}_j \qquad [9.18]$$

这里，$\mathbf{u}_j$ 是层 -2 随机效应的向量。标准的分层线性模型的假定条件是：

$$\mathbf{u}_j \sim \mathrm{N}(0, \mathbf{T}), \qquad \boldsymbol{\varepsilon}_j \sim \mathrm{N}(0, \sigma^2\mathbf{I}_{n_j}) \qquad [9.19]$$

所以，

$$\mathrm{Var}(\mathbf{Y}_j) = \mathrm{Var}(\mathbf{X}_j\mathbf{u}_j + \boldsymbol{\varepsilon}_j) \equiv \mathbf{V}_j = \mathbf{X}_j\mathbf{T}\mathbf{X}_j^T + \sigma^2\mathbf{I}_{n_j} \qquad [9.20]$$

在这些假定及正态性的条件下，我们有 GLS 估计量：

$$\hat{\boldsymbol{\gamma}} = \left(\sum_{j=1}^{J} \mathbf{X}_j^T\mathbf{V}_j^{-1}\mathbf{X}_j\right)^{-1} \sum_{j=1}^{J} \mathbf{X}_j^T\mathbf{V}_j^{-1}\mathbf{Y}_j \qquad [9.21]$$

将所计算的 GLS 估计量替代方程 9.21 中的 T 和 σ^2 的估计，那么这一估计量的近似方差为：

$$\text{Var}(\hat{\boldsymbol{\gamma}}) = (\sum_{j=1}^{J} \mathbf{X}_j^T \mathbf{V}_j^{-1} \mathbf{X}_j)^{-1} \times \sum_{j=1}^{J} \mathbf{X}_j^T \mathbf{V}_j^{-1} [\text{Var}(\mathbf{Y}_j)] \mathbf{X}_j \mathbf{V}_j^{-1} (\sum_{j=1}^{J} \mathbf{X}_j^T \mathbf{V}_j^{-1} \mathbf{X}_j)^{-1} \quad [9.22]$$

在 GLS 假设条件下，$\text{Var}(\mathbf{Y}_j) = \mathbf{V}_j$，于是方程 9.22 简化为：

$$\text{Var}(\hat{\boldsymbol{\gamma}}) = (\sum_{j=1}^{J} \mathbf{X}_j^T \mathbf{V}_j^{-1} \mathbf{X}_j)^{-1} \quad [9.23]$$

然而，假如 GLS 假定不真，并且 Y 的方差有某种未知结构，我们能推导出一个稳健方差估计量：

$$\widehat{\text{Var}}(\hat{\boldsymbol{\gamma}}) = (\sum_{j=1}^{J} \mathbf{X}_j^T \mathbf{V}_j^{-1} \mathbf{X}_j)^{-1} \times \sum_{j=1}^{J} \mathbf{X}_j^T \mathbf{V}_j^{-1} (\mathbf{Y}_j - \mathbf{X}_j \hat{\boldsymbol{\gamma}})$$

$$(\mathbf{Y}_j - \mathbf{X}_j \hat{\boldsymbol{\gamma}})^T \mathbf{X}_j \mathbf{V}_j^{-1} (\sum_{j=1}^{J} \mathbf{X}_j^T \mathbf{V}_j^{-1} \mathbf{X}_j)^{-1} \quad [9.24]$$

这一在 GLS 条件下的稳健方差估计量有依 J 的一致性，即使在 HLM 关于随机效应的分布与协方差结构的假定不正确时，只要 J 很大，也能提供基本的置信区间和假设检验。

稳健方差估计十分有助于诊断。分析人员能够检查以模型为基础的指标与稳健标准误之间的差距。如果差距很大，即表示模型被错误设置了。比如，当存在斜率异质性而并未在建模时加以考虑时，就会发现以模型为基础的指标与稳健标准误之间的差距。在这种情况下，在模型中体现斜率异质性可以消除这一差距。

示范

我们回到应用高中及以上学校数据的方程 9.1 和 9.2 所定义的模型，其组合模型为：

$$Y_{ij} = \gamma_{00} + \gamma_{01}(\text{MEAN SES})_j + \gamma_{02}(\text{SECTOR})_j + \gamma_{10}(\text{SES})_{ij}$$
$$+ \gamma_{11}(\text{MEAN SES})_j \times (\text{SES})_{ij} + \gamma_{12}(\text{SECTOR})_j \times (\text{SES})_{ij} \quad [9.25]$$
$$+ u_{0j} + u_{1j}(\text{SES})_{ij} + \varepsilon_{ij}$$

表 9.5 提供了 4 种估计及其标准误：(a) OLS 估计及其以 OLS 模型为基础的标

准误；（b）OLS 估计及其稳健标准误；（c）HLM 估计及其以模型为基础的标准误；（d）HLM 估计及其稳健标准误。对这 4 组结果的比较得到以下认识：

1. OLS 和 HLM 关于 γ 系数的点估计相当近似。在 $J = 160$ 比较大的情况下，这种结果不足为奇。

2. OLS 对截距的自变量的模型标准误估计大大小于相应的稳健标准误。具体而言，对于 SECTOR 与学校截距（见 γ_{02}）之间的联系，基于模型的估计是 0.158，差不多仅是稳健标准误 0.299 的一半。这说明，因为 OLS 模型基于失实的假定之上，即认为学校之间在随机效应 u_{0j} 上没有差异。但其实 $\mathrm{Var}(u_{0j}) = \tau_{00}$ 估计值很大且统计性高度显著，于是 OLS 假定导致标准误的估计严重偏低。与此相比，稳健标准误并不基于这一假定，因此便将这种校际差异带入其估计中。

3. OLS 对自变量 SES 斜率估计的模型标准误与稳健标准误的差别不大。具体地说，对于 SECTOR 与 SES 斜率（见 γ_{12}）之间的联系，基于模型的估计是 0.240，与稳健标准误 0.237 几乎相同。这说明，OLS 模型的假定是学校之间在随机效应 u_{1j} 上无差异。HLM 的结果证实了这一假定，回想当时的分析并没有拒绝虚无假设 $\mathrm{Var}(u_{1j}) = \tau_{11} = 0$，所以，对于 SES 斜率，这一 OLS 假定在数据中得到支持，并且有 OLS 模型的标准误与稳健标准误一致。

4. HLM 模型标准误与稳健标准误之间相当吻合，而且与基于 OLS 的稳健标准误也相当吻合。因此，稳健标准误并未说明 HLM 被错误设置。这并不是说 HLM 的假定是正确的，而仅意味着这些标准误对 HLM 关于残差的协方差结构假定上的任何错误并不敏感。

表 9.5　对固定效应的以模型为基础的方差估计和稳健方差估计[a]

系　数	OLS 系数	(a) OLS 模型的 se	(b) OLS 稳健的 se
模型：学校平均数，β_{0j}			
截距，γ_{00}	12.08	0.107	0.170
MEAN SES，γ_{01}	5.16	0.191	0.334
SECTOR，γ_{02}	1.28	0.158	0.299
模型：学校 SES 斜率，β_{1j}			
截距，γ_{10}	2.94	0.155	0.148
MEAN SES，γ_{11}	1.04	0.300	0.333
SECTOR，γ_{12}	-1.64	0.240	0.237

续表

系　　数	HLM 系数	(c) HLM 模型的 se	(d) HLM 稳健的 se
模型：学校平均数，β_{0j}			
截距，γ_{00}	12.10	0.199	0.174
MEAN SES，γ_{01}	5.33	0.369	0.335
SECTOR，γ_{02}	1.23	0.306	0.308
模型：学校 SES 斜率，β_{1j}			
截距，γ_{10}	2.94	0.157	0.148
MEAN SES，γ_{11}	1.03	0.303	0.333
SECTOR，γ_{12}	−1.64	0.243	0.237

ᵃ 注意，本表中变量 SECTOR 的样本和编码方法均与第 4 章（表 4.5）相同，但是与表 9.1 有所不同。这一差别对本示范并无影响。

在样本为小样本时推断的有效性

在数据完全平衡的特殊情况下，[1] 对固定效应推断的小样本理论才能成立。比如，一个固定效应的估计值除以其标准误将严格遵循 t 分布。对固定效应的精确推断在平衡的情况下是可能的，因为固定效应的点估计不依赖于方差分量。[2]

在不平衡的情况下，我们依靠大样本理论。固定效应的估计及其标准误依赖于模型中每个方差协方差分量的点估计。由于固定效应的点估计与方差协方差分量的点估计之间的相关，这些估计结果的精确抽样分布是未知的。然而，当应用最大似然估计时，最大似然估计的大样本性质是已知的。本节的问题是：大样本分布理论在多大程度上有效？

---

[1]　完全平衡案例是一种极端约束性的设置。在两层的分层中，必须满足下列条件才能保证数据完全平衡：

　　a.　各单位的样本规模必须相等。

　　b.　每一单位之内必须有同样的一套层 −1 自变量值。

　　c.　在 $Q+1$ 个层 −2 方程中的每一个中都应用同一套自变量。

　　d.　层 −1 和层 −2 的方差分量必须在每一单位中都相同。

[2]　在平衡情况下，层 −2 模型是一个经典的多元线性模型，其中对每一个单位的回归系数可以视为独立且相同地服从多元正态分布的结果向量：$\hat{\beta}_j = \mathbf{W}_j\gamma + \mathbf{u}_j + \mathbf{e}_j$，$\mathbf{u}_j + \mathbf{e}_j \sim N(\mathbf{0}, \Sigma)$。其中 $\Sigma = \sigma^2(\mathbf{X}^T\mathbf{X})^{-1} + \mathbf{T}$。在估计 γ 时用不着 σ^2 和 $\mathbf{T}$ 的点估计，因为 OLS 估计量 $\hat{\gamma} = (\sum \mathbf{W}_j^T\mathbf{W}_j)^{-1}\sum \mathbf{W}_j^T\hat{\beta}_j$ 也是 γ 的最大似然估计。$\hat{\gamma}$ 和 Σ 的相互独立成为关于 γ 的线性假设的精确 F 检验的基础。

对某一个研究来说，这一答案取决于所寻求的推断。下面我们来考虑对固定效应 γ、方差协方差分量（σ^2 和 $\mathbf{T}$）以及随机效应 $\mathbf{u}$ 的估计。为了阐明基本原理并澄清其逻辑关系，我们用一个单因素随机效应的方差分析（ANOVA）模型。

对固定效应的推断

不管样本的规模大小，固定效应的估计是无偏的。然而，在不平衡的情况下，固定效应的标准误估计一般都过小，基于标准正态分布的假设检验也就过于散漫。

在单因素随机效应 ANOVA 模型中，γ_{00} 的点估计来自方程 3.9：

$$\hat{\gamma}_{00} = \sum (\hat{V}_j + \hat{\tau}_{00})^{-1} \overline{Y}_{.j} / \sum (\hat{V}_j + \hat{\tau}_{00})^{-1} \qquad [9.26]$$

其中：

$$\hat{V}_j = \hat{\sigma}^2 / n_j$$
$$\overline{Y}_{.j} = \sum Y_{ij} / n_j$$

所估计的 $\hat{\gamma}_{00}$ 的标准误为：

$$[\hat{V}_j(\hat{\gamma}_{00})]^{1/2} = \left[\sum (\hat{V}_j + \hat{\tau}_{00})^{-1} \right]^{1/2} \qquad [9.27]$$

值得注意的是，总的来说，γ_{00} 的点估计及其标准误估计是 σ^2 和 τ_{00} 估计的函数。但是，在平衡的情况下便不是这样，有：

$$\hat{\gamma}_{00} = \sum \overline{Y}.. / J \qquad [9.28]$$

显然，在平衡的情况下，$\hat{\gamma}_{00}$ 不依赖于 σ^2 和 τ_{00}。此外，$V(\hat{\gamma}_{00})$ 只需要一个估计 $V + \tau_{00}$，而不用分别估计其分量［通常，$V + \tau_{00}$ 的估计就是组间的均方差（MS between）再除以 n］。

因此，在平衡的情况下，

$$(\hat{\gamma} - \gamma_0)/(\text{MS between}/nJ)^{1/2} \qquad [9.29]$$

在虚无假设 $H_0: \gamma = \gamma_0$ 条件下服从自由度为 $J-1$ 的 t 分布。

但是在不平衡的情况下，不存在这样的精确检验。然而我们可以说，如果 σ^2 和 τ_{00} 是通过最大似然法估计的，那么统计量：

$$Z = (\hat{\gamma} - \hat{\gamma}_0)/[V(\hat{\gamma})]^{1/2} \qquad [9.30]$$

的大样本分布为标准正态分布。但是在实践中，应用 t 分布参照更为合适。Fotiu（1989）模拟过不平衡数据，用一套假设的小样本进行班级研究，其中每一个班的截距和斜率依赖于这个班在实验组或控制组的分配。他的研究结果显示，应用 t 分布作为参照能比应用标准正态分布提供更为准确的对固定效应的假设检验。

其次，$V(\hat{\gamma}_{00})$ 估计有负偏差。$\hat{\gamma}_{00}$ 的真实方差应该是：

$$\mathrm{Var}(\hat{\gamma}_{00}) = \mathrm{E}_m[\mathrm{Var}_c(\hat{\gamma}_{00} \mid \hat{\tau}_{00}, \hat{\sigma}^2)] + \mathrm{Var}_m[\mathrm{E}_c(\hat{\gamma}_{00} \mid \hat{\tau}_{00}, \hat{\sigma}^2)] \qquad [9.31]$$

其中，期望值 E_m 与方差 Var_m 从 $\hat{\tau}_{00}$ 和 $\hat{\sigma}^2$ 的联合分布中得到，E_c 与方差 Var_c 从 $\hat{\gamma}_{00}$ 在给定 $\hat{\tau}_{00}$ 和 $\hat{\sigma}^2$ 时的条件分布中得到。第二项是最大似然估计的偏差，在平衡的情况下为 0，在不平衡的情况下，当 J 增加时将收敛于 0。甚至在许多小样本的场合（要是不平衡不太严重的话），这一项的值将非常小。

层 – 2 的样本规模 J 为中小型时，决定 $\hat{V}_j(\hat{\gamma}_{00})$ 偏差规模的关键影响因素是 $\hat{\gamma}_{00}$ 对差别权重的敏感性。回想方程 9.26，$\hat{\gamma}_{00}$ 估计是基于 $(V_j + \hat{\tau}_{00})^{-1}$ 之上的一个加权平均数。当 τ_{00} 趋近于 0 时，这些权数趋近于 n_j/σ^2，且 $\hat{\gamma}_{00}$ 趋近于加权平均数 $\sum n_j \bar{Y}_{\cdot j}/\sum n_j$。与此相反，对于非 0 的 τ_{00}，$\hat{\gamma}_{00} = \sum \lambda_j \bar{Y}_{\cdot j}/\sum \lambda_j$，其中 $\lambda_j = \tau_{00}/[\tau_{00} + (\sigma^2/n_j)]$。因此，当 τ_{00} 增加时，λ_j 趋近于 1，且 $\hat{\gamma}_{00}$ 近似于算术平均数 $\sum \bar{Y}_{\cdot j}/J$。如果加权平均数 $\sum n_j \bar{Y}_{\cdot j}/\sum n_j$ 与算术平均数差别很大，那么方程 9.31 中的偏差项就会很大，并且对 $V(\hat{\gamma}_{00})$ 的分层估计将会过小。如果这些加权的和未加权的平均数很近似，那么说明对 $V(\hat{\gamma}_{00})$ 的分层估计近乎无偏。

这一分析导致以下几个一般建议：

1. 在检验关于 γ 的假设时应该用 t 分布而不是用正态分布。

2. 检查 $\hat{\gamma}$ 估计对加权方式的敏感性。如果这些估计对加权方式不敏感，采用 $V(\hat{\gamma})$ 作为标准误估计。

3. 如果这些结果对加权方式很敏感，基于 $V(\hat{\gamma})$ 的 t 检验应视为过于散漫。通过贝叶斯方法可以求精确的解。贝叶斯估计需要做大量计算，在估计 γ

类参数及其标准误时充分考虑了 σ^2 和 **T** 的不确定性（Seltzer, 1993）。参见第 13 章的详细讨论。

对方差分量的推断

对方差分量 σ^2 和 **T** 的推断依赖于最大似然估计的大样本性质。从技术上讲，标准误和假设检验都建立在"信息矩阵"的基础上（参见第 10 章）。σ^2 的点估计在多数研究中一般都相当准确。如果假定 σ^2 在各单位都相同，那么其估计的精度取决于总样本规模（$N = \sum n_j$），它在一般情况下都很大。与此类似，对 σ^2 的似然比检验和标准误也将比较准确。

但是，如果假定 σ^2 在各层 – 2 单位之间变化，就会产生问题。关键在于观测数量 n_j，因为要基于它们来估计 σ_j^2。在这类研究中，每一单位内部的样本规模应该很大。另一方面，如果对两种学校类型（比如天主教学校与公立学校）估计 σ_1^2 和 σ_2^2，这些 σ^2 的估计准确性及其推断的可信性将取决于每一类型中的总样本规模。

T 估计的准确性取决于层 – 2 的单位数量 J。**T** 中各方差的标准误基于信息矩阵，要求 J 很大才能保证可信度，尤其是当方差估计值接近于 0 的时候。

MLR 对比 MLF。在第 2 章，我们介绍了完全的和约束的最大似然法。我们注意到，当 J 很小时，MLF 对 **T** 矩阵的估计存在负偏差，并且当模型中的固定效应数目增加时，这一问题会更严重。然而，根据期望均方误来判断，虽然 MLF 估计有偏，但并不一定比 MLR 估计的准确性更差。

检验的类型。第 2 章还介绍了对 **T** 矩阵元素的三种检验：单变量 χ^2 检验、基于某一估计与其标准误的比率的单变量检验以及似然比检验，后者通常是多元检验（因为它同时检验 2 个或更多的 **T** 矩阵元素）。每一种检验都基于大样本理论。但是，我们的经验表明，当样本规模很小时，用 **T** 矩阵元素的估计标准误所做的检验最不可信。这种检验的基本概念是，以这一估计自己为中心来建立置信区间。只有在似然值关于其众数对称时，这种检验才能提供有效信息。但是在许多场合，似然值是高偏度分布的，特别是当真实方差很小时便更是这样，而这时正是最需要这种检验的时候。总而言之，方差分量值越小，就越需要更多的数据来证明其近似大样本的正态性，因为这种检验正是建立在此基础之上。

在应用似然比检验虚无假设 $H_0: \tau_{qq} = 0$ 时，即假设所有方差分量都等于 0 时，也要小心。在这种具体情况下，依这一假定，方差值处于参数空间的边界上，似然比统计会倾向于保守（Pinheiro & Bates，2000），降低了拒绝一个不真实虚无假设的概率。[1] 这种问题在第 3 章描述的单变量 χ^2 检验（见方程 3.103）中并不存在。我们的经验表明，在大多数研究中，这两种检验的结果很接近。

对 **T** 中各元素的所有检验渐近地取决于 J。也就是说，即使在各单位 n_j 中的样本规模是无限的，这种检验也只有在单位数目 J 很大时才是正确的。然而，还需要更多的研究才能辨别小样本规模对这些结果的影响。我们怀疑，即使 J 很大，**T** 的似然值在每个 n_j 很小时可能会相当倾斜，因此会导致检验结果不准确。劳登布什和布里克（Raudenbush & Bryk，1985）曾建议一种对似然值的绘图方法，但是在 **T** 的维度较多时使用这种方法就变得很困难。

对层 −1 随机系数的推断

第 3 章曾讨论了对随机系数 β_j 建立置信区间和假设检验的方法。我们提到，对每一单位分别做 OLS 估计可能得到精确的检验和区间。然而，除非每一单位的样本规模相当大，否则这些区间会非常大，有关检验会非常保守。

另一种方法是将置信区间和假设检验建立在经验贝叶斯估计 β_j^* 的基础之上。但是，这些检验和区间并不反映关于方差分量的不确定性。因此，除非 **T** 和 σ^2 得到精确的确定，否则这种区间会过窄，有关检验会过于散漫。

MLR 对比 MLF。 用经验贝叶斯方法对随机效应推断的准确性也依赖于似然方法的选择：MLF 和 MLR。基于 MLF 的推断要求一个假定，即模型中的固定效应等于其 ML 估计。因此，基于 MLF 计算的区间将比基于 MLR 的区间窄一些。当 J 变得很大时，这两个区间将会收敛到一起。

---

[1] 在这种情况下，似然比统计量的大样本分布将不是 χ^2_{k1-k2}，其中 $k1$ 是虚无模型中的参数数目，$k2$ 是替代模型即较简单的模型中的参数数目，这一统计量将作为一种混合的 χ^2 分布（Stram & Lee，1994）。Pinheiro 和 Bates（2000）曾经做过模拟，比较了似然比检验与其他的方法，尝试取得这一统计量的校正的大样本分布。他们发现，建立这种校正的混合体很困难，建议仍使用标准的似然比统计量，因为它容易应用，但同时要牢记它有些保守。

附　录

对层 –1 结构模型的错误设置

　　前面我们讨论过层 –1 模型的错误设置对估计层 –2 系数的影响。当关注层 –1 斜率的自变量时，我们认为，要是有三种情况发生，效应估计将会有偏。这三种情况为：（a）层 –1 的省略自变量必须与 Y 相关；（b）它必须与层 –1模型已有的自变量相关；（c）这一省略自变量与其他已有自变量的相关必须在各单位之间有所变化，并且这种统计联系的程度必须与层 –2 模型中的一个自变量有关。下面，我们来证明这些断言。我们需要强调，这些条件并不适用于层 –2 截距模型的自变量。

　　设想真实的层 –1 模型为：

$$\mathbf{Y} = \mathbf{X}_1\beta_1 + \mathbf{X}_2\beta_2 + \mathbf{r}, \quad \mathbf{r} \sim \mathrm{N}(0, \sigma^2\mathbf{I}) \qquad [9.32]$$

其中，$\mathbf{Y}$ 是结果向量，$\mathbf{X}_1$ 与 $\mathbf{X}_2$ 是已知自变量矩阵（有列满秩），β_1 和 β_2 是未知效应向量，$\mathbf{r}$ 是误差向量，其中的向量和矩阵都是可相乘的。假定 $\mathbf{Y}$ 变量在每一组都有平均数为 0（即层 –1 模型都没有截距）。

　　但是，假如这一模型在实际中被估计为：

$$\mathbf{Y} = \mathbf{X}_1\beta_1 + \mathbf{e} \qquad [9.33]$$

其中，$\mathbf{e} = \mathbf{X}_2\beta_2 + \mathbf{r}$，那么，对各单位内部进行 OLS 回归，有：

$$\hat{\beta_1} = (\mathbf{X}_1^T\mathbf{X}_1)^{-1}\mathbf{X}_1^T\mathbf{Y}$$

它有期望：

$$\mathrm{E}(\hat{\beta_1}) = \beta_1 + (\mathbf{X}_1^T\mathbf{X}_1)^{-1}\mathbf{X}_1^T\mathbf{X}_2\beta_2 \qquad [9.34]$$

这揭示出，当满足两个条件时，即 β_2 为非 0，以及回归系数矩阵：

$$\beta_{2\cdot1} = (\mathbf{X}_1^T\mathbf{X}_1)^{-1}\mathbf{X}_1^T\mathbf{X}_2$$

为非 0 时，$\hat{\beta_1}$ 是 β_1 的有偏估计。

　　在层 –2，真实的模型为：

$$\beta_1 = \mathbf{W}_1 \gamma_1 + \mathbf{u}_1 \qquad\qquad [9.35]$$

$$\beta_2 = \mathbf{W}_2 \gamma_2 + \mathbf{u}_2 \qquad\qquad [9.36]$$

其中，$\mathbf{W}_1$ 和 $\mathbf{W}_2$ 为自变量矩阵，γ_1 和 γ_2 是固定效应向量，$\mathbf{u}_1$ 和 $\mathbf{u}_2$ 是随机误差向量。真正的组合模型应该写为：

$$\mathbf{Y} = \mathbf{X}_1 \mathbf{W}_1 \gamma_1 + \mathbf{X}_2 \mathbf{W}_2 \gamma_2 + \varepsilon \qquad\qquad [9.37]$$

其中，$\varepsilon = \mathbf{X}_1 \mathbf{u}_1 + \mathbf{X}_2 \mathbf{u}_2 + \mathbf{r}$。但是，所估计的模型却是：

$$\mathbf{Y} = \mathbf{X}_1 \mathbf{W}_1 \gamma_1 + \varepsilon^*$$

其中，$\varepsilon^* = \mathbf{X}_1 \mathbf{u}_1 + \mathbf{X}_2 \beta_2 + \mathbf{r}$。对 γ_1 的一般最小二乘估计为：

$$\hat{\gamma}_1 = (\mathbf{W}_1^T \mathbf{V}^{*-1} \mathbf{W}_1)^{-1} \mathbf{W}_1^T \mathbf{V}^{*-1} \hat{\beta}_1 \qquad\qquad [9.38]$$

其中，$\mathbf{V}^*$ 是 ε^* 的离散矩阵。$\hat{\gamma}_1$ 的期望将是：

$$\mathrm{E}(\hat{\gamma}_1) = \gamma_1 + (\mathbf{W}_1^T \mathbf{V}^{*-1} \mathbf{W}_1)^{-1} \mathbf{W}_1^T \mathbf{V}^{*-1} \beta_{2\cdot 1} \mathbf{W}_2 \gamma_2 \qquad\qquad [9.39]$$

那么，当下列任何一个条件满足时，这一偏差项将是 0：

1. $\mathrm{E}(\beta_2) = \mathbf{W}_2 \gamma_2 = 0$（即 $\mathbf{W}_2$ 与 β_2 之间无关）。

2. $\beta_{2\cdot 1} = 0$（即 $\mathbf{X}_1$ 与 $\mathbf{X}_2$ 之间无关）。

3. $\beta_{2\cdot 1}$ 与 $\mathbf{W}_1$ 无关。[注意，$(\mathbf{W}_1^T \mathbf{V}^{*-1} \mathbf{W}_1)^{-1} \mathbf{W}_1^T \mathbf{V}^{*-1} \beta_{2\cdot 1}$ 是回归系数矩阵，其中 $\beta_{2\cdot 1}$ 是结果，$\mathbf{W}_1$ 是预测变量。]

所以，具备上述所列的三个条件时，偏差就会发生。

层 –1 自变量测量有误

假如真实的层 –1 模型为：

$$\mathbf{Y} = \mathbf{X}\beta + \mathbf{r} \qquad\qquad [9.40]$$

但是，所估计的模型却是：

$$\mathbf{Y} = \mathbf{X}_0 \beta + \mathbf{r}^*$$

其中，$\mathbf{X}_0 = \mathbf{X} + \mathbf{E}$ 为对 $\mathbf{X}$ 的有误测量，误差为 $\mathbf{E}$，其期望值为 0。于是，其真实的模型可以写为：

$$\mathbf{Y} = \mathbf{X}_0\beta + \mathbf{E}\beta + \mathbf{r} \qquad [9.41]$$

于是发现我们已经以一种特殊形式错误地设置了模型（见方程 9.32 和 9.33），定义了 $\mathbf{X}_1 = \mathbf{X}_0$，$\mathbf{X}_2 = -\mathbf{E}$，以及 $\beta_1 = \beta_2 = \beta$。所以，前一部分结果适用，但是条件 1 即 $E(\beta_2) = \mathbf{0}$ 显然不适用。然而，现在有：

$$\beta_{2\cdot 1} = -(\mathbf{X}_0^T\mathbf{X}_0)^{-1}\mathbf{X}_0^T\mathbf{E}$$

测量了作为 $\mathbf{X}$ 测量的 $\mathbf{X}_0$ 的不确定性程度。我们以前的结果意味着，当且仅当（a）测量可靠性在不同单位之间变化，并且（b）这一可靠性与层 – 2 自变量矩阵 $\mathbf{W}$ 的元素有关时，测量误差 $\mathbf{E}$ 将是对 γ_1 的有偏估计。

第 三 部 分

高级应用

分层一般化线性模型

- 作为分层一般化线性模型特例的两层分层线性模型
- 二分类结果的两层和三层模型
- 计数数据的分层模型
- 序次数据的分层模型
- 多项数据的分层模型
- 在分层一般化线性模型中的估计工作考虑
- 本章术语概要

在以上章节描述的分层线性模型（HLM）只适用于两层和三层嵌套的数据，其中有两个特征：（a）各层的期望结果都能够表示为回归系数的线性函数；（b）各层的随机效应可以合理地假定为正态分布。其线性假定可以用标准的图示方法（见第 9 章）来检查。在层－1 结果变量为连续变量的情况下，其正态假定也可以相当广泛地应用。甚至当一个连续的结果变量分布偏度很大时，通过转换往往也可以至少使层－1 的随机效应（残差）的分布做到大致为正态。第 9 章已经讨论了对层－2 和层－3 随机效应正态性的检查方法。

然而，在某些重要的场合中，线性假定和正态假定都明显是不现实的，并且也无法通过转换得到线性和正态性。二分类结果就是这种情况的一个例子。比如，用 Y 表示是否患某种疾病（$Y = 1$ 标志有这种病，$Y = 0$ 标志没有这种病），或表示是否高中毕业（$Y = 1$ 标志某学生已经按时毕业，$Y = 0$ 标志没有按时毕业），或表示是否犯罪（$Y = 1$ 标志某人在一定时段中犯过罪，$Y = 0$ 标志其没有犯罪）。在这些场合中采用标准的层－1模型将是不适当的，其中有三个原因：

1. 在标准的分层线性模型中没有限制层－1结果的预测值，因此它们可以合法地取得任意实数值。与此相反，对二分类结果 Y 的预测值在作为 $Y=1$ 的发生概率来理解时，却必须处于（0,1）值域内。这种限制才能使模型定义的效应规模有意义。而对预测值的非线性转换，比如 logit 转换或 probit 转换，可以满足这种限制条件。

2. 在给定预测结果值的条件下，层－1随机效应只能取得两个值中的一个，所以其不可能是正态分布的。

3. 层－1随机效应不可能有同质性的方差。如下所示，这一随机效应的方差其实依赖于预测值。

用标准分层线性模型不能合理分析的第二个例子涉及计数数据。比如，Y 是某人在一年之中的犯罪次数，或者 Y 是一个学生在一堂课中提问的次数。在这些情况下，Y 的可能值是非负的整数 0、1、2……。这种数据是典型的正偏态分布。如果数据中的 0 很少，其转换形式 $Y^* = \log(1+Y)$ 或 $Y^* = \sqrt{Y}$ 都可以解决这一问题，以便合理地应用线性模型。但是在某些情况下事件发生频数很小并存在大量的 0（比如，在一年中许多人一次犯罪记录也没有，在一堂课中许多学生一次提问也没有），这时，便不能通过转换来近似取得正态假定。基于线性模型的预测值可能是负的，于是模型系数的意义便不能解释。此外，在二分类结果的情况下，层－1随机效应的方差将依赖于预测值（即较大的预测值与较大的残差方差相联）。

分层一般化线性模型（hierarchical generalized linear models，简标为 HGLMs），也称为一般化线性混合模型（generalized linear mixed models，参见 Breslow & Clayton, 1993）或带随机效应的一般化线性模型（generalized linear models with random effects，参见 Schall, 1991），提供了一种对含有非线性结构模型和非正态分布误差的分层数据的分析模型框架。对于分层线性模型和分层一般化线性模型之间的比较平行于"单层"的标准线性回归模型与 McCullagh 和 Nelder（1989）提出的一般化线性模型之间的比较。但是，在多层数据的情况下还有一些新的问题产生。

在本章中，我们将讨论一般化线性模型如何扩展以包括重复测量和多层数据。本章包括几个目的，通过不同的例子，我们将讨论：

- 作为带有层 -1 正态抽样模型和恒等连接函数的分层一般化线性模型的一种特殊情况的分层线性模型；
- 具有贝努里抽样模型和 logit 连接函数的二分类结果的模型；
- 两种计数数据的模型，即二项分布抽样模型加 logit 连接函数，以及泊松抽样模型加对数连接函数；
- 序次分类数据的模型，即多项抽样模型与累计 logit 连接函数；
- 名义测度分类数据的模型，即多项抽样模型与多项 logit 连接函数。

我们还将考虑在分层一般化线性模型中的一些特殊问题：

- 具体单位的模型与总体平均模型的对比；
- 过离散（或欠离散）问题。

作为分层一般化线性模型特例的两层分层线性模型

分层一般化线性模型中的层 -1 模型由三个部分组成：一个抽样模型、一个连接函数、一个结构模型。实际上，分层线性模型可以视为分层一般化线性模型的一个特例，其中抽样模型是正态的，连接函数是恒等连接函数，结构模型是线性的。

层 -1 抽样模型

两层分层线性模型的抽样模型可以表示为：

$$Y_{ij} | \mu_{ij} \sim \text{NID}(\mu_{ij}, \sigma^2) \qquad [10.1]$$

意味着在给定预测值 μ_{ij} 条件下，层 -1 结果 Y_{ij} 是独立的正态分布，并且有期望值 μ_{ij} 和相同的方差 σ^2。层 -1 期望值和方差也可以写为：

$$\text{E}(Y_{ij} | \mu_{ij}) = \mu_{ij}, \qquad \text{Var}(Y_{ij} | \mu_{ij}) = \sigma^2 \qquad [10.2]$$

层 -1 连接函数

总而言之，为了保证预测结果限制于给定区间之内而将层 -1 预测值 μ_{ij} 进行转换是可能的。我们将这种转换的预测值标注为 η_{ij}，这种转换被称为连接函数。在正常情况下，是用不着进行转换的。但是，用不着转换的决策可以用以下公式明确表示：

$$\eta_{ij} = \mu_{ij} \qquad\qquad [10.3]$$

在这种情况下，连接函数被视为"恒等连接函数"。

层 -1 结构模型

转换的预测值 η_{ij} 现在通过线性结构模型与模型的自变量相联。线性结构模型为：

$$\eta_{ij} = \beta_{0j} + \beta_{1j}X_{1ij} + \beta_{2j}X_{2ij} + \cdots + \beta_{pj}X_{pij} \qquad\qquad [10.4]$$

很清楚，将层 -1 抽样模型（方程 10.1）、层 -1 连接函数（方程 10.3）和层 -1 结构模型（方程 10.4）组合起来，便得到了通常的分层线性模型的层 -1 模型。在分层线性模型中，当实际只需要一个方程时却要写三个方程显得有点愚蠢，但是那些多余的方程在更复杂的非线性模型情况下就变得很有必要了。

二分类结果的两层和三层模型

尽管标准的分层线性模型采用正态抽样模型和恒等连接函数，二分类结果模型却采用二项抽样模型和 logit 连接函数。

层 -1 抽样模型

定义 Y_{ij} 为 m_{ij} 次试验当中"成功"的数量，并定义 φ_{ij} 为每一次试验中的成功概率，然后我们用

$$Y_{ij} \mid \varphi_{ij} \sim B(m_{ij}, \varphi_{ij}) \qquad\qquad [10.5]$$

来标志 Y_{ij} 服从有 m_{ij} 次试验、每一次试验的成功概率为 φ_{ij} 的二项分布。根据二项分布性质，Y_{ij} 的期望值和方差为：

$$\text{E}(Y_{ij} | \varphi_{ij}) = m_{ij}\varphi_{ij}, \qquad \text{Var}(Y_{ij} | \varphi_{ij}) = m_{ij}\varphi_{ij}(1 - \varphi_{ij}) \qquad [10.6]$$

其中，当 $m_{ij} = 1$ 时，Y_{ij} 为二分类变量，取值或是 0 或是 1。这种特殊情况被称为贝努里分布。我们注意到，在某些应用场合中，数据也许并不精确地服从这种模型。实际的层 −1 方差可能会大于假设值（即过离散），也可能会小于假设值（即欠离散）。比如，当有未发觉的群组存在于层 −1 单位中，或者层 −1 模型设置不当，过离散问题就会产生。对于这些情况，有可能将模型进行推广，以估计出标量方差分量 σ^2，于是层 −1 方差便成为 $\sigma^2 m_{ij}\varphi_{ij}(1 - \varphi_{ij})$。我们对于高中课程失败的分析（见后面）便是这样的一个例子。

层 −1 连接函数

当层 −1 抽样模型为二项分布时，好几种连接函数都是可能的（参见 Hedeker & Gibbons, 1994），但最通常、最方便的是 logit 连接函数，即：

$$\eta_{ij} = \log\left(\frac{\varphi_{ij}}{1 - \varphi_{ij}}\right) \qquad [10.7]$$

其中，η_{ij} 是成功的发生比（odds）的对数。当成功的概率 $\varphi_{ij} = 0.5$ 时，成功的发生比为 $\varphi_{ij}/(1 - \varphi_{ij}) = 0.5/0.5 = 1.0$，而对数发生比（log odds），或称"logit"，为 $\log(1) = 0$。当成功的概率小于 0.5 时，发生比便小于 1.0，而相应的 logit 值便是负的。当概率大于 0.5 时，发生比便大于 1.0，而 logit 值是正的。注意，尽管 φ_{ij} 被限制在（0，1）区间之内，logit 值 η_{ij} 却可以取任何实数值。

层 −1 结构模型

层 −1 结构模型的形式与方程 10.4 完全相同。注意，在方程 10.4 中，各 β 的估计在任意情况下都能得出预测的对数发生比（η_{ij}）。这样一个预测的对数发生比可以通过 $\exp(\eta_{ij})$ 转换回发生比。预测的对数发生比还可以通过以下方程转换为预测概率：

$$\varphi_{ij} = \frac{1}{1 + \exp(-\eta_{ij})} \qquad [10.8]$$

很清楚，不管 η_{ij} 取什么值，应用方程 10.8 都能得到一个介于 0 和 1 之间的 φ_{ij} 值。

层 - 2 和层 - 3 模型

在两层分析的情况下，层 - 2 模型与以前各章中的层 - 2 模型有同样的形式：

$$\beta_{qj} = \gamma_{q0} + \sum_{s=1}^{S_q} \gamma_{qs} W_{sj} + u_{qj} \qquad [10.9]$$

其中，随机效应 u_{qj}，$q = 0, \cdots, Q$，构成了 u_j 的一个向量，具有多元正态分布、各分量的均值为零、方差协方差矩阵为 T。在三层分析的情况下，层 - 2 和层 - 3 模型与第 8 章中所描述的三层分层线性模型是相同的。

一个贝努里分布的例子：泰国学生留级研究

1988 年在泰国进行的一次小学教育的全国性调查提供了嵌套于 356 所小学中的 7516 个六年级学生的信息。[①] 我们感兴趣的是，学生在小学期间留级的概率（如果发生留级，REPETITION = 1；如果没有则 REPETITION = 0）。表 10.1 提供了有关描述性统计。

表 10.1　泰国数据的描述性统计

层 - 1 描述性统计				
变量	频数	平均值	标准差	最小值	最大值
SES（社会经济状况）	7516	0.00	0.68	- 1.76	3.48
MALE（男生）	7516	0.51	0.50	0	1
DIALECT（方言）	7516	0.48	0.50	0	1
BREAKFAST（早点）	7516	0.84	0.36	0	1
PREPRIM（学龄前教育）	7516	0.50	0.50	0	1
REPETITION（留级）	7516	0.14	0.35	0	1
层 - 2 描述性统计				
变量	频数	平均值	标准差	最小值	最大值
MEAN SES(社会经济状况均值)	356	- 0.01	0.44	- 0.93	2
SIZE（学校规模）	356	0.00	0.85	- 1.77	1.61
TEXTS（教材）	356	0.01	1.85	- 5.95	2.59

---

① 这一研究是密歇根州立大学和泰国国家小学教育委员会之间的合作项目，并得到美国国际发展署的支持。有关详情请参见 Raudenbush 和 Bhumirat（1992）。

共有 6 个层 – 1 变量。注意，大约有 14% 的样本在小学期间至少有过一次留级。表中信息还表明，51% 的样本是男孩（如果是男生，MALE = 1；如果是女生，则为 0），48% 的学生讲中部泰语（DIALECT = 1），84% 的学生每天吃早点（BREAKFAST = 1），50% 的学生曾经有学龄前教育经历（PREPRIM = 1）。社会经济状况（SES）由父母的职业声望、受教育程度和收入水平构成。学校层次的变量包括：学校的社会经济状况均值（MEAN SES）、学校的招生规模（SIZE）、学校中的教材可获性量度（TEXTS）。

无条件模型。为了测量学校之间在留级方面的差异程度，我们先用无自变量的模型估计了各层的情况。在贝努里抽样模型和 logit 连接函数条件下，层 – 1 模型为：

$$\eta_{ij} = \beta_{0j} \qquad\qquad [10.10]$$

层 – 2 模型为：

$$\beta_{0j} = \gamma_{00} + u_{0j}, \qquad u_{0j} \sim \mathrm{N}(0, \tau_{00}) \qquad [10.11]$$

这里，γ_{00} 是泰国小学中留级的平均对数发生比，τ_{00} 是学校之间在学校平均留级对数发生比上的方差。估计结果为：$\hat{\gamma}_{00} = -2.22$（se = 0.084），$\hat{\tau}_{00} = 1.70$（se = 0.16）。于是，对于一个"典型的"学校，即随机效应 $u_{0j} = 0$ 的学校，期望的留级对数发生比为 – 2.22，对应的发生比为 $\exp(-2.22) = 0.109$，或者说约为 1:9，而对应的概率为 $1/[1 + \exp(2.22)] = 0.097$。

注意，与学校层次随机效应为零相联系的这一"典型的"概率大大地小于就总体而言估计的留级率 0.14（见表 10.1）。这种差别是由于在留级的对数发生比和留级的概率之间存在着非线性的关系。正如图 10.1 所反映的，η_{ij} 的 95% 预测区间的上限和下限关于其平均值 – 2.22 对称。但是，φ_{ij} 的相应区间却不是关于其相应平均值 $\varphi = 0.097$ 对称的。η_{ij} 的正态分布意味着其平均值和中位数相等，都为 – 2.22。而与之相反，φ_{ij} 的正偏态分布却意味着，总体平均的概率将高于其中位数 0.097（参见下一节"总体平均模型"中的进一步讨论）。

假设学校的留级对数发生比近似于正态分布，有平均值 – 2.22 和方差 $\hat{\tau}_{00} = 1.70$，我们将期望约 95% 的学校的 β_{0j} 值处于 $-2.22 \pm 1.96 \times \sqrt{1.70} = (-4.78, 0.34)$ 之间。将这些对数发生比折算为概率，图 10.1 表明，就留级概率而言，95% 的学校处在（0.008，0.59）之间。这表明，有些学校的留级率几乎为 0，而在另外一些学校中，一半以上的学生将在小学期间有留级情况。

在标准的两层分层线性模型的框架中，组间相关，即层 – 2 方差与总变异之间的比，是一个有用的指标。但遗憾的是，这个指标在非线性连接函数的情况下用处不大，因为层 – 1 方差现在是异质性的。比如，在贝努里分布情况下，层 –1 方差将等于 $\varphi_{ij}(1-\varphi_{ij})$，其中 φ_{ij} 按照层 – 1 模型定义是预测概率。在二项分布数据的情况下，测定层 – 2 变异幅度的更有用的方法是检查像图 10.1 那样的曲线图。[①]

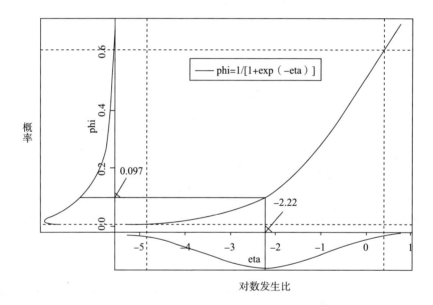

图 10.1　作为具体学校留级的对数发生比的函数的具体学校的留级概率

注：纵向的虚线标志的是对具体学校留级的对数发生比的 95% 预测区间的界限，而横向的虚线标志的是对具体学校留级的概率的 95% 预测区间的界限（图中 eta 即文中的 η，phi 即 φ）。

---

① 对二项模型的另一种替代概念来自用潜在变量 $Z_{ij}=\eta_{ij}+r_{ij}$ 的方式来重新理解层 – 1 模型（Snijders & Bosker, 1999，第 14 章）。这里，η_{ij} 还是方程 10.4 中的线性自变量，假设层 – 1 随机效应为标准罗吉斯特分布，有平均值为 0、方差为 $\pi^2/3$。在这种情况下，组间相关可以计算为 $\rho=\tau_{00}/(\tau_{00}+\pi^2/3)$。这种对 ρ 的理解依赖于将 η_{ij} 作为 logit 连接函数，并且假定潜在的 r_{ij} 服从罗吉斯特分布。当假设 r_{ij} 为标准正态分布、η_{ij} 为 probit 连接函数时，群间相关将取得不同的值（Long, 1997，第 3 章）。

条件模型。我们假设，在层－1模型中，较低留级率的影响因素为：拥有学龄前教育经历、较高的社会经济状况、女生、常规教学语言即中部泰语以及每天吃早点。我们还假设，在层2中存在着"情境效应"（见第5章），比如较高的学校社会经济状况均值（MEAN SES）将导致较低的留级率。此外还假设，较大的学校和能够做到每个学生都有教科书的学校，将有较低的留级率。[①]

具体地说，层－1的结构模型为：

$$\eta_{ij} = \beta_{0j} + \beta_{1j}(\text{SES})_{ij} + \beta_{2j}(\text{MALE})_{ij} + \beta_{3j}(\text{DIALECT})_{ij} \\ + \beta_{4j}(\text{BREAKFAST})_{ij} + \beta_{5j}(\text{PREPRIM})_{ij} \qquad [10.12]$$

其中，社会经济状况SES是按总平均数对中的，所有其他层－1自变量都保持其虚拟变量测量。

在层－2模型中将β_{0j}作为层－2自变量的函数。将其他层－1系数β_{pj}，$p>0$，作为固定的：

$$\beta_{0j} = \gamma_{00} + \gamma_{01}(\text{MEAN SES})_j + \gamma_{02}(\text{SIZE})_j + \gamma_{03}(\text{TEXTS})_j + u_{0j} \qquad [10.13] \\ \beta_{pj} = \gamma_{p0} \quad (\text{当} p > 0 \text{时})$$

先来考虑表10.2中（a）列的结果。这些结果是在假定层－1为正态且有恒等连接函数（即一个标准的两层模型）时取得的。从表面上看，这些结果看起来似乎合理。比如，截距是0.161。这就是对一个有$(\text{SES})_{ij} = (\text{MALE})_{ij} = (\text{DIALECT})_{ij} = (\text{BREAKFAST})_{ij} = (\text{PREPRIM})_{ij} = 0$的学生所预测出的留级概率，即一个不讲中部泰语、处于社会经济状况均值、没有学龄前教育经历、不是每天吃早点并且在一个"典型的学校"（即$u_{0j}=0$）上学的女孩的留级概率。这个模型说明，学龄前教育可减少0.050的留级概率，使其降到$0.161-0.050=0.111$。每天吃早点还可以再减少0.030，达到$0.111-0.030=0.081$。如果现在再假设其学校的社会经济状况均值高于平均水平一个单位，那么期望留级概率还会再减少0.064，达到0.017。于是，这里出现了一个麻烦：当MEAN SES再有一个单位的增加时将导致期望留级概率变成负值！

---

① 在泰国，大学校比小学校有更多的资源，并且往往都位于较发达的城市地区。

表 10.2 根据三种模型对层 – 2 系数的估计

	固定效应	(a) 恒等连接	(b) Logit 连接：具体单位模型	(c) Logit 连接：总体平均模型
截距，β_{0j}	截距，γ_{00}	0.161 ***	– 2.175 ***	– 1.734 ***
	MEANSES，γ_{01}	– 0.064 *	– 0.691 *	– 0.018 *
	SIZE，γ_{02}	– 0.017	– 0.232	– 0.193
	TEXTS，γ_{03}	0.000	0.016	– 0.001
SES 斜率，β_{1j}	截距，γ_{10}	– 0.0234 **	– 0.363 ***	– 0.319 ***
MALE 斜率，β_{2j}	截距，γ_{20}	0.056 ***	0.562 ***	0.476 ***
DIALECT 斜率，β_{3j}	截距，γ_{30}	0.025	0.309 *	0.200
BREAKFAST 斜率，β_{4j}	截距，γ_{40}	– 0.030 *	– 0.347 ***	– 0.295 **
PREPRIM 斜率，β_{5j}	截距，γ_{50}	– 0.050 ***	– 0.492 ***	– 0.431 ***

* $p > 2.00$。

** $p > 2.50$。

*** $p > 3.00$。

这一结果显示出将概率理解为协变量的线性函数的困难。由于预测概率会逐步减小到 0，可以期望有利协变量值的进一步增加会导致边际收益递减 (diminish)。比如，人均 T 美元的投入干预会使留级率从 0.10 降到 0.05。但是很难相信投入 $2T$ 美元便会使留级率进一步降到 0，更不能想象更多投入还会导致留级率变为负值。于是从逻辑上，我们需要用非线性模型来表达概率量度。

表 10.2 的 (b) 列提供了 logit 连接函数的结果。这里我们看到，在模型中其他自变量和随机效应 u_{0j} 都不变的条件下，有学龄前教育经历导致较低的留级对数发生比 $\hat{\gamma}_{10} = -0.492$，$t = -4.78$。有学龄前教育经历的学生期望留级发生比是在其他方面类似但无学龄前教育的学生的留级发生比的 $\exp(-0.492) = 0.611$ 倍。在其他情况不变时，较高社会经济状况 SES 的学生有较低的留级水平 $\hat{\gamma}_{20} = -0.363$，即 SES 一个单位的增加会导致留级对数发生比减少 0.363，与此相联的相对发生比 (relative odds) 为 $\exp(-0.363) = 0.696$。这说明，如果我们比较两个学生，他们在其他方面一样但在 SES 方面差一个单位，可以期望较高 SES 学生的留级发生比是较低 SES 学生的留级发生比的 0.696 倍。但是，"一个 SES 单位"的含义是什么？从表 10.1 中我们看到，SES 的标准差等于 0.68。因此我们可以说，在 SES 上一个标准差的差别导致的留级对数发生

比变化0.68 × (− 0.363) = − 0.247，或者说相对发生比为 exp(− 0.247) = 0.781。同理，表 10.2 说明，男生有较高的相对发生比，exp(0.562) = 1.754。每天吃早点与较低的留级对数发生比相联，相对发生比为 exp(− 0.347) = 0.707。令人惊讶的是，讲中部泰语却有较高的留级发生比，相对发生比等于 1.362。在层 − 2，留级的对数发生比与教科书可获性和学校规模无关，但是在其他自变量不变的条件下与学校的 MEAN SES 负相关，$\hat{\gamma}_{03}$ = − 0.691，ι = − 2.09。即如果两个学校其他方面类似但在 MEAN SES 上相差一个标准差时（见表 10.1），其在留级的对数发生比上会有 0.44 × (− 0.691) = − 0.304 个单位的差别，其相对发生比为 exp(− 0.311) = 0.738。

但是如何将这些结果再翻译为预测概率呢？对比前面描述过的基于恒等连接函数的结果（a 列），让我们再考虑一个不讲中部泰语、不是每天吃早点、无学龄前教育的女生的情况。如果这个学生处于 SES 平均值上，并在一个典型的学校上学，那么她的预测留级对数发生比将为 − 2.175，相应的概率为 $1/[1 + \exp(2.175)] = 0.102$。在 MEAN SES 上一个单位的增量将导致预测对数发生比为 − 2.175 − 0.691 = − 2.866，而相应的预测概率为 0.054。如果在 MEAN SES 上再增加一个单位的量，将导致预测的对数发生比为 − 2.175 + 2 × (− 0.691)，而相应的预测概率为 0.029。按照逻辑要求，MEAN SES 上不断的增加导致期望概率缩减量不断递减，这种性质是线性模型所不具备的。

总体平均模型

在继续介绍其他分层一般化线性模型之前，我们需要再简要考虑一下在有非线性连接函数的模型中总体平均（population-average）与具体单位（unit-specific）之间的区别。尽管基于这两种模型的结论经常相当近似，但这两种模型的指向却是针对着不同的研究目的。

无条件模型。在无条件模型中，我们注意到，对于一个处于中位的学校（即该学校的 $u_{0j} = 0$），其留级概率并不是总体平均的概率。一个有随机效应为 0 的学校实际上处于随机效应分布的中心。由于层 − 2 随机效应被假定为正态分布，因此其平均值等于中位数。但是，相应的概率分布却是正偏态的，因此其平均值大于中位数。

图 10.1 已经揭示了这种情况。该图显示了作为对数发生比 η_{ij}（横轴）的

函数的概率 φ_{ij}（纵轴）。关于 β_{0j} 的估计分布画在横轴之下。它是一个单峰的对称分布，其中心为 $\hat{\gamma}_{00} = -2.22$，标准差为 $\sqrt{\hat{\tau}_{00}} = 1.30$。相应的概率分布画在纵轴的左边。对数发生比的中位数对应着中位概率 $1/[1 + \exp(2.22)] = 0.097$，但是，概率平均数肯定超过概率中位数。这个平均数其实是所有学校 j 取得的 $1/\{1 + \exp[-(\gamma_{00} + u_{0j})]\} \simeq 1/[1 + \exp(-2.22 - u_{0j})]$ 的平均数。

可以通过 2 阶的马克劳林级数展开式来近似计算总体平均概率：

$$\varphi_{ij} = \varphi_{ij}(u_{0j}) = \frac{1}{1 + e^{-(\gamma_{00} + u_{0j})}}$$
$$\simeq \varphi_{ij}(0) + u_{0j}\varphi'_{ij}(0) + \frac{1}{2}u_{0j}^2\varphi''(0) \qquad [10.14]$$

其中：

$$\varphi_{ij}(0) = \frac{1}{1 + e^{-\gamma_{00}}}$$
$$\varphi'_{ij}(0) = \varphi_{ij}(0)[1 - \varphi_{ij}(0)]$$
$$\varphi''(0) = \varphi'_{ij}(0)[1 - 2\varphi_{ij}(0)]$$

我们现在对 $u_{0j} \sim N(0, \tau_{00})$ 计算期望值，得到：

$$E(\varphi_{ij}) \simeq \varphi_{ij}(0) + \tau_{00}\varphi'_{ij}(0)[0.5 - \varphi_{ij}(0)] \qquad [10.15]$$

这一对比揭示出，当 $\varphi_{ij}(0) = 0.5$ 或 $\tau_{00} = 0$ 时，平均概率 $E(\varphi_{ij})$ 将等于 $\varphi_{ij}(0)$。当 $\varphi_{ij}(0) < 0.50$ 时，总体平均 $E(\varphi_{ij})$ 将会向 0.50 方向被"拉"高；当 $\varphi_{ij}(0) > 0.50$ 时，$E(\varphi_{ij})$ 将会向 0.50 方向被"拉"低。在各自的情况下，当 τ_{00} 很大和 $\varphi_{ij}(0)$ 距 0.50 很远时，这一差距幅度将变得非常大。

在我们的例子中，根据方程 10.14，可以知道总体平均 φ_{ij} 要大于 0.097。具体来说，

$$\begin{aligned} E(\varphi_{ij}) &\simeq \hat{\varphi}_{ij}(0) + \hat{\tau}_{00}\hat{\varphi}'_{ij}(0)[0.5 - \hat{\varphi}_{ij}(0)] \\ &= 0.097 + 1.70 \times 0.097 \times (1 - 0.097) \times (0.5 - 0.097) \qquad [10.16] \\ &= 0.157 \end{aligned}$$

作为一种替代方法，也可以直接估计一个总体平均模型。在无条件的情况下，模型为：

$$Y_{ij} = \frac{1}{1 + e^{-\gamma_{00}^*}} + e_{ij} \qquad [10.17]$$

在这个模型中，层－2 的随机效应被吸收到 e_{ij} 中，而没有显示在分母指数中。

我们标注 γ_{00}^*，加上星号标志是为了区分这一总体平均截距与基于方程 10.11 得到的具体单位估计 γ_{00}。相应地，

$$\mathrm{E}(Y_{ij}) = \mathrm{E}\left(\frac{1}{1 + e^{-(\gamma_{00}+u_{0j})}}\right) = \frac{1}{1 + e^{-\gamma_{00}^*}} \qquad [10.18]$$

我们假定模型的残差 e_{ij} 在各学校内的个人之间相关。残差的协方差矩阵能够由我们以前得到的结果推导出来（Zeger, Liang, & Albert, 1988）。我们对泰国数据估计出 $\hat{\gamma}_{00}^* = -1.73$，se $= 0.069$。在此基础上估计的总体平均概率为：

$$\mathrm{E}(Y_{ij}) \simeq 1/[1 + \exp(1.73)] = 0.151 \qquad [10.19]$$

这一结果很接近于我们用马克劳林级数得到的近似值 0.157。然而，基于方程 10.19 得到的估计其实更为准确。

条件模型。表 10.2（b）栏的系数可以解释为，在保持其他自变量不变和保持随机效应 u_{0j} 值不变的条件下，与（a）栏自变量的单位增量相联系的留级对数发生比上的期望差异。我们称其为"具体单位"估计，在本例中，便是"具体学校"的估计（这一术语的来源参见 Zeger, Liang, & Albert, 1988）。与此相对，（c）栏显示了"总体平均估计"。这一栏提供了在保持其他自变量不变条件下的、与各自变量的单位增量相联系的留级对数发生比上的期望差异，但是它经过了对层－2 随机效应分布的平均。我们注意到，两个模型之间所有结论的方向是相同的，统计显著水平也几乎是相同的。但是，正如我们根据近似公式所期望的那样，与具体单位系数相比，总体平均系数总是向 0"收缩"。

稳健标准误。对具体单位模型和总体平均模型都可以计算稳健标准误，并且既可以为线性连接函数（见第 9 章）也可以为非线性连接函数计算稳健标准误。我们建议对基于模型的标准误和稳健标准误进行比较。它们之间的相似并不能保证对随机效应分布的假定都是正确的，但是它们的相似却的确意味着，关于回归系数估计的精度推断对数据与这些假定条件之间的差距并不敏感。发现基于模型的标准误与稳健标准误之间存在重要差别便提供了一种证据，表明关于随机效应分布的设置存在错误，这种错误设置会对回归系数的推断造成差别。在本例中，模型计算的标准误和稳健标准误对回归系数（即各 γ^*）的推断都很相似。

对总体平均模型和具体单位模型的选择。具体单位模型（即分层的结构

模型）描述了发生于层－2各单位中的过程。这一过程是由层－1模型所把握的，尤其是由层－1系数（各β）反映。研究人员的主要兴趣在于这些过程在层－2单位的总体之间如何变化。在某些情况下，如泰国的例子，差别主要在于截距，但是在本书描述的其他一些研究中，这种过程却有多方面的差别。模型描述了层－2解释变量上的差别是如何与各层－1单位中的层－1过程的差别相联系的。这一类的问题就是内在的"具体单位"问题（参见 Raudenbush，2000）。

与此相反，总体平均模型回答的是总体平均方面的问题。如果我们用回归模型来模拟学龄前经历差别如何与留级风险相联系（保持所在学校不变），我们便是在问一个具体单位的问题。如果我们想要知道的是，从全国的角度来说，留级风险如何在有或没有学龄前经历的学生之间变化（不用保持所在学校不变），那我们要做的就是总体平均估计。

如果具体单位模型是正确的，可以提供所有层－2单位的结果的整个分布，总体平均结果可以作为具体单位结果分布的一个特征推导出来。与此相反，总体平均估计不能提供所有层－2单位的结果分布信息，而只能提供平均值。但是，总体平均推断只需要较少的假定条件，并且在模型随机效应的假定有误时也相当稳健（Heagarty & Zeger，2000）。与此相反，具体单位的推断对随机效应分布假定条件的依赖性更大。所以，虽然具体单位模型更为丰富，但是其代价是对模型假定条件更为敏感。①

本章采用非线性连接函数，考虑的所有模型都要涉及具体单位推断与总体平均推断之间的区别。

一个二项分布的例子：九年级第一学期的课程失败

这个例子的数据描述了在 1997～1998 学年中 66 所芝加哥公立高中的 19569 名九年级学生的情况。要研究的结果变量是学生在第一学期课程失败的数量。表 10.3 提供了这些数据的描述性统计指标。在秋季学期中，九年级学生一般要修 4 门课程（CRSTAKEN），平均而言，4 门课中有 1 门不能通过（比如失败课程 CRSFAIL 的总平均值为 0.94）。学生中修课最多的达到 10 门

---

① Heagarty 和 Zeger（2000）发展了对总体平均回归系数的最大似然估计。他们的模型也提供了具体单位估计。

课，而失败课程数的最大值为 6 门。在二项模型的情境中，结果变量 Y_{ij} 现在是课程失败的数量，而 m_{ij} 为修课数量。我们假定在学校 j 中每个学生 i 对任意给定课程的失败概率为 φ_{ij}。

层 -1 自变量包括：八年级结束时的阅读成绩（READ97，由分项反应模型定义的量度）的标准化测量分，以及其他三个虚拟变量，分别表示性别（FE-MALE）、种族（BLACK、HISPANIC）。样本中有 51% 的女生、56% 的非洲裔学生、30% 的西班牙裔学生。层 -2 自变量有 4 个：该校以往平均成绩水平（AVEACH，是某一特定测验的量度），以及用于反映该校学生种族构成的三个虚拟变量（INTEGRT 表示有 30% 以上的白人学生、PRBLACK 表示有 85% 以上的非洲裔学生、PRHISP 表示有 85% 以上的西班牙裔学生）。在 1997~1998 学年中，芝加哥公立高中当中有 18% 为整合学校[①]，47% 主要是非洲裔学生，9% 主要是西班牙裔学生，剩下的 26% 是种族混合的学校但白人学生比例较小。

表 10.3　课程失败数据的描述性统计

层 -1 描述性统计					
变量	频数	平均值	标准差	最小值	最大值
CRSTAKEN	19569	4.06	0.64	1.00	10.00
CRSFAIL	19569	0.94	1.34	0.00	6.00
READ97	19569	1.17	0.98	-3.28	5.98
FEMALE	19569	0.51	0.50	0.00	1.00
BLACK	19569	0.56	0.50	0.00	1.00
HISPANIC	19569	0.30	0.46	0.00	1.00
层 -2 描述性统计					
变量	频数	平均值	标准差	最小值	最大值
INTEGRT	66	0.18	0.39	0.00	1.00
PRBLACK	66	0.47	0.50	0.00	1.00
PRHISP	66	0.09	0.29	0.00	1.00
AVEACH	66	168.55	40.43	101.50	329.00

无条件模型。连接函数仍然是 logit 连接。为了测量高中学校之间在课程失败方面上的差异程度，我们估计了一个完全无条件模型（方程 10.10 和 10.11）。在贝努里情况下，γ_{00} 是芝加哥公立高中的课程失败的平均对数发生比。从表 10.4 可以看到，具体单位估计为 $\hat{\gamma}_{00} = -1.200$。这意味着，就一个

① 兼收黑人学生和白人学生的学校。——译注

表 10.4　二项分布的例子：高中第一学期不及格课程数的结果

	无条件模型				固定效应的层-1模型				随机效应的层-1模型				最终的模型			
	具体单位 系数	总体平均 系数	模型 se	稳健 se	具体单位 系数	总体平均 系数	模型 se	稳健 se	具体单位 系数	总体平均 系数	模型 se	稳健 se	具体单位 系数	总体平均 系数	模型 se	稳健 se
固定效应																
截距, γ_{00}	-1.200	-1.140	0.064	0.055	-1.217	-1.155	0.066	0.058	-1.225	-1.249	0.067	0.054	-1.232	-1.192	0.047	0.044
AVEACH, γ_{01}													-0.009	-0.009	0.001	0.001
READ 斜率, γ_{10}					-0.255	-0.245	0.015	0.029	-0.246	-0.216	0.028	0.024	-0.246	-0.227	0.028	0.025
FEMALE 斜率, γ_{20}					-0.450	-0.432	0.025	0.028	-0.450	-0.425	0.025	0.026	-0.447	-0.436	0.026	0.029
BLACK 斜率, γ_{30}					0.317	0.298	0.048	0.076	0.251	0.201	0.070	0.061	0.269	0.254	0.073	0.072
HISPANIC 斜率, γ_{40}					0.167	0.156	0.045	0.044	0.130	0.110	0.045	0.038	0.132	0.125	0.047	0.046
方差分量																
σ^2	2.294				2.247				2.223				2.223			
T	0.255				0.266				$\begin{bmatrix} 0.279 \\ 0.031 & 0.032 \\ -0.042 & -0.002 & 0.102 \end{bmatrix}$				$\begin{bmatrix} 0.129 \\ 0.091 & 0.032 \\ -0.090 & -0.003 & 0.106 \end{bmatrix}$			
95% 可信值区间																
学校平均的失败对数发生比, β_{0j}	-2.190	-0.210							-2.260	-0.190						
以前成绩的差异效应, β_{1j}									-0.597	0.105						
黑人效应, β_{3j}									-0.375	0.877						

a 模型标准误差（se）根据总体平均模型计算。

有随机效应 $u_{0j} = 0$ 的学校来说，其学生在任意随机选择的课程上失败的期望发生比为 $\exp(-1.200) = 0.30$。就整个体系而言，基于总体平均模型的课程失败发生比仅仅提高了一点，为 $\exp(-1.140) = 0.32$。总的来说，在这种事件概率既不太低也不太高的情况下，即 $0.80 > \varphi_{ij} > 0.20$，总体平均模型和具体单位模型会得到近似的结果，特别是在 τ_{00} 很小时更是这样。

无条件模型还提供了学校之间在课程失败率上变异情况的宝贵信息。在给定估计为 $\hat{\tau}_{00} = 0.255$ 的情况下，我们可以期望有 95% 的学校的课程失败的对数发生比处于 -2.190 和 -0.210 之间。这分别相当于相对发生比为 0.11 和 0.81。将对数发生比换算为概率 $\hat{\varphi}_{ij}$，说明芝加哥学校的课程失败率处于低端的 0.10 到高端的 0.45 之间。最后，我们需要将其所修课程数 m_{ij} 乘以 $\hat{\varphi}_{ij}$，以预测任意一个在学校 j 的学生 i 未通过的课程数。

这个模型还提供了层 -1 过离散的迹象。所估计的过离散标量方差分量为 $\hat{\sigma}^2 = 2.294$。如果这个二项抽样模型是正确的，那么我们本应得到一个近似于 1.0 的值。这一差别不太可能仅仅是出于偶然，因为在这个分析中 σ^2 的估计标准误为 0.02。

有层 -1 自变量的模型。下一步分析是考虑各种学生层次特征对课程失败的对数发生比的效应。具体地说，在层 -1，我们有：

$$\eta_{ij} = \beta_{0j} + \beta_{1j}(\text{READ})_{ij} + \beta_{2j}(\text{FEMALE})_{ij} + \beta_{3j}(\text{BLACK})_{ij} + \beta_{4j}(\text{HISPANIC})_{ij}$$

在层 -2，我们先将截距作为随机的，仍将 β 系数作为固定的，于是有：

$$\beta_{0j} = \gamma_{00} + u_{0j}$$
$$\beta_{pj} = \gamma_{p0}（当 p > 0 时）$$

表 10.4 的第二部分显示了这些结果。在模型中其他自变量和随机效应 u_{0j} 不变时，八年级的阅读成绩与课程失败的对数发生比成负相关，$\hat{\gamma}_{10} = -0.255$。女生课程失败的对数发生比也较低，$\hat{\gamma}_{20} = -0.450$，但是黑人和西班牙裔学生却较高，分别为 $\hat{\gamma}_{30} = 0.317$ 和 $\hat{\gamma}_{40} = 0.167$。以前，阅读成绩上一个标准差的增加将会导致任意课程失败的发生比降低为 $\exp(-0.255 \times 0.98) = 0.78$ 倍。同理，如果是女生便可以将这一发生比降低为 $\exp(-0.450) = 0.64$ 倍。甚至在控制了以往成绩、性别和具体学校的效应 u_{0j} 以后，黑人和西班牙裔学生课程失败的相对发生比也较高，其倍数分别为 1.37 和 1.18 倍。

这一分析中还有一点很显著，对 $\hat{\gamma}_{10}$ 和 $\hat{\gamma}_{30}$ 所估计的模型标准误和稳健标准误相差很大。这说明，随机截距模型低估了实际数据中存在的变异。由于这些效应只表现在两个固定效应的估计上，说明应该将这两个层 – 1 系数从固定的改设为随机的，于是层 – 2 模型现在设置为：

$$\beta_{pj} = \gamma_{p0} + u_{pj} \quad (\text{当 } p = 0,1,3 \text{ 时})$$
$$\beta_{pj} = \gamma_{p0} \quad\quad (\text{当 } p = 2,4 \text{ 时})$$

表 10.4 的第三部分提供了这一模型的结果。学校之间在以往成绩和黑人学生效应上确实有很大的变异。两者的估计方差分量 $\hat{\tau}_{11}$ 和 $\hat{\tau}_{22}$ 的 χ^2 统计检验都十分显著。此外，它们各自的95%的可信值区间（plausible value ranges）也相当宽。对于以往成绩而言，课程失败的对数发生比的可能值域为 – 0.6 ~ 0.1；而对于黑人学生在课程失败上的差距而言，这一可能值域则为 – 0.4 ~ 0.9。在许多学校中，作为黑人和以往成绩差都会增加课程失败的对数发生比。但是也有少数几个学校却反映出相反的情况（即课程失败的对数发生比反而与以往成绩成正相关，而与黑人效应成负相关）。我们还注意到，稳健标准误与模型标准误已经更加近似，这进一步肯定了这个模型能更好地拟合数据。

加入层 – 2 自变量。下一步分析是考虑可能的学校情境效应对课程失败率的影响，将这一结果作为学校种族构成变量（INTEGRT、PRBLACK、PRHISP）和学校平均成绩水平（AVEACH）的函数。我们分析了这些可能效应的影响，包括对学校课程失败的调整对数发生比的影响 β_{0j}，以及以往成绩和学生种族的差别影响，即 β_{pj}，$p = 1, \cdots, 4$。我们没有发现种族构成对层 – 2 各结果有什么影响，只发现在 β_{0j} 上的学业成绩情境效应。表 10.4 的最后一部分提供了最终的最佳拟合模型。学校的以往平均成绩对课程失败的对数发生比有很强的作用，$\hat{\gamma}_{01} = -0.009$，这并不令人感到意外。这说明，当所有其他自变量和学校随机效应 u_{pj}，$p = 0, 1, 3$，都不变的情况下，AVEACH 变量上 1 个标准差的增加（即40.43分），课程失败的对数发生比将减少 0.36，与此对应，相对发生比上降低为 0.70 倍。

注意在 AVEACH 被纳入模型之后，截距方差 $\hat{\tau}_{00}$ 从 0.279 减少为 0.129。调整的学校课程失败的对数发生比方差中有 50% 以上都被学校以往的平均成绩水平解释了。尽管如此，仍然存在着很大的学校之间的变异尚未得到解释，这一方面表现在学校的平均课程失败率上，另一方面表现在以往成绩和种族方面的差别效应上。也就是说，还需要考虑学校之间可能存在的内部结构和政策上的差别，比如，存在的惯例、咨询项目的强度等等，它们也许可以再解释其中的一部分。

类似地，层 – 1 也存在着很大的过离散情况。二项模型假定任意一个在学

校 j 的学生 i 的各次反应（即该学生所选的不同课程）之间独立，只依赖于 φ_{ij}。由于课程失败与学生旷课有关，这可以在数据中引入群组效应。也就是说，一个学生要是经常逃学，便会在多门课程上失败。于是，我们还应该在以后的分析中将旷课测量纳入层 –1 模型。要是我们的推论正确，那么层 –1 的过离散将会减少。

计数数据的分层模型

分析计数数据的标准的一般化线性模型采用泊松抽样模型和对数连接函数，这些都可以直接扩展到分层模型中来。

层 –1 抽样模型

令 Y_{ij} 为某一时间间隔长度 m_{ij} 中事件发生的数量。比如，Y_{ij} 可以是在小区 j 中的个人 i 在 5 年中的犯罪次数，因此 $m_{ij}=5$。时间间隔 m_{ij} 也称为"暴露期"（exposure）。于是我们写出：

$$Y_{ij} \mid \lambda_{ij} \sim \mathrm{P}(m_{ij}, \lambda_{ij}) \qquad [10.20]$$

来标注 Y_{ij} 服从暴露期为 m_{ij} 的泊松（Poisson）分布，并且每时间段的事件发生率为 λ_{ij}。根据泊松分布，在给定事件发生率 λ_{ij} 的条件下，Y_{ij} 的期望值和方差分别为：

$$\mathrm{E}(Y_{ij} \mid \lambda_{ij}) = m_{ij}\lambda_{ij}, \qquad \mathrm{Var}(Y_{ij} \mid \lambda_{ij}) = m_{ij}\lambda_{ij} \qquad [10.21]$$

用文字表达为，对处于组 j 的单位 i 的事件数 Y_{ij} 的期望值等于其事件发生率 λ_{ij} 乘以其暴露期 m_{ij}；而其方差就等于其平均值。暴露期 m_{ij} 用不着一定是时间量度。比如，在经典的泊松模型应用中，Y_{ij} 是一次战争中城市 j 的街区 i 中落下的炸弹数，而 m_{ij} 是那一街区的面积。当对于每个 i 和 j 都有同样的暴露时便产生了一种共同的情况（比如当 Y_{ij} 是每个小区 j 的每个人 i 在一年中的犯罪次数时）。在这种情况下，为了简单起见，我们设 $m_{ij}=1$。根据我们的层 –1 模型，当 $m_{ij}=1$ 时，Y_{ij} 的预测值便是发生率 λ_{ij}。

层 –1 连接函数

当层 –1 抽样模型是泊松分布时，标准的连接函数是对数连接，即：

$$\eta_{ij} = \log(\lambda_{ij}) \qquad\qquad [10.22]$$

用文字表达为，η_{ij} 是发生率的对数。于是，当发生率 λ_{ij} 是 1 时，其对数是 0；当发生率小于 1 时，其对数为负数；当发生率大于 1 时，其对数是正数。所以，尽管 λ_{ij} 被限制为非负，$\log(\lambda_{ij})$ 却可以取任何实数值。

层 −1 结构模型

层 −1 结构模型与方程 10.4 的形式完全相同。注意，方程 10.4 对各 β 系数的估计使之可能预测任意情况下的对数发生率 $\hat{\eta}_{ij}$。这种预测的对数发生率能够转换为发生率，计算公式为 $\hat{\lambda}_{ij} = \exp\{\hat{\eta}_{ij}\}$。很清楚，不管 $\hat{\eta}_{ij}$ 是什么，$\hat{\lambda}_{ij}$ 的值都为非负。

层 −2 模型

层 −2 模型的形式与二项抽样和正态抽样情况下的层 − 2 模型形式相同（比如方程 10.9）。

例子：芝加哥社区的杀人犯罪率

Sampson、Raudenbush 和 Earls（1997）研究了社区特征与芝加哥各社区杀人犯罪率之间的联系。他们将这个城市分为 342 个小区群（neighborhood clus-ters，简标为 NC），它们为地理上毗邻的地区，并与当地社区相吻合。以前的研究已经发现，集中不利条件（变量名为 CONDIS）的小区有很高的杀人犯罪率。[①] 研究目的在于这种联系在多大程度上能够被小区的关系性质所解释。研究人员使用整个城市的包括 8000 个居民的调查数据对 342 个小区群分别建立了一个关于"集体功效"（collective efficacy）的测量指标来表示邻居之间互相了解的程度、共享的价值观、互相依赖和干预以保持公共秩序的程度。读者可以参看

---

① 根据 1990 年普查数据，集中不利条件是一个合成指标，包括小区的贫困率、领取公共资助的比例、女性户主的比例、失业率、18 岁以下的人口比例、非洲裔比例。加上最后两项是因为数据表明，孩子和非洲裔不成比例地暴露于高度贫困、失业、社会救济以及生活于女性作为户主的家庭中。

1997 年论文中的细节，这里只提供简化了的分析。

　　图 10.2a 显示了 1995 年观测的各小区平均每 10 万人中杀人犯罪率的直方图。众数值是 0，说明犯罪率是高度偏态的。很清楚，没有办法能将这些数据进行正态化转换。图 10.2b 显示了集中不利条件与观测犯罪率之间的联系。在图的左下角，案例高度集中，当集中不利水平增加时，犯罪率方差的异质性也增大。此外，集中不利水平与杀人犯罪率之间的关系表现出是非线性的。然而为了简单起见，我们先考虑一个线性回归模型。估计的方程为：

$$\hat{Y}_j = 30.96 + 21.0 \times (\text{CONDIS})_j \qquad [10.23]$$

其中，Y_j 是小区 j 中平均每 10 万人中的杀人犯罪率，CONDIS 已经经过标准化，平均值为 0、方差为 1。这一方程将会对 6 个小区得出负的杀人犯罪率期望值。所有这些特点，即其结果的半连续本质（在 0 值上有高频数）、自变量与结果之间的非线性关系、残差的异质性、得出负的预测值，都说明应该采用非线性回归。然而，对犯罪率做 $Y_j^* = \log(1 + Y_j)$ 转换，虽然消除了预测值超出界限的问题，但其他问题仍然存在。此外，在采用 $\log(1 + Y_j)$ 量度后，自变量的效应规模便难以解释了。这些问题通过残差方差与平均值成比例的非线性模型来解决就会好得多。

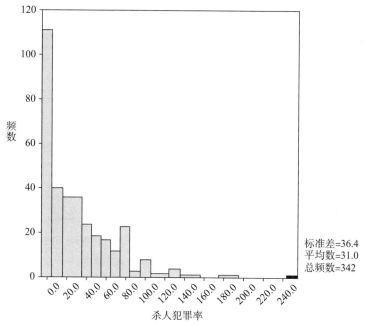

图 10.2a　芝加哥各小区每 10 万人中杀人犯罪率的直方图

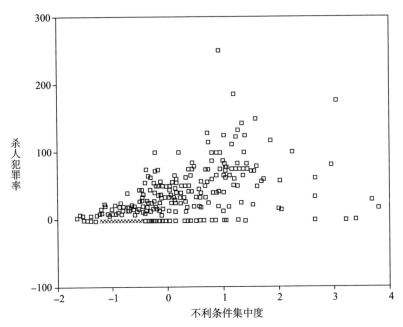

图 10.2b　杀人犯罪率与集中不利条件的标绘图

层 − 1 模型。 结果 Y_j 是 1995 年在小区群 NC_j 中发生的杀人案数量，m_j 是小区群按 1990 年普查的人口数，测量单位是 10 万人。于是，对小区群 NC_j 的杀人案数量的模型自然设为 $E(Y_j | \lambda_j) = m_j \lambda_j$。而在泊松模型中，方差与平均数相等，即 $Var(Y_j | \lambda_j) = m_j \lambda_j$。采用对数连接函数 $\eta_j = \log(\lambda_j)$，便得到层 − 1 模型：

$$\eta_j = \beta_{0j} \qquad\qquad [10.24]$$

乍看起来这显得反常，层 − 1 结果只有一个下标 j，怎么会说这是一个两层模型呢？关键的一点是存在两个来源的变异：一个是给定 λ_j 条件下的 Y_j 的抽样方差；另一个是小区之间在 λ_j 本身上的方差。在泊松模型中，给定 λ_j 条件下的 Y_j 的抽样方差仅仅依赖于 λ_j。于是，在泊松模型中估计层 − 1 方差时便没有自由度余地。这种问题类似于第 7 章中研究综合的情况。我们可以将每一个小区看作是一次"研究"，均可以从已知方差估计出一个效应规模 λ_j。

层 − 2 模型。 层 − 2 模型是将小区之间在对数犯罪率上的变异作为解释变量的函数，再加上一项正态分布随机误差：

$$\beta_{0j} = \gamma_{00} + \gamma_{01}(\text{CONDIS})_j + \gamma_{02}(\text{COLLEFF})_j + u_{0j}$$
$$u_{0j} \sim N(0, \tau_{00}) \qquad\qquad [10.25]$$

表 10.5 提供了三种模型的具体小区估计和总体平均估计：（a）无条件模型，（b）将集中不利条件情况作为自变量的模型，（c）将集中不利情况和集体功效作为自变量的模型。

表 10.5 芝加哥的对数犯罪率的对数线性模型

	具体单位模型，β_{0j}								
	（a）			（b）			（c）		
固定效应	系数	se	exp（系数）	系数	se	exp（系数）	系数	se	exp（系数）
截距，γ_{00}	3.164	0.063	23.69	3.124	0.054	22.74	3.098	0.055	22.5
CONDIS，γ_{01}				0.678	0.049	1.97	0.523	0.061	1.69
COLLEFF，γ_{11}							−1.068	0.261	0.34
层 −2 方差，τ_{00}		0.775			0.353			0.323	

	总体平均模型，β_{0j}								
截距，γ_{00}	3.419	0.058	30.54	3.195	0.051	24.41	3.168	0.052	23.76
CONDIS，γ_{01}				0.738	0.045	2.09	0.589	0.057	1.80
COLLEFF，γ_{11}							−0.978	0.248	0.38

描述性统计			
	频数	平均值	标准差
CONDIS	342	0.003	0.993
COLLEFF	342	0.000	0.263
HOMICIDE	342	2.325	2.678

无条件模型结果。 无条件的层 −2 模型为：

$$\beta_{0j} = \gamma_{00} + u_{0j} \qquad [10.26]$$

在这个模型下，小区 j 在其特定随机效应 u_{0j} 条件下的发生率为：

$$\lambda_j = \exp\{\gamma_{00} + u_{0j}\} \qquad [10.27]$$

表 10.5 的估计为 $\hat{\gamma}_{00} = 3.165$，$\hat{\tau}_{00} = 0.775$。图 10.3 在横轴上显示了基于这些估计的小区对数发生率的 95% 可信值区间。这一区间是关于平均值 $\hat{\gamma}_{00} = 3.165$ 对称的，其标准差为 $\sqrt{\hat{\tau}_{00}} = \sqrt{0.775} = 0.880$。于是，在正态条件下我们将期望有 95% 的小区对数发生率处于 $3.165 \pm 1.96 \times 0.880 = (1.44, 4.89)$ 的区间之内。纵轴又提供了换算的发生率 λ_{ij}，其中 95% 可信值区间为 $[\exp(1.44), \exp(4.89)] = (4.22, 132.95)$。因此，假定对数发生率为正态分布，可期望大多数杀人犯罪率水平处于平均每 10 万人 4.22 ~ 132.95 起案件的范围之内，这表

明不同小区存在着巨大差异。注意，与随机效应为 0 相联系的发生率为 $\exp(3.165) = 23.69$，并不是处于期望的 95% 区间的中心上。

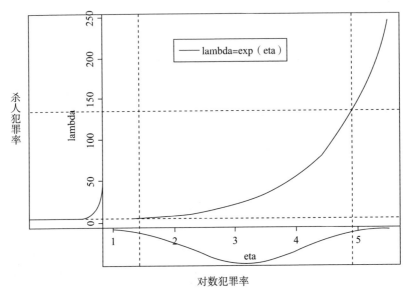

图 10.3 具体小区的杀人犯罪率作为具体小区的杀人犯罪率对数的函数

注：纵向的虚线标志的是具体小区的对数发生率的 95% 预测区间的界限，而横向的虚线标志的是对具体小区案件发生率的 95% 预测区间的界限（图中 lambda 即文中的 λ，eta 即文中的 η）。

在模型假设条件下，对数发生率关于 3.165 对称，发生率是正偏态的，有中位数为 23.69，而平均数大于中位数。在对数连接的情况下，具体单位与总体平均的期望值之间存在着一种确切的关系：

$$E[\exp(\gamma_{00} + u_{0j})] = \exp(\gamma_{00} + \tau_{00}/2)$$

$$\simeq \exp(3.165 + 0.775/2) = 34.90$$

[10.28]

这一方程表明，平均数和中位数之间约相差一个倍数 $\exp\left(\dfrac{1}{2}\tau_{00}\right)$。在 τ_{00} 很小时，它们将非常接近。实际上，总体平均估计的 $\gamma_{00} = 3.419$（见表 10.5 的中间部分），所求得的平均发生率估计为 $\exp(3.419) = 30.5$。这个数值与方程 10.28 计算的数值有一定差别，因为具体单位估计与总体平均估计在估计层-2系数时在加权上存在一些差别。

条件模型。表 10.5 的（b）栏显示，在具体单位模型中，小区集中不利条件与对数犯罪率之间有很强的正关联，$\hat{\gamma}_{01} = 0.678$，se $= 0.049$。集中不利条件上一个标准差的增量（$sd_{CONDIS} = 0.993$）导致发生率变化 $\exp(0.993 \times 0.678) = 1.96$ 倍，或者说杀人犯罪率会递增 96%。在小区方差之间的残差估计为 0.353，比无条件模型的方差 0.775 的一半还少。

根据表 10.5 中的（c）栏，集体功效显著地与对数犯罪率负相关，$\hat{\gamma}_{11} = -1.068$，se $= 0.26$。如果有两个小区在集体功效方面相差一个标准差（$sd_{COLLEFF} = 0.263$），这就意味着，在集中不利条件不变的条件下，集体功效较高的小区的犯罪率是集体功效较低的小区的犯罪率的 $100 \times \exp[0.263 \times (-1.068)] = 76\%$，也就是说减少了 0.24 倍或减少了 24%。

层 – 1 泊松分布的离散情况。如前所述，如果数据服从假定的层 – 1 抽样模型，那么层 – 1 的 Y_{ij} 的泊松方差将是 w_{ij}，这里，

$$w_{ij} = n_{ij}\lambda_{ij} \qquad [10.29]$$

但是，如果层 – 1 数据并不服从这个模型，实际层 – 1 方差可能会大于假设的方差（即过离散）或小于假设（即欠离散）。正如二项模型的情况，我们有可能推广这个模型，使之包括一个标量方差分量 σ^2，因而层 – 1 方差成为 $\sigma^2 w_{ij}$。但是值得注意的是，我们拥有的小区数据并不能估计出 σ^2。由于每个小区只有一个 λ_{ij}，因此没有剩余的自由度来估计 σ^2。这可以通过在每个小区中包括多种计数加以解决，比如按每一个年龄组来计数。

序次数据的分层模型

在许多社会科学和医学研究应用中，序次分类结果是很常见的。比如，在态度的调查中要估计人们对某种说法的赞同程度，将其反应记录为"很同意"、"同意"、"中立"、"不同意"、"很不同意"。儿童发展研究者会询问儿童表现的某种行为特征的频率，比如羞涩和骚扰，而反应的选项为"从不"、"有时"、"经常"。在一些研究中，感兴趣的结果本来是连续变量，比如年收入，但是所获得的数据已经被划分为类别组（如"高"、"中"、"低"）。在所有这些情况下，结果数据告诉我们案例是如何排序的，但是却没有建立案例之间在结果上的距离。序次回归模型设置了解释变量与最终序次结果之间的联系（参见 Agresti，1996，第 8 章；Long，1997，第 5 章；McCullagh & Nelder，1989，第 5 章）。Hedeker 和 Gibbons（1994）将这一原理扩展到多层的场合，

还可以参见 Goldstein（1995：108）的论述。

单层数据的累计概率模型

序次回归的标准模型是累计概率模型，它的原理可以用一个简单的例子来说明。假设我们有一套关于教师工作情况的数据，特别是其中包含以下问题："假如你能够回到大学重新开始学习，你是否还选择教师作为职业?"可能的回答：1＝是；2＝不确定；3＝否。我们的研究兴趣在于，教师们的哪些特征可以被用来预测其对这个问题的回答。

通过构思一个潜在的连续变量 z，表示"敬业度"，便能够应用序次回归模型。图 10.4 显示了这一潜在变量与反应数据之间的关系。敬业度很低的教师会有很高的概率选择"否"作为回答。当 z 值很小时回答"否"的概率便很大。当然，这还意味着回答"不确定"和"是"的概率会很小。然而，当 z 值增大一些，即对教学的敬业度为中等时，回答"否"的概率就会减小，而回答"不确定"和"是"的概率便会增加。当 z 值很高时，"否"的概率就会变得非常小，而"不确定"也变得很小，因为这些教师热爱教学，因而他们

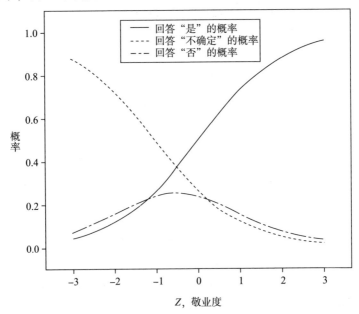

图 10.4　潜在敬业度（横轴）与回答"是/不确定/否"的
概率（纵轴）之间的关系

当然还是选择从事教学。于是当 z 值非常高时，"是"的概率便非常高；与此相反，另外两种概率变得很小。

将这种思路表达为公式，一般而言，我们有 M 种可能的排序类别，$m = 1, \cdots, M$。将反应变量标志为 R，当 R 取 m 值时概率为：

$$\varphi_m = \mathrm{Prob}(R = m)$$

在上述例子中，$M = 3$，并且

$$\varphi_1 = \mathrm{Prob}(R = 1) = \mathrm{Prob}(\text{"是"})$$
$$\varphi_2 = \mathrm{Prob}(R = 2) = \mathrm{Prob}(\text{"不确定"})$$
$$\varphi_3 = \mathrm{Prob}(R = 3) = \mathrm{Prob}(\text{"否"})$$

为了用一个回归公式反映数据的排序本质，采用累计（cumulative）概率比直接采用概率本身更为方便。我们将这些累计概率表示为：

$$\varphi_m^* = \mathrm{Prob}(R \leqslant m) = \varphi_1 + \varphi_2 + \cdots + \varphi_m \qquad [10.30]$$

在我们示例中，有：

$$\varphi_1^* = \varphi_1$$
$$\varphi_2^* = \varphi_1 + \varphi_2 \qquad\qquad [10.31]$$
$$\varphi_3^* = \varphi_1 + \varphi_2 + \varphi_3 = 1$$

注意，$\varphi_3^* = 1$ 是冗余的。总而言之，只有 $M - 1$ 个累计概率需要关注，因为在所有研究中都有 $\varphi_m^* = 1$。

图 10.5 为我们的例子画出了累计概率与 z 之间的联系。注意，实线代表的 φ_1^* 与图 10.4 中的 φ_1 相同，而图 10.5 中的虚线是 $\varphi_1 + \varphi_2$ 的合计。累计概率的思路自然地引向了累计 logit：

$$\eta_m = \log\left(\frac{\varphi_m^*}{1 - \varphi_m^*}\right) = \log\left(\frac{\mathrm{Prob}(R \leqslant m)}{\mathrm{Prob}(R > m)}\right) \qquad [10.32]$$

其中 $m = 1, \cdots, M - 1$。我们现在可以写出一个简单的 logistic 回归模型：

$$\eta_{mi} = \theta_m + \beta X_i \qquad\qquad [10.33]$$

模型中对每一个类别 m 各有一个截距 θ_m，称为"门槛"（threshold）；还有一

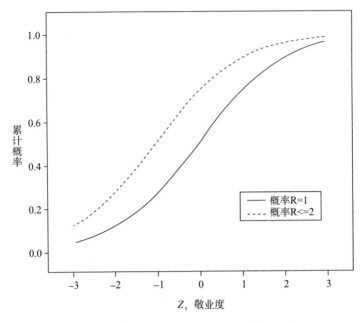

图 10.5　潜在敬业度（横轴）与累计概率（纵轴）之间的关系

个共同的斜率 β。方程 10.33 称为"成比例发生比"（proportional odds）模型。假如我们比较一下两个案例的期望对数发生比，第一个案例有 $X = X_1$，第二个案例有 $X = X_2$，那么两个案例之间在对数发生比之间的期望差异为：

$$\eta_{m1} - \eta_{m2} = \beta(X_1 - X_2) \qquad [10.34]$$

注意，它并不依赖于 m。于是，不同 X 值的案例之间在对数发生比上的期望差异并不依赖于特定的类别。这两个案例之间的相对发生比为：

$$\frac{\text{Odds}_{m1}}{\text{Odds}_{m2}} = \exp[\beta(X_1 - X_2)] \qquad [10.35]$$

因此，成比例发生比模型有一个关键的假定，即 X 在每一类别 m 中都以同样的形式影响相对发生比。一般必须对这一假定进行检查；在我们下一节提供的一个例子中，这一假定便不能成立。注意，这个模型还假定，对任何 X，不同类别（如 $m = 1$ 和 $m = 2$）中的任意两个累计 logit（如 η_1 和 η_2）之间在对数发生比上的差别只依赖于各类的截距，即：

$$\eta_1 - \eta_2 = \theta_1 - \theta_2 \qquad [10.36]$$

而不依赖于 X。

扩展到两层模型

按照我们的例子，设教师还嵌套于不同的学校，于是我们有一个层 -1 自变量 X_{ij}，测量学校 j 中的教师 i 在教学任务上的多样性。根据组织理论，我们假设任务多样性会提高教师的敬业度。于是我们的层 -1 模型变为：

$$\eta_{1ij} = \theta_{1j} + \beta_{1j}X_{1ij}$$
$$\eta_{2ij} = \theta_{2j} + \beta_{1j}X_{1ij}$$

[10.37]

方程 10.37 产生的问题是，存在着三种潜在的随机系数：对应 X 的斜率 β_{1j}，以及两个门槛 θ_{1j} 和 θ_{2j}。但是，要想让两个门槛随机变化，便很难解释其结果。它意味着，教师的敬业度 z_{ij} 在解释不同反应类型时在不同的学校之间有不同的形式。此外，这种做法还要求每个学校至少有两项随机效应，并且它们可能是高度相关的。当反应的类别数增加时，这种解释上和估计上的问题也会随之增加。

更适当的研究方法是对差异进行分析：

$$\delta = \theta_1 - \theta_2$$

[10.38]

并且还要加上一个共同的截距 β_0。于是我们的数据层 -1 模型将成为：

$$\eta_{1ij} = \beta_{0j} + \beta_{1j}X_{1ij}$$
$$\eta_{2ij} = \beta_{0j} + \beta_{ij}X_{1ij} + \delta$$

[10.39]

这一模型容许整层所有学校的教师敬业度 β_{0j} 随机变化；X 的斜率 β_{1j} 也可以像本书中许多例子那样随机变化。但是，门槛 δ 被保持不变，尽管在原则上它也可以变化。

层 -1 结构模型。推广到 M 个类别后，层 -1 模型变为：

$$\eta_{mij} = \beta_{0j} + \sum_{q=1}^{Q} \beta_{qj}X_{qij} + \sum_{m=2}^{M-1} D_{mij}\delta_m$$

[10.40]

其中，D_{mij} 是表示类别 m 的标识变量。

层 -1 抽样模型。如同一般化线性模型的其他情况，也需要考虑层 -1 抽样模型。当数据具有序次性质时，我们将单位 j 的案例 i 的 $M-1$ 个虚拟变量 $Y_{1ij}, \cdots, Y_{(m-1)ij}$ 定义为：

$$\text{当 } R_{ij} \leq m \text{ 时, } Y_{mij} = 1; \text{ 否则 } Y_{mij} = 0 \qquad [10.41]$$

比如在我们的例子中有 $M = 3$，因此有：

$$
\begin{aligned}
\text{当 } R_{ij} = 1 \text{ 时, } \quad Y_{1ij} &= 1 \\
\text{当 } R_{ij} \leq 2 \text{ 时, } \quad Y_{2ij} &= 1
\end{aligned}
\qquad [10.42]
$$

于是，概率 $\varphi_{mij}^* = \text{Prob}(Y_{mij} = 1)$ 为累计概率，并且还可以证明：

$$
\begin{aligned}
\text{E}(Y_{mij} \mid \varphi_{mij}^*) &= \varphi_{mij}^* \\
\text{Var}(Y_{mij} \mid \varphi_{mij}^*) &= \varphi_{mij}^*(1 - \varphi_{mij}^*) \\
\text{Cov}(Y_{mij}, Y_{m'ij} \mid \varphi_{mij}^*, \varphi_{m'ij}^*) &= \varphi_{mij}^*(1 - \varphi_{mij}^*)
\end{aligned}
\qquad [10.43]
$$

层 – 2 模型。层 – 2 模型为通常形式：

$$\beta_{qj} = \gamma_{q0} + \sum_{s=1}^{S_q} \gamma_{qs} W_{sj} + u_{qj} \qquad [10.44]$$

其中，随机效应 u_{qj} 既可以估计出来，也可限制为对所有 j 都为 0。通常，我们假定这些随机效应为多元正态分布。

一个例子：教师控制力与教师敬业度

数据来自 1990 年在加利福尼亚州和密歇根州对 16 所公立学校的 650 名教师所进行的调查。调查有意识地选择了不同规模、组织结构、城乡位置的学校。结果变量还是已经描述过的、分三类的教师敬业度测量。

无条件模型。为了估计在没有协变量情况下的学校之间的差异，我们定义层 – 1 模型为：

$$\eta_{mj} = \beta_{0j} + D_{2ij}\delta_{2j} \qquad [10.45]$$

其中，D_{2ij} 是标志是否 $m = 2$ 的虚拟变量（即当 $m = 2$ 时，$D_{2ij} = 1$；当 $m = 1$ 时，$D_{2ij} = 0$）。于是，这个公式概括了两个方程：

$$
\begin{aligned}
\eta_{1ij} &= \beta_{0j} \\
\eta_{2ij} &= \beta_{0j} + \delta_{2j}
\end{aligned}
\qquad [10.46]
$$

在层 – 2，模型也是标准形式：

$$\beta_{0j} = \gamma_{00} + u_{0j}, \qquad u_{0j} \sim N(0, \tau_{00})$$

$$\delta_{2j} = \delta_2 \qquad\qquad\qquad\qquad [10.47]$$

结果（见表 10.6）表明 $\hat{\gamma}_{00} = 0.222$，$\hat{\delta} = 1.027$，$\hat{\tau}_{00} = 0.126$。

表 10.6　教师敬业度数据的累计 logit 模型[a]

参　数	(a) 无条件模型			(b) 条件模型		
	系数	标准误 se	t 比率	系数	标准误 se	t 比率
截距，γ_{00}	0.222	0.123	1.795	0.334	0.090	3.27
TEACHER CONTROL（教师控制力），γ_{01}				1.541	0.366	4.22
TASK VARIETY（任务多样性）斜率，γ_{10}				0.349	0.087	4.00
THRESHOLD DIFFERENCE（门槛差异），δ_2	1.027	0.078	13.100	1.055	0.081	13.05
层 -2 方差，τ_{00}	0.126			0.00		

变　量	描述性统计			教师敬业度		
	样本规模	平均值	标准差	取值	频数	频率	累计频率
TASK VARIETY	650	0.000	0.884	1 = 是	354	54.5	54.5
TEACHER CONTROL	16	0.009	0.324	2 = 不确定	144	22.2	76.6
				3 = 否	152	23.4	100

[a] 所有估计基于具体单位模型。

条件模型。然后，我们考虑在这个模型中纳入自变量。Rowan、Rauden-bush 和 Cheong（1993）假设，当教师的工作有较高程度的任务多样性，并且能对学校政策和教学条件有较高控制力时，教师将会有较高的敬业度。从道理上说，任务多样性（TASK VARIETY）是在教师层次变化，而教师控制力（TEACHER CONTROL）是在学校层次变化（细节请参见 Rowan 等于 1993 年发表的论文）。层 -1 模型为：

$$\eta_{mij} = \beta_{0j} + \beta_{1j} \times (\text{TASK VARIETY})_{ij} + D_{2ij}\delta_{2j} \qquad [10.48]$$

而层 -2 模型为：

$$\beta_{0j} = \gamma_{00} + \gamma_{01}(\text{TEACHER CONTROL})_j + u_{0j}$$

$$\beta_{1j} = \gamma_{10} \qquad\qquad\qquad\qquad\qquad\qquad\qquad [10.49]$$

$$\delta_{2j} = \delta_2$$

结果（见表 10.6）表明，在学校之内，任务多样性与敬业度显著相关，$\hat{\gamma}_{10}$ = 0.349，$t = 4.00$。而在学校之间，教师控制力也与敬业度显著相关，$\hat{\gamma}_{01} = 1.541$，$t = 4.22$。教师控制力作为自变量被纳入模型便将学校之间方差的点估计减少到 0.00。图 10.6 和图 10.7 显示了预测的累计 logit 与作为 TEACHER CONTROL 的函数预测的累计概率（保持 TASK VARIETY 值在总平均值水平不变）。对回答"是"的预测概率随教师控制力的提高而增加，而回答"是"或"不确定"的概率也是这样。当教师控制力变得非常高时，这两种概率会收敛到一起，也就是说，在教师有极高控制力的学校中，教师对教育的敬业也没有保留。

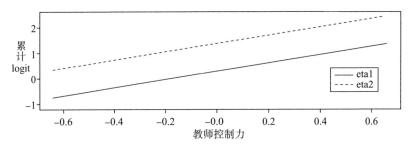

图 10.6 作为教师控制力（横轴）函数的累计 logit（纵轴）估计

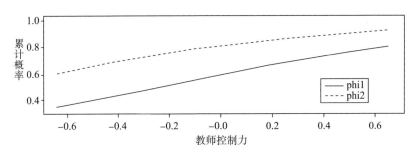

图 10.7 作为教师控制力（横轴）函数的累计概率（纵轴）估计

多项数据的分层模型

上一节讨论了序次的多分类结果研究。然而，多分类结果之间经常并不具有清楚的排序。在有些情况下，数据的序次性质是有争议的，因而关于发生比成比例的关键性假设便存在问题。这时，多项回归模型便很有用了。

我们还是用实例来介绍关键的思路。全国教育历时研究（National Educational Longitudinal Study，NELS）使我们可以用家庭背景和中学经历来预测人在青年时期的发展趋向。具体而言，我们关注 20 岁的青年处于以下哪种情况：（a）进入四年制的学院；（b）进入两年制的学院（或社区学院）；（c）不再继续升学。尽管这三类结果也可以被视为是有序的，但我们倾向于怀疑决定进入四年制学院的背景和经历会有别于决定进入两年制学院的背景和经历。如果真是这样，上一节关于发生比成比例的假设便不成立。更重要的是，关于不同过程导致不同升学结果的有用信息便会丧失。

于是，我们所寻求的是一种容许层 – 1 自变量与不同升学类型的概率之间有不同联系的回归模型。现在还是有 M 类可能的结果。像以前一样，反应 R 在取值 m 时的概率为 $\mathrm{Prob}(R=m)=\varphi_m$，$m=1,\cdots,M$。在本例中有三类去向结果，于是 $M=3$，并且有：

$$\mathrm{Prob}(R_{ij}=1)\varphi_{1ij}$$
$$\mathrm{Prob}(R_{ij}=2)\varphi_{2ij} \qquad [10.50]$$
$$\mathrm{Prob}(R_{ij}=3)=\varphi_{3ij}=1-\varphi_{1ij}-\varphi_{2ij}$$

注意，只需要对 $M-1=2$ 种概率来设置可能的结果。

层 – 1 抽样模型

为了阐明层 – 1 的抽样模型，我们设立的虚拟变量为：

$$\text{当 } R_{ij}=m \text{ 时，} Y_{mij}=1;\text{否则 } Y_{mij}=0$$

根据多项分布，在给定 φ_{mij} 时，Y_{mij} 的期望值和方差分别为：

$$\mathrm{E}(Y_{mij}|\varphi_{mij})=\varphi_{mij}, \qquad \mathrm{Var}(Y_{mij}|\varphi_{mij})=\varphi_{mij}(1-\varphi_{mij}) \qquad [10.51]$$

在结果 Y_{mij} 与 $Y_{m'ij}$ 之间的协方差为：

$$\mathrm{Cov}(Y_{mij},Y_{m'ij}|\varphi_{mij},\varphi_{m'ij})=-\varphi_{mij}\varphi_{m'ij} \qquad [10.52]$$

层 – 1 连接函数

通常，多项回归模型的连接函数是多项 logit 连接。对每一类别 $m=1,\cdots,$

$M-1$，我们有：

$$\eta_{mij} = \log\left(\frac{\varphi_{mij}}{\varphi_{Mij}}\right) = \log\left(\frac{\text{Prob}(R_{ij} = m)}{\text{Prob}(R_{ij} = M)}\right) \qquad [10.53]$$

于是，层−1结果是进入某一类别 m 相对于类别 M 的对数发生比。我们将类别 M 称为"参照类"。

层−1 结构模型

在层−1中，我们有：

$$\eta_{mij} = \beta_{0j(m)} + \sum_{q=1}^{Q_m} \beta_{qj(m)} X_{qij} \qquad [10.54]$$

其中，$m=1$，$\cdots$，$M-1$。比如，当 $M=3$ 时，将分别有对 η_{1ij} 和 η_{2ij} 的两个层−1方程：

$$\eta_{1ij} = \beta_{0j(1)} + \sum_{q=1}^{Q_1} \beta_{qj(1)} X_{qij}$$
$$\eta_{2ij} = \beta_{0j(2)} + \sum_{q=1}^{Q_2} \beta_{qj(2)} X_{qij} \qquad [10.55]$$

层−2 模型

层−2模型有对应的形式：

$$\beta_{qj(m)} = \gamma_{q0(m)} + \sum_{s=1}^{S_q} \gamma_{qs(m)} W_{sj} + u_{qj(m)} \qquad [10.56]$$

其中，$q=0$，$\cdots$，Q_m。比如，当 $M=3$ 时，存在两套层−2方程，这将在后面示范。

示例：升学去向

无条件模型。回到我们关于升学去向的例子。我们先估计一个无条件模型，仅仅是为了测量学校之间在两种结果上的差异，即进入四年制学院（相对于不升学）的对数发生比 η_{1ij}，以及进入两年制学院（相对于不升学）的对

数发生比 η_{2ij}。

于是我们有了一对层－1方程：

$$\eta_{1ij} = \beta_{0j(1)}$$
$$\eta_{2ij} = \beta_{0j(2)}$$

[10.57]

根据这个模型，每一对学生的对数发生比等于具体学校的截距。

在层－2，具体学校的截距存在学校之间的随机变化：

$$\beta_{0j(1)} = \gamma_{00(1)} + u_{0j(1)}$$
$$\beta_{0j(2)} = \gamma_{00(2)} + u_{0j(2)}$$
$$\begin{pmatrix} u_{0j(1)} \\ u_{0j(2)} \end{pmatrix} \sim N \left[\begin{pmatrix} 0 \\ 0 \end{pmatrix}, \begin{pmatrix} \tau_{00(1)00(1)} & \tau_{00(1)00(2)} \\ \tau_{00(2)00(1)} & \tau_{00(2)00(2)} \end{pmatrix} \right]$$

[10.58]

在表10.7中，我们看到，对于"典型学校"的学生，进入四年制学院的对数发生比大于不升学的对数发生比，有 $\hat{\gamma}_{00(1)} = 0.306$，$t = 2.75$；而进入两年制学院的对数发生比却小于不升学的对数发生比，有 $\hat{\gamma}_{00(2)} = -0.605$，$t = -6.32$。进入四年制学院（相对于不升学）的对数发生比在学校之间存在统计性显著的差异，$\hat{\tau}_{00(1)00(1)} = 1.135$，$\chi^2 = 379$，df $= 175$，$p = 0.000$。但是，学校之间在进入两年制学院（相对于不升学）的对数发生比上却没有明显的差

表 10.7　升学结果数据的多项 logit 模型

固定效应		(a) 无条件模型			(b) 条件模型		
		系 数	se	t 比率	系 数	se	t 比率
第 1 类							
截距，$\beta_{0j(1)}$	截距，$\gamma_{00(1)}$	0.306	0.111	2.75	0.181	0.112	1.61
	CATHOLIC，$\gamma_{01(1)}$				1.194	0.314	3.80
	PRIVATE，$\gamma_{02(1)}$				0.606	0.296	2.05
FEMALE 斜率，$\beta_{1j(1)}$	$\gamma_{10(1)}$				0.567	0.161	3.52
ASIAN 斜率，$\beta_{2j(1)}$	$\gamma_{20(1)}$				0.832	0.260	3.20
HISPANIC 斜率，$\beta_{3j(1)}$	$\gamma_{30(1)}$				0.392	0.248	1.58
BLACK 斜率，$\beta_{4j(1)}$	$\gamma_{40(1)}$				0.697	0.263	2.65
PRE-MATH 斜率，$\beta_{5j(1)}$	$\gamma_{50(1)}$				0.087	0.008	10.88
TWO-PARENT 斜率，$\beta_{6j(1)}$	$\gamma_{60(1)}$				0.317	0.169	1.87
SES 斜率，$\beta_{7j(1)}$	$\gamma_{70(1)}$				0.792	0.129	6.16

续表

固定效应		(a) 无条件模型			(b) 条件模型		
		系　数	se	t 比率	系　数	se	t 比率
第 2 类							
截距，$\beta_{0j(2)}$	截距，$\gamma_{00(2)}$	-0.605	0.096	-6.32	-0.296	0.112	-2.65
	CATHOLIC，$\gamma_{01(1)}$				-0.520	0.413	-1.26
	PRIVATE，$\gamma_{02(2)}$				-0.504	0.343	-1.47
FEMALE 斜率，$\beta_{1j(2)}$	$\gamma_{10(2)}$				0.098	0.168	0.56
ASIAN 斜率，$\beta_{2j(2)}$	$\gamma_{20(2)}$				0.372	0.272	1.37
HISPANIC 斜率，$\beta_{3j(2)}$	$\gamma_{30(2)}$				0.423	0.233	1.81
BLACK 斜率，$\beta_{4j(2)}$	$\gamma_{40(2)}$				-0.490	0.315	-1.56
PRE-MATH 斜率，$\beta_{5j(2)}$	$\gamma_{50(2)}$				0.021	0.008	2.45
TWO-PARENT 斜率，$\beta_{6j(2)}$	$\gamma_{60(2)}$				0.129	0.174	0.74
SES 斜率，$\beta_{7j(2)}$	$\gamma_{70(2)}$				0.532	0.134	3.97
方差协方差分量							
方差	$\tau_{00(1)00(1)}$	1.135			0.333		
	$\tau_{00(2)00(2)}$	0.039			0.171		
协方差	$\tau_{00(1)00(2)}$	-0.523			-0.209		

学生层次描述性统计	频　数	平均值	标准差	最小值	最大值
FEMALE	1259	0.48	0.50	0.00	1.00
ASIAN	1259	0.15	0.36	0.00	1.00
HISPANIC	1259	0.17	0.37	0.00	1.00
BLACK	1259	0.12	0.32	0.00	1.00
PRE-MATH	1259	38.81	12.51	16.58	66.81
TWO-PARENT	1259	0.65	0.48	0.00	1.00
SES	1259	0.10	0.81	-2.23	1.85

学校层次描述性统计	频　数	平均值	标准差	最小值	最大值
PUBLIC	176	0.73	0.45	0.00	1.00
CATHOLIC	176	0.13	0.33	0.00	1.00
PRIVATE	176	0.15	0.36	0.00	1.00

结果：升学状况	频　数	百分比
1. 四年制学院	735	48.4
2. 社区学院	296	19.5
3. 未升学	489	32.2

别，$\hat{\tau}_{00(2)00(2)} = 0.304$ [①]，$\chi^2 = 189$，df $= 175$，$p = 0.21$。因此，未来在分析中还可以简约地将随机效应 $u_{0j(2)}$ 限制为 0。当多项模型的结果中类别数很多时，这种限制将可能特别有用。

条件模型。我们现在来检查，在控制了八年级的数学成绩以及性别、民族、社会经济状况、家庭结构以后，私立学校的学生是否有较高的升学率。

层 -1 的一对 logit 模型现在成为性别标识（FEMALE，表示女性），民族标识（ASIAN、BLACK、HISPANIC，分别表示亚裔、黑人和西班牙裔），社会经济状况（SES，为家庭收入、父母受教育程度、父母职业的合成指标），家庭结构标识（TWO-PARENT，表示父母双全）以及八年级数学成绩（PRE-MATH）的函数。于是对 $m = 1$，2，有：

$$
\begin{aligned}
\eta_{mij} = {} & \beta_{0j(m)} + \beta_{1j(m)} \times (\text{FEMALE})_{ij} + \beta_{2j(m)} \times (\text{ASIAN})_{ij} \\
& + \beta_{3j(m)} \times (\text{HISPANIC})_{ij} + \beta_{4j(m)} \times (\text{BLACK})_{ij} \\
& + \beta_{5j(m)} \times (\text{PRE-MATH})_{ij} + \beta_{6j(m)} \times (\text{TWO-PARENT})_{ij} \\
& + \beta_{7j(m)} \times (\text{SEX})_{ij}
\end{aligned}
\qquad [10.59]
$$

在层 -2，我们将各个截距模型设置为学校类别的函数，学校类别标识包括天主教学校（CATHOLIC）和其他私立学校（OTHER PRIVATE），以公立学校作为参照类。即使在控制了学校类别以后，我们也容许这些截距继续随机变化。为了简洁起见，在这个初步分析中我们将其他层 -1 回归系数限制为固定参数。于是，我们有：

$$
\begin{aligned}
\beta_{0j(m)} = {} & \gamma_{00(m)} + \gamma_{01(m)} \times (\text{CATHOLIC})_j \\
& + \gamma_{02(m)} \times (\text{OTHER PRIVATE})_j + u_{0j(m)} \\
\beta_{qj(m)} = {} & \gamma_{q0(m)}, \qquad q = 1, \cdots, 7
\end{aligned}
\qquad [10.60]
$$

表 10.7 中的结果说明，协变量与进入四年制学院（"第一类"）相对于不升学的对数发生比之间的联系，总的来说，大于协变量与进入两年制学院（"第二类"）相对于不升学的对数发生比之间的联系。导致进入四年制学院发生比提高的层 -1 效应包括：较高的八年级数学成绩、较高的社会经济状况、家中父母双全、女学生以及亚裔学生和黑人学生（相对于白人学生）。在预测进入两年制学院的发生比（相对于不升学）时，其他对应系数都较小，只有

---

① 译注：原书此数如此！表 10.7 中相应数为 0.039。

八年级数学成绩和社会经济状况的系数统计性显著。当然，这些结果都是在控制所有其他协变量包括学校类别以后的净效应。

再来看层-2的情况。在控制了学生的背景变量以后，天主教学校和其他私立学校的学生比公立学校的学生进入四年制学院的对数发生比更高。可是，在预测进入两年制学院时的情况却不是这样，这时与天主教学校和其他私立学校相联系的点估计实际上为负值，但它们不具有统计显著性。

学校类别在解释进入四年制学院的发生比和进入两年制学院的发生比之间的不同可以推翻应用序次回归模型的结论，因为序次回归要基于发生比成比例的假定。这一假定意味着，一个解释变量应该与每一个序次的累计发生比有同样的联系。与此相反，我们的多项模型分析结果却表明，尽管私立学校的学生比公立学校的学生更有可能进入四年制学院，但他们进入两年制学院的可能性却并不比公立学校的学生更大。其实，他们进入两年制学院的可能性甚至更小，只不过所估计的负的系数并没有取得统计显著性。

不同方程之间的系数比较。比较不同方程中的对应系数经常很有用。比如，天主教学校的学生和公立学校的学生进入四年制学院（相对于不升学）的相对发生比。这可以由下列公式表达：

$$e^{\gamma_{01(1)}} = \frac{\text{Prob}(R=1\,|\,\text{Catholic})/\text{Prob}(R=3\,|\,\text{Catholic})}{\text{Prob}(R=1\,|\,\text{public})/\text{Prob}(R=3\,|\,\text{public})} \qquad [10.61]$$

类似地，天主教学校的学生和公立学校的学生进入两年制学院的相对发生比可由下列公式表达：

$$e^{\gamma_{01(2)}} = \frac{\text{Prob}(R=2\,|\,\text{Catholic})/\text{Prob}(R=3\,|\,\text{Catholic})}{\text{Prob}(R=2\,|\,\text{public})/\text{Prob}(R=3\,|\,\text{public})} \qquad [10.62]$$

因此，还可以比较天主教学校的学生和公立学校的学生进入四年制学院与进入两年制学院的相对发生比，公式为：

$$e^{\gamma_{01(1)}-\gamma_{01(2)}} = \frac{\text{Prob}(R=1\,|\,\text{Catholic})/\text{Prob}(R=2\,|\,\text{Catholic})}{\text{Prob}(R=1\,|\,\text{public})/\text{Prob}(R=2\,|\,\text{public})} \qquad [10.63]$$

应用分层模型软件中的多元假设检验功能，我们便可以检验天主教学校的学生是否比公立学校的学生有更大的可能进入四年制学院（相对于两年制学院）。其结果为 $\hat{\gamma}_{01(1)} - \hat{\gamma}_{01(2)} = 1.714$，得到 $\chi^2 = 11.78$，$p = 0.001$。就进入四年制学院的发生比相对于进入两年制学院的发生比而言，天主教学校的学生要高于公立学校的学生。相对发生比为 $\exp(1.714) = 5.55$，这是一个很大的效应。

在分层一般化线性模型中的估计工作考虑

本章的首要目的是对离散型层－1 结果的多层模型提供直观性和概念性的介绍，因为这类模型比以前介绍的连续结果模型要复杂得多，所以我们将估计工作的介绍推迟到本章的结尾。

当层－1 结果为离散型时，层－1 抽样模型就不是正态分布，然而更高层的模型涉及多元正态假定，这便给传统估计理论造成了问题，第 3 章所描述的方法不再适用。分层一般化线性模型的参数估计变得更为复杂，涉及最大似然的近似计算。最常用的方法是根据一阶或二阶泰勒级数展开式对模型中的固定系数和随机系数做近似估计，这被称为补偿性准似然估计（penalized quasi-likelihood estimation，PQL），曾经由 Breslow 和 Clayton（1993）以及 Goldstein（1991）做过描述。更精确的方法是根据高斯－赫米特积分（Hedeker & Gibbons，1994；Pinheiro & Bates，1995）或拉普拉斯近似计算（Raudenbush，Yang，& Yosef，2000），这些方面也得到了发展。对分层一般化线性模型的估计和计算方法将在第 14 章详细讨论。

本章术语概要

一般化线性模型：一种先将期望结果进行转换，然后使这种转换变量作为回归系数的线性函数的回归模型。对期望结果的转换方程被称为连接函数，而后者则被称为结构模型。抽样模型需要根据所研究的结果变量的类型来进行选择。这种方法适合于许多类型的数据（参见表 10.8），包括连续型结果、分类型结果以及计数数据。

分层一般化线性模型：一般化线性模型可以扩展到包括多个层次嵌套的场合。标准一般化线性模型便成为其中的层－1 模型。

层－1 期望值：在保持层－1 模型中所有随机系数不变时的层－1 结果的期望值。

层－1 抽样模型：在保持层－1 期望值不变的条件下，层－1 结果被假设为从某种概率分布中产生。这种层－1 概率分布被称为层－1 抽样模型。

层 – 1 连接函数：对层 – 1 结果的期望值进行转换，令其转换结果 η_{ij} 等于回归系数的线性函数。这种转换被称为层 – 1 连接函数（参见表 10.8 中的 η_{ij}）。

表 10.8　两层一般化线性模型的例子

结果的类型	层 – 1 抽样模型	层 – 1 期望结果	层 – 1 连接函数
连续型 $-\infty < Y_{ij} < \infty$	正态分布 （Normal）	μ_{ij}	$\eta_{ij} = \mu_{ij}$ （恒等）
二项型 $Y_{ij} \in \{0,1\}$	贝努里分布 （Bernoulli）	φ_{ij}	$\eta_{ij} = \log[\varphi_{ij}/(1-\varphi_{ij})]$ （logit）
计数型 $Y_{ij} \in \{0,1,\cdots,m_{ij}\}$	二项分布 （Binomial）	$m_{ij}\varphi_{ij}$	$\eta_{ij} = \log[\varphi_{ij}/(1-\varphi_{ij})]$ （logit）
计数型 $Y_{ij} \in \{0,1,\cdots\}$	泊松分布 （Poisson）	λ_{ij}	$\eta_{ij} = \log(\lambda_{ij})$ （对数）
序次多类 $R_{ij} \in \{1,2,\cdots,M\}$	多项分布 （Multinomial）	φ^*_{mij}	$\eta^*_{mij} = [\varphi^*_{mij}/(1-\varphi^*_{mij})]$ （累计 logit）
名义多类 $R_{ij} \in \{1,2,\cdots,M\}$	多项分布 （Multinomial）	φ_{mij}	$\eta_{mij} = [\varphi_{mij}/(\varphi_{Mij})]$ （多项 logit）

层 – 1 结构模型：令层 – 1 连接函数 η_{ij} 与一个具有层 – 1 系数的线性模型相等。这个线性模型就是层 – 1 结构模型。

过离散与欠离散：层 – 1 结果的变异性可能大于根据层 – 1 抽样模型所期望的水平，这被称为过离散。欠离散指层 – 1 结果的变异性小于根据层 – 1 抽样模型所期望的水平。

具体单位模型：具体单位模型所定义的固定回归系数可以被解释为，在控制模型中其他自变量和所有随机效应不变时，某一有关自变量增加一个单位量导致结果上的期望变化量。

总体平均模型：与具体单位模型相反，总体平均模型所定义的回归系数可以被解释为，在控制模型中其他自变量不变但并不控制任何随机效应时，某一有关自变量增加一个单位量导致结果上的期望变化量。

潜在变量的分层模型

- 有缺失数据的回归
- 自变量有测量误差的回归
- 有缺失数据和测量误差的回归
- 对潜在变量直接和间接效应的估计
- 非线性分项反应模型
- 本章术语概要

传统的统计学模型表述了一组可测变量的相互关系，这些关系用相应的未知总体参数表征（如回归系数、相关系数、事件发生比率、均值差）。不过，人们常常会关注潜在变量（latent variable），即不能直接测量的变量。例如，儿童的攻击性程度不容易直接测量，但是可以通过向老师询问一系列的问题，从回答中间接进行推断。为减轻攻击性设计的实验性干预不是主要针对某项特定指标或测量攻击性的实验量表，而是针对导致这些指标变化的潜在攻击性。因此，实验研究的目的在于评价实验干预和一个潜在变量之间的关联，不过这些关联是由可测的、难免带有误差的数据间接推断的。这种思维逻辑提出了两阶段推断问题：必须先考虑潜在变量如何产生了有误差的数据，然后才能推断产生潜在变量的总体参数（Bock, 1989）。本章研究如何在分层模型的框架下处理这种两阶段推断问题。

不仅是指标的测量误差，而且缺失数据掩盖了潜在变量之间的关联。例如，若在总体中随机抽取 n 个调查对象，然后从每个调查对象那里收集 P 个变量的数据。然而，一个或几个人的一个或几个变量可能缺失。调查目的不会因数据缺失而改变，仍然是从代表总体的 n 例样本来推断目标总体。有缺失值的变量可以被视为潜在变量。

从某种意义上来说，潜在变量分析总可以视为数据缺失问题。我们可以把观测数据视为残缺数据，把完整数据视为残缺数据加上缺失数据（Little & Rubin, 1987）。我们的研究目的是应用残缺数据对生成完整数据的参数进行有效的推断。

事实上，本书通篇都可以被视为在解决潜在变量问题。例如在第 4 章中，我们考虑的是很多中学中的每个学校的社会经济状况与成绩的斜率。这一斜率是潜在的或不可观测的变量。我们的目的是推断在学校总体中这些斜率的分布。于是，我们用一个层 −1 模型将每个学生的观测数学成绩表达成潜在变量（学校的均值和斜率）的函数。层 −2 模型表述这两个潜在变量在学校总体中的分布。与此类似，第 6 章讨论了儿童在 2 岁那年词汇量增长的模型（Huttenlocher et al.，1991），用层 −1 模型将不同时点观测的每个儿童的词汇量表达为几个潜在增长参数的函数，并发现关键的增长参数就是加速率。层 −2 模型描述了儿童总体的潜在加速分布。我们利用观测数据（词汇量和年龄）推断潜在变量（加速率）的总体分布。

熟悉结构方程模型（SEM）的读者立即会发现这些两层模型与 LISREL（Joreskog & Sorbom，1996）、EQS（Bentler，1983）、AMOS（Arbuckle，1994）、M-plus（Muthén & Muthén，1998）等软件估计的模型可以说是殊途同归。首先，结构方程模型分析采用测量模型来描述有潜在变量作用下的观测数据分布；其次，采用结构模型描述了潜在变量之间的关联。Willett 和 Sayer（1994）澄清了在个体变化模型情况下分层线性模型和结构方程模型之间的关系。

由于事实上分层模型可被明确视为潜在变量模型，所以分层线性模型当然可以用于解决缺失数据和测量误差引起的很多问题。本章主要关注的就是这两个方面。

有缺失数据的回归

设想我们有自变量 $X_1, X_2, \cdots, X_{P-1}$，要应用多元线性回归解释结果

变量 Z 的变化。假定模型误差为独立正态分布，应用常规最小二乘法的标准估计会产生 P 个回归系数（截距和 $P-1$ 个斜率）的有效估计和残差方差，以及标准的 t 检验或 F 检验。不过，如果任何一个分析单位有 Y 值缺失或某个 X 值缺失，常规最小二乘法公式就不能得到评价。若要应用常规最小二乘法，必须或者舍弃有缺失值的案例，或者应用诸如配对缺失数据程序等手段填补那些案例的缺失值。这些方法都会对统计推断造成一定的风险（Little，1992）。

除非数据缺失是完全随机的，否则舍弃缺失案例会导致分析样本的偏差。如此放弃数据还会导致精度变差。如果填补方法是经过认真推敲的，填补缺失值的方法比较好些。不过标准误估计会有负偏差，配对删除会导致严重的估算错误。Little（1992）和 Schafer（1997）曾经详细回顾了这些问题。

基于多元模型填补缺失数据

应用多元模型式填补方法能够令人满意地解决数据缺失问题（Little & Rubin，1987；Schafer，1997）。多元填补方法生成 M 套"完整"的数据集。用常规最小二乘法分析每套数据，对结果取平均得到每个回归系数的点估计。M 个抽样方差的均值加上一个表达 M 个点估计之间变异的膨胀系数，便得到适当的抽样方差。Little 和 Rubin（1987）、Little 和 Schenker（1995）以及 Schafer（1997）都发表过这些标准误的计算公式。

除了产生逼真的标准误以外，只要满足模型假定且数据为"随机缺失"（missing at random，简标为 MAR），多元模型式填补方法还可得出关于产生完整数据的参数的无偏推断。随机缺失是比较宽松的条件，远非"完全随机缺失"（missing completely at random，简标为 MCAR）那样严格。完全随机缺失假定缺失数据是完整数据的一个简单随机样本。而随机缺失则不同，只假定在所有观测数据不变的情况下，缺失的概率与完整数据的取值无关。这一假设往往成立，因为实际数据集当中的变量通常既包含缺失数据的大量信息，也包含关于某数据点缺失概率的大量信息。此外，即使随机缺失不成立，只要缺失信息的比例很小，多元模型式填补方法得到的结果仍然稳健。应当注意缺失信息的比例并不等于缺失数据点的比例，而是与给定数据条件下缺失数据中未解释的变异有关。如果研究变量之间关系密切，即使缺失案例的比例很大，缺失信息比例也可能很小。前面提到的其他方法（舍弃整个缺失案例、填补单独的缺失值、配对删除）都不能在随机缺失条件下得到无偏估计，一般其结果对于非随机缺失问题也并不稳健。

分层线性模型应用于缺失数据的问题

多元模型式填补方法中关键的步骤是仅根据已有数据有效地估计完全数据的 P 元分布。Dempster、Laird 和 Rubin（1977）在他们富有启发性的文章中展示了如何运用 EM（expectation maximization，期望最大化）算法根据残缺数据计算 P 元正态分布的最大似然估计。[①]（与此相似的方法可见 Orchard & Woodbury，1972；Goldstein，1995，第 4 章。）

遗憾的是，多元填补程序比较麻烦，需要多元分析和结果综合。用较为简单的方法在给定残缺数据情况下对完整数据 P 元分布的最大似然估计，也可发挥满足随机缺失条件的有效推断的优势。这类似于多元填补程序的第一步（Little，1992）。不过，下一步是简单地将这些估计转换为所需的回归系数估计及其标准误，而不是生成填补数据。根据最大似然法的恒定性质，转换结果仍为最大似然估计。

最好用一个简单的实例演示这种方法。[②]见表 11.1 中的虚拟数据，其中有结果变量 Z 和两个预测变量 X_1 和 X_2，于是 $P = 3$。共有 $J = 15$ 名调查对象，没有缺失值。应用常规最小二乘法回归，得到三个回归系数的估计值及其标准误，列于表 11.1 底部。

假设表 11.1 中的一些数值不可获得。表 11.2 为可获得数据或"残缺"数据。例如第 4 例的 Z 和 X_2 有数值而 X_1 没有数值，第 3 例只有 Z 的数值。

重新组织数据。先将每个案例 j 的变量均视为"测量机会"。若数据完整，则每例都有 $P = 3$ 次观测。若案例 j 缺失了一个数值，该例的机会只有 2 次；若 j 缺失 2 个值，则该例只有一次机会。然后结果被重新理解为 Y_{ij}，即案例 j

---

[①] 记住这种分布，在给定观测数据和模型参数后，有可能对每个参与者估计出缺失值的条件分布。多元填补便是从该条件分布中抽样的。

[②] 本章介绍的方法最适于中等或大样本数据。不过，为了能解释清楚，我们用小样本数据作为例子。

表 11.1 回归分析用的虚拟数据：Z 为结果，X_1 和 X_2 为预测变量

完整数据

案 例	Z	X_1	X_2
1	48.92	41.86	60.41
2	55.54	56.06	52.99
3	59.49	39.65	53.38
4	46.52	37.31	55.25
5	56.20	57.59	52.54
6	50.40	58.75	47.94
7	51.55	42.34	51.42
8	75.41	58.95	69.87
9	36.13	45.74	44.62
10	43.88	51.54	44.04
11	68.01	62.26	48.52
12	56.65	62.11	48.90
13	40.49	47.21	55.69
14	35.52	39.75	39.45
15	60.48	64.43	66.00

回归结果

自变量	系 数	标准误 se
截距	−13.093	15.542
X_1	0.562	0.220
X_2	0.697	0.259

在第 i 次机会收集的数据，其中 $i = 1，\cdots，n_j$，且 $n_j < P = 3$。如果 j 例数据完整，则 $Y_{1j} = Z_j$，$Y_{2j} = X_{1j}$，$Y_{3j} = X_{2j}$。表 11.3 为重新组织后的完整数据，表 11.4 则为相应的残缺数据。注意新生成的虚拟变量 D_{Zij}、D_{1ij}、D_{2ij} 表示 Y_{ij} 是 Z_j、X_{1j}，或是 X_{2j}。例如表 11.4 中第 4 个案例，X_{14} 为缺失，于是有 $Y_{14} = Z_4 = 46.52$，$Y_{24} = X_{24} = 55.25$。这些由第一条记录的 D_Z 取值为 1、第二条记录的 D_2 取值为 1 来表示。

表 11.2 回归分析用的虚拟数据：Z 为结果，X_1 和 X_2 为预测变量

残缺数据

案 例	Z	X_1	X_2
1	48.92	41.86	60.41
2	?	56.06	52.99
3	59.49	?	?
4	46.52	?	55.25
5	56.20	57.59	?
6	50.40	58.75	47.94
7	51.55	?	51.42
8	75.41	58.95	69.87
9	36.13	45.74	44.62
10	43.88	51.54	44.04
11	68.01	62.26	48.52
12	56.65	62.11	48.90
13	40.49	47.21	55.69
14	35.52	39.75	39.45
15	60.48	64.43	66.00

表 11.3 转换后的完整数据

案 例	Y	D_Z	D_1	D_2
1	48.92	1	0	0
1	41.86	0	1	0
1	60.41	0	0	1
2	55.54	1	0	0
2	56.06	0	1	0
2	52.99	0	0	1
3	59.49	1	0	0
3	39.65	0	1	0
3	53.38	0	0	1
4	46.52	1	0	0
4	37.31	0	1	0
4	55.25	0	0	1
5	56.20	1	0	0
5	57.59	0	1	0
5	52.54	0	0	1
6	50.40	1	0	0

案 例	Y	D_Z	D_1	D_2
6	58.75	0	1	0
6	47.94	0	0	1
7	51.55	1	0	0
7	42.34	0	1	0
7	51.42	0	0	1
8	75.41	1	0	0
8	58.95	0	1	0
8	69.87	0	0	1
9	36.13	1	0	0
9	45.74	0	1	0
9	44.62	0	0	1
10	43.88	1	0	0
10	51.54	0	1	0
10	44.04	0	0	1
11	68.01	1	0	0
11	62.26	0	1	0
11	48.52	0	0	1
12	56.65	1	0	0
12	62.11	0	1	0
12	48.90	0	0	1
13	40.49	1	0	0
13	47.21	0	1	0
13	55.69	0	0	1
14	35.52	1	0	0
14	39.75	0	1	0
14	39.45	0	0	1
15	60.48	1	0	0
15	64.43	0	1	0
15	66.00	0	0	1

最大似然估计

参 数			系 数			标准误 se		
γ_z			52.346			2.786		
γ_1			51.037			2.372		
γ_2			52.734			2.021		
τ_{zz}	τ_{z1}	τ_{z2}	116.433	59.673	52.558	42.515	29.880	25.687
	τ_{11}	τ_{12}		84.435	17.525		30.831	19.116
		τ_{22}			61.280			22.376

表 11.4 转换后的残缺数据

案 例	Y	D_z	D_1	D_2
1	48.92	1	0	0
1	41.86	0	1	0
1	60.41	0	0	1
2	56.06	0	1	0
2	52.99	0	0	1
3	59.49	1	0	0
4	46.52	1	0	0
4	55.25	0	0	1
5	56.20	1	0	0
5	57.59	0	1	0
6	50.40	1	0	0
6	58.75	0	1	0
6	47.94	0	0	1
7	51.55	1	0	0
7	51.42	0	0	1
8	75.41	1	0	0
8	58.95	0	1	0
8	69.87	0	0	1
9	36.13	1	0	0
9	45.74	0	1	0
9	44.62	0	0	1
10	43.88	1	0	0
10	51.54	0	1	0
10	44.04	0	0	1
11	68.01	1	0	0
11	62.26	0	1	0
11	48.52	0	0	1
12	56.65	1	0	0
12	62.11	0	1	0
12	48.90	0	0	1
13	40.49	1	0	0
13	47.21	0	1	0
13	55.69	0	0	1
14	35.52	1	0	0
14	39.75	0	1	0
14	39.45	0	0	1

案　例	Y	D_z	D_1	D_2
15	60.48	1	0	0
15	64.43	0	1	0
15	66.00	0	0	1

最大似然估计

参　　数			系　　数			标准误 se		
γ_z			52.256			2.836		
γ_1			53.828			2.081		
γ_2			53.052			2.221		
τ_{zz}	τ_{z1}	τ_{z2}	118.204	62.598	54.445	43.913	27.952	28.143
	τ_{11}	τ_{12}		58.789	20.014		23.171	18.425
		τ_{22}			67.676			26.269

　　层 – 1 模型。第一层的单位为测量机会，第二层的单位为个人。层 – 1 模型简单地表示哪个完整数据元素得到观测：

$$Y_{ij} = D_{zij}Z_j + D_{1ij}X_{1j} + D_{2ij}X_{2j} \qquad [11.1]$$

于是，对案例 1，有：

$$Y_{11} = (1) \times Z_1 + (0) \times X_{11} + (0) \times X_{21} = Y_1 = 48.92$$
$$Y_{21} = (0) \times Z_1 + (1) \times X_{11} + (0) \times X_{21} = X_{11} = 41.86 \qquad [11.2]$$
$$Y_{31} = (0) \times Z_1 + (0) \times X_{11} + (1) \times X_{21} = X_{21} = 60.41$$

或以矩阵表示为：

$$\begin{pmatrix} Y_{11} \\ Y_{21} \\ Y_{31} \end{pmatrix} = \begin{pmatrix} 1 & 0 & 0 \\ 0 & 1 & 0 \\ 0 & 0 & 1 \end{pmatrix} \begin{pmatrix} Z_1 \\ X_{11} \\ X_{21} \end{pmatrix} = \begin{pmatrix} 48.92 \\ 41.86 \\ 60.41 \end{pmatrix} \qquad [11.3]$$

再看案例 4 的残缺数据（表 11.4），有：

$$Y_{14} = (1) \times Z_4 + (0) \times X_{14} + (0) \times X_{24} = Z_4 = 46.52$$
$$Y_{24} = (0) \times Z_4 + (0) \times X_{14} + (1) \times X_{24} = X_{24} = 55.25 \qquad [11.4]$$

或以矩阵表示为：

$$\begin{pmatrix} Y_{14} \\ Y_{24} \end{pmatrix} = \begin{pmatrix} 1 & 0 & 0 \\ 0 & 0 & 1 \end{pmatrix} \begin{pmatrix} Z_4 \\ X_{14} \\ X_{24} \end{pmatrix} = \begin{pmatrix} 46.52 \\ 55.25 \end{pmatrix} \qquad [11.5]$$

通常可将矩阵方程写为：

$$\mathbf{Y}_j = \mathbf{D}_j \mathbf{Y}_j^* \qquad [11.6]$$

其中，$\mathbf{Y}_j$ 是观测数值的 n_j 维向量，$\mathbf{Y}_j^*$ 是完整数值的向量，$\mathbf{D}_j$ 是虚拟变量矩阵，表示已获得完整数据的元素。注意，在原则上，每个案例 j 都存在一个 $\mathbf{Y}_j^*$。这些完整数据成为层 -2 模型中的结果。

层 -2 模型。层 -1 模型将残缺数据表示为完整潜在数据的函数，同时层 -2 模型描述了完整数据的分布：

$$\begin{aligned} Z_j &= \gamma_z + u_{zj} \\ X_{1j} &= \gamma_1 + u_{1j} \\ X_{2j} &= \gamma_2 + u_{2j} \end{aligned}$$

$$\begin{pmatrix} u_{zj} \\ u_{1j} \\ u_{2j} \end{pmatrix} \sim \mathrm{N}\left[\begin{pmatrix} 0 \\ 0 \\ 0 \end{pmatrix}, \begin{pmatrix} \tau_{zz} & \tau_{z1} & \tau_{z2} \\ \tau_{1z} & \tau_{11} & \tau_{12} \\ \tau_{2z} & \tau_{21} & \tau_{22} \end{pmatrix} \right] \qquad [11.7]$$

其中，Z_j、X_{1j}、X_{2j} 是 Y_j^* 中的完整数据，于是 γ_z、γ_1、γ_2 分别为完整的 Z、X_1、X_2 的均值。该层 -2 模型可用矩阵表示为：

$$Y_j^* = \gamma + u_j, \qquad u_j \sim \mathrm{N}(\mathbf{0}, \mathbf{T}) \qquad [11.8]$$

由此，层 -2 模型描述了完整数据的多元正态分布。

组合模型。将层 -2 模型（方程 11.8）代入层 -1 模型（方程 11.6）得到以矩阵表示的组合模型：

$$\mathbf{Y}_j = \mathbf{D}_j \gamma + \mathbf{D}_j u_j, \qquad \mathbf{D}_j u_j \sim \mathrm{N}(\mathbf{0}, \mathbf{D}_j \mathbf{T} \mathbf{D}_j^T) \qquad [11.9]$$

应用第 14 章中介绍的 EM 算法或 Fisher 得分算法不难估计该模型。

结果：完整数据。分层线性模型分析从均值（γ_z、γ_1、γ_2）和 $\mathbf{T}$ 的方差协方差元素（表 11.3 的底部）的最大似然估计入手。这些估计包括了

计算所需回归参数的所有必要信息。根据多元正态分布的标准理论，我们得出：

$$\mathrm{E}(Z_j \mid X_{1j}, X_{2j}) = \gamma_z + \begin{bmatrix} \tau_{z1} & \tau_{z2} \end{bmatrix} \begin{bmatrix} \tau_{11} & \tau_{12} \\ \tau_{21} & \tau_{22} \end{bmatrix}^{-1} \begin{bmatrix} X_{1j} - \gamma_1 \\ X_{2j} - \gamma_2 \end{bmatrix} \qquad [11.10]$$

代入表 11.3 底部的最大似然估计值，得到：

$$\begin{aligned} \hat{\mathrm{E}}(Z_j \mid X_{1j}, X_{2j}) &= 52.346 + \begin{bmatrix} 59.673 & 52.558 \end{bmatrix} \begin{bmatrix} 84.435 & 17.525 \\ 17.525 & 61.280 \end{bmatrix}^{-1} \times \begin{bmatrix} X_{1j} - 51.037 \\ X_{2j} - 52.735 \end{bmatrix} \\ &= -13.093 + 0.562 \times X_{1j} + 0.697 \times X_{2j} \qquad [11.11] \end{aligned}$$

于是两阶段分层线性模型分析与常规最小二乘法分析的结果完全相同（见表 11.1 的底部）。

结果：残缺数据。将残缺数据组织为表 11.4 的形式，应用前面介绍的分层线性模型分析方法，可得到回归系数的最大似然估计。分层线性模型分析仍开始于均值（γ_z、γ_1、γ_2）和 **T** 的方差协方差元素（见表 11.4 的底部）的最大似然估计。再将最大似然估计值代入方程 11.10，得到：

$$\begin{aligned} \hat{\mathrm{E}}(Z_j \mid X_{1j}, X_{2j}) &= 52.256 + \begin{bmatrix} 62.598 & 54.445 \end{bmatrix} \begin{bmatrix} 58.789 & 20.014 \\ 20.014 & 67.676 \end{bmatrix}^{-1} \times \begin{bmatrix} X_{1j} - 53.828 \\ X_{2j} - 53.052 \end{bmatrix} \\ &= -23.950 + 0.879 \times X_{1j} + 0.544 \times X_{2j} \qquad [11.12] \end{aligned}$$

从 γ_z、γ_1、γ_2 的最大似然估计的大样本协方差矩阵和 **T** 可推算出标准误（详见 Raudenbush & Sampson, 1999a）。

自变量有测量误差的回归

测量误差在多元回归推断中造成的后果已是尽人皆知（参看 Fuller, 1987）。如果对结果变量测量有误差，在估计回归系数时不会有偏，但会削弱精度和统计功效，而且会削弱预测变量的解释功效估计（如 R^2）。[①] 与此相反，一个或多个预测变量的测量误差使回归系数估计产生偏差。例如，如果一个预

---

① 不过，如果将结果和解释变量都加以标准化，回归系数就会是有偏估计。

测变量有测量误差，该变量的系数估计会偏向 0，因此在估计方程中的其他系数时，该变量的调整作用就会被低估。

常规结构方程靠加入一个测量模型来补充结构模型的方法处理结果变量和解释变量中的测量误差。可将结构方程视为一个分层模型：层 -1 模型描述潜在数据与有误差数据之间的相关，而层 -2 模型描述潜在数据之间的结构关系。这符合实际情况，即某案例中各项测量误差不同，且各案例的潜在变量也不同。于是，层 -1 单位是项，层 -2 的单位是案例。在应用标准回归的条件下，层 -1 模型成为测量模型，层 -2 模型则表示了潜在变量的分布。这种方法的优点是：（1）该分析同结构方程模型一样，可得到对潜在变量回归模型的有效估计；（2）加入一个缺失数据模型并不难（如上节所述）；（3）可以增加反映嵌套数据结构的层，如学生嵌套于学校（见下节）；（4）对二项数据、计数数据或序次数据项可以结合测量模型。下面我们继续用标准多元回归的例子来演示这些特点。

在分层模型中纳入测量误差信息

有几种方法可以达到这个目的。一种较周全的方法是应用分项反应理论（item response theory，简标为 IRT），通过标度（scale）或检验来研究各项反应（Lord, 1980；Wright & Masters, 1982；van der Linden & Hambleton, 1996）。若可以构建一个适当的标度，应用分项反应理论分析可以为每个案例计算出测量标度分数及其标准误（例子见第 8 章）。在其他的应用中，测量的可靠性可以从以往研究结果了解或从样本进行估计。还有一种方法是直接应用分层线性模型来建立分项反应模型，这是本章最后要介绍的方法。

在当前的例子中，为简单起见，假定每个变量的测量可靠性至少接近于已知。具体地说，我们假设 Z 的测量可靠性为 0.85，X_1 的可靠性为 0.90，X_2 的可靠性为 0.70。对这些情况进行模拟，我们将测量误差加到完整数据（表 11.3）中，得到有误差的数据（见表 11.5）。

层 -1 模型。将观测数据 Y_{ij} 表示为"真实的"或潜在数据加测量误差的函数：

$$Y_{ij} = D_{zij}(Z_j + e_{zj}) + D_{1ij}(X_{1j} + e_{1j}) + D_{2ij}(X_{2j} + e_{2j}) \qquad [11.13]$$

在此，测量误差的方差被视为通过以往分项分析已知。分别对应于可靠性为

表 11.5 加测量误差的完整数据

案 例	Y	D_Z	D_1	D_2
1	48.13	1	0	0
1	44.29	0	1	0
1	60.50	0	0	1
2	52.91	1	0	0
2	57.22	0	1	0
2	55.49	0	0	1
3	58.57	1	0	0
3	36.93	0	1	0
3	45.67	0	0	1
4	43.41	1	0	0
4	35.96	0	1	0
4	50.99	0	0	1
5	56.95	1	0	0
5	56.63	0	1	0
5	56.66	0	0	1
6	56.40	1	0	0
6	57.28	0	1	0
6	42.54	0	0	1
7	54.31	1	0	0
7	43.51	0	1	0
7	51.61	0	0	1
8	71.42	1	0	0
8	57.87	0	1	0
8	77.13	0	0	1
9	40.66	1	0	0
9	46.53	0	1	0
9	51.89	0	0	1
10	43.40	1	0	0
10	50.57	0	1	0
10	39.23	0	0	1
11	64.29	1	0	0
11	57.19	0	1	0
11	43.94	0	0	1
12	65.64	1	0	0
12	64.61	0	1	0
12	51.57	0	0	1

案　例	Y	D_z	D_1	D_2
13	35.45	1	0	0
13	48.14	0	1	0
13	56.61	0	0	1
14	29.70	1	0	0
14	40.62	0	1	0
14	45.20	0	0	1
15	63.96	1	0	0
15	68.20	0	1	0
15	61.99	0	0	1

最大似然估计

参　数			系　数			标准误 se		
γ_z			52.346			2.990		
γ_1			51.037			2.439		
γ_2			52.735			2.363		
τ_{zz}	τ_{z1}	τ_{z2}	113.840	69.370	40.208	48.963	33.439	29.262
	τ_{11}	τ_{12}		82.439	26.023		32.571	23.304
		τ_{22}			59.746			30.575

0.85、0.90、0.70 的三个变量的测量误差为：

$$e_{zj} \sim N(0,4.50^2)$$
$$e_{1j} \sim N(0,2.60^2) \qquad [11.14]$$
$$e_{2j} \sim N(0,4.90^2)$$

一般将矩阵方程写为：

$$\mathbf{Y}_j = \mathbf{D}_j(\mathbf{Y}_j^* + \mathbf{e}_j), \qquad \mathbf{e}_j \sim N(\mathbf{0},\mathbf{V}_j) \qquad [11.15]$$

其中，$\mathbf{Y}_j$ 是观测变量的 n_j 维向量，$\mathbf{D}_j$ 是标识变量的 $n_j \times 3$ 维矩阵，$\mathbf{Y}_j^*$ 是潜在或"真"值的 3 维向量，$\mathbf{e}_j$ 是测量误差的 3 维向量。在此，$\mathbf{V}_j$ 是 3×3 的对角矩阵，对角线元素分别为 4.50^2、2.60^2、4.90^2，分别等于每个潜在变量的测量误差方差。注意，该模型是灵活的，允许每个案例 $j=1,\cdots,J$ 有不同的测量精度，不过当前为简化起见，假定所有案例在某一给定潜在变量的测量方差是恒定的。$\mathbf{D}_j$ 同前面提到的一样，为虚拟变量矩阵，标志着哪些机会观测到了潜在变量。

层－2模型。层－1模型将观测数据表示为潜在数据加测量误差的函数，而层－2模型则描述了潜在数据的分布：

$$Z_j = \gamma_z + u_{zj}$$
$$X_{1j} = \gamma_1 + u_{1j}$$
$$X_{2j} = \gamma_2 + u_{2j}$$

$$\begin{pmatrix} u_{zj} \\ u_{1j} \\ u_{2j} \end{pmatrix} \sim N\left[\begin{pmatrix} 0 \\ 0 \\ 0 \end{pmatrix}, \begin{pmatrix} \tau_{zz} & \tau_{z1} & \tau_{z2} \\ \tau_{1z} & \tau_{11} & \tau_{12} \\ \tau_{2z} & \tau_{21} & \tau_{22} \end{pmatrix} \right]$$

[11.16]

于是，γ_z、γ_1、γ_2 分别为 Z、X_1、X_2 的平均值。用矩阵表示层－2模型为：

$$\mathbf{Y}_j^* = \boldsymbol{\gamma} + \mathbf{u}_j, \qquad \mathbf{u}_j \sim N(\mathbf{0}, \mathbf{T})$$

[11.17]

因此层－2模型代表潜在数据的多元正态分布。

组合模型。将层－2模型（方程11.17）代入层－1模型（方程11.15），产生矩阵形式的组合模型：

$$\mathbf{Y}_j = \mathbf{D}_j(\boldsymbol{\gamma} + \mathbf{u}_j + \mathbf{e}_j)$$
$$\mathbf{D}_j(\mathbf{u}_j + \mathbf{e}_j) \sim N[\mathbf{0}, \mathbf{D}_j(\mathbf{T} + \mathbf{V}_j)\mathbf{D}_j^T]$$

[11.18]

应用 EM 算法或 Fisher 得分算法（第14章）估计该模型并不困难。还可以直接加入其他无测量误差的解释变量，或将结果变量重新设定为多变量。[①]

结果。分层线性模型的分析步骤与其对缺失数据的分析几乎完全相同，不同的只是此处的分析考虑了层－1模型中的测量误差。于是，将边际平均值及其方差协方差的最大似然估计进行转换，以求得回归系数的估计。将这些结果与常规最小二乘法分析有误差数据的结果加以比较很有启发（见表11.6）。我们看到，常规最小二乘法对 X_2 的贡献得出明显不同的结果（即常规最小二乘法的估计值为 0.262，而分层线性模型分析的相应值为 0.355）。本例中的其他估计都相似，因为 X_1 和 Z 的测量相当精确，且 X_1 和 X_2 之间只有微弱相关。

---

① 可用不同的方法做实际运算。例如，应用劳登布什等（Raudenbush et al., 2000）的 HLM5.0 程序中的加权选项，对每个结果计算权重 $W_{ij} = 1/V_{ij}$，在这个例子里，对 Z_j 就是 $1/4.50^2$，对 X_{1j} 是 $1/2.60^2$，对 X_{2j} 是 $1/4.90^2$（对所有 j，权重是一样的）。如此定义权重就要对 J 方差协方差矩阵重新加权。这样相当于定义一个模型，其中每个加权结果的层－1方差为1。于是，在定义权重变量之后，用户将层－1方差设为1。层－2模型保持不变，如方程11.20所示。

请注意，分层线性模型分析中所有标准误都有上升，尤其是较不可靠的变量 X_2 系数的标准误，而它正是不太可靠的自变量。这些较大的标准误反映了由测量误差引起的额外不确定性。

表 11.6　考虑测量误差和不考虑测量误差的回归模型估计

自变量	考虑测量误差的分层线性模型 系数 (se)	不考虑测量误差的常规最小二乘法 系数 (se)
常数项	−3.61	2.73
	(19.16)	(17.49)
X_1	0.729	0.701
	(0.287)	(0.277)
X_2	0.355	0.262
	(0.382)	(0.286)

注：分层线性模型的最大似然估计控制了测量误差，而常规最小二乘法则没有控制。

有缺失数据和测量误差的回归

假设预测变量中既含有测量误差也含有缺失数据，仍可应用上节所述建立模型的方法，不用做任何修改。只需把表 11.5 中有缺失数据的行删去，应用最大似然法估计边际平均值和方差协方差元素，再经过转换计算所需回归估计及其标准误。

对潜在变量直接和间接效应的估计

社会科学研究一般对已知关系的中介变量感兴趣。研究者往往要问：认知技能是否中介影响教育和职业状况之间的关系（Rivera-Batiz, 1992; Bowles & Gintis, 1996）？学校纪律风气是否中介影响学校的社会构成和学生成绩之间的关系（Lee & Bryk, 1989）？控制生育实践是否中介影响母亲教育和生育率之间的关系（Mason, Wong, & Entwisle, 1984）？在这些研究中普遍应用了结构方程模型。这些模型容许有测量误差的解释变量和结果变量，并研究潜在变量之间的关系，而这些潜在变量可以分别被看作外生解释变量、中介变量和结果变量。

对中介作用的研究往往需要多层数据。在 Lee 和 Bryk（1989）的一项研究中，社会构成和学校纪律风气在学校一层变动，然而结果则在学生层面变动。Sampson、Raudenbush 和 Earls（1997）提出的问题是，"集体效力"是否影响居民区的社会构成和暴力事件之间的相关，"集体效力"是指包括凝聚力、信任、居民维护公共秩序的干预能力在内的社会过程。其中，这一关键的构造指标是在居民区层面变动，但数据是由居民区内的多个知情人提供的。在这些例子中，关键中介变量（即学校纪律风气、集体效力）是从调查数据估价而来，很可能带有不可忽视的测量误差。如果忽略了这些测量误差将会导致对关键解释变量作用的有偏估计。

方法学家用两种截然不同的方法解决这种涉及多层结构的潜在变量问题：第一种是修改标准结构方程模型，使之可以结合多层数据（Lee，1990；Muthén，1994；McDonald，1994）；第二种是先建立分层模型，然后再引入测量误差模型（Raudenbush，Rowan，& Kang，1991；Longford，1993；Goldstein，1995）。我们遵循第二种方法（见 Raudenbush & Sampson，1999a），将本章前面介绍的思路推广到多层设计的情况。因此，模型的第一层仍然是建立观测数据与潜在变量之间的关系。不过，现在潜在变量本身是在两个层面变化。通过估计这些潜在变量的联合分布，我们就可以估计它们的直接作用和间接作用。

一个有测量误差和缺失数据的三层示例

引发这一示例分析的问题是，居民区社会组织的观测特征能否对城市居民区的社会构成与该居民区暴力事件发生水平之间的关系加以（中介性）解释。收集分析数据是 1995 年在芝加哥居民区人类发展项目（PHDCN）的资助下进行的。这里报告的结果旨在演示分析方法，而不是提供结论性的重要实证。Sampson、Raudenbush 和 Earls（1997）在他们的文章中用更详尽的分析得到了关于居民区社会组织重要性的更有力的结论。

研究主要关注一个 5 等测量的"社会控制"量表。向居民提出的问题是，如果发生下列情况，可以指望邻居以各种方式进行干预的可能性。这些情况包括：（1）儿童逃学并在街角闲逛；（2）儿童在当地建筑上喷漆乱涂；（3）儿童有不尊重成人的表现；（4）在邻居住房前打架；（5）离住房最近的消防站受到资金削减的威胁。回答选项应用了从 1~5 的里氏量表。大多数调查对象回答了所有的 5 个问题，他们的量表得分是 5 项回答的平均值。不过只要至少回答了一个问题也为分析提供了数据。基于简单线性分项反应模型，考虑到每个居民回答项目的数量和"难度"，可计算出每个调查对象的测量误差的标准误（详见 Raudenbush & Sampson，1999a）。

调查内容还包括询问调查对象关于居民区内发生暴力事件的 5 个问题。具体是在过去 6 个月中以下类型的事件在本居民区发生的频繁程度：（1）使用武器的斗殴；（2）邻居间激烈的争吵；（3）团伙斗殴；（4）性骚扰或强奸；（5）抢劫行凶。对感知暴力的测量结果也反映了社会控制，最后得到来自 342 个居民区（neighborhood clusters，NC）共 7729 人的较完整的数据。

另外，根据 1990 年的普查结果独立地测量了各居民区的社会构成，其中包括贫困集中度（POVERTY CONCENTRATION，即贫困线以下的比例）、种族隔离（ETHNIC ISOLATION，即非洲裔美国人的比例）、国外出生者的比例（FOREIGN BORN），我们认为每项指标都与居民区的感知暴力正相关。我们假设社会构成与暴力之间的关系至少部分地受居民区的社会控制（SOCIAL CONTROL）程度的中介影响。

表 11.7 描述了样本的基本情况。从表中可见 342 个居民区的平均黑人比例为 41.2%，且标准差很大。贫困线以下和国外出生者的平均比例（分别约为 20% 和 16.5%）反映了芝加哥的多元化人口构成。

表 11.7　样本基本情况描述

(a) 个人层次数据

变量	N	均　值	标准误 se	最小值	最大值
性别[a]	7729	0.59	0.49	0.00	1.00
年龄	7729	42.59	16.73	17.00	100.00
社会经济状况[b]	7729	0.00	1.32	-4.08	4.33

(b) 居民区层次数据

变量	N	均　值	标准误 se	最小值	最大值
贫困集中度	342	20.43	17.31	0.23	88.18
种族隔离	342	41.21	43.67	0.00	99.81
国外出生者的比例	342	16.54	15.63	0.00	64.62
暴力[c]	342	1.88	0.41	1.13	3.17
社会控制	342	3.49	0.40	2.38	4.63

[a] 性别编码为：1 = 女，0 = 男。

[b] 社会经济状况 SES 为调查对象的家庭收入、受教育年数、职业状况的第一主成分值。

[c] 此处的暴力和社会控制为本居民区的居民观测分数的平均值。

在这项研究中控制社会选择效应也很重要。在一个居民区中，调查对象的社会经济状况、年龄、性别等特征也会影响其对调查问题的回答。在分析中，应该从统计上控制居民区内的社会人口背景与调查结果的任何关联，以便能理解不同居民区之间在结果上的变化与协变，否则样本在年龄、社会经济状况、性别等方面的构成不同会造成对居民区特征的测量偏差。表 11.7 描述了在本例分析时使用的个人层次的协变量：年龄，性别（1 代表女，0 代表男），社会经济状况（调查对象的受教育年数、职业状况、家庭收入的第一主成分值）。

模型

我们需要的分析模型要能够：（1）控制感知暴力和社会控制的调查指标上的可变测量误差；（2）控制居民区内与应答相关的个人特征；（3）恰当地解释样本中的群组特征，即分项反应嵌套于个人，而个人又嵌套于居民区中。

层 – 1 模型。层 – 1 模型是与感知暴力 Y_{jk} 和社会控制 Z_{jk} 相联的测量误差模型：

$$R_{ijk} = D_{1ijk}(Y_{jk} + \varepsilon_{1jk}) + D_{2ijk}(Z_{jk} + \varepsilon_{2jk}) \qquad [11.19]$$

其中：

$$\varepsilon_{1jk} \sim N(0, \sigma_{1jk}^2)$$

以及

$$\varepsilon_{2jk} \sim N(0, \sigma_{2jk}^2)$$

方程 11.19 可被看作经典测量模型，其中 R_{ijk} 是对住在居民区 k 的个人 j 的潜在变量 i 的有误测量。本例中有两个潜在变量，即居民区 k 中的个体 j 所感知的本区暴力"真实"水平 Y_{jk}，以及居民区 k 中个体 j 所感知的本居民区社会控制的"真实"水平 Z_{jk}。预测变量 D_{1ijk} 是个标识变量，若 R_{ijk} 为感知暴力的测量，则取值为 1，否则为 0；D_{2ijk} 也与之类似，若 R_{ijk} 测量的是社会控制，则取值为 1，否则为 0（其中有 $i=1, 2; j=1, \cdots, J_k; k=1, \cdots, K$）。不过，与常规分层线性模型不同，这里的层 – 1 方差是非齐性的，即各 σ_{1jk}^2 和各 σ_{2jk}^2 之间通常不相等。由于对感知暴力和社会控制的实际测量分项量表可对 R_{ijk} 的测量标准误

（即分别为 $\hat{\sigma}_{1jk}$ 和 $\hat{\sigma}_{2jk}$）做出很好的估计，我们可以用它们来对方程 11.19 重新加权，因此可消除非齐性，即如果 $D_{1ijk}=1$，有：

$$(1/\hat{\sigma}_{1jk})R_{ijk} = (1/\hat{\sigma}_{1jk})Y_{jk} + \varepsilon_{1jk}/\hat{\sigma}_{1jk} \qquad [11.20]$$

如果 $D_{2ijk}=1$，则有：

$$(1/\hat{\sigma}_{2jk})R_{ijk} = (1/\hat{\sigma}_{2jk})Z_{jk} + \varepsilon_{2jk}/\hat{\sigma}_{2jk}$$

其中：

$$\varepsilon_{1jk}/\hat{\sigma}_{1jk} \sim \mathrm{N}(0,1)$$

以及

$$\varepsilon_{2jk}/\hat{\sigma}_{2jk} \sim \mathrm{N}(0,1)$$

在此我们假定 $\hat{\sigma}_{1jk}$ 和 $\hat{\sigma}_{2jk}$ 分别等于 σ_{1jk} 和 σ_{2jk}。

还应注意，如本章前面的例子一样，这个公式可以在分析中利用所有现有数据，而不必删除诸如只回答了社会控制问题但没有回答感知暴力问题的案例。

层 – 2 模型。第二层模型描述了两个潜在变量在居民区内调查对象之间的变化：

$$Y_{jk} = Y_k + \beta_{y1k}(\mathrm{AGE})_{jk} + \beta_{y2k}(\mathrm{GENDER})_{jk} + \beta_{y3k}(\mathrm{SES})_{jk} + r_{yjk}$$
$$Z_{jk} = Z_k + \beta_{z1k}(\mathrm{AGE})_{jk} + \beta_{z2k}(\mathrm{GENDER})_{jk} + \beta_{z3k}(\mathrm{SES})_{jk} + r_{zjk}$$
$$\begin{pmatrix} r_{yjk} \\ r_{zjk} \end{pmatrix} \sim \mathrm{N}\left[\begin{pmatrix} 0 \\ 0 \end{pmatrix}, \begin{pmatrix} \Omega_{yy} & \Omega_{yz} \\ \Omega_{zy} & \Omega_{zz} \end{pmatrix} \right] \qquad [11.21]$$

于是居民区内的潜在应答被认为可能与年龄（岁）、性别（1 = 女、0 = 男）和社会经济状况 SES 相关。这里，年龄、性别、社会经济状况均是以总均值对中的。本分析的中心关注是，对居民区内与年龄、性别和社会经济状况有关的可能应答偏差做了调整后，"真实的"居民区感知暴力均值 Y_k 和社区控制均值 Z_k。它们的随机效应 r_{yjk} 和 r_{zjk} 具有协方差 Ω_{yz}，可以表示在给定方程 11.21 中的 Y_k、Z_k 和各 β 值的条件下，居民区内多个潜在变量之间的相关性。

层 – 3 模型。第三层即最高一层模型用以描述居民区之间在感知暴力调整

均值和社会控制调整均值上的变化,

$$Y_k = \gamma_{y0} + \gamma_{y1}(\text{POV CON})_k + \gamma_{y2}(\text{ETHNIC ISO})_k + \gamma_{y3}(\%\text{ FOR BORN})_k + u_{yk}$$

$$Z_k = \gamma_{z0} + \gamma_{z1}(\text{POV CON})_k + \gamma_{z2}(\text{ETHNIC ISO})_k + \gamma_{z3}(\%\text{ FOR BORN})_k + u_{zk}$$

$$\begin{pmatrix} u_{yk} \\ u_{zk} \end{pmatrix} \sim N\left[\begin{pmatrix} 0 \\ 0 \end{pmatrix}, \begin{pmatrix} \tau_{yy} & \tau_{yz} \\ \tau_{zy} & \tau_{zz} \end{pmatrix} \right]$$

[11.22]

于是,感知暴力调整均值 Y_k 和社会控制调整均值 Z_k 都作为贫困集中度、种族隔离、国外出生者的比例的函数在居民区之间变化,另外再加上一对假定为二元正态分布的随机效应 (u_{yk}, u_{zk})。这些随机效应表示同一居民区中调查对象之间的相关。

为简化起见,除了调整均值之外的所有居民区内的回归系数,即所有 β_{yfk} 和 β_{zfk},$f=1,2,3$,都被固定为常数,用公式表达即为:

$$\beta_{yfk} = \gamma_{yf0}, \qquad \beta_{zfk} = \gamma_{zf0}, \qquad f = 1,2,3$$

[11.23]

这里要指出的是,模型和估计步骤其实可以将随机变化加入这些系数。例如,设居民区之间年龄与感知暴力的联系是随机变化的,那么调查对象的年龄对感知暴力作用的模型可写为:

$$\beta_{y1k} = \gamma_{y10} + u_{y1k}$$

[11.24]

其中,u_{y1k} 是居民区 k 的随机效应。因为本例中层 - 2 模型的功能主要是控制个人应答偏差,所以我们决定将这些系数设为在所有居民区都相同的常数。

结果。用第14章描述的最大似然法估计这个三层模型,结果见表11.8。

(1) 控制应答偏差。如表 11.8 所示,年龄与关于暴力问题的回答有关系(但性别或社会经济状况并不如此)。在同一居民区内,老年居民报告的暴力程度低于较年轻的居民,$\hat{\gamma}_{y10} = -0.521$,$t = -9.80$。年龄和社会经济状况与关于社会控制的回答相关(但性别并不如此)。较年长和社会经济状况较好的调查对象更倾向于认为邻居们会采取社会控制($\hat{\gamma}_{z10} = 0.306$,$t = 4.95$;$\hat{\gamma}_{z30} = 2.863$,$t = 3.73$),这显示了同一居民区内居民之间的人口特征差别与他们对居民区的看法有关,在分析居民区之间的有关联系时控制了这个偏差来源。

表 11.8   感知暴力和社会控制作为居民区社会构成的函数[a]

固定效应	系 数	标准误 se	t 比率
	感知暴力		
截距，γ_{y0}			
层 - 2 预测变量			
年龄，γ_{y10}	-0.521	0.053	-9.80
性别，γ_{y20}	0.880	1.734	0.51
社会经济状况，γ_{y30}	1.024	0.725	1.41
层 - 3 预测变量			
贫困集中度，γ_{y1}	1.285	0.105	12.21
种族隔离，γ_{y2}	0.352	0.060	5.87
国外出生者的比例，γ_{y3}	0.636	0.147	4.34

固定效应	系 数	标准误 se	t 比率
	社会控制		
截距，γ_{z0}			
层 - 2 预测变量			
年龄，γ_{z10}	0.306	0.062	4.95
性别，γ_{z20}	0.481	2.051	0.23
社会经济状况，γ_{z30}	2.863	0.849	3.73
层 - 3 预测变量			
贫困集中度，γ_{z1}	-0.912	0.108	-8.47
种族隔离，γ_{z2}	-0.462	0.062	-7.49
国外出生者的比例，γ_{z3}	-1.246	0.151	-8.24

方差协方差分量

居民区内

感知暴力

社会控制

$$\begin{bmatrix} 3925 & \\ -1601 & 5829 \end{bmatrix}$$

居民区间

感知暴力

社会控制

$$\begin{bmatrix} 443 & \\ -205 & 375 \end{bmatrix}$$

[a] 在本表和其他表中，方差都乘 10000 以确保能够显示足够的有效位数，以避免使用科学计数。

（2）居民区社会构成对 Y 的总影响。如假设的一样，与感知暴力正相关的有居民区的贫困集中度（$\hat{\gamma}_{y1} = 1.285$，$t = 12.21$）、种族隔离（$\hat{\gamma}_{y2} = 0.352$，$t = 5.87$）以及国外出生者的比例（$\hat{\gamma}_{y3} = 0.636$，$t = 4.34$）。

（3）居民区社会构成与 Z 的联系。与上面正好相反，居民区的贫困集中度（$\hat{\gamma}_{z1} = -0.912$，$t = -8.47$）、种族隔离（$\hat{\gamma}_{z2} = -0.462$，$t = -7.49$）以及国外出生者的比例（$\hat{\gamma}_{z3} = -1.246$，$t = -8.24$）与社会控制之间的联系都是反向的。

（4）转换分层模型估计以估计直接和间接作用。将方程 11.22 进行转换，即定义 $(Y_k, Z_k | X_{sk})$ 的分布以估计 $(Y_k | Z_k, X_{sk})$ 的分布（其中 X_{sk} 的 $s = 1$, 2, 3, 分别对应贫困集中度、种族隔离、国外出生者的比例）。新模型为：

$$Y_k = \gamma_{y0.z} + \gamma_{y1.z}(\text{POV CON})_k + \gamma_{y2.z}(\text{ETHNIC ISO})_k$$
$$+ \gamma_{y3.z}(\%\,\text{FOR BORN})_k + \gamma_{yz.x}Z_k + u_k \qquad [11.25]$$
$$u_k \sim \text{N}(0, \tau^2)$$

请注意，曾是方程 11.22 中两个结果变量之一的潜在社会控制变量 Z_k，现在成为方程 11.25 右侧的潜在预测变量了。值得注意的不仅是该变量与感知暴力之间的联系，还有居民区社会构成（那些自变量 X）对 Y 的直接作用，以及居民区社会构成经过社会控制 Z 中介的对 Y 的间接作用。

（5）给定 X 条件下 Z 和 Y 之间的联系。表 11.9 中明确显示了社会控制和感知暴力之间的反向联系，有 $\gamma_{yz.x} = -0.546$, $t = -5.55$，表现出社会构成（贫困集中度、种族隔离、国外出生者的比例）的间接贡献。

表 11.9　感知暴力作为社会控制和居民区社会构成的函数

固定效应	系　数	标准误 se	t 比率
截距，$\gamma_{y0.z}$	375.00	39.07	9.60
层 -3 预测变量			
贫困集中度，$\gamma_{y1.z}$	0.787	0.133	5.90
种族隔离，$\gamma_{y2.z}$	0.100	0.072	1.39
国外出生者的比例，$\gamma_{y3.z}$	-0.044	0.184	-0.24
社会控制，$\gamma_{yz.x}$	-0.546	0.098	-5.55
方差协方差分量			
居民区间方差，τ^2	311		

注：层 -1 预测变量的结果与表 11.8 相同。当每层固定效应的估计在层间相互独立时，这些模型一般都如此。进一步的讨论见第 14 章。

（6）X 对 Y 的直接作用。这一分析结果也可以用通径图的形式表达（见图 11.1）。社会控制的调整将种族隔离和国外出生者的比例的贡献降低到不显著水平（$\hat{\gamma}_{y2.z} = 0.100$, $t = 1.39$; $\hat{\gamma}_{y3.z} = -0.044$, $t = -0.24$）。贫困集中度仍然保持与感知暴力正相关，$\hat{\gamma}_{y1.z} = 0.787$, $t = 5.90$，但其系数看起来明显小于社会控制调整前的系数（将此处的贫困集中度系数 $\hat{\gamma}_{y1.z}$ 与表 11.8 中的 $\hat{\gamma}_{y1} = 1.285$ 相比）。

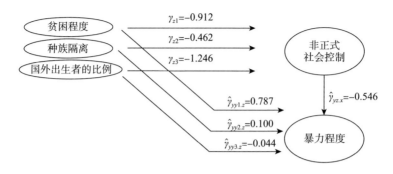

图 11.1　在非正规社会控制中介影响下外生变量
对暴力程度的直接和间接效应

（7）间接作用。表11.10列出了总效应、直接效应、间接效应以及相应的标准误。我们可以看到社会构成的各个方面都有较大的间接效应。因此，在每一方面，社会构成都通过其与社会控制的联系与暴力情况相关联。[①] 每个间接效应的幅度都远远大于其标准误，显示了社会控制的中介效应统计性显著。我们注意到，间接效应其实是总效应（X 和 Y 之间的联系）和直接效应（控制了 Z 之后 X 和 Y 之间的联系）之差。如果相对其估计标准误来说规模较大，说明相应系数之差将显著地大于零。可以利用标准误来计算这些差距的置信区间。

表 11.10　将总效应分解为直接和间接成分

	总效应 （se）	直接效应 （se）	间接效应 （se）
贫困集中度	1.285	0.787	0.498
	(0.105)	(0.133)	(0.107)
种族隔离	0.352	0.100	0.252
	(0.060)	(0.072)	(0.056)
国外出生者的比例	0.636	−0.044	0.680
	(0.147)	(0.184)	(0.148)

（8）总结。根据表11.8～11.10的结果，我们得到的结论是：①正如假设

---

① 将社会控制解释为社会构成和暴力关系的"中介变量"在很大程度上取决于模型设置的恰当性。特别是需要假定社会控制不受暴力影响，并且假定没有遗漏与社会控制相关的其他中介变量。使用非实验数据很难证实这些假定，因此，这些结果应被认为是有待继续研究的建议性结果。

的那样，三项社会构成指标与感知暴力之间正相关（总效应）；②给定社会构成后，居民区的社会控制与感知暴力之间负相关；③对社会控制进行调整后，我们发现贫困集中度对暴力有统计性显著的直接效应，但种族隔离和国外出生者的比例与暴力之间均没有显著的直接效应；④居民区的各 X（贫困集中度、种族隔离、国外出生者的比例）与感知暴力之间的联系部分地被居民区的社会控制所"解释"或"中介影响"（显示为统计上显著的间接效应）。

控制居民区社会控制测量误差的重要性。为了展示潜在变量模型对统计推断的影响，我们计算一下第二个感知暴力的多层分析，其中预测变量完全一样，但社会控制是一个显在变量而非潜在变量。这样就会将方程 11.20 ~ 11.23 的三层模型减少到两层模型，其中原层 – 2 和层 – 3 的预测变量现在分别为层 – 1 和层 – 2 的预测变量。显在的社会控制变量在这里只是作为层 – 2 的另一个预测变量，代表社会控制。

社会控制的显在变量是根据每个居民区内样本应答得到的平均数（见表 11.7 的描述性统计）。我们注意到，居民区层次的社会控制显在变量的可靠性与每个居民区的样本规模密切相关。由于样本规模大约为 20 ~ 50 人，所以这一可靠性大约在 0.70 ~ 0.86 的范围内变化。在潜在变量分析中考虑到了可靠性变化的问题，但基于显在变量的分析却没有。

结果（表 11.11）正如预期的那样，对显在变量社会控制的系数估计小于潜在变量模型的估计（ – 0.412 相比 – 0.546）。同样需要注意的是，潜在变量分析中该系数的估计标准误显然较大，反映出社会控制的测量误差有更大的不确定性。另外，社会控制为显在变量的模型中，对种族隔离和国外出生者的比例贡献的调整幅度较小。事实上，在使用社会控制显性指标的完全模型中，种族隔离保持了对暴力有显著的直接作用。

表 11.11　建立社会控制测量误差模型的结果

	社会控制作为潜在自变量			社会控制作为显在自变量		
	系数	se	t 比率	系数	se	t 比率
层 – 2 预测变量						
贫困集中度	0.787	0.133	5.90	0.877	0.108	8.13
种族隔离	0.100	0.072	1.39	0.157	0.059	2.64
国外出生者的比例	– 0.044	0.184	– 0.24	0.097	0.148	0.66
社会控制	– 0.546	0.098	– 5.55	– 0.412	0.048	– 8.63
居民区间方差	331			321		

总而言之，如果忽略了社会控制的测量误差，就会导致：①弱化对社会控制重要性的认识；②社会控制系数的置信区间缩小了；③社会控制对社会构成和感知暴力关联的中介影响显得不那么重要了。换句话说就是，社会构成对暴力的直接效应被夸大了。

分析个人成绩增长的两层潜在变量举例

潜在变量还可应用于增长研究。第 6 章所介绍的个人增长模型可以很容易地被扩展，将一个潜在增长参数作为另一个潜在增长参数的函数来分析，比如将潜在增长率看作个人潜在初始状态的函数。下面介绍这种应用。

在本例中，研究的重点是高中时期数学成绩增长的性别差异。这段时期在数学方面逐渐增大的性别差距问题受到政策制定者、教师和家长的关注。关键的问题是，高中经历是否对拉大差距有影响，抑或是这种差距增大其实反映了高中以前就开始出现的性别差异。以下将要揭示出，在 8 年级时男生的标准化数学测验分数就显著高于女生。此外，在高中期间，男生的增长率也显示出大于女生。一般来说，8 年级状况和增长率之间有正向关联，且作为结果，增长率上的性别差距可能归因于这种正关联。因此我们提出一个模型，其中性别既是 8 年级状况的预测变量，也是高中增长率的预测变量。我们希望了解 8 年级状况上的性别差异是否能够解释性别和高中增长率之间的关联。如果能够解释，则意味着高中时期逐渐增大的性别差距是由于高中以前就开始的变化。此外，如果在考虑了 8 年级状况之后，性别和高中增长率之间还有直接关联，那么就可以说高中经历对高中时期增大的性别差距有单独的贡献。[①]

本例中使用的数据来自全国教育历时研究（NELS）。1988 年在 8 年级学生中抽样，然后一直跟踪到高中结束。这里使用的数据子集是来自 2081 名学生的信息。[②] 大多数学生都有三个时点的完整数据。

层-1 模型。我们提出一个数学成绩增长的简单线性模型：

---

① 即使性别和高中成绩增长之间没有直接关联，人们仍有可能指责高中未能通过有效干预来改善这种成绩增长差距。不过这种情况完全不同于高中经历主动地扩大这个差距的情况。

② 这些学生属于高中效果研究（HSES）的 NELS 子集，代表 30 个最大的标准城市统计区域（SMSA）。尽管学生是嵌套于学校之中的，但为了简单地演示潜在变量分析在增长模型中的应用，我们省略了这一点。

$$Y_{ti} = \pi_{0i} + \pi_{1i} \times (\text{grade} - 8)_{ti} + e_{ti} \qquad [11.26]$$

其中，Y_{ti} 是学生 i 在时间 t 的数学成绩，$(\text{grade-8})_{ti}$ 是获得该数学成绩的年级（对于有完整数据的学生，年级 = 8，10，12）。于是，π_{0i} 是"初始状态"，即学生 i 在 8 年级时的数学成绩，而 π_{1i} 是学生在高中时期的年增长率。设层 − 1 残差 e_{ti}，$t = 1$，$\cdots$，T_i，为均值等于 0 且有恒定方差 σ^2 的正态分布。

层 − 2 模型。 初始状态和增长率作为性别和个人随机效应的函数，每个学生都不同：

$$\pi_{0i} = \beta_{00} + \beta_{01} \times (\text{FEMALE})_i + u_{0i}$$
$$\pi_{1i} = \beta_{10} + \beta_{11} \times (\text{FEMALE})_i + u_{1i} \qquad [11.27]$$

其中，$(\text{FEMALE})_i$ 是女生的标识（1 = 女，0 = 男），且假设随机效应是二元正态分布，有方差 τ_{00}、τ_{11} 和协方差 τ_{01}。

结果（表 11.12）显示，男生在 8 年级的平均数学成绩为 $\hat{\gamma}_{00} = 41.33$。性别差异显著，$\hat{\gamma}_{01} = -1.84$，$t = -3.27$。这个差距很小，约为平均数学成绩标准差的 1/8（见表 11.12 的描述性统计）。男生的年增长率为 $\hat{\gamma}_{10} = 3.27$，$t = 49.83$。女生的年增长率较低，与男生的差距为 $\hat{\gamma}_{11} = -0.20$，$t = -2.11$。尽管效应看起来很小，但 0.20 分的相对损失导致在 12 年级时女生比男生落后更多，达 $4 \times 0.20 = 0.80$ 分，结果在 12 年级时女生落后约 $1.84 + 0.80 = 2.64$ 分，略小于标准差的 1/5。

表 11.12

(a) 数学成绩增长数据的统计性描述

	n	均值	标准差 sd
层 − 1			
数学成绩	5645	46.30	14.84
8 年级	5645	1.82	1.60
层 − 2			
女生	2081	0.50	0.50

(b) 作为结果的初始状态和增长率

结果	预测变量	系数	标准误 se	t 比率
初始状态 π_{0i}	截距，β_{00}	41.328	0.398	103.93
	女生，β_{01}	−1.837	0.562	−3.27

续表

结果	预测变量	系数	标准误 se	t 比率
增长率，π_{1i}	截距，β_{10}	3.266	0.065	49.83
	女生，β_{11}	-0.196	0.093	-2.11

（c）增长率为结果，初始状态和女生为预测变量

预测变量	系数	标准误 se	t 比率
截距，α_{10}	1.897	0.181	10.16
女生，α_{11}	-0.135	0.095	-1.43
初始状态，α_{12}	0.033	0.004	7.85

（d）原系数和调整后的系数比较

预测变量	原系数	调整后的系数	差距	差距的标准误 se
截距	$\hat{\beta}_{10} = 3.266$	$\hat{\alpha}_{10} = 1.897$	1.369	0.187
女生	$\hat{\beta}_{11} = -0.196$	$\hat{\alpha}_{11} = -0.135$	-0.061	0.020

我们将潜在增长率作为性别和潜在初始状况的函数构造一个模型，用以检验高中时期的数学成绩差别是否为入学初始差距的函数：

$$\pi_{1i} = \alpha_{10} + \alpha_{11} \times (\text{FEMALE})_i + \alpha_{12} \times \pi_{0i} + u_{1i}^* \qquad [11.28]$$

我们关注的是性别对增长率的直接效应 α_{11}，即控制初始状态不变条件下男女生增长率的平均差距，以及性别通过初始状态的差距对增长率的间接效应。在这里：

$$\beta_{11} - \alpha_{11} = \alpha_{12}\beta_{01} \qquad [11.29]$$

其中：

$$\alpha_{12} = \tau_{01}/\tau_{00}$$
$$\alpha_{10} = \beta_{10} - \alpha_{12}\beta_{00}$$

残差项 u_{1i}^* 是没有被性别和初始状态的组合所解释的增长率部分，其方差为：

$$\text{Var}(u_{1i}^*) = \tau_{11} - \frac{\tau_{01}^2}{\tau_{00}} = \tau_{11}(1 - \rho_{u_0,u_1}^2) \qquad [11.30]$$

表 11.12 的结果显示：①如预期的一样，分性别的初始状态和增长率之间有显著正关联，$\hat{\alpha}_{12} = 0.03$，$t = 7.85$；②性别的效应不显著，$\hat{\alpha}_{11} = -0.14$，$t =$

-1.43；但是③性别的间接作用显著，$\hat{\beta}_{11} - \hat{\alpha}_{11} = -0.06$，se $= 0.02$。对分析结果的一种解释可以是，高中逐渐增大的性别差距在很大程度上归因于入校时已经存在状态上的性别差距，即在给定的入学初始状况下，高中没有增大数学成绩的性别差异。这还不如说，高中逐渐增大的性别差异不过是更大的高中组织效应的一部分。学生的初始状态影响了所有学生在高中数学学习方面的总收益的大小。因为女生在进校时就有些落后，她们更可能进步较小。也就是说，可以期望任何学生，不论男女，如果在进高中时名次比较落后都会有同样的结果。

对这个模型及其估计结果的解释有几个批评意见：第一，由于在 8 年级至 12 年级之间有辍学者，所以高年级学生是一个选择性的群体。若男生辍学率高于女生，增长率上的男女差距估计就会有偏，可推知是高估男生的增长率。通过比较男女生辍学率可以从一个方面检验这个假定。第二，τ_{0i} 测量初始状态的假定取决于线性增长模型的有效性，可以应用估计二次效应模型来检验该假定。第三，这种分析假定随机效应有二元正态分布。这个假定较难检验，不过可以应用第 9 章所介绍的方法。

非线性分项反应模型

分项反应模型常常应用于教育测验，来估计被测验对象的能力（见 van der Linden & Hambleton 在 1996 年的综述）。对重要的研究目的而言，包括增长研究（见第 6 章）和干预效果评估，关键是将能力定义为有意义的定距量度。分项反应模型也能使考题设计者用于评价测验的功能，考察某些项目的性质，识别应答模式反常的考生。最近，这些模型的应用已经推广到对态度、社会行为、精神健康的评估上。

可将分项反应模型视为分层模型，这样做有许多益处（Adams, Wilson, & Wu, 1997；Bock, 1989；Cheong & Raudenbush, 2001；Kamata, 1998；Raudenbush & Sampson, 1999b）。分层模型形式为实现下列分析目的提供了天然的框架。

1. 便于研究多维评估，即多种能力或特征的评估。

2. 当评估对象嵌套于社会环境中时，比如学校或公司，可以自然地将社会环境之间的不同结合到分析中去。

3. 在分项反应模型情境下，可以在多个层次定义和测量解释变量。

4. 为社会环境评估的测量误差研究提供了合适的框架。

5. 如本章前几节所述，可以将分项反应模型定义的潜在变量作为解释变量研究。

6. 分层框架为处理无应答提供了合适的方法。

我们先介绍如何用两层的分层模型表示简单的单参数分项反应模型，如何定义各项目的"难度"和在某种特征方面各被测验对象的"能力"；接下来我们将这个模型推广到定义每个被测验对象有多种特征；然后，我们再考虑将其推广到更一般的多层嵌套和潜在变量分析。

单项反应模型

为了说明基本思路，我们来考虑一个测量单一能力或特征的 P 项测验（例如阅读中的"字词识别"）。参加测验的人数为 J，每项赋值为"正确回答 $=1$"或"不正确回答 $=0$"。单参数分项反应模型也叫 Rasch 模型（参见 Wright & Masters，1982），表达了正确回答的对数发生比依赖于被测验对象的能力和项目的难度，即：

$$\eta_{jp} = \alpha_j - \delta_p \qquad [11.31]$$

其中，η_{pj} 是正确回答的对数发生比，α_j 是被测验对象 j 的能力，δ_p 是项目 p 的难度。设能力和难度的均值皆为 0。与此相应，被测验对象 j 对项目 p 回答正确的概率是：

$$\text{Prob}(Y_{ij} = 1) = \varphi_{ij} = \frac{1}{1 + \exp(-\eta_{ij})} \qquad [11.32]$$

在经典的 Rasch 模型中，能力和难度都是固定的未知参数。在用分层模型重建时，能力是在被测验对象总体中随机变化的。Bock 和 Aitkin（1981）与 Thissen（1982）曾总结过将能力作为随机变量处理的优点。

我们将有随机能力的 Rasch 模型重建为两层模型：第一层描述分项效应和个人能力如何影响正确回答的对数发生比；第二层定义被测验对象的能力如何在总体中变化。

*层 - 1 模型。*我们的抽样模型为贝努里分布。假定在给定分项效应和个人

能力的情况下，Y_{ij} 取值为 1 并有概率 φ_{ij}。连接函数为 logit 连接，因此有 $\eta_{ij} = \log[\varphi_{ij}/(1 - \varphi_{ij})]$。于是层 -1 模型为：

$$\eta_{ij} = \pi_{0j} \sum_{p=1}^{P-1} \pi_{pj} X_{pij} \qquad [11.33]$$

其中：

　　π_{0j} 是被测验对象 j 的能力；

　　X_{pij} 是虚拟变量，若被测验对象 j 对项目 p 应答 i，则取值为 1，否则为 0；

　　π_{pj} 是被测验对象 j 对项目 p 回答正确和"参照项"的对数发生比之差。

　　请注意，对应于项目数 P，只有 $P-1$ 个虚拟变量。未用虚拟变量表示的项即为参照项，其难度设定为零。

　　用两个下标 i 和 p 表示应答机会可能显得有些古怪。诚然，如果所有被测验对象回答了所有项目，只需要一个下标就够了。不过，有些被测验对象可能对有些项目没有应答。在教育成绩测验中这些无应答常常被视为不正确，因此给打 0 分，但在很多重要情况下的无应答是有意设计的结果。在全美教育进步评估、国际成人识字调查、第三次国际数学和科学的研究中都有这种情况。分层模型为这种缺失数据设计提供了合适的框架。此外，如果不是在测验成绩，而是在评价态度或精神健康时，就会对空缺的回答有不同的看待。为了能够更灵活地处理缺失应答，我们没有假定应答 i 是针对任何特定的项目，因此就需要两个下标。

　　层 -2 模型。层 -1 模型定义能力（π_{0j}）和分项效应（π_{pj}）可能作为观测协变量和（或）随机效应的函数在总体中变化。不过，为了与 Rasch 模型一致，我们用一个无条件模型表示能力且固定所有分项效应：

$$\begin{aligned} \pi_{0j} &= \beta_{00} + u_{0j}, \qquad u_{0j} \sim N(0, \tau_{00}) \\ \pi_{pj} &= \beta_{p0}, \qquad p > 0 \end{aligned} \qquad [11.34]$$

此处的 τ_{00} 表示总体中在能力上的方差。分项效应被限定为对所有被测验对象都相同。这种限定反映了一种信念，即在一个"好"的测验中，某项的难度对某一组能力相同的被测验对象而言应当是相同的，否则该项目会被认为对某些感到难度较大的被测验对象不公平。

　　在这个模型中，被测验对象 j 对项目 p 为参照项时回答正确的对数发生比为：

$$\beta_{00} + u_{0j} \qquad\qquad [11.35]$$

对其他任意项 p 为：

$$\beta_{00} + \beta_{p0} + u_{0j} \qquad\qquad [11.36]$$

将其代入 Rasch 模型（方程 11.31），然后定义被测验对象 j 的能力为：

$$\alpha_j = \pi_{0j} = \beta_{00} + u_{0j} \qquad\qquad [11.37]$$

同时参照项的项目难度为：

$$\delta_p = 0 \qquad\qquad [11.38]$$

而其他任意项 p 的项目难度为：

$$\delta_p = -\beta_{0p} \qquad\qquad [11.39]$$

于是，以分层模型的方式，项目之间的难度差异被表达为回归系数之间的差异，被测验对象之间的能力差异被表达为随机截距之间的差异。项目难度和个人能力在以 logit 计量定义的定距量度上取值。

当被测验对象应答不同的项目组时，按所应答项目的难度相应调整能力 τ_{0j}。当评估对象嵌套于学校等社会场景中时，可对两层分项反应模型再加第三层，以便表达这种社会成员属性。如此一来，可以在第二层或第三层纳入解释变量来解释潜在能力 τ_{0j} 的变化。如果考虑到多种特征或多种能力的情况，模型的可能性便得到进一步扩展。

多特征的分项反应模型

现在我们的目的是测量 M 种特征，应用 P_m 项测量特征 m，$m = 1, \cdots, M$。与单项评估相似，对每种特征要有一个参照项和 $P_m - 1$ 个虚拟变量。结果仍以二项方式打分："正确回答 = 1" 和 "不正确回答 = 0"。

模型的第一层描述分项效应和多种个人能力如何影响正确回答的对数发生比，第二层定义特征在被测验对象总体内变化和协变。

层 -1 模型。对每项的抽样模型都是给定每种特征的个人能力和给定分项效应条件下的贝努里分布。我们仍然采用 logit 连接，层 -1 结构模型为：

$$\eta_{ij} = \sum_{m=1}^{M} D_{mij}\left(\pi_{m0j} + \sum_{p=1}^{P_m-1} \pi_{mpj} X_{mpij}\right) \qquad [11.40]$$

其中：

D_{mij} 是虚拟变量，若被测验对象 j 的应答机会 i 是对特征 m 的测量则取值为 1，否则为 0；

π_{m0j} 是被测验对象 j 对应于特征 m 的能力；

X_{mpij} 是虚拟变量，若对项目 p 的应答是对特征 m 的测量则取值为 1，否则为 0；

π_{mpj} 是被测验对象 j 对特征 m 的项目 mp 回答正确的对数发生比和"参照项"相应对数发生比之差。

层 - 2 模型。用多元无条件模型来表示特征，并固定所有分项效应：

$$\begin{aligned}\pi_{m0j} &= \beta_{m00} + u_{m0j} \\ \pi_{mpj} &= \beta_{mp0}, \qquad m = 1,\cdots,M, \ p > 0\end{aligned} \qquad [11.41]$$

这里的随机效应 u_{10j}，…，u_{M0j} 为 M 元正态分布，均值为 0，方差 $\mathrm{Var}(u_{m0j}) = \tau_{m00}$，协方差 $\mathrm{Cov}(u_{m0j}, u_{m'0j}) = \pi_{m00,m'00}$。如同前面的模型一样，限定分项效应不随个人变化。

多元分项反应模型可以评价不同特征之间的相关程度（控制了测量误差），还可以考察协变量与不同特征之间的关系是否相同或不同。此外，还可以在模型中将一种或多种特征作为潜在协变量，以便解释其他特征的变化。

例 1：青少年时期的攻击性和不良行为。Cheong 和 Raudenbush（2000）曾根据 Achenbach（1991）儿童行为量表（CBCL）中的 33 项研究了攻击性和不良行为之间的相关。每项应答均为二项编码（1 表示儿童明显有该项行为，0 表示没有明显行为）。按照儿童行为量表使用手册，33 项中有 20 项评价攻击性，其余 13 项评价不良行为。

（1）*层 - 1 模型*。Cheong 和 Raudenbush 在层 - 1 使用 logit 连接函数：

$$\eta_{ij} = D_{\text{agg }ij}\left(\pi_{\text{agg }0j} + \sum_{p=1}^{19} \pi_{\text{agg }pj} X_{\text{agg }pij}\right) + D_{\text{del }ij}\left(\pi_{\text{del }0j} + \sum_{p=1}^{12} \pi_{\text{del }pj} X_{\text{del }pij}\right) \qquad [11.42]$$

其中：

$D_{\text{agg }ij}$ 是虚拟变量，若被测验对象 j 的第 i 项回答是关于攻击性方面的则取值为 1，否则为 0；而若被测验对象 j 的第 i 项回答是关于不良行为方面的则 $D_{\text{del }ij} = 1 - D_{\text{agg }ij}$ 取值为 1；

$\pi_{\text{agg }0j}$ 是儿童 j 的潜在攻击性水平，$\pi_{\text{del }0j}$ 是该儿童的潜在不良行为水平；

X_{mpij} 是虚拟变量，若对第 p 项的回答是对特征 m 的测量则取值为 1，否则为 0，这里，$m = \text{agg}$ 或 $m = \text{del}$；

π_{mpj} 是被测验对象 j 对特征 m，$m = \text{agg}$ 或 $m = \text{del}$ 的项目 mp 回答正确的对数发生比和"参照项"相应对数发生比之差。

（2）层 - 2 模型。先来建立一个二元无条件模型：

$$
\begin{aligned}
\pi_{\text{agg }0j} &= \beta_{\text{agg }00} + u_{\text{agg }0j} \\
\pi_{\text{del }0j} &= \beta_{\text{del }00} + u_{\text{del }0j} \\
\pi_{mpj} &= \beta_{mp0}, \qquad m = \text{agg}, \text{del}, p > 0
\end{aligned}
\qquad [11.43]
$$

这项研究表明攻击性与不良行为高度相关。作者还拟合了一个有协变量的模型：

$$
\begin{aligned}
\pi_{\text{agg }0j} &= \beta_{\text{agg }00} + \sum_{q=1}^{Q} \beta_{\text{agg }q} W_j + u_{\text{agg }0j} \\
\pi_{\text{del }0j} &= \beta_{\text{del }00} + \sum_{q=1}^{Q} \beta_{\text{del }q} W_j + u_{\text{del }0j} \\
\pi_{mpj} &= \beta_{mp0}, \qquad m = \text{agg}, \text{del}, p > 0
\end{aligned}
\qquad [11.44]
$$

其中，协变量 W_{qj}，$q = 1, \cdots, Q$，包括年龄以及性别与种族的标识。作者发现年龄和性别对不良行为比攻击性有更强的效应。这意味着，尽管攻击性和不良行为的特征高度相关，但它们并不能被简单地视为服从同一潜在维度。

作者将该分析扩展到三层，即考虑儿童所居住的居民区。他们研究了居民区劣势条件和攻击性与不良行为的关系，发现前者与后两项之间都存在类似的正关联。

二参数模型

本章所讨论的分项反应模型被称为"单参数"模型，因为每一项都是用一个参数（即项目的难度）表示的。单参数模型的关键假定是，描述特征和正确回答概率之间的关联曲线是平行的。如果该假定不成立，可以选择用二参数模型,其中第二个参数负责解释特征和概率关联曲线的不同斜率问题(Birnbaum,1968)。上述问题可以用一个分层模型来表示,其中对随机效应使用了因子分析模型(Miyazaki,2000),不过这种应用已超出本章的范围。

本章术语概要

缺失数据问题

潜在变量:无法直接观测的变量。将潜在变量设想为缺失数据往往很有帮助。

完整数据:包括观测数据和缺失数据。

残缺数据:只包括观测数据。

完全随机缺失数据(MCAR):缺失数据为完整数据的随机样本。在这种情况下,某数据缺失的概率与该数取值无关。

随机缺失数据(MAR):在考虑所有其他观测数据以后,某数缺失的概率与该数取值无关。

模型式填补:在给定观测数据条件下从完整数据的分布抽样。多元模型式填补产生多组"完整"数据,其中的缺失数据用模型式填补方法补齐。多元数据组的适当分析会根据数据随机缺失的假定得到模型参数的一致性估计及其标准误。即使数据随机缺失的假定不成立,只要缺失信息部分很小,该推断仍旧是稳健的。

有效估计:应用观测数据的所有信息估计出产生完整数据的参数。这种有效估计还在数据随机缺失假定下生成模型参数的一致性估计及其标准误。而且即使数据随机缺失假定不成立,只要缺失信息部分很小,该推断也仍旧是稳健的。

测量误差问题

测量误差模型:在给定潜在变量以及(如有可能)其他缺失数据的情况下,定义观测数据的分布。

分项反应模型:表达了这样的观念,即潜在个人特征和潜在分项特征如何共同决定了某人对某项问题的应答。

Rasch 模型：一种分项反应模型，表达了某人对某项问题的应答为此人在所测特征中的取值和该项问题的难度或严重程度的函数。对任何个人特征和项目难度，假定分项反应是独立的。

二参数分项反应模型：表达了某人对某项问题的应答为此人特征加上两个项目参数的函数，这两个参数分别为项目难度和项目区别。对任何个人特征和这两个参数，假定分项反应是独立的。

交互分类的随机效应模型

- 对交互分类的随机效应模型的公式化和检验
- 例1：苏格兰教育成绩中的邻里效应与学校效应
- 例2：儿童在小学阶段认知发展中的班级效应
- 小结
- 本章术语概要

迄今为止，本书所讨论的所有应用都属于严格的分层数据结构。比如，在第5章我们考虑个人（层-1单位）嵌套于组织（层-2单位）时，是假定每个人属于一个组织，并且只属于一个组织。第8章加上了第三个层次（学生嵌套于班级，班级再嵌套于学校），我们假定每一个学生属于一个班级，并且只属于一个班级，每一个班级属于一个学校，并且只属于一个学校。我们现在要考虑的是一种更复杂的数据结构，其中较低层次的单位要对两个或更多的较高层次的单位进行交互分类。在社会科学中，具有这种数据的模型已经得出许多有意思的研究结果。

比如，社区环境和学校都对学生的学习成绩产生影响。我们可以看到，某一社区会把自己的孩子"送"到不同的学校中去，而某一学校会从不同的社区中收取学生。比如，Garner和Raudenbush（1991）曾对分属于524个小区和17所学校的2310个学生进行研究。有关数据结构在表12.1中给出。其中，行代表小区，列代表学校。在这个交互矩阵中的数字为计数，即居住于特定小区并就学于特定学校的学生人数。比如，我们看到6个儿童居住于小区259并在学校 10 上学，有 1 个儿童居住于同一小区但在学校 11 上学，同一小区中还有 2 个儿童在学校 16 上学。注意，行合计总数给出了各小区的儿童数量，而列合计总数则给出了每个学校的儿童数量。

这一类数据的分析可以服务于不同的目的：

- 可以估计不同小区、不同学校、（按小区—学校划分的"交互单元"或"交互组"中的）不同儿童之间在结果上的方差分量；
- 可以辨别小区和学校的特征与儿童们的结果之间的联系；
- 可以在控制了学生、小区和学校特征的条件下估计小区之间、学校之间以及交互组之内在结果差异上的残差分量；
- 可以评价学生特征与结果之间的关联模式在小区之间、学校之间和交互组之间有多大程度的差别；
- 可以评价小区特征的影响在不同学校之间的变异程度（以及学校影响在小区之间的变异程度）；
- 估计与特定小区或学校相联系的特殊效应（"随机效应"）。

表 12.1　苏格兰小区研究中的组织数据：各小区 – 学校交互单元中的观察数

小区	学 校																	合计
	0	1	2	3	4	5	6	7	8	9	10	11	12	13	14	15	16	
26																	5	5
27																	1	1
29															1		8	9
30																	2	2
31															1		1	2
32															1		5	6
33															1		2	3
35																	3	3
36																	2	2
38															1		4	5
·																		·
·																		·
·																		·
251														4		1		5
252													1	3			1	5
253														3				3

小区	学 校																	合计
	0	1	2	3	4	5	6	7	8	9	10	11	12	13	14	15	16	
256																	2	2
258												4						4
259											6	1					2	9
260											6							6
261											3						3	6
263											14					1	1	16
·																	·	·
·																	·	·
·																	·	·
793									6									6
794		1			1				11									13
795			2						1									3
796			9						1									10
797			3				1											4
798									10									10
799		1									1							2
800		3	1															4
801		1	1															2
803									3									3
合计	146	22	146	159	155	101	286	112	136	133	92	190	111	154	91	102	174	2310

当然，表12.1的数据并不反映经典方差分析的平衡双因素设计。矩阵中每个单元的样本规模有很大差别，还有许多交互单元是没有值的空单元。此外，一些自变量是连续型的而另一些自变量是离散型的。于是，便不能简单地应用经典的双因素数据分析方法。劳登布什（Raudenbush，1993）应用交互分类的随机效应模型重新分析了这一数据，我们将在本章的后面对这一分析进行扩展。

交互分类结构还有另一种重要类型，即每一个学生按照所就学的初中和高中做交互分类。Goldstein（1995）应用交互分类随机效应模型评价了两种不同类型学校对学生成绩差异的相对重要性。同样的结构可以用于对工人做职业和行业的交互分类。这样我们便可以在控制行业影响的条件下分析不同职业的收入差异，还可以分析在控制职业差别影响的条件下分析行业之间的收入差异。这种类型的研究也可以应用于重复测量研究，后面第二个例子所示范的便是这种应用。

现在重要的是将交互分类随机效应结构与前面各章所描述的其他分层模型的结构区别开来。我们来考虑一个例子，在某一地点（比如学校或诊所）进行实验，所有的人都被分配到实验组和控制组，这一实验在许多不同地点重复进行。于是实验处理与地点便构成表 12.2 中所示的交互分类。表中的每一列代表一个地点，每一行代表一种处理情况。尽管这种数据结构与表 12.1 很相似，但它们之间存在着重要的差别。在小区－学校研究中，研究人员要做的是从小区和学校的样本推断其总体。所以，小区和学校两种效应都被作为随机效应。然而，在实验处理－地点的分析场合（表 12.2），研究目的关注的只是对实验处理做出具体论断（而不是要推断到"所有可能的处理情况的总体"），但是研究人员确实希望将研究发现推断到不同地点的总体。所以，在表 12.2 中，实验处理的效应被作为固定效应，而地点效应被作为随机效应。这种方案可以用两层分层模型分析，其中将参与对象作为层－1 单位，将地点作为层－2 单位。不同的实验处理用层－1 变量代表，即采用虚拟变量或其他对比编码。但是，本章所关注的情况却是两个或多个随机效应的交互分类。[①]

表 12.2　按实验处理和地点类型交互分类的 $J \times n$ 个学生

（处于 J 个地点的 N 个学生）

	地点 1	地点 2	…	地点 J	
实验组	$\frac{n}{2}$	$\frac{n}{2}$	…	$\frac{n}{2}$	$\frac{Jn}{2}$
控制组	$\frac{n}{2}$	$\frac{n}{2}$	…	$\frac{n}{2}$	$\frac{Jn}{2}$
	n	n	…	n	Jn

注：地点为随机因素，实验处理为固定因素。

对交互分类的随机效应模型的公式化和检验

无条件模型

以表 12.1 为例，我们可能只是对小区之间、学校之间以及交互组之内的

---

① 从贝叶斯估计角度来看，固定效应与随机效应之间的区别是很大的。劳登布什（Raudenbush，1993）提供了关于交互分类模型的贝叶斯理论解释。关于贝叶斯原理的细节请参见第 13 章。

变异成分的估计感兴趣。这种模型是无条件模型，即它在任何层次都不包括自变量。

*层–1*和"组内"模型。交互分类的每一个分组都嵌套着特定的一组儿童，组内模型描述了这些儿童的变异。在无条件模型中，我们有：

$$Y_{ijk} = \pi_{0jk} + e_{ijk}, \qquad e_{ijk} \sim N(0,\sigma^2) \qquad [12.1]$$

其中：

Y_{ijk}是居住于小区j和学校k的儿童i的学习成绩；

π_{0jk}是交互组jk中儿童的平均成绩，即居住于小区j并就学于学校k的儿童的平均成绩；

e_{ijk}是随机的"儿童效应"，即儿童ijk的成绩距离交互组平均值的离差。假定这些离差服从平均值为0、组内方差为σ^2的正态分布。

于是，下标分别表示儿童、小区、学校，其中有：

$i=1$，…，n_{jk}个在组jk中的儿童；

$j=1$，…，$J=524$个小区；

$k=1$，…，$K=17$个学校。

*层–2*或"组间"模型。我们将组间差异归因于小区效应、学校效应以及（可能存在的）小区–学校的交互效应：

$$\begin{aligned}
\pi_{0jk} &= \theta_0 + b_{00j} + c_{00k} + d_{0jk} \\
b_{00j} &\sim N(0,\tau_{b00}) \\
c_{00k} &\sim N(0,\tau_{c00}) \\
d_{0jk} &\sim N(0,\tau_{d00})
\end{aligned} \qquad [12.2]$$

其中：

θ_0是所有儿童的成绩总平均数；

b_{00j}是小区j的随机主效应，即小区j在控制了学校差异条件下的贡献，假定其服从平均值为0和方差为τ_{b00}的正态分布；

c_{00k}是学校k的随机主效应，即学校k在控制了小区差异条件下的贡献，假定其服从平均值为0和方差为τ_{c00}的正态分布；

d_{0jk}是随机交互效应，即交互组平均值与根据总平均值和两个主效应对本组的预测值之间的离差，假定其服从平均值为0和方差为τ_{d00}的正态分布。

在许多应用研究中，组内样本规模不够大，不能区分归因于 τ_{d00} 的方差和组内方差 σ^2，因而不得不从模型中排除这个交互效应，使组内方差和交互效应方差合并到一起。表 12.1 中的数据就是这样一种情况，它的交互组规模非常小。

组合模型。将方程 12.2 代入方程 12.1，得到一个组合模型：

$$Y_{ijk} = \theta_0 + b_{00j} + c_{00k} + d_{0jk} + e_{ijk} \qquad [12.3]$$

它也可以被看作是一个由随机的行效应 b_{00j}、列效应 c_{00k}、双因素交互效应 d_{0jk} 以及随机的组内离差 e_{ijk} 所构成的双因素方差分析。

方差的分解与可靠性。方程 12.1 和 12.2 中描述的两层模型将结果的总方差分解为一个组内分量 σ^2 和一个组间分量。组间分量又进一步被分解为三个部分：小区之间的方差 τ_{b00}；学校之间的方差 τ_{c00}；以及交互组之间的残差方差 τ_{d00}，即交互组之间那些既不能被当作行方差也不能被当作列方差的其余方差。这种设置产生了三种组间相关系数：

1. 居住于同一小区并就学于同一学校的两个儿童之间在结果上的相关：

$$\mathrm{corr}(Y_{ijk}, Y_{i'jk}) = \rho_{bcd} = \frac{\tau_{b00} + \tau_{c00} + \tau_{d00}}{\tau_{b00} + \tau_{c00} + \tau_{d00} + \sigma^2} \qquad [12.4]$$

2. 居住于同一小区但就学于不同学校的两个儿童之间在结果上的相关：

$$\mathrm{corr}(Y_{ijk}, Y_{i'jk'}) = \rho_b = \frac{\tau_{b00}}{\tau_{b00} + \tau_{c00} + \tau_{d00} + \sigma^2} \qquad [12.5]$$

3. 就学于不同学校但居住于同一小区的两个儿童之间在结果上的相关：

$$\mathrm{corr}(Y_{ijk}, Y_{i'j'k}) = \rho_c = \frac{\tau_{c00}}{\tau_{b00} + \tau_{c00} + \tau_{d00} + \sigma^2} \qquad [12.6]$$

我们也许还希望估计一种可靠性，即从就学于特定学校的那些人识别社区效应的可靠性：

$$\mathrm{reliability}\left[(\hat{b}_{00j} + \hat{d}_{0jk}) \mid c_{00k}\right] = \frac{\tau_{b00} + \tau_{d00}}{\tau_{b00} + \tau_{d00} + \sigma^2/n_{jk}} \qquad [12.7]$$

与此相对，还可以估计出居住于同一小区的那些人识别学校效应的可靠性：

$$\mathrm{reliability}\left[(\hat{c}_{00k} + \hat{d}_{0jk}) \mid b_{00j}\right] = \frac{\tau_{c00} + \tau_{d00}}{\tau_{c00} + \tau_{d00} + \sigma^2/n_{jk}} \qquad [12.8]$$

条件模型

方程 12.1 和 12.2 是完全的无条件模型，它们将变异定义为与学生、小区、学校的效应以及小区 - 学校的交互效应相联系。可想而知，每种差异都可以部分地由观测变量来解释。也就是说，学生特征、小区特征、学校特征以及它们之间的有关交互项都可以成为自变量。

交互分类的随机效应的双因素模型中包括了极为丰富的、可能的模型种类。比如，小区的特征可能对所研究的结果产生效应。而这种效应既可以被定义为是固定的，也可以被定义为是随机的，或者被定义为在学校之间非随机变化。比如，Garner 和 Raudenbush（1991）发现小区的社会剥夺情况对学习成绩存在影响，而这种影响的幅度可能又依赖于学生所在学校中的社会组织。与此类似，学校特征的影响可能在不同小区中变化。下面，我们来考虑一下学习成绩与学生的背景特征诸如民族和社会阶层之间的联系。这种联系可能依赖于小区的或学校的观测或未观测的特征，以及小区 - 学校特征之间的互动特征。

在建立模型方面丰富的可能性导致很难写出一个简单的一般公式，而不得不使用相当复杂的标注方式。所以，为了阐明这一模型的原理，我们将考虑一个有三个层 -2 变量的方案，包括：一个小区特征 W_j、一个学校特征 X_k，以及它们之间的互动项 $W_j^* X_k$。这三个解释变量可以用来说明任何一个层 - 1 系数 π_{pjk} 上的变化，即与小区 - 学校矩阵中定义的交互单元 jk 相联系的变化。

为了使说明更为简单，让我们考虑一个像表 12.3 中那样的具有平衡数据的假设数据结构。其中，我们有 $J = 6$ 个小区被随机分配为实验处理$\left(W_j = \frac{1}{2} \right)$或是控制处理$\left(W_j = -\frac{1}{2} \right)$。我们还有 $K = 4$ 个学校，其中随机地各分配 2 个为实验处理$\left(X_k = \frac{1}{2} \right)$和控制处理$\left(X_k = -\frac{1}{2} \right)$。于是，共存在 $JK = 24$ 个单元，并且在每个单元中我们随机抽取 $n_{jk} = n = 20$ 个样本。学生有一半是女生$\left(a_{ijk} = \frac{1}{2} \right)$，一半是男生$\left(a_{ijk} = -\frac{1}{2} \right)$。这样一种设计可能只有很小的统计功效，我们在这里应用它只是作为一种阐明原理和标注方法的手段。

表 12.3　对小区和学校的假设实验研究的数据形式，小区和学校都被作为随机因素

小区层次变量，W			学校层次变量，X				
			实验组 $X = \frac{1}{2}$		控制组 $X = -\frac{1}{2}$		
			$c = 1$	$c = 2$	$c = 3$	$c = 4$	
实验组 $W = \frac{1}{2}$		$r = 1$	n	n	n	n	$4n$
		$r = 2$	n	n	n	n	$4n$
		$r = 3$	n	n	n	n	$4n$
控制组 $W = -\frac{1}{2}$		$r = 4$	n	n	n	n	$4n$
		$r = 5$	n	n	n	n	$4n$
		$r = 6$	n	n	n	n	$4n$
			$6n$	$6n$	$6n$	$6n$	$24n$

注：实验处理 X 和 W 为固定因素。

组内模型。对每一个小区 - 学校交互单元，模型都定义了一个单元平均成绩和一个性别差距：

$$Y_{ijk} = \pi_{0jk} + \pi_{1jk}a_{ijk} + e_{ijk}, \qquad e_{ijk} \sim N(0, \sigma^2) \qquad [12.9]$$

其中：

Y_{ijk} 是在小区 j 和学校 k 中的学生 i 的成绩；

π_{0jk} 是截距，在本例中为单元 jk 的平均成绩；

a_{ijk} 标注了学生 ijk 的性别$\left(\text{女生} = \frac{1}{2}, \text{男生} = -\frac{1}{2}\right)$；

π_{1jk} 是将 a_{ijk} 和 Y_{ijk} 关联起来的回归系数，在本例中代表在单元 jk 中女生和男生在平均成绩上的差异或称"性别差距"；

e_{ijk} 是单元内的随机效应，代表学生 ijk 的成绩与根据其性别预测的成绩之间的离差。假定这一随机效应服从平均值为 0、方差为 σ^2 的正态分布。

层 - 2 或"组间"模型。层 - 1 模型定义了两个具体单元的系数，π_{pjk}，$p = 0, 1$，分别代表平均成绩和成绩上的性别差距。这些层 - 1 系数成为层 - 2 模型中的结果，代表由两个随机因素（即小区和学校）所造成的交互组之间的变异。建立模型时可以将这些变异作为层 - 2 自变量的函数，这些自变量描述了小区、学校、小区 - 学校互动以及其他反映小区与学校不同组合的特征。此外，行效应（即小区自变量的效应）能够在不同列之间随机变化，而列效应（即学校层次的自变量）可以在行间随机变化。由于模型的框架相当丰富和灵活，我们先来考虑一些简单的情况，然后再逐渐过渡到较复杂的完全模型。

（1）一个层 - 2 行自变量和一个层 - 2 列自变量的固定效应。假设小区变量和学校层次自变量都对 π_{pjk} 存在主效应。层 - 2 方程为：

$$\pi_{pjk} = \theta_p + \beta_p X_k + \gamma_p W_j + b_{p0j} + c_{p0k} + d_{pjk}, \qquad p = 0,1 \qquad [12.10]$$

其中：

θ_p 是模型截距，即当所有解释变量被设为 0 时 π_{pjk} 的期望值（在这种情况下，θ_p 是总平均值）；

β_p 是 X_k 的固定效应（假定在总体中所有小区不变）；

γ_p 是 W_j 的固定效应（假定在总体中所有学校不变）；

b_{p0j}、c_{p0k} 和 d_{pjk} 分别为，在控制了 W_j 和 X_k 的影响以后，小区、学校及小区 - 学校互动在 π_{pjk} 上的残差随机效应。

（2）一个层 - 2 行自变量和一个层 - 2 列自变量的随机变化效应。在上述模型中，学校特征 X_k 的效应被假定为对所有小区不变。类似地，小区特征 W_j 的效应被假定为对所有学校不变。但是其实两者都可能随机变化，因此将这一模型的层 - 2 方程扩展为：

$$\pi_{pjk} = \theta_p + (\beta_p + b_{p1j}) X_k + (\gamma_p + c_{p1k}) W_j + b_{p0j} + c_{p0k} + d_{pjk} \qquad [12.11]$$

其中：

θ_p 是模型截距，即所有解释变量被设为 0 时 π_{pjk} 的期望值；

β_p 是 X_k 的固定效应（对总体中所有小区平均化）；

b_{p1j} 是小区 j 对 X_k 和 π_{pjk} 之间联系的随机效应；

γ_p 是 W_j 的平均效应（对总体中所有学校平均化）；

c_{p1k} 是学校 k 对 W_j 和 π_{pjk} 之间联系的随机效应；

b_{p0j}、c_{p0k} 和 d_{pjk} 分别为小区、学校及小区 - 学校互动在 π_{pjk} 上的残差随机效应。

（3）解释层 - 2 行、列自变量的随机变化效应。方程 12.11 其实与通常两层分析中的无条件层 - 2 模型很类似。如果我们将方程 12.11 的组合模型写成分层的形式，便可以清楚地看出：

$$\pi_{pjk} = \theta_p + \beta_{pj} X_k + \gamma_{pk} W_j + b_{p0j} + c_{p0k} + d_{pjk}$$

与

$$\beta_{pj} = \beta_p + b_{p1j} \qquad [12.12a]$$

$$\gamma_{pk} = \gamma_p + c_{p1k} \qquad [12.12b]$$

注意，方程 12.12a 和 12.12b 是无条件模型，也就是说，它们不包括层 – 2 自变量。如果已知 β_{pj} 和 γ_{pk} 分别在小区和学校随机变化时，自然会考虑是否将小区的观测特征（即其他的 W_j）纳入作为方程 12.12a 中的自变量。与此类似，学校的观测特征（及其他的 X_k）也可以被纳入方程 12.12b，但是需要考虑一种复杂性。在方程 12.12a 中纳入 W_j 作为自变量实际上等价于在方程 12.12b 中纳入 X_k 作为自变量。也就是说，它们能够得到同样的组合模型：

$$\pi_{pjk} = \theta_p + (\beta_p + b_{p1j})X_k + (\gamma_p + c_{p1k})W_j + \delta_p X_k \times W_j + b_{p0j} + c_{p0k} + d_{pjk} \qquad [12.13]$$

其中，δ_p 是交互项 $X \times W$ 的回归斜率。

由于这个原因，最好采用组合模型公式的方程 12.13 作为对交互随机效应研究的基本模型框架。此外，它还能容纳另外一种新奇的可能性，即可以为交互组层次效应 π_{pjk} 加入自变量，而这样的自变量只能在交互组层次来定义。比如，居住于小区 j 并在学校 k 上学的学生的平均成绩 π_{0jk}，可能受所居住小区与就学学校之间的距离的影响。这样一个变量值，比如说 Z_{jk}，依赖于小区和学校的特定组合，而不能简单地用 X_k 和 W_j 的交互乘积来代表。将这样一个变量加入方程 12.13，便会产生一个另外的固定效应 δ_p。

表 12.4 概括了由方程 12.9 和 12.13 分别定义的层 – 1 系数 π_{pjk} 的差异来源。除了（1）平均值以外，还有三种基本的差异来源：小区之间的差异、学校之间的差异以及学校 – 小区互动的差异。小区之间的差异又被分解为两种：由小区层次固定效应解释的部分（2），以及未能解释的部分（3）。学校之间的差异也同样被分解为两种：由固定效应解释的部分（4）和未能解释的部分（5）。小区的两个成分与学校的两个成分之间两两互动，形成小区 – 学校互动差异的四个来源：由固定效应解释的部分 [（2）×（4）]、代表小区层次处理效应在学校之间随机变化的部分 [（2）×（5）]、代表学校层次处理效应在小区之间随机变化的部分 [（4）×（3）] 以及交互单元之间与各种处理效应不相关的残差部分 [（3）×（5）]。

对于交互矩阵各单元中学生之间的差异，也可以建立类似的表格来给出。这个表格应该显示，学生层次的差异由几个部分解释，包括：学生协变量的固定效应；这些协变量与表 12.4 中学校、小区以及学校 – 小区互动之间各自的互动；还有与学生协变量及其和任何其他部分互动无关的交互组内的残差部分。

表 12.4 层 –1 系数差异的来源（根据方程 12.13）

差异来源	贡献者	自由度
（1）平均数	θ_p	1
（2）小区效应	$\gamma_p W_j$	1
（3）未解释的小区效应	b_{p0j}	$J-2=4$
（4）学校效应	$\beta_p X_k$	1
（5）未解释的学校效应	c_{p0k}	$K-2=2$
（2）×（4）	$\delta_p X_k W_j$	1
（2）×（5）	$c_{p1k} W_j$	$K-2=2$
（4）×（3）	$b_{p1j} X_k$	$J-2=4$
（3）×（5）	d_{pjk}	$(J-2)(K-2)=8$
总计		$JK=24$

一个完全的组合模型。将层 – 2 模型（方程 12.13）代入层 – 1 模型（方程 12.9）将产生一个组合的"混合模型"方程：

$$
\begin{aligned}
Y_{pjk} = {} & \theta_0 + \theta_1 a_{ijk} + \beta_0 X_k + \gamma_0 W_j + \delta_0 X_k \times W_j + \beta_1 X_k \times a_{ijk} \\
& + \gamma_1 W_j \times a_{ijk} + \delta_1 X_k \times W_j \times a_{ijk} + b_{01j} X_k + c_{01k} W_j \\
& + b_{10j} \times a_{ijk} + c_{10k} \times a_{ijk} + d_{1jk} \times a_{ijk} + b_{11j} X_k \times a_{ijk} + c_{11k} W_j \times a_{ijk} \\
& + b_{00j} + c_{00k} + d_{0jk} + e_{ijk}
\end{aligned}
\tag{12.14}
$$

两个主要评语：

1. 尽管只有两个交互分类的因素，并且在每一层次（学生、学校以及小区）中只有一个协变量，差异的来源已经非常多了，而且相应模型还有广泛的扩展可能性。当增加交互分类因素（比如时间）、加入嵌套因素（如校区）以及加入更多协变量的时候，模型会极快地扩展。

2. 由于模型会迅速复杂化，并且任何一个研究数据都不能在每个层次上过于宽泛，所以我们需要遵守简约性原则。也就是说，要尽可能地将一些协变量定义为不含随机效应，至少不要每一层都有协变量含随机效应，因为经常由于交互组规模不够充分而不能估计随机的行、列交互效应。的确，如果表12.3 中的数据不对随机效应的协方差结构加以限制的话，便不可能估计方程12.14 中的完全模型。施加限制以简化模型时最好要根据有关理论来进行。后面两个例子所示范的一些限制方法，虽然得以取得差异存在的一些简单结果，但会受到现有理论的非议。

例1：苏格兰教育成绩中的邻里效应与学校效应

这一研究设计以前在表 12.1 中描述过，表 12.5 提供了有关描述性统计。数据中有 2310 个学生，分别嵌套于 524 小区和 17 所学校。结果变量是总成绩（平均数 $m = 0.116$，标准差 $sd = 1.00$），它是在苏格兰高中后期学生的一系列全国性考试基础上建立起来的合成测量。这些考试成绩对于学生未来就业和升入大学有很大影响。协变量中包括：小学 7 年级的口头论证分（Primary 7 VRQ；平均值为 0.51，标准差为 10.65），小学 7 年级的阅读分（Primary 7 reading，平均值为 −0.04，标准差为 13.89），以及一些社会人口指标，包括父亲的就业状况及其职业以及父母的受教育程度。表 12.5 显示出，只有 22% 的父亲和 25% 的母亲 15 岁以后仍然在校学习，11% 的父亲处于失业状态。最重要的一个自变量是教育当局所辖的每一选区（与美国的普查区类似）中关于小区社会剥夺（social deprivation）的由 20 项指标合成的自变量。这一量度综合了贫困集中度、健康、本社区住房存量等信息，平均值为 0.04，标准差为 0.62（细节请参阅 Garner & Raudenbush，1991）。

表 12.5　苏格兰小区研究的描述性统计

变　量	频　数	平均值	标准差
（a）社区层次			
社会剥夺（DEPRIVATION）	524	0.04	0.62
（b）学生层次			
总成绩	2310	0.09	1.00
小学 7 年级的口头论证分（VRQ）	2310	0.51	10.65
小学 7 年级的阅读分（READING）	2310	− 0.04	13.89
父亲职业（DAD OCC）	2310	− 0.46	11.78
父亲教育（DAD ED）			
（15 岁后仍在校学习 =1，否则 =0）	2310	0.22	0.41
母亲教育（MOM ED）			
（15 岁后仍在校学习 =1，否则 =0）	2310	0.25	0.43
父亲失业状况（DAD UNEMP）			
（失业 =1，否则 =0）	2310	0.11	0.30
性别（SEX）（男生 =1，女生 =0）	2310	0.48	0.50

无条件模型

让我们先考虑用一个无条件模型来进行方差分解。在层 − 1，我们有：

$$Y_{ijk} = \pi_{0jk} + e_{ijk}, \qquad e_{ijk} \sim N(0, \sigma^2) \tag{12.15}$$

其中，Y_{ijk} 是在小区 j 和学校 k 的学生 i 的成绩；π_{0jk} 是"单元平均值"，即居住于小区 j 并就学于学校 k 的所有学生的平均成绩；而 σ^2 是交互组内的方差。

在层 − 2，我们仅考虑一个"主效应模型"。也就是说，由于单元规模太小以至于不能可靠地区分小区 − 学校互动的随机效应与单元内误差，因此我们省略了这一交互随机效应。于是，我们有：

$$\pi_{0jk} = \theta_0 + b_{00j} + c_{00k}$$
$$b_{00j} \sim N(0, \tau_{b00}), \qquad c_{00k} \sim N(0, \tau_{c00}) \tag{12.16}$$

这一分析（其结果在表 12.6 的模型 1 部分）使我们能够估计三种有趣的组内相关。小区内相关是居住于同一小区但在不同学校上学的两个学生之间结果的相关。其估计值为：

$$\widehat{\mathrm{corr}}(Y_{ijk}, Y_{i'jk'}) = \frac{\hat{\tau}_{b00}}{\hat{\tau}_{b00} + \hat{\tau}_{c00} + \hat{\sigma}^2}$$
$$= \frac{0.141}{0.141 + 0.075 + 0.799} = 0.139 \tag{12.17}$$

也就是说，总方差中 13.9% 是小区之间的方差。与此类似，学校内相关是就学于同一学校而居住于不同小区的两个学生结果上的相关：

$$\widehat{\mathrm{corr}}(Y_{ijk}, Y_{i'j'k}) = \frac{\hat{\tau}_{c00}}{\hat{\tau}_{b00} + \hat{\tau}_{c00} + \hat{\sigma}^2}$$
$$= \frac{0.075}{0.141 + 0.075 + 0.799} = 0.074 \tag{12.18}$$

也就是说，7.4% 的方差存在于学校之间。最后，"单元内"相关是居住于同一小区并就学于同一学校的两个学生在成绩上的相关：

$$\widehat{\mathrm{corr}}(Y_{ijk}, Y_{i'jk}) = \frac{\hat{\tau}_{b00} + \hat{\tau}_{c00}}{\hat{\tau}_{b00} + \hat{\tau}_{c00} + \hat{\sigma}^2}$$
$$= \frac{0.141 + 0.075}{0.141 + 0.075 + 0.799} = 0.212 \tag{12.19}$$

于是，根据拟合模型，22%的方差存在于交互单元之间。注意，方程 12.4 的 $\hat{\tau}_{d00}$ 并不出现于方程 12.19 中，因为主效应模型假定 $\tau_{d00}=0$。

表 12.6　苏格兰小区数据的模型分析结果

（a）固定效应	模型 1：无条件模型			模型 2：条件模型			模型 3：定义社会剥夺为随机效应的条件模型		
自变量	系数	se	t 比率	系数	se	t 比率	系数	se	t 比率
截距	0.075	0.072	—	0.100	0.021	—	0.098	0.021	—
口头论证分（VRQ）				0.028	0.002	11.59	0.028	0.002	12.21
阅读分（READING）				0.026	0.002	14.68	0.026	0.002	14.99
父亲职业（DAD OCC）				0.008	0.001	5.80	0.008	0.001	5.96
父亲教育（DAD ED）				0.144	0.041	3.54	0.142	0.041	3.50
母亲教育（MOM ED）				0.059	0.038	1.59	0.060	0.037	1.63
父亲失业状况（DAD UNEMP）				−0.121	0.047	−2.58	−0.120	0.047	−2.57
性别（SEX）				−0.056	0.028	−1.97	−0.056	0.028	−1.98
社会剥夺（DEPRIVATION）				−0.157	0.025	−6.22	−0.159	0.027	−5.94
（b）方差分量参数	估计			估计			估计		
小区									
$\mathrm{Var}(b_{00j})=\tau_{b00}$	0.141			0.000			0.004		
学校 $\begin{pmatrix} \mathrm{Var}(c_{00k}) & \mathrm{Cov}(c_{00k},c_{01k}) \\ \mathrm{Cov}(c_{01k},c_{00k}) & \mathrm{Var}(c_{01k}) \end{pmatrix} = \begin{pmatrix} \tau_{c00} & \tau_{c01} \\ \tau_{c10} & \tau_{c11} \end{pmatrix}$	0.075			0.004			$\begin{pmatrix} 0.004 & 0.002 \\ 0.002 & 0.001 \end{pmatrix}$		
学生									
$\mathrm{Var}(e_{it})\sigma^2$	0.799			0.459			0.455		
模型自由度 df	4			12			14		

条件模型

Garner 和 Raudenbush（1991）在非实验性数据条件下探索了对小区社会剥夺削弱了教育成果这一假设的严格检验，所得到的是两个关于认知能力的重要指标，即口头论证分（VRQ）和阅读分（READING），二者都是在小学 7 年级即将进入高中前测量的（参见表 12.5）。这两个指标提供了关于学生语言能力的重要信息。这样一来，控制了这些协变量，实际上便是在小学阶段结束时清除了以往小区对语言能力的任何影响。另外将一些人口背景变量也加入模型作为层 - 1 自变量，于是这个模型为：

$$
\begin{aligned}
Y_{ijk} = \ &\pi_{0jk} + \pi_{1jk}(\mathrm{VRQ})_{ijk} + \pi_{2jk}(\mathrm{READING})_{ijk} \\
&+ \pi_{3jk}(\mathrm{DAD\ OCC})_{ijk} + \pi_{4jk}(\mathrm{DAD\ ED})_{ijk} \\
&+ \pi_{5jk}(\mathrm{MOM\ ED})_{ijk} + \pi_{6jk}(\mathrm{DAD\ UNEMP})_{ijk} \\
&+ \pi_{7jk}(\mathrm{SEX})_{ijk} + e_{ijk}
\end{aligned}
\qquad [12.20]
$$

这里，所有的层 - 1 自变量都是以总平均数对中的，并且单元内的残差方差为 $\mathrm{Var}(e_{ijk}) = \sigma^2$。

估计截距的层 - 2 模型为：

$$
\pi_{0jk} = \theta_0 + \gamma_{01}(\mathrm{DEPRIVATION})_j + b_{00j} + c_{00k}
\qquad [12.21]
$$

为了简约（给定的单元规模和小区内的样本规模都很小）起见，所有其他的层 - 1 系数都是固定的：

$$
\pi_{pjk} = \theta_p, \qquad p > 0
\qquad [12.22]
$$

这些结果（表 12.6 中模型 2 部分）有几个明显的特点：

- 几个层 - 1 协变量都与学习成绩显著相关，特别是对阅读分（READING）和口头论证分（VRQ）有很大影响。

- 层 - 1 残差方差估计为 0.459，表明无条件层 - 1 方差（估计为 0.799）中有 46% 被这些协变量所解释。

- 在控制了这些层 - 1 效应以后，社会剥夺出现了高度显著的负效应（$\hat{\gamma} = -0.157$, $t = -5.94$）。

- 小区之间的残差变化 τ_{b00}（估计为 0.000）和学校之间的残差变化 τ_{c00}（估计为 0.004）都很接近于 0。与无条件的方差估计相比（0.141 与 0.075），这些层 - 2 方差分量被大大削减了。

估计社会剥夺的随机效应

在刚刚完成的分析中，小区社会剥夺与成绩之间的关系被假定为在学校之间不变。我们很想检验这一假定。此外，如果这种联系的确在学校之间发生变化，当这种联系被假定为在学校间固定时，就会低估标准误。因此，我们将方程 12.21 扩展为：

$$\pi_{0jk} = \theta_0 + (\gamma_{01} + c_{01k})(\text{DEPRIVATION})_j + b_{00j} + c_{00k}$$

其中：

$$\begin{pmatrix} c_{00k} \\ c_{01k} \end{pmatrix} \sim N \left[\begin{pmatrix} 0 \\ 0 \end{pmatrix}, \begin{pmatrix} \tau_{c00} & \tau_{c00,01} \\ \tau_{c01,00} & \tau_{c01} \end{pmatrix} \right]$$

于是，c_{01k} 是学校 k 对小区剥夺与成绩之间联系的特殊效应。这一效应有方差 τ_{c01}，并且它还与学校的随机效应 c_{00k} 协变。

但是，拟合模型没有提供剥夺效应在学校间变化的证据。其点估计为：

$$\begin{bmatrix} \hat{\tau}_{c00} & \hat{\tau}_{c00,01} \\ & \hat{\tau}_{c01} \end{bmatrix} = \begin{bmatrix} 0.004 & 0.002 \\ & 0.001 \end{bmatrix}$$

产生的模型偏差度为 4768.51。而定义剥夺存在固定效应的模型（表 12.6 中模型 2 部分）的偏差度为 4769.60，两者之间的差距为 4769.60 − 4768.51 = 1.09。将这一差距与自由度为 2 的 χ^2 分布的百分位点比较后，决策是要接受虚无假设 $\tau_{c01} = \tau_{c00,01} = 0$。这并不奇怪，如同所有关于固定效应的推断一样，社会剥夺效应 $\hat{\gamma}01$ 的标准误几乎保持不变。

例 2：儿童在小学阶段认知发展中的班级效应

第 8 章介绍了应用三层模型对个人成绩增长的情境效应进行估计。所用例子中涉及对嵌套于学校的学生进行重复测量，最后得到在学生学习成绩上的学校差异的推断。其他的例子还包括，嵌套于主治大夫的病人的痊愈过程，以及在社区中，在青少年阶段犯罪倾向变化上的影响（Raudenbush, 1995）。三层的分层模型在估计个人变化上的这种情境效应时存在着局限，即这种模型只能应用于那些在研究时段中一直处于单一情境的个人。如果这些人在研究中跨越了情境边界，那么数据就不再具有嵌套结构。然而，这种结构涉及个人按社会场所的交互分类。

如同表 12.7 中的数据所示，在研究班级对小学学生认知发展的影响时，便会发生这种转移。这一数据来自沉浸研究（Ramirez et al.，1991）的子样本，上述研究要对为美国的英语较差的儿童举办的不同项目进行全国性评价。这个例子请参见劳登布什（Raudenbush，1993），但是在这里我们要用累计效应模型来做，因此它还是新的内容。表 12.7 中的每一行代表一个儿童，每一列代表一个老师。为了简洁起见，只列出了所有儿童的前 10 名与后 10 名。用 5009 号和 5010 号两个儿童的历史来说明在小学的社会成员属性的变迁：在一年级这些儿童都在 10 号教师的班，但是在二年级他们便分开了，儿童 5009 被分配给 17 号教师，而儿童 5010 被分配给 11 号教师。在二年级，5009 号儿童第一次成了 5011 号儿童的同学，现在他们有共同的 17 号教师。

表 12.7　从沉浸研究抽出的子样本的数据组织结构：每个 X 代表一次观察

年级	一年级										二年级									三年级					四年级			合计
教师	1	2	3	4	5	6	7	8	9	10	11	12	13	14	15	16	17	18	19	20	21	22	23	24	25	26	27	合计
学生																												
5003								X			X																	2
5005			X											X														2
5006								X																				1
5007					X						X																	2
5009									X								X					X					X	4
5010									X	X																		2
5011									X								X											3
5013				X																								1
5014																					X	X						2
5015	X																			X		X						3
.																												.
.																												.
.																												.
5232						X																						1
5234				X										X									X					3
5236																												
5237			X											X						X					X			4
5238			X										X										X					3
5241	X																											1
5242						X							X															2
5243			X										X															2
5245					X								X															2
5246	X																			X	X				X			4
合计	5	13	15	18	14	15	13	13	10	7	2	9	10	11	13	4	6	15	11	12	12	13	3	3	2	11	2	1 250

层－1模型①假设每一个学生在小学时的数学知识水平为直线增长（根据检查残差标绘图，说明这一假设是合理的）：

$$Y_{ijk} = \pi_{0jk} + \pi_{1jk}a_{ij} + e_{ijk}, \qquad e_{ijk} \sim N(0,\sigma^2) \qquad [12.23]$$

其中：

Y_{ijk}是班级k的儿童j在时间i上的数学知识水平；

a_{ij}在一、二、三、四年级时分别取值为0、1、2、3；于是，

π_{0jk}是儿童j在一年级时的期望数学知识水平；

π_{1jk}是儿童j在数学知识上的年增长率；

e_{ijk}是同一对象的随机残差，假定其服从平均值为0、方差为σ^2的正态分布。

在层－2，我们先定义一个无条件模型，并省略与单元相联系的随机交互效应。由于每个单元最多只有一次观测（在特定班级中没有人被观测多于一次），因此不可能从单元内方差中分解出学生－班级方差。我们将教师对学生数学知识水平增长的影响看作是对每个学生的特定增长轨迹的"偏转"作用，或是正的，或是负的。

展现的交互分类模型现在产生了一个问题。假如将c_{00k}看作是由于遇到教师k而产生的"偏转"，那么学生j的轨迹就可以由下列简单模型来描述：

$$\begin{aligned}
\pi_{0jk} &= \theta_0 + b_{00j} + c_{00k} \\
\pi_{1jk} &= \theta_1 + b_{10j} \\
\begin{pmatrix} b_{00j} \\ b_{10j} \end{pmatrix} &\sim N\left[\begin{pmatrix} 0 \\ 0 \end{pmatrix}, \begin{pmatrix} \tau_{b00} & \tau_{b00,10} \\ \tau_{b10,00} & \tau_{b10} \end{pmatrix} \right] \\
c_{00k} &\sim N(0,\tau_{c00})
\end{aligned} \qquad [12.24]$$

其中：

θ_0 是一年级的平均数学水平；

θ_1 是一年级的平均学习率；

b_{00j}是学生j在一年级学习中的随机效应；

b_{10j}是学生j在一年级数学的学习率上的随机效应；

c_{00k}是教师随机效应，即当遇到教师k时增长曲线上的期望偏转。

---

① 要是与第8章的标注保持一致，我们可以将儿童i在时间t遇到教师j的模型方程写为$Y_{tij} = \pi_{0ij} + \pi_{1ij}a_{tij} + e_{tij}$。但是，我们在方程12.23中的标注形式是为了强调保持与本章第一个例子的连续性。

这里的符号 $\tau_{b00,10}$ 表示 b_{00j} 与 b_{10j} 之间的协方差。可想而知，一个学生在一年级的水平与其增长率相关。

这个模型所产生的问题是，教师的影响将在每年的年末消失。为了说明其缘故，我们来想象一个假设情况：学生 j 在一年级时遇到教师 1，在二年级时遇到教师 2，在三年级时遇到教师 3。在给定这个学生的增长参数和这些教师效应的条件下，这个学生的预测值为：

一年级的预测值：$\hat{Y}_{1j1} = \theta_0 + b_{00j} + c_{001}$

二年级的预测值：$\hat{Y}_{2j2} = \theta_0 + b_{00j} + c_{002} + \theta_1 + b_{10j}$

三年级的预测值：$\hat{Y}_{3j3} = \theta_0 + b_{00j} + c_{003} + 2(\theta_1 + b_{10j})$

这里，从一年级到二年级的增量为 $\theta_1 + b_{10j} + c_{002} - c_{001}$；从二年级到三年级的预测增量为 $\theta_1 + b_{10j} + c_{003} - c_{002}$。所以，更适当的模型应该定义的是累计（cumulative）的教师效应，因此其预测值为：

一年级的预测值：$\hat{Y}_{1j1} = \theta_0 + b_{00j} + c_{001}$

二年级的预测值：$\hat{Y}_{2j2} = \theta_0 + b_{00j} + \theta_1 + b_{10j} + c_{001} + c_{002}$

三年级的预测值：$\hat{Y}_{3j3} = \theta_0 + b_{00j} + 2(\theta_1 + b_{10j}) + c_{001} + c_{002} + c_{003}$

现在，从一年级到二年级的增量为 $\theta_1 + b_{10j} + c_{002}$；从二年级到三年级的增量为 $\theta_1 + b_{10j} + c_{003}$。对于每一年，增量都是学生的增长率加上一个教师偏转量。

为了应用这样的累计效应，我们将层-1模型（方程 12.23）重新写为：

$$Y_{jt} = \pi_{0jt} + \pi_{1jt}t + e_{jt}, \qquad e_{jt} \sim \mathrm{N}(0,\sigma^2) \qquad [12.25]$$

其中，$t = 0$，1，2，3，表示自学生 j 进入一年级以来延续的年数。这个模型可以容许截距和斜率随时间变化，但是在当前的应用分析中只允许截距随时间变化。在层-2，我们有：

$$\pi_{0jt} = \theta_0 + b_{00j} + \sum_{k=1}^{K}\sum_{h=0}^{t}D_{hjk}c_{00k}$$

$$\pi_{1jt} = \theta_1 + b_{10j}$$

$$\begin{pmatrix}b_{00j}\\b_{10j}\end{pmatrix} \sim \mathrm{N}\left[\begin{pmatrix}0\\0\end{pmatrix},\begin{pmatrix}\tau_{b00} & \tau_{b00,10}\\\tau_{b10,00} & \tau_{b10}\end{pmatrix}\right] \qquad [12.26]$$

$$c_{00k} \sim \mathrm{N}(0,\tau_{c00})$$

这里，要是学生 j 在时间 h 时遇到教师 k，则令 $D_{hjk} - 1$；否则 $D_{hjk} = 0$。方

程 12.26 中的两重合计将教师效应 c_{00k} 随着时间 "累计" 起来。

结果。表 12.8 中比较了交互随机效应模型（其中包括了累计教师效应 c_{00k}）与标准的两层增长模型（参见第 6 章，其中忽略了学生聚集于班级的情况）。忽略班级的两层分层模型（表 12.8 中的模型 1 部分）与交互随机效应模型（表 12.8 中的模型 2 部分）的结果相比，有一些明显的相似之处。两者在初始状况上的估计（一年级的数学水平）几乎一样（256.58 相比 256.60）。两个模型估计的平均增长率（每年 47.11 分相比每年 47.13 分）也很近似，这一情况表明学生的数学知识水平以相当快的速度增长（在 4 年学习中平均每年约为一个标准差）。

表 12.8　沉浸研究数据的模型分析结果

（a）固定效应	模型 1：忽略班级方差			模型 2：估计班级方差			模型 3：预测班级方差		
自变量	系数	*se*	*t* 比率	系数	*se*	*t* 比率	系数	*se*	*t* 比率
一年级状况期望值	256.58	2.51	—	256.60	4.00	—	251.62	5.08	—
线性增长率的期望值	47.11	2.22	21.19	47.13	3.53	13.36	41.39	5.22	7.94
教师硕士学位的效应							7.64	5.45	1.40
（b）方差分量参数	估计			估计			估计		
参数									
初始状况 $\mathrm{Var}(b_{00j}) = \tau_{b00}$	478.74			398.27			395.65		
增长率 $\mathrm{Var}(b_{10j}) = \tau_{b10}$	122.72			128.01			125.01		
初始状况与增长率的协方差 $\mathrm{cov}(b_{00j}, b_{10j}) = \tau_{b00,10}$	35.85			75.90			79.24		
教师效应 $\mathrm{Var}(c_{00k}) = \tau_{c00}$				106.16			81.97		
残差误差 $\mathrm{Var}(e_{it}) = \sigma_2$	329.06			273.07			278.62		
模型偏差统计量	2332.09			2295.75			2294.01		
模型自由度 *df*	6			7			8		

然而，两个模型的结果中同样也存在着差别。模型 2 估计的教师效应的方差 $\hat{\tau}_{c00} = 106.16$ 伴随着学生之间在截距方差估计上的减少（模型 2 的 $\hat{\tau}_{b00} = 398.27$ 对比模型 1 的 $\hat{\tau}_{b00} = 478.74$）。这样，本来被归因于个人差异的部分变异现在被归因为班级经历的作用。此外，学生内部的方差也减少了（$\hat{\sigma}^2 = 273.07$ 相比 329.06），说明在模型 1 中被归于时间方面不稳定性的部分变异被模型 2 的班级经历所解释。我们注意到，在交互分类模型中能够被教师偏转作

用所解释的方差在两层分层模型中被当作"学生内部"变异的部分，现在却与教师联系起来了。

为了检验班级效应的统计显著性，先要比较模型 1 和模型 2 的拟合情况，得到在偏差度上的差距为 2332.09 – 2295.75 = 36.34，然后再将其与自由度等于 1 的 χ^2 临界值相比，最后的结果使我们在 $p < 0.001$ 的水平上拒绝虚无假设 $\mathrm{H_0}: \tau_{c00} = 0$。

我们如何来解释班级效应的规模呢？对其所估计的方差 $\hat{\tau}_{c00} = 106.16$ 等价于标准差 $\sqrt{106.06} = 10.30$。现在有平均增长率为 47.13，因此一个班在给定年份的期望知识增量要是高于平均水平一个标准差便是 47.13 + 10.30 = 57.43，而一个班在给定年份的期望知识增量比平均水平低一个标准差便是 36.83。这看起来是个不小的差别了，尤其是它还要与运气好坏结合起来发生作用，即可能遇到的教师的好与不好还有多种可能性。另一种测量班级效应幅度的方法是将其方差与个人层次增长差异的方差进行比较。我们计算出 $\tau_{c00}/\tau_{b10} = 106.16/128.01 = 0.83$。于是，就能估计出班级的贡献大约相当于每年知识增量的方差中属于个人那部分的 83%，这看起来也是相当大了。

条件层 – 2 模型。为了示范对教师效应建立模型的过程，我们现在将层 – 2模型进行扩展，将教师的研究生学位（Degree）作为一个协变量：

$$\pi_{0jt} = \theta_0 + b_{00j} + \sum_{k=1}^{K} \sum_{h=0}^{t} D_{hjk} \left[\beta_{01} (\mathrm{Degree})_k + c_{00k} \right]$$

$$\pi_{1jt} = \theta_1 + b_{10j}$$

$$\begin{pmatrix} b_{00j} \\ b_{10j} \end{pmatrix} \sim \mathrm{N} \left[\begin{pmatrix} 0 \\ 0 \end{pmatrix}, \begin{pmatrix} \tau_{b00} & \tau_{b00,10} \\ \tau_{b10,00} & \tau_{b10} \end{pmatrix} \right]$$

$$c_{00k} \sim \mathrm{N}(0, \tau_{c00})$$

其中，在教师 k 有硕士学位时 $(\mathrm{Degree})_k = 1$，否则 $(\mathrm{Degree})_k = 0$。因此，β_{01} 成为有无硕士学位的教师之间在教师效应上的调整的平均差异，而 c_{00k} 是在控制教师的研究生学位条件下教师 k 的残差效应。将教师的研究生学位加入模型以后（表 12.8 中的模型 3），导致教师层次的方差分量 τ_{c00} 从 106.16 减少到 81.97。教师受教育状况的效应也与所期望的方向相同，$\hat{\beta}_{01} = 7.64$，但是在两种检验上都没能达到常规显著性水平：一种是这一系数与其标准误的比值，$t = 1.40$；另一种是比较模型 2 和模型 3 各自的拟合程度，得到偏差度之间的差为 2295.75 – 2294.01 = 1.74，相应的自由度等于 1。

小　结

当每一较低层次的单位（如学生）只属于某一个上一层单位（如班级），而这上一层单位仍然只属于一个更上一层的单位（如学校）时，便产生了纯粹的嵌套结构。交互分类的情况涉及更复杂的嵌套结构。当较低层次的单位（如学生）同时既属于某一个因素中的一个单位（如某个小区），又属于第二个因素中的一个单位（如某个学校）时，交互分类便产生了。本章介绍了双因素的交互分类模型，其中层-1 单位嵌套于按两个上一层因素交互分类的"单元"，并且上层中的因素被视为随机的，而不是固定的。为了便于解释，我们将上层的两个因素称为"行"和"列"。双因素交互分类模型开始于一个层-1 模型，或称之为"单元内部"模型。层-1 系数可以在行之间、列之间以及单元之间变化，其中一部分变化是作为行、列、单元上所定义的自变量的函数发生的。所定义的行自变量的效应可以在各列之间随机变化，而所定义的列自变量的效应可以在各行之间随机变化。

本章术语概要

双因素交互分类数据：涉及将各个基本观察或称为"案例"分类到有 J 行和 K 列的矩阵中去。

交互分类的随机效应模型：将双因素交互分类数据中的与行和列相联系的效应视为随机的，也就是说，是从一个可能效应分布中的抽样。

层-1 或"单元内部"模型：描述了在双因素交互分类的随机效应模型中，同一单元中所有观察在结果上的差异来源：

$$Y_{ijk} = \pi_{0jk} + \sum_{p=1}^{P} \pi_{pjk} a_{pijk} + e_{ijk}, \qquad e_{ijk} \sim N(0, \sigma^2)$$

层-1 结果为 Y_{ijk}，即在双因素矩阵中与第 j 行和第 k 列嵌套的第 i 个案例的结果变量 Y 的值，其中：

在单元 jk 中有 $i = 1, \cdots, n_{jk}$ 个案例；

有 $j = 1, \cdots, J$ 行；

有 $k = 1, \cdots, K$ 列。

层 -1 的自变量为 a_{pijk}，$p=1$，$\cdots$，P。

层 -1 的系数为 π_{pjk}，$p=0$，$\cdots$，P。

层 -1 的随机效应为 e_{ijk}。

层 -1 方差或称"单元内部"方差为 σ^2。

层 -1 系数 π_{pjk} 是层 -2 的结果变量。

层 -2 或单元之间的模型为：

$$\pi_{pjk} = \theta_p + \sum_{q=1}^{Q} (\beta_{pq} + b_{pqj}) X_{pqk}$$

$$+ \sum_{r=1}^{R} (\gamma_{pr} + c_{prk}) W_{prj} + \sum_{s=1}^{S} \delta_{ps} Z_{psjk}$$

$$+ b_{p0j} + c_{p0k} + d_{pjk}$$

具体列的自变量为 X_{pqk}，$q=1$，$\cdots$，Q。

具体行的自变量为 W_{prj}，$r=1$，$\cdots$，R。

具体单元的自变量为 Z_{psjk}，$s=1$，$\cdots$，S。

具体列的自变量有固定效应 β_{pq}，但也可以有在各行 $j=1$，$\cdots$，J 随机变化的效应 b_{pqj}。

具体行的自变量有固定效应 γ_{pr}，但也可以有在各列 $k=1$，$\cdots$，K 随机变化的效应 c_{prk}。

具体单元的自变量有固定效应 δ_{ps}。

在模型考虑了所有行和列的协变量的影响以后，行随机效应 b_{p0j}、列随机效应 c_{p0k}、具体单元随机效应 d_{pjk} 都对层 -2 结果 π_{pjk} 有独立的贡献。

方差协方差分量中包括：

1. 所定义的行间方差与协方差

$$\mathrm{Var}(b_{pqj}) = \tau_{bpq}, \qquad \mathrm{cov}(b_{pqj}, b_{p'q'j}) = \tau_{bpq,p'q'}$$

2. 所定义的列间方差与协方差

$$\mathrm{Var}(c_{pqk}) = \tau_{cpq}, \qquad \mathrm{cov}(c_{pqk}, c_{p'q'k}) = \tau_{cpq,p'q'}$$

3. 所定义的单元上的方差与协方差

$$\mathrm{Var}(d_{pjk}) = \tau_{dpp}, \qquad \mathrm{cov}(d_{pjk}, d_{p'jk}) = \tau_{dpp'}$$

当个人的时间序列数据嵌套于按个人与社会处境交互分类中的单元时，累计效应模型可以恰当地描述社会处境的贡献。

分层模型的贝叶斯推断

- 贝叶斯推断的导论
- 例子：正态均值的推断
- 贝叶斯视角下的分层线性模型
- 两层 HLM 的贝叶斯推断基础
- 例子：贝叶斯与经验贝叶斯的元分析
- 吉布斯抽样以及其他计算方法
- 本章术语概要

通过对这本书的学习，我们的兴趣聚焦于三种类型的数量：随机变化的回归系数、固定的回归系数，以及方差协方差的成分。我们的推断方法的基础建立在最大似然估计和经验贝叶斯的结合之上。正如我们在第 9 章中讨论过的那样，当高层单位的数量很大时，这种方法的效果很好。再者，甚至当高层单位的数量较小时，只要数据不是太不平衡，或者研究人员的兴趣主要在于固定的回归系数或方差协方差，这种方法依然相当稳健。

然而，在一些应用中这些条件将不能成立。高层单位的数量或许很小，并且数据可能不平衡。在这种情况下，"完全贝叶斯方法"就比"经验贝叶斯方法"有明显的优越性。本章的目的就是阐明完全贝叶斯方法在分层结构数据中应用的原理。我们用一些示例展示完全贝叶斯方法在什么时候以及为什么更优越。

虽然贝叶斯方法的应用变得越来越普遍，但许多做定量分析的社会学家尚未理解贝叶斯方法的逻辑。这也难怪，因为传统的研究生课程并未强调贝叶斯方法，但我们认为这是必需的，所以本章一开始先就简单背景的单层数据和非常简单的模型，来介绍贝叶斯推断。接着，我们将这个逻辑应用于两层数据的一个相对简单的研究。这将使我们能比较和对照贝叶斯方法与经验贝叶斯方法对方差成分的估计，或是用完全的或是用约束的最大似然法。最后，我们考虑吉布斯抽样方法的运用，对更多类型的模型做贝叶斯推断。为简洁起见，我们在此处仅关注每个层次的线性模型。

对分层线性模型的贝叶斯推断的介绍当然较为简洁，我们建议有兴趣的读者可以参考 Seltzer、Wong 和 Bryk（1996），Gelman 等（1995，特别参阅第 5 章及第 13～15 章），以及 Carlin 和 Louis（1996）等更综合性的处理。[1]

贝叶斯推断的导论

一个模型表达了研究者当前对其分析数据的产生过程的认识，统计分析的目标是对模型参数进行推断。这些推断包括点估计、区间估计和假设检验。在统计理论中有两种迥然不同的推断方法，它们对于分层模型都有特别的意义。

首先，是众所周知的"经典"或"频数学派"（frequentist）方法。在这种传统中，参数被固定为常量。研究数据是由这些参数来刻画其特征的总体的一个概率样本。特定样本结果的概率就是从这一总体中抽出许多独立概率样本时所产生的相对频数。重复随机抽样规律便是经典统计学推断机制的基础。

其次，贝叶斯方法与之就大相径庭了。概率不再被视为重复抽样的相对频数；相反，概率量化了研究人员自己对一些未知情况的不确定性。最让人感兴趣的未知情况就是数据所体现的分布参数。贝叶斯方法视这些参数也拥有自己的概率分布，这些分布描绘了研究人员对于参数值的不确定性。

这些对概率的不同观念深刻地影响了经典统计与贝叶斯统计如何思考点估计、区间估计和假设检验。

---

[1] 我们感谢 Mike Seltzer 对本章初稿的许多有益评论，以及允许我们对他的词汇量增长的研究数据再度进行分析。

经典的观点

点估计。一个点估计以一个真实的数代表对一个未知参数值的好的猜测。什么性质使这个猜测就"好"呢？在经典统计学家看来便是取得它的方法，就像众所周知的"估计量"那样，好的方法指在不断重复抽样时其结果能够具有好的性质。这些性质包括无偏性、一致性和方差最小性。

区间估计。一个区间估计量阐述了未知参数的上下限及未知参数位于此区间之内的相应置信度。区间估计的有效性有赖于其抽样的性质：计算95%置信区间的规则是，在无限地重复随机抽取样本时，这一未知参数被包含在该区间内的情况的比例应该达到95%。经典统计不能说明一个未知参数处于任意一个区间之内的概率。因为这一参数并不是一个随机变量，所以不能被赋予一个0~1之间的概率值，只能说置信区间的计算方法使该区间以给定的概率，例如0.95，俘获未知的固定参数。

假设检验。一个检验统计量只是为了简单地评估：当零假设为真时，这一检验在5%的显著度标准下有5%的机会拒绝零假设。经典统计学家并不是说，"零假设为真的概率小于0.05"。在经典的观点中，零假设并不是一个随机事件，并不能被赋予一个概率。当零假设为真时，如果样本结果以一个小概率发生，我们则倾向于这样的观点：零假设是不合理的，并且我们要拒绝它。我们是在零假设条件下谈论一个给定事件的概率，而并非谈论这一假设本身为真的概率。

贝叶斯方法的观点

贝叶斯方法的统计利用不同的语言来描述点估计、区间估计和假设检验。所有的未知参数都被假设具有某种概率分布，统计推断也建立在这个基础之上。一个"先验分布"描绘了研究人员在任何新数据被收集起来之前的参数的猜测（可能是基于以往的研究结果）。一旦得到了新数据，便根据这些数据所产生的"后验分布"来修订先验分布，而后验分布也就是将新证据与先验观点相结合的一个参数分布。

点估计。按照贝叶斯观点，一个未知参数的点估计是这一参数后验分布中心趋势的一些指标，主要有该参数的平均数、中位数或众数。一个"好"的点估计量可将未知参数与估计量之间的期望距离最小化。例如，一个最小均方误差估计量可以在后验分布的基础上使这一参数与其估计量之间的期望距离的平方最小。[1]

区间估计。一个置信区间，对贝叶斯方法而言经常是指"可信度（credibility）区间"（或"最高后验密度区间"），即未知参数的一个合理取值范围。[2] 一个贝叶斯可信区间估计精确定义了参数处于这一区间的后验概率。比如，研究人员可以断定一个未知参数处于某两个数之间的后验概率为 0.95。

假设检验。就像经典统计一样，贝叶斯统计常常根据数据在零假设和备择假设之间进行选择。然而，与经典统计不同，贝叶斯统计要计算零假设的概率值，并利用后验分布来完成这一计算。

例子：正态均值的推断

假定 Y_i 表示要去某大学研究生院的申请人 i 的 GRE（Graduate Record Exam）成绩。我们的目的是估计这所大学申请者的 GRE 平均分数 μ，并将其平均分与全国的平均分（比如 500 分）进行比较。为简明起见，假定我们知道了其方差为 σ^2。我们还假定 Y_i 独立地服从 $N(\mu, \sigma^2)$，即对于所有申请者 $i = 1, 2, \cdots, n$，Y_i 服从均值为 μ、方差为 σ^2 的正态分布。

经典方法

点估计。经典统计计算 μ 的点估计 $\hat{\mu}$ 为：

$$\hat{\mu} = \bar{Y} = \sum_{i=1}^{n} Y_i/n \qquad [13.1]$$

[1] 更确切地说，一个好的估计量使贝叶斯风险最小，这个风险即"损失函数"的期望值。损失函数定义为，当真正的参数是 θ 且其估计量为 $\hat{\theta}$ 时所要支付的罚款。例如，一个误差平方的损失函数可能是 $L(\theta,\hat{\theta}) = (\theta - \hat{\theta})^2$。误差平方的风险是 $E[(\theta - \hat{\theta})^2 \mid Y]$，这一风险已通过选择 θ 的后验均值作为 $\hat{\theta}$ 而最小化了。其他的损失函数也可以依照其他的点估计去定义。例如，为了使绝对误差损失的期望 $E[L(\theta,\hat{\theta}) \mid Y] = E(|\theta - \hat{\theta}| \mid Y)$ 最小化，可选后验中位数作为其点估计。

[2] 译注：原著用了一个与常规"置信区间"（confidence interval）不同的单词（credibility interval）来区别贝叶斯方法的置信区间。为了强调这种区别，本译本中将其译为"可信度"及"可信区间"。

即样本均值。可以利用众多样本一再出现的习性来支持这个点估计的合理性。它是无偏的，即 $E(\hat{\mu}) = \mu$，所以估计量的期望值与未知参数相等。它还是有效的，即在所有的无偏估计量中，它的方差 $Var(\mu) = \sigma^2/n$ 是最小的（参见 Stuart & Ord，1995）。当然，它还具有一致性（即当 n 不断增加时，$\hat{\mu}$ 的方差趋于零）：$\lim_{x \to \infty} Var(\hat{\mu}) = \lim_{x \to \infty} \sigma^2/n = 0$。

区间估计。经典统计计算的95%置信区间为：

$$95\% \, CI(\mu) = \hat{\mu} \pm 1.96^* \sigma/\sqrt{n} \qquad [13.2]$$

并且可以证明这个选择的合理性，即对于所有重复抽取的随机样本，利用这个公式计算出来的区间会俘获 μ 的真值的机会占到95%。

假设检验。检验零假设 $H_0 : \mu \leq 500$ 以及相对的备择假设 $H_a : \mu > 500$，经典统计计算概率：

$$p = Prob(\bar{Y} \geq c \mid H_0 \text{ 为真}) \qquad [13.3]$$

即估计量 $\bar{Y}$ 大于等于 c 的概率；其给定的条件是零假设为真，并且这个统计值用当前样本进行计算。如果 p 足够小（$p < \alpha$），零假设将被拒绝。这种假设检验的合理性在于，可以证明，当有无限多的样本时，如果零假设为真，则估计量 $\bar{Y}$ 大于等于这个计算值 c 的可能性为 $p \geq \alpha$。这种统计估计量的频率特征再一次提供了其他合理性的证明。

贝叶斯方法

依照贝叶斯方法，所有关于 μ 的推断是基于收集数据 Y 后的后验分布。这还要求研究人员明确设定 μ 的某种先验分布。

先验分布。假设研究人员在收集数据之前便相信，μ 服从均值为 γ、方差为 τ^2 的正态分布，即 $\mu \sim N(\gamma, \tau^2)$。先验均值 γ 表明研究人员此前设想的 μ 所处的位置，而 τ^2 反映了研究人员对 μ 的位置不能确定。因此，如果 τ^2 很小，那么研究人员可以非常肯定 μ 就在 γ 附近。然而，如果 τ^2 很大，研究人员就没有多少信心确认 μ 在 γ 附近。

后验分布。在数据 Y 被收集之后，人们就可以根据贝叶斯定理计算后验分布 $p(\mu \mid Y)$：

$$p(\mu \mid Y) = \frac{p(Y,\mu)}{h(Y)} = \frac{f(Y \mid \mu)p(\mu)}{h(Y)} \qquad [13.4]$$

用文字表达，即：在给定 Y 的条件下，μ 的后验分布就是 Y 和 μ 的联合分布 $p(Y \mid \mu)$ 除以 Y 的边缘分布 $h(Y)$ 的所得之比。标准的计算[①]（Lindley & Smith，1972）揭示出，在给定 Y 之后的 μ 服从均值为 μ^*、方差为 V_μ^* 的正态分布，这里：

$$\mu^* = \frac{n\sigma^{-2}\bar{Y} + \tau^{-2}\gamma}{n\sigma^{-2} + \tau^{-2}}$$

$$V_\mu^* = \frac{1}{n\sigma^{-2} + \tau^{-2}} \qquad [13.5]$$

点估计。贝叶斯方法喜欢选择后验均值 μ^* 做 μ 的点估计。这个选择可以使得 μ 的真值与其估计量之间距离的平方最小（见脚注2），即：

$$E\left[(\mu - k)^2 \mid Y\right] \qquad [13.6]$$

在 $k = \mu^*$ 时达到最小。让我们再更详尽地考察 μ^*。[②]

第一，在方程 13.5 中，我们看到 μ^* 是先验均值 γ 和样本均值 $\bar{Y}$ 的加权平均数。如第 3 章所说，一个估计量的精度是其方差的倒数。与先验均值和样本均值相联的权数与其各自的精度成正比。具体而言，先验均值的精度是 τ^{-2}，即其方差 τ^2 的倒数。如果这一先验精度很大，在对真实均值的估计中，研究人员事先猜测的 γ 就会享有加大的权数。与此类似，样本均值的精度是 $n\sigma^{-2}$，即其方差的倒数。当样本规模 n 扩大时，样本均值的精度也随之提高。

注意，μ 的后验精度（即其方差的倒数）是两个精度之和：先验精度 τ^{-2} 和样本均值的精度 $n\sigma^{-2}$。很明显，后验精度 $n\sigma^{-2} + \tau^{-2}$ 总是大于单独的样本均值精度，这意味着，后验方差永远不会大于样本均值的方差，即 $(n\sigma^{-2} + \tau^{-2})^{-1} \leqslant \sigma^2/n$。

第二，注意，当样本规模增加时，贝叶斯后验均值将收敛于经典的估计量，

---

① 由于 $f(Y \mid \mu)$ 和 $p(\mu)$ 被假定为服从正态分布，$p(\mu \mid Y) \propto \exp\left[-\frac{1}{2}\sum(Y_i - \mu)^2/\sigma^2 - \frac{1}{2}(\mu - \gamma)^2/\tau^2\right]$。根据方程 13.5 的定义，还可简化为 $p(\mu \mid Y) \propto \exp\left[-\frac{1}{2}(\mu - \mu^*)^2/V_\mu^*\right]$。

② 对方程 13.6 取关于 k 的一阶导数，并求解 $k = E(\mu \mid Y) = \mu^*$ 得到，因此使贝叶斯风险最小化。

即 $\lim\limits_{n \to \infty}(\mu^*) = \bar{Y}$。

第三，假定先验精度几乎为零，在这种情况下，τ^{-2} 也趋于零（当然，这意味着原先关于 μ 靠近 γ 的信念有非常大的不确定性）。这时，贝叶斯后验均值将与经典估计量重合，即 $\lim\limits_{\tau^{-2} \to 0}(\mu^*) = \bar{Y}$。

第四，假定研究者确实拥有有用的先验信息。比如，或许以往研究已知全国的平均 GRE 成绩为 γ，而各大学（$j = 1, \cdots, J$）的均值 μ_j 的方差大约为 τ^2。在任一大学的数据缺失的情况下，我们倾向于猜测这所大学的 μ_j 是接近 γ 的。至于多么接近，要由各大学 μ_j 之间的方差 τ_2 来表示。由于没有数据，我们的后验估计将等于先验估计。然而，在收集了第 j 个大学的 n 个案例并计算了该校的样本均值 $\bar{Y}_j$ 以后，我们就可以运用方程 13.5 计算后验估计。注意，我们还能对许多学校来计算 $\bar{Y}_j$ 的"可靠性"，即真实均值 μ_j 的方差与样本均值 $\bar{Y}_j$ 的方差之间的比值，得到：

$$\text{Rel}(\bar{Y}_j) = \lambda_j = \frac{\text{Var}(\mu_j)}{\text{Var}(\bar{Y}_j)} = \frac{\tau^2}{\tau^2 + \sigma^2/n_j} \qquad [13.7]$$

这导致对 μ_j 的后验均值和方差的一种新的表达方式，即：

$$\mu_j^* = \lambda_j \bar{Y}_j + (1 - \lambda_j)\gamma$$
$$V_\mu^* = \lambda_j \sigma^2/n_j \qquad [13.8]$$

当 n_j 增大时，样本均值就变成 μ_j 更可靠的估计，并且后验均值也受到样本均值更强烈的影响。当样本均值变得完全可靠（$\lambda_j = 1$）时，后验均值和方差分别为 $\bar{Y}_j$ 和 σ^2/n_j，与经典理论达成一致。然而，在达到完全可靠之前，贝叶斯后验方差将会小于 σ^2/n_j，因为 λ_j 不能超过 1.0。

区间估计。（从现在开始，为了简洁起见我们省略下标 j。）贝叶斯方法习惯于描述未知参数 μ 处于特定区间的后验概率，这个概率是由后验分布计算得到的。在给定 Y 的条件下，

$$\text{Prob}(\mu^* - 1.96\sqrt{V^*} < \mu < \mu^* + 1.96\sqrt{V^*}) = 0.95 \qquad [13.9]$$

从上述讨论中我们可以看到，贝叶斯可信区间在宽度上从不会超过经典的区间。如果先验精度为零，且 $\mu^* = \bar{Y}$，$V_\mu^* = \sigma^2/n$，贝叶斯的和经典的区间就会完全重合。但是，如果先验精度 τ^{-2} 大于零，则贝叶斯区间就要窄些。

假设检验。为了检验零假设 $H_0 : \mu \leqslant 500$ 和备择假设 $H_a : \mu > 500$，贝叶斯统计方法要计算：

$$p = \text{Prob}(\mu < 500 \mid Y) \qquad\qquad [13.10]$$

即 μ 落入由零假设所限定的区域中的概率。如果 p 充分小（$p < \alpha$），便拒绝这个零假设。同样，如果先验精度 τ^{-2} 为零，所计算的 p 值就与经典统计的 p 值完全相同，尽管其 p 值解释为 "H_0 为真的概率"，不同于经典陈述的那样：p 是 "在零假设条件下，取得的样本平均数大于等于当前样本平均数的概率"。

有关推广和推论的一些问题

在上面的例子中，如果（a）先验精度为零，或者（b）样本规模无限扩大，贝叶斯统计和经典统计的结果在数值上完全吻合。在更加复杂的例子中，这种收敛一般也能成立。与此类似，如果先验信息不为零且样本规模又不太大的话，只要先验分布是可靠的，贝叶斯方法的计算结果将比同样条件下用经典方法得出的结果更加精确。

对贝叶斯观点的一个普遍争议是：科学对反映某一研究者个人先验设想的推论不以为然。因此，最为频繁的争论是针对点估计、区间估计以及假设检验，认为这些估计应该完全根据数据的情况来决定。贝叶斯方法对此的反驳是，人们总是可以令其先验设想的精度为零或是接近于零，在这种情况下，贝叶斯分析会相当地接近（在很多情况下甚至是精确地等于）经典方法所得到的结果。这只不过是明确表示了一个事实，即没有先验信息可得或是先验信息没有用处。然而，即使在这种场合，贝叶斯方法也偏好于对基于概率积分的所有未知参数做概率的解释。没有必要去求助于智力建构的 "对某一总体重复抽取随机样本" 来为推论的合理性辩护。

贝叶斯方法，经典的评估。采用贝叶斯方法和解释但仍然依赖经典方法来评估由先验分布所计算的点估计、区间估计和假设检验的合理性，这是可能的（Gelman et al.，1995，第 4 章）。例如，给定一个贝叶斯点估计量 $\hat{\theta}$，也可以在多次重复抽样中评估它的经典性质（如有效性 efficiency）。一些研究已经表明，当运用于分层模型时，贝叶斯估计量在许多样本中也具有好的性质（Carlin & Louis，1996，第 4 章）。

多参数的情形。在我们简单列举的例子中，只有一个参数 μ 需要估计。为了简单起见，我们还假定 σ^2 已知。当然，这是不实际的。当有多个未知参数时，贝叶斯方法还是直截了当的：定义所有参数的先验概率分布，收集数据，然后根据贝叶斯定理计算"联合后验概率估计"。例如：

$$p(\mu, \sigma^2 \mid Y) = \frac{f(Y \mid \mu, \sigma^2) p(\mu, \sigma^2)}{h(Y)} \qquad [13.11]$$

现在，假定我们的目的是对 μ 做推断。尽管对 σ^2 的兴趣不大，但在对 μ 进行推断时必须要考虑 σ^2 信息的缺乏。我们对于 μ 的推断将会建立在"边缘后验分布"上，这就是在对 σ^2 积分以后 μ 的后验分布：

$$\begin{aligned} p(\mu \mid Y) &= \int p(\mu, \sigma^2 \mid Y) d\sigma^2 \\ &= \int p(\mu \mid \sigma^2, Y) p(\sigma^2 \mid Y) d\sigma^2 \qquad [13.12] \\ &\approx \sum_{m=1}^{M} p(\mu \mid \sigma_m^2, Y) p(\sigma_m^2 \mid Y) \Big/ \sum_{m=1}^{M} p(\sigma_m^2 \mid Y) \end{aligned}$$

为了理解最后那个表达式，假定我们选择 M 个介于 0 和某一非常大的数之间的 σ_m^2 的可能值。对每个 σ_m^2 值，我们计算出 μ 的后验密度，即 $p(\mu \mid \sigma_m^2, Y)$。然后对所有这些计算加权平均数，其权数为 $p(\sigma_m^2 \mid Y)$，即 σ_m^2 的后验概率密度。这个思路就是，$\mu \mid \sigma^2, Y$ 的后验分布可以就 σ^2 的每一个可能值来进行评估。这样一个"条件后验分布"是边缘后验分布的一个很好的表达形式，即 $p(\mu \mid Y)$，只有对我们正在依据的 σ_m^2 值时才是未知 σ^2 的一个似真值。在为 μ 建构边缘后验的过程中，我们为每一个条件后验分布 $p(\mu \mid \sigma_m^2, Y)$ 按那一 σ_m^2 值的"似真值"（plausibility）加权，其中似真值为 $p(\sigma_m^2 \mid Y)$。

这个例子表明，当一个"辅助参数"（在这里为 σ^2）未知时，贝叶斯方法提供的所关注的"焦点参数"（focal parameter，在这里为 μ）的推断中，已经考虑到了辅助参数的不确定性。在本例中，这是通过对辅助参数所有的可能值取平均数来完成的。正如我们将看到的那样，在对焦点参数进行推断的过程中，对辅助参数的不确定性的考虑正是贝叶斯方法在分层模型应用中的重要优势。

贝叶斯视角下的分层线性模型

在前面关于两层模型的章节里，对于正态分布的结果，我们曾寻求对三种类型的未知参数进行推断，包括：层 – 1 随机系数 $\boldsymbol{\beta}$；层 – 2 固定系数 $\boldsymbol{\gamma}$；以及方差协方差参数，例如层 – 1 系数的方差协方差矩阵 $\mathbf{T}$ 和残差的层 – 1 方差 σ^2。我们采用了两种通用的策略来获得这些估计。首先是在完全最大似然估计（ML）的基础上去估计 $\boldsymbol{\gamma}$、σ^2 和 $\mathbf{T}$，以及 $\boldsymbol{\beta}$ 的经验贝叶斯估计。其次就是在约束最大似然估计（REML）的基础上去估计 $\mathbf{T}$ 和 σ^2，以及 $\boldsymbol{\gamma}$ 和 $\boldsymbol{\beta}$ 的经验贝叶斯估计。我们简要回顾这些方法的逻辑，并思考贝叶斯方法如何能增加推断的力量。尽管 ML 和 REML 都是经典程序，但我们将展示 REML 也可以视为一种由完全 ML 转变而来的"偏贝叶斯方法"。此外，在分层模型的情况下，甚至 ML 本身都有一定程度的贝叶斯味道。

对 $\boldsymbol{\gamma}$、$\mathbf{T}$ 和 σ^2 的完全最大似然估计

完全 ML 方法即是选择一套 $\hat{\boldsymbol{\gamma}}$、$\hat{\mathbf{T}}$ 和 $\hat{\sigma}^2$ 作为 $\boldsymbol{\gamma}$、$\mathbf{T}$ 和 σ^2 的估计量，对于给定样本数据 $\mathbf{Y}$ 的固定值使这些参数的联合似然值最大化（详见第 14 章）。在 $\boldsymbol{\gamma}$、$\mathbf{T}$ 和 σ^2 这些 ML 估计量给定的条件下，我们计算出层 – 1 系数 $\boldsymbol{\beta}$ 的经验贝叶斯估计。[①] 这个方法拥有几个关键性的优点。

1. 在极为一般的情况下，$\boldsymbol{\gamma}$、$\mathbf{T}$ 和 σ^2 的 ML 估计量具有一致性，也就是说，当层 – 2 的样本规模 J 增加时，它们收敛于参数的真值。这还意味着它们是渐进无偏的，即当 J 增加时，任何偏差都将越来越小。

2. 此外，这些估计量都是有效的，意思是说，在大样本中（即 J 很大时），不存在拥有更小方差的其他无偏估计。

3. 对一个很大的 J 而言，如果 $\mathbf{T}$ 的 ML 估计量是正定的（例如，这要求方差估计量不为零，并且 ML 的协方差估计不产生等于 ±1.0 这样的相关），那么这些估计量的抽样分布近似于正态。这些大样本的正态抽样分布拥有已知的方差和协方差，甚至对非常复杂的模型也是这样。这就意味着，对一个很大的 J，正态分布可以被用来建构置信区间和检验显著性，并且非常方便。

4. 同样，当 J 很大时，层 – 1 系数的经验贝叶斯（EB）估计也将会有一些很好的性质。更重要的是，平均而言，它们将比其他方法的统计量更为准确（即它们的均方误更小，参见 Morris，1983；Raudenbush，1988）。这些 EB 估

---

① 正如第 14 章中所显示的那样，ML 方法与经验贝叶斯估计在每一个迭代集合中都是被同步计算的，它们是严格概念化的。

计量优势的来源之一是它们依赖于 γ、$\mathbf{T}$ 和 σ^2 的 ML 估计量。这些 ML 估计极好的大样本性质加强了对 $\boldsymbol{\beta}$ 的推断。

读者可能已经注意到以上这些大有裨益的性质都依赖于"很大的 J"，即需要拥有大量的层 -2 单位数目。于是，自然会产生"小规模 J"的问题：如果层 -2 单位的数量较少，这些估计量仍然值得信赖吗？

对这个问题的回答关系到设计的其他方面，特别是设计的平衡程度，并且还关系到哪些参数是研究者最感兴趣的。主要关注点如下：

1. 在小样本规模下，γ 和 $\mathbf{T}$ 的统计或许是相当不准确的。此外，这两个统计量，尤其是 $\mathbf{T}$ 中的方差元素，将不会服从正态的抽样分布。例如，假定某一方差元素 $\hat{\tau}_{qq}$ 近似于正态分布，可能导致统计推断的严重误差。我们将用一个小样本数据的简单的应用例子来显示这种情况。

2. 如果数据不平衡，γ 的估计就会以 $\mathbf{T}$ 的 ML 估计的函数来作为其权数（见第 3 章的几个简单例子和第 14 章中的一般情况）。这些权数的随机误差将使 γ 产生不确定性，然而这种不确定性通常在使用 ML 方法软件所打印出来的标准误中得不到反映。因此，γ 的置信区间会比其应有的宽度窄一些，显著性检验也会比它原先应该的那样更宽松、更容易通过。在小样本 J 时，数据越不平衡，这种问题就可能越严重，因为设计越不平衡时权数之间的差别就越大。这种情况便是，一个辅助参数（这里指 $\mathbf{T}$）的不确定会导致对焦点参数 γ 的推断错误。而贝叶斯方法可以解决这个问题。

3. 类似地，对 $\mathbf{T}$ 的推断也没有顾及 γ 的不确定性。在一些应用里，$\mathbf{T}$ 本身可能就是焦点参数，我们想要确保对它的推断不会因为其他辅助参数的不确定性而失真。

4. 因为 $\boldsymbol{\beta}$ 的 EB 估计也得依赖于对 γ、σ^2 和 $\mathbf{T}$ 的 ML 估计，所以这些 ML 估计的误差也会使 $\boldsymbol{\beta}$ 产生额外的不确定性。可是这种附加的不确定性不能被用 EB 方法计算的标准误所反映。同样，$\boldsymbol{\beta}$ 的置信区间会过窄，对 $\boldsymbol{\beta}$ 的检验也会过松。这个问题仅仅是当 J 很小时出现的，但是当 n_j（层 -2 单位 j 中的样本规模）很大时便会有所削减，因为在那种情况下，$\boldsymbol{\beta}$ 的 EB 估计将主要地依赖于那个单位的数据。然而，对很小的 J 和很小至中等的 n_j 而言，EB 估计量对可能不准的辅助参数（这里指 γ、σ^2 和 $\mathbf{T}$）估计量的依赖性是不理想的。

与之相比，σ^2 的 ML 推断通常对很小的 J 或数据不平衡的性质并不敏感。这是因为对 σ^2 估计的准确性基本上依赖于所有层 -1 单位的总样本规模 N，

即 $N = \sum n_j$。在大多数场合，N 都很大，足以支持对 σ^2 进行坚实的推断。

那么，ML – EB 方法的关键问题是，关于焦点参数的推断依赖于其他未知辅助参数的点估计，并且这些推断没有充分考虑到其他未知参数的不确定性。当 J 很小而且层 – 1 的数据非常不平衡时，这个问题是最突出的。但是，约束最大似然估计（REML）方法部分地解决了这个问题。

对 T 和 σ^2 的 REML 估计

以 $\boldsymbol{\gamma}_m$ 来表示 $\boldsymbol{\gamma}$ 的任意可能取值，我们定义 **T** 和 σ^2 的似然为 $L_m(\mathbf{T}, \sigma^2 \mid \boldsymbol{\gamma}_m, \mathbf{Y})$。如果我们计算 $L_m(\mathbf{T}, \sigma^2 \mid \boldsymbol{\gamma}_m, \mathbf{Y})$ 所有可能取值的平均值，我们就可以得到在单独给定 **Y** 以后 **T** 和 σ^2 的似然估计值。这称为有限制条件的似然估计 $L(\mathbf{T}, \sigma^2 \mid \mathbf{Y})$，因为它并不包含 $\boldsymbol{\gamma}$。[1]

在 REML 方法中，所选择的 **T** 和 σ^2 的估计值的原则是，对给定样本观测数据 **Y**，能够使这些参数的联合似然值最大化的值。在这些 ML 估计的条件下，我们再计算对 $\boldsymbol{\gamma}$ 的一般化最小二乘估计和层 – 1 系数 $\boldsymbol{\beta}$ 的经验贝叶斯估计。[2] 这个方法拥有几个重要的优点。

正如 ML 估计那样，**T** 和 σ^2 的 REML 估计是一致和有效的；此外，在 ML 的方差估计不为零且 ML 的协方差分量估计是在可接受的范围之内（例如，**T** 的 REML 估计必须是正定的）时，只要 J 很大，这些统计量的抽样分布近似于正态分布。然而，与 ML 方法不同的是，**T** 的 REML 估计还考虑了 $\boldsymbol{\gamma}$ 的不确定性。我们可以将 **T** 的 REML 估计视为 **T** 的所有可能的 ML 估计的加权平均数，

---

[1] $L_m(\mathbf{T}, \sigma^2 \mid \boldsymbol{\gamma}_m, \mathbf{Y})$ 的平均应该是一个加权平均。它的权数与 $\boldsymbol{\gamma}_m$ 的近似估计成比例。假定 $\boldsymbol{\gamma}$ 是一个标量（译注：即无量纲的纯量），我们选择 $\boldsymbol{\gamma}_m (m = 1, \cdots, M)$，使 $\boldsymbol{\gamma}_1$ 远远小于零而 $\boldsymbol{\gamma}_M$ 远远大于零，并且在此范围中连续不断地取 $\boldsymbol{\gamma}_m$ 的值。当这个"和"中项的数量无限增加（同时介于相邻的两个 $\boldsymbol{\gamma}_m$ 值之间的距离无限地缩小）时，这个加权平均收敛于积分：

$$\lim_{x \to \infty} \sum_{m=1}^{M} p(\boldsymbol{\gamma}_m \mid \mathbf{Y}) * \mathbf{L}_m(\mathbf{T}, \sigma^2 \mid \boldsymbol{\gamma}_m, \mathbf{Y}) = \int p(\boldsymbol{\gamma} \mid \mathbf{Y}) L(\mathbf{T}, \sigma^2 \mid \boldsymbol{\gamma}, \mathbf{Y}) \partial \boldsymbol{\gamma}$$
$$= \int L(\boldsymbol{\gamma}, \mathbf{T}, \sigma^2 \mid \mathbf{Y}) \partial \boldsymbol{\gamma}$$
$$= L(\mathbf{T}, \sigma^2 \mid \mathbf{Y})$$

[2] 在 REML 方法下 $\boldsymbol{\gamma}$ 的广义最小二乘估计（GLS）可能会被看作经验贝叶斯估计。当 $\boldsymbol{\gamma}$ 的先验精度为零时，它们都是基于 $p(\boldsymbol{\gamma}, \boldsymbol{\beta} \mid \mathbf{T}, \sigma^2, \mathbf{Y})$ 这个给定了 **T**、σ^2 的 REML 估计和数据的 $\boldsymbol{\gamma}$、$\boldsymbol{\beta}$ 的条件后验分布（详见第 14 章）。特别地，在给定 **T**、σ^2、**Y** 之后，$\boldsymbol{\gamma}$ 的 GLS 估计就是后验均值 $E(\boldsymbol{\gamma} \mid \mathbf{T}, \sigma^2, \mathbf{Y})$。

其中每一个可能的 ML 估计都是针对一个可能的 γ 值计算出来的。由于通过对这些可能的估计值取平均数，而不是以一个 γ 的估计作为条件，所以 **T** 的 REML 估计有效地兼顾了未知 γ 的不确定性。

同 ML 方法一样，层 – 1 系数的 EB 估计也会有很好的大样本性质。这些 EB 估计将依赖于 **T** 和 σ^2 的 REML 估计，而且这些 ML 估计极好的大样本性质还加强了对 **β** 的推断。

REML – EB 方法的局限是与 ML – EB 方法的局限密切相关的。同样，**T** 的估计在小样本时可能相当不准确。此外，在大多数的应用中，**T** 的方差估计不会近似于正态样本分布，除非其样本规模异常大；并且仍然是，如果数据不平衡，γ 的估计就会受权数的影响，进而依赖于 **T** 的 REML 估计，以至于 **T** 估计中的随机变异会导致 γ 的不确定性，而且这种不确定性在常规标准误的计算中得不到反映。因而，γ 的置信区间将窄于它们应该呈现的那样，而且显著性检验也会比原来更易通过。在此，问题再一次发生，当 J 很小时，数据越不平衡，问题就越严重。

因为 **β** 的 EB 估计还依赖于 **T** 和 σ^2 的 REML 估计，这些 REML 估计里的误差也会在这些 EB 估计中产生额外的变异。这种额外的不确定性在用 EB 方法计算的标准误中也反映不出来。同样，**β** 的置信区间会过窄，**β** 的检验也会过松。然而与 ML 的情况不同的是，基于 **T** 和 σ^2 的 REML 估计的 EB 点估计能够准确地反映关于 γ 的不确定性。

总之，在 ML – EB 方法中，关键参数的推断依赖于其他未知辅助参数的点估计，并且这些推断没有充分顾及其他参数的不确定性。REML 方法通过在 **T** 和 **β** 的估计中考虑了 γ 的不确定性而部分地解决了这个问题。在这个意义上说，REML 方法可以被作为一种"偏贝叶斯方法"，我们将在后面的例子中对此加以说明。

与之相比，一个"完全贝叶斯方法"应该确保对每一个参数的推断都完全顾及所有其他参数的不确定性。所付出的代价就是，完全贝叶斯方法要求设置所有参数的先验分布。这些"先验"反映研究者关于这些参数的先验理解或认识。而通常的情况是，研究者对 γ、σ^2 和 **T** 知之甚少，因此他就会建构一个"模糊不清的先验"，以不至于对所得的推论形成太大的影响。然而，在本书所关注的应用背景中，不太可能构造一个完全无信息的先验；也就是说，任何先验的选择都会对推断产生一些影响。因此，在先验可能对后验有比较重要的影响时，就必须采取一些步骤来评估推断对先验选择的敏感性，尤其是在样本规模很小的场合（也就是说，特别是在两层模型时而 J 又很小的情况下）（Seltzer, Wong, & Bryk, 1996）。

两层 HLM 的贝叶斯推断基础

依照贝叶斯观点，观测数据是由某些未知量定义的概率分布产生的，先验分布必须对所有这些未知量赋值。将给定数据和先验分布联合起来将产生在这一数据下的所有未知的联合后验分布。对具体未知量（如焦点参数）的推断可以通过对其他未知量（如辅助参数）所有可能值取平均数得到。我们现在将这一原理应用于两层数据的分层线性模型。

观测数据的模型

观测数据的贝叶斯模型与在本书其他地方使用的标准层－1 模型完全一致。对于层－2 单位 j 中的层－1 单位 i，我们有结果 Y_{ij} 为：

$$Y_{ij} = \beta_{0j} + \sum_{q=1}^{Q-1} \beta_{qj} X_{qij} + r_{ij}, \qquad r_{ij} \sim N(0, \sigma^2) \qquad [13.13]$$

依据贝叶斯理论，观测数据 $\mathbf{Y}$ 是依 $f(\mathbf{Y} \mid \boldsymbol{\beta}, \sigma^2)$ 来分布的，其中 f 是正态密度，而 $\mathbf{Y}$ 是一个以每一层－2 单位 $j = 1, \cdots, J$ 中的所有层－1 单位 $i = 1, \cdots, n_j$ 的结果 Y_{ij} 为元素的向量。与此类似，$\boldsymbol{\beta}$ 是一个以 β_{qj} 为元素的向量。结果 Y_{ij} 被假定为独立的正态分布，其均值为：

$$E(Y_{ij} \mid \boldsymbol{\beta}, \sigma^2) = \beta_{0j} + \sum_{q=1}^{Q-1} \beta_{qj} X_{qjk} \qquad [13.14]$$

其方差为 σ^2。我们必须设置未知量 $\boldsymbol{\beta}$ 和 σ^2 的先验分布，这需要设置一个两阶段的先验。

第一阶段的先验

贝叶斯先验概率的第一阶段与本书其他地方使用的标准层－2 模型是完全相符的：

$$\beta_{qj} = \gamma_{q0} + \sum_{s=1}^{S_q} \gamma_{sq} W_{sqj} + u_{qj} \qquad [13.15]$$

这里，u_{qj}，$q = 0$，$\cdots$，$Q - 1$，形成了一个具有方差为 $\mathrm{Var}(u_{qj}) = \tau_{qq}$、协方差为 $\mathrm{Cov}(u_{qj}, u_{q'j}) = \tau_{qq'}$ 的 Q 维多元正态分布。按贝叶斯方法，这就设置了第一阶段的先验分布为 $p_1(\boldsymbol{\beta} \mid \boldsymbol{\gamma}, \mathbf{T})$，其中 $\boldsymbol{\gamma}$ 是一个以 γ_{qs} 为元素的向量，$\mathbf{T}$ 是一个以 $\tau_{qq'}$ 为元素的矩阵，这就是通常称为"可互换的"先验。说向量 $\mathbf{u}_j$ 的元素 u_{qj} 是可互换的，是因为没有任何先验信息可以使我们确信，来自单位 j 的向量 $\mathbf{u}_j$ 的元素比从一些其他层 -2 单位 j' 的向量 $\mathbf{u}'_j$ 的元素要大或是小。在贝叶斯统计术语中，可互换性的含义类似于说：向量 $\mathbf{u}_j$，$j = 1$，$\cdots$，J，构成了这类向量的总体中的一个简单随机样本。如果研究者的确拥有关于 $\mathbf{u}_j$ 的可能值，那么这些信息就应被结合到模型之中，比如通过加入解释变量 W_j 来解释这些差异。

第二阶段的先验

为了完成贝叶斯设置，还必须设置 $\boldsymbol{\gamma}$、σ_2 和 $\mathbf{T}$ 的先验分布。没有这样的先验分布，还是不可能建构这些参数的后验分布，因而也不可能去做关于它们的概率性陈述（回顾贝叶斯方法的目的，就是要对所有未知参数进行合理的概率陈述）。因此，我们还得设置先验分布 $p_2(\boldsymbol{\gamma}, \sigma^2, \mathbf{T})$。从现在起，我们先将这一未设置的先验分布的具体形式放在一边。它将在不同的研究中取得具体的形式，但是在大多数情况下，这一先验的选择反映的是"先验无知"，也就是说，研究者对于这些参数根本没有或几乎没什么先验信息。

后验分布

在给定数据后，对所有未知参数的统计推断根据其联合后验分布推导出来。在这种情况下，

$$p(\boldsymbol{\beta}, \boldsymbol{\gamma}, \sigma^2, \mathbf{T} \mid \mathbf{Y}) = \frac{f(\mathbf{Y} \mid \boldsymbol{\beta}, \sigma^2) p_1(\boldsymbol{\beta} \mid \boldsymbol{\gamma}, \mathbf{T}) p_2(\boldsymbol{\gamma}, \sigma^2, \mathbf{T})}{h(\mathbf{Y})} \qquad [13.16]$$

其中 $h(\mathbf{Y})$ 是 $\mathbf{Y}$ 的边缘分布，它是一个正态化的常数，确保其后验有适

当的概率分布。①

对焦点参数的推断可以通过对辅助参数求平均数得到。例如，对所关注的 $\boldsymbol{\gamma}$，我们要计算：

$$f(\boldsymbol{\gamma} \mid \mathbf{Y}) = \iiint f(\boldsymbol{\beta}, \boldsymbol{\gamma}, \sigma^2, \mathbf{T} \mid \mathbf{Y}) \partial \boldsymbol{\beta} \partial \sigma^2 \partial \mathbf{T} \qquad [13.17]$$

完全贝叶斯推断与经验贝叶斯推断之间的关系

利用 $\boldsymbol{\gamma}$、σ^2 和 $\mathbf{T}$ 的 ML 估计对 $\boldsymbol{\beta}$ 进行经验贝叶斯推断。先假定 $\boldsymbol{\gamma}$、σ^2 和 $\mathbf{T}$ 为已知。研究者对第二阶段先验的 $p_2(\boldsymbol{\gamma}, \sigma^2, \mathbf{T})$ 的先验信息是确定的，其实是一种极端的情况。在这种情况下，未知的只有 $\boldsymbol{\beta}$，因此只需要再有第一阶段的先验分布。接下来，对 $\boldsymbol{\beta}$ 进行推断的基础就是这些给定数据和已知参数的概率分布，即 $p(\boldsymbol{\beta} \mid \boldsymbol{\gamma}, \sigma^2, \mathbf{T}, \mathbf{Y})$。经验贝叶斯推断正是沿着这条路走的，但需要指出的是，与假定 $\boldsymbol{\gamma}$、$\mathbf{T}$ 和 σ^2 已知的做法不同，经验贝叶斯方法是用 ML 估计量 $\hat{\boldsymbol{\gamma}}$、$\hat{\mathbf{T}}$ 和 $\hat{\sigma}^2$ 代替了 $\boldsymbol{\gamma}$、$\mathbf{T}$ 和 σ^2 的真值。为了对 $\boldsymbol{\beta}$ 进行推断，$\boldsymbol{\gamma}$、$\mathbf{T}$ 和 σ^2 的真值被假定为与这些 ML 估计值相等。

利用 σ^2 和 $\mathbf{T}$ 的 REML 估计对 $\boldsymbol{\beta}$ 和 $\boldsymbol{\gamma}$ 进行经验贝叶斯推断。现在让我们假定 $\boldsymbol{\gamma}$ 是未知的（和 $\boldsymbol{\beta}$ 一样），但 $\mathbf{T}$ 和 σ^2 已知。那么，贝叶斯方法将为 $\boldsymbol{\gamma}$ 设置一个先验分布，即 $p_2(\boldsymbol{\gamma} \mid \mathbf{T}, \sigma^2)$。如果这个先验分布的精度为 0，那么关于 $\boldsymbol{\beta}$ 和 $\boldsymbol{\gamma}$ 的推断就会与本书其他地方（第 3、5、7 和 14 章）讨论过的经验贝叶斯推断几乎一样，只是将 $\mathbf{T}$ 和 σ^2 的 REML 估计代入了后验分布 $p(\boldsymbol{\beta}, \boldsymbol{\gamma} \mid \mathbf{T}, \sigma^2, \mathbf{Y})$。于是，$\mathbf{T}$ 和 σ^2 的真值就被假定为与 REML 估计值相等，并且对 $\boldsymbol{\gamma}$ 和 $\boldsymbol{\beta}$ 的推断将建立在按给定的 $\mathbf{T}$ 和 σ^2 的 REML 估计值的后验分布基础之上。

总之，本书中其他地方描述到的经验贝叶斯过程可以看成在某些辅助参数被设为与其点估计相等且为已知时的贝叶斯过程。在应用 ML – EB 方法时，关注参数为 $\boldsymbol{\beta}$，而辅助参数 $\boldsymbol{\gamma}$、σ^2 和 $\mathbf{T}$ 被设为与其 ML 估计相等。在应用 REML – EB 方法时，关注参数为 $\boldsymbol{\beta}$ 和 $\boldsymbol{\gamma}$，而辅助参数 σ^2 和 $\mathbf{T}$ 被设为与其

① 为了更加恰当，后验密度必须使积分为 1.0。边际密度 $h(\mathbf{Y}) = \iiint f(\mathbf{Y} \mid \boldsymbol{\beta}, \sigma^2) p_1(\boldsymbol{\beta} \mid \boldsymbol{\gamma}, \mathbf{T}) p_2(\boldsymbol{\gamma}, \mathbf{T}, \sigma^2) \partial \boldsymbol{\beta} \partial \boldsymbol{\gamma} \partial \sigma^2 \partial \mathbf{T}$ 是一个正态化的常数，以确保积分为 1.0。

REML 估计相等。正如早先讨论过的那样，当 J 很大且这些辅助参数的 ML 估计或 REML 估计相当精确时，这种程序的工作是很好的。但是，总的来说，当 J 很小且数据又不平衡时，应用完全贝叶斯程序就会引起很大争议。我们将借用以下的一系列例子来说明这些原理。

例子：贝叶斯与经验贝叶斯的元分析

为举例说明贝叶斯方法，并将其与大家已熟悉的本书中基于 ML 或 REML 估计所进行的经验贝叶斯推断的结果相比较，我们采用的简单例子为那 19 项用以评估教师的期待对学生 IQ 影响的实验数据。这个例子在第 7 章中已经被描述过，其数据见表 7.1。每一个研究都产生了一个效应规模的估计 d_j，以及一个标准误的平方 V_j。这一研究有三个目的：（1）对 19 项研究的平均效应规模进行估计；（2）评估效应规模的变异性 τ；（3）利用所有这 19 项研究中得到的信息来确定对每一项个别研究的改进的效应规模估计 δ_j。

贝叶斯模型

观察数据。对第一层观察的结果变量的贝叶斯线性模型与标准的层 –1 模型一致，有：

$$d_j = \delta_j + e_j, \qquad e_j \sim \mathrm{N}(0, V_j) \qquad [13.18]$$

依照贝叶斯方法，所观察的数据 d 服从分布 $f(d\mid\delta, V)$，此处，f 为正态分布。d 是一个向量，其元素为来自单位 $j = 1, \cdots, J$ 的 d_j。类似地，δ 是一个元素为 δ_j 的向量，V 是一个对角矩阵，其对角线上的元素为 V_j。假定 d_j 这个结果是独立服从正态分布的，并且这一分布的均值为 $\mathrm{E}(d_j\mid\delta_j) = \delta_j$，其方差 V_j 已知。我们还必须为那些未知参数 δ 设置先验分布，这将是一个两阶段的先验分布。

第一阶段的先验分布。第一阶段的贝叶斯先验分布与第 7 章中使用的标准层 –2 模型相同，为：

$$\delta_j = \gamma + u_j, \qquad u_j \sim \mathrm{N}(0, \tau) \qquad [13.19]$$

其中，$u_j(j = 1, \cdots, J)$ 独立地服从以 0 为均值、以 τ 为方差的正态分布。按贝叶斯方法的解释，这设置了第一阶段的先验分布为 $p_1(\delta \mid \gamma, \tau)$。

第二阶段的先验分布。为了完成这一贝叶斯设置，还必须对 γ 和 τ 的先验分布进行设置。对这些参数，我们将假定它们的先验分布为独立地按其参数范围（$-\infty < \gamma < \infty$；$0 \le \tau$）均匀分布。如此"扁平"的先验分布表达了我们基本上没有掌握这些参数的先验信息。对 γ 和 τ 这两个参数中的每一个而言，所有可能值同样适用。[1]这种先验分布的一个优点就是：后验概率将与似然估计 $L(d \mid \gamma, \tau)$ 成比例，这就便于与基于最大似然估计之上的推断作比较。从技术上，我们可以写为：

$$p_2(\gamma, \tau) \propto C_\gamma C_\tau, \qquad -\infty < \gamma < \infty, 0 \le \tau \qquad [13.20]$$

其中 C_γ 和 C_τ 为任意常数小数。

后验分布。在给定了数据后，按贝叶斯定理，对所有未知参数的推断可以由它们的联合后验分布推导出来。在这种情况下：

$$
\begin{aligned}
p(\delta, \gamma, \tau \mid d) &= \frac{f(d \mid \delta) p_1(\delta \mid \gamma, \tau) p_2(\gamma, \tau)}{h(d)} \\
&\propto \left(\prod_{j=1}^{19} (v_j \tau)^{-1/2} \right) \qquad [13.21] \\
&\times \left(\exp\left[-\frac{1}{2} \sum_{j=1}^{19} (d_j - \delta_j)^2 / V_j - \frac{1}{2} \sum_{j=1}^{19} (\delta_j - \gamma)^2 / \tau \right] \right)
\end{aligned}
$$

其中 $h(d)$ 是 d 的边缘分布，它是一个正态化的常数，确保该后验概率服从一个适当的概率分布。[2]

所关注的焦点参数的推断是建立在对所有辅助参数求平均数的基础上。让我们先假定 γ 和 τ 共同成为关注焦点，这时，δ_j，$j = 1, \cdots, 19$，便为辅助参数。因此，我们的兴趣就集中于：

$$g(\gamma, \tau \mid d) = \int f(\delta, \gamma, \tau \mid d) \partial \delta \qquad [13.22]$$

进行标准的计算后，我们便能看到，对于我们的数据，这个表达式变为：

---

[1] 这个先验分布的密度是作为一个"不恰当的先验"而为人所知的，因为作为真实的概率分布的期望，其积分不为1.0。

[2] d 的边缘密度是 $h(d)$，而 $h(d) = \iiint f(d \mid \delta) p_1(\delta \mid \gamma, \tau) p_2(\gamma, \tau) d\tau d\gamma d\tau$ 是一个确保积分为1.0的正态化常数。

$$g(\gamma,\tau \mid d) \propto (2\pi)^{-19/2}\left[\prod_{j=1}^{19}(V_j+\tau)^{-1}\right]^{1/2}\exp\left[-\frac{1}{2}Q\right] \qquad [13.23]$$

其中：

$$Q = \sum_{j=1}^{19}(V_j+\tau)^{-1}(d_j-\gamma)^2$$

参数估计与推断

对于 γ 和 τ 的联合分布及边缘后验分布。图 13.1 展示了在给定了教师预期数据 d 之后的均值 γ 和方差 τ 的联合后验密度。γ 的后验分布是单峰的，近似于对称，绝大部分后验密度都介于 $-0.10 \sim 0.20$ 之间，并有在 0.10 附近集中的趋势。与此相比，τ 的后验密度也是单峰的，但具有相当的正偏态，而且绝大部分后验密度介于 0 至大约 0.08 之间，其众数为 $\tau = 0.013$。这一清晰的图示表达了两个边缘后验密度之间的关系，即：

$$p(\gamma \mid d) = \int p(\gamma,\tau \mid d)\partial\tau$$
$$\qquad\qquad\qquad\qquad [13.24]$$
$$p(\tau \mid d) = \int p(\gamma,\tau \mid d)\partial\gamma$$

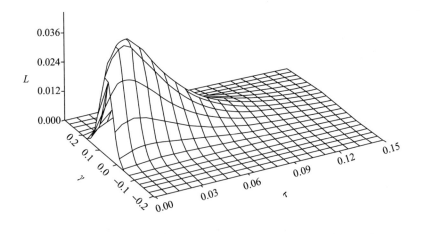

图 13.1 在给定 d 的条件下 γ 和 τ 的联合后验密度

其图形分别由图 13.2 和图 13.3 展示。

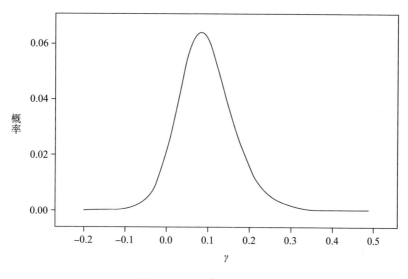

图 13.2 $p(\gamma \mid d)$ 的分布

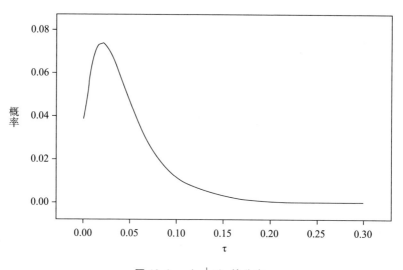

图 13.3 $p(\tau \mid d)$ 的分布

对 γ 的推断。因为 γ 的后验密度近似于对称（图 13.2），所以 γ 的中心趋势可以用其后验均值 $E(\gamma \mid d) = 0.096$ 或众数 0.078 来近似地表示。大多数合理的 γ 可能值都是正的，但负的小数也不完全是不可能的。我们通过计算一个近似的 95% 后验可信区间来使我们的视觉领悟形式化：

$$\text{Prob}\big[\,(0.096-1.96\times0.0656<\gamma<0.096+1.96\times0.0656)\mid d\,\big] \qquad [13.25]$$
$$= \text{Prob}(-0.033<\gamma<0.225)=0.95$$

显然，我们不能拒绝与备择假设 $H_1:\gamma>0$ 对立的零假设 $H_0:\gamma\leqslant0$。事实上，我们还可以计算：

$$\text{Prob}(\gamma\leqslant0\mid d)=\int_{-\infty}^{0}p(\gamma\mid d)\partial\gamma\approx0.063 \qquad [13.26]$$

这意味着，尽管 γ 取负值比 γ 取正值的概率要小，但不能排除这种可能。我们还注意到，γ 的不确定性很大，因此不能排除平均效应规模为负的情况，同时其值也可能达到 0.23。

对 τ 的推断。由于 τ 的后验密度呈正偏态（图13.3），因而 τ 的中心趋势可由其后验均值 $E(\tau\mid d)=0.047$ 或由其众数 0.019 表示出来。τ 最可能的取值都分布在后验众数附近，因此为正值。然而，观察图13.3可以看到，τ 还是有可能取零值的。

对 δ_j 的推断。假定我们现在主要关注一个特定实验的效应规模，比如 δ_4，那么，所有其他的参数都是辅助参数。因此，我们对它们全体求平均数，并对相应的 γ 和 τ 也求平均，从而得到实验4的后验分布：

$$p(\delta_4\mid d)=\iint\Big(\int_1\int_2\int_3\int_5\cdots\int_{19}\Big)p(\gamma,\tau,\delta\mid d) \qquad [13.27]$$
$$\times\,(\partial\delta_1\partial\delta_2\partial\delta_3\partial\delta_5\cdots\partial\delta_{19})\,\partial\gamma\partial\tau$$

实验4的边缘后验密度如图13.4所示。它是单峰的，并且关于其期望值 $E(\delta_4\mid d)=0.336$ 大致对称。其95%的概率区间为（-0.022，0.694）。

类似地，图13.5展示了实验17的后验密度。注意，这个后验密度比实验4（图13.4）的分散程度要小得多，因为实验17的样本要大得多，因而其标准误就小得多：$V_4=0.139$，而 $V_{17}=0.019$。表13.1（b列）提供了每个 δ_j，$j=1,\cdots,19$ 的后验均值 $E(\delta_j\mid d)$ 和标准差 $S(\delta_j\mid d)$。注意对比最小二乘估计 d_j（a列）与 $E(\delta_j\mid d)$ 的相对收缩程度。还要注意，后验标准误大大地小于最小二乘估计的标准误。这些差异反映出：贝叶斯推断在给定所有其他效应规模的条件下考虑到了每一个 δ_j 的先验信息。

概要。利用贝叶斯方法，在给定了未知参数的前提下，我们先为数据设置了一个模型（方程13.18），然后，我们又为未知参数设置了两个阶段的先验

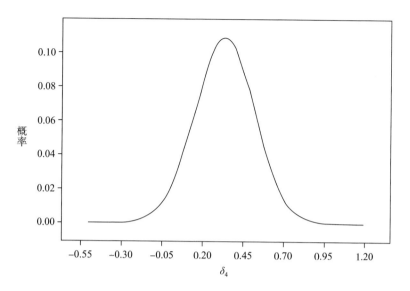

图 13.4　$p(\delta_4 \mid d)$ 的分布

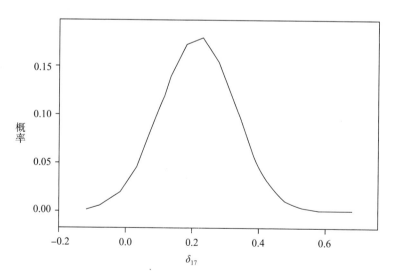

图 13.5　$p(\delta_{17} \mid d)$ 的分布

表 13.1 完全贝叶斯方法、基于 **ML** 的经验贝叶斯方法和基于 **REML** 的经验贝叶斯
方法对效应规模 δ_j 估计的后验均值和标准差与其最小二乘估计的比较

研究	(a) 最小二乘估计 d (S_d)	(b) 完全贝叶斯估计 $E(\delta \mid d)$ $[\,(S(\delta \mid d)\,]$	(c) EB - ML 估计 $E(\delta \mid d, \hat{\tau}, \hat{\gamma})$ $S(\delta \mid d, \hat{\tau}, \hat{\gamma})$	(d) EB - REML 估计 $E(\delta \mid d, \hat{\tau})$ $S(\delta \mid d, \hat{\tau})$
1	0.03 (0.125)	0.050 (0.102)	0.054 (0.093)	0.054 (0.096)
2	0.12 (0.147)	0.106 (0.115)	0.101 (0.101)	0.100 (0.104)
3	−0.14 (0.167)	−0.033 (0.125)	−0.007 (0.106)	−0.006 (0.111)
4	1.18 (0.373)	0.334 (0.183)	0.216 (0.129)	0.214 (0.137)
5	0.26 (0.369)	0.131 (0.182)	0.105 (0.129)	0.105 (0.137)
6	−0.06 (0.103)	−0.018 (0.089)	−0.009 (0.083)	−0.008 (0.085)
7	−0.02 (0.103)	0.010 (0.089)	0.017 (0.083)	0.017 (0.085)
8	−0.32 (0.220)	−0.081 (0.146)	−0.030 (0.117)	−0.029 (0.123)
9	0.27 (0.164)	0.186 (0.122)	0.161 (0.106)	0.160 (0.110)
10	0.80 (0.251)	0.350 (0.156)	0.250 (0.121)	0.249 (0.127)
11	0.54 (0.302)	0.224 (0.169)	0.163 (0.125)	0.162 (0.133)
12	0.18 (0.223)	0.127 (0.147)	0.110 (0.117)	0.110 (0.123)
13	−0.02 (0.289)	0.057 (0.166)	0.065 (0.124)	0.065 (0.131)
14	0.23 (0.290)	0.135 (0.166)	0.111 (0.125)	0.110 (0.132)
15	−0.18 (0.159)	−0.060 (0.121)	−0.029 (0.104)	−0.023 (0.108)
16	−0.06 (0.167)	−0.010 (0.125)	0.026 (0.106)	0.026 (0.110)
17	0.30 (0.139)	0.216 (0.110)	0.191 (0.098)	0.190 (0.101)
18	0.07 (0.094)	0.074 (0.082)	0.074 (0.078)	0.074 (0.080)
19	−0.07 (0.174)	0.007 (0.128)	0.025 (0.108)	0.025 (0.113)

分布（方程 13.19 和 13.20）。为了推断有关焦点参数，我们又将相应的辅助参数结合到 γ、τ 和 δ_1，δ_2，$\cdots$，δ_{19} 的联合后验分布中去。对任一焦点参数，我们能够计算该参数落在一个给定区间的概率，并且在充分考虑其余辅助参数的不确定性的前提下，可对任一焦点参数进行推断。我们发现，在所有其他的后验分布近似于对称的情况下，方差 τ 的后验密度呈很强的正偏态。这一事实与我们对完全贝叶斯的结果与经验贝叶斯的结果（或是基于 EB – ML，或是基于 EB – REML）进行的比较是一致的。

完全贝叶斯推断与经验贝叶斯推断的比较

这里，我们要考虑的是应用 ML 或 REML 估计结合经验贝叶斯方法对三类未知参数进行推断，即层 – 1 的系数 δ_j、层 – 2 的系数 γ，以及层 – 2 的方差 τ。我们特别感兴趣的是将这些结果与刚刚获得的贝叶斯结果进行比较。

基于 ML 对 γ 和 τ 的推断和基于 EB 对 δ 的推断。γ 和 τ 的似然值由下式给出：

$$L(d \mid \hat{\gamma}, \hat{\tau}) = \int f(d \mid \delta) p_1(\delta \mid \hat{\gamma}, \hat{\tau}) \partial \delta \qquad [13.28]$$

我们上述的贝叶斯分析是建立在 γ 和 τ 的均匀先验分布上的（见方程 13.20 及随后的讨论），这一似然值与联合后验分布成比例（方程 13.23），如图 13.1 所示。在 ML 估计中，将 γ 和 τ 的联合众数值作为其点估计（注意图 13.1 中的联合众数）。

（1）对 γ 的推断。根据 ML 理论，在给定 γ 的真值后，ML 估计 $\hat{\gamma}$ 的大样本分布服从以 γ 为均值的正态分布，其标准误可以由 Fisher 信息矩阵（见第 14 章）计算出来。我们得到的结果为，$\hat{\gamma} = 0.078$，标准误 $S_{\hat{\gamma}} = 0.048$，将 γ 视为与 $\hat{\gamma}$ 相等，这将使我们能够计算出 $\hat{\gamma}$ 的一个所谓的"估计抽样分布"（见图 13.6）。这与给定 $\hat{\tau} = 0.013$ 时的 γ 的后验分布 [即 $p(\gamma \mid \tau = \hat{\tau}_{\mathrm{ML}} = 0.013)$] 相等。根据 ML 的逻辑，这是一种表达 γ 可能值的方式。

我们现在将这个分布重叠到先前计算的边缘后验分布 $p(\gamma \mid d)$ 上（图 13.6）。在 γ 的 ML 估计及其估计标准误的条件为 $\tau = \hat{\tau}_{\mathrm{ML}}$ 时，其后验分布便是对所有可能的 γ 值所取的平均数（方程 13.24）。这两种 γ 的可能取值分布重合程度很大。但是，边缘后验分布比给定 $\hat{\tau}_{\mathrm{ML}}$ 条件时分布的离散程度更大一些，这不足为奇，因为边缘后验分布考虑到了 τ 的不确定性，而依 $\gamma \mid \hat{\tau}_{\mathrm{ML}}$ 条件的后验分布却没有考虑。

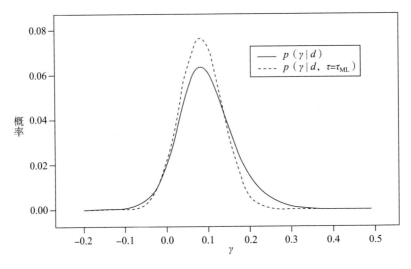

图 13.6　$p(\gamma \mid d)$ 和 $p(\gamma \mid d, \tau = \tau_{\mathrm{ML}})$ 相对于 γ 的标绘图

（2）对 τ 的推断。依照 ML 理论，在给出了 τ 值之后，大样本估计量 $\hat{\tau}$ 服从以 τ 为均值的正态分布，其标准误可由 Fisher 信息矩阵计算出来。我们所得的结果为，$\hat{\tau} = 0.013$，标准误 $S_{\hat{\tau}} = 0.012$，设 τ 与 $\hat{\tau}$ 相等，便使我们能够将这个正态分布近似地描述为 $\hat{\tau}$ 的"估计抽样分布"（图 13.7）。这可以被视为对真实的边缘后验分布 $p(\tau \mid d)$ 的一阶近似。我们将这个近似分布与以前计算的分布 $p(\tau \mid d)$ 的真实边缘后验分布重叠起来看（图 13.3）。很清楚，这个近似很差。它是单峰的，并接近于对称，但真实的后验分布却呈现很强的正偏态。这个近似中包含了许多负值，而它们是不可允许的，并且还排除了许多按边缘后验分布应该是明显合理的正值。[①]

利用 γ 和 τ 的 ML 估计进行 δ 的经验贝叶斯推断。用 ML - EB 方法进行 δ_j 的推断，是将 γ 和 τ 视为已知，并且等于其 ML 估计。在这样的假定下，对 δ_j

---

①　使用 τ 的均匀先验分布的一个好处是，这样便使 τ 的边缘后验分布与似然值成比例。这就提供了一种对正态近似进行检查的方法。然而，Seltzer（据作者与其个人的交流，另见 Seltzer 待发表的著作）也讨论了它的一些不足之处。他在模拟中发现，γ 的 95% 后验区间要比重复抽样时的 95% 区间大。此外，它似乎也不像是一个能确保基于频率学派观点的 95% 区间的先验分布。

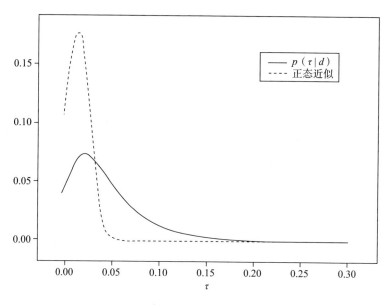

图 13.7 $p(\tau \mid d)$ 与其正态近似之间的比较

的推断基于条件正态分布，即：

$$\delta_j \mid \gamma, \tau, d_j \sim \text{独立的 } N(\delta_j^*, V_j^*) \qquad [13.29]$$

其中：

$$\begin{aligned} \delta_j^* &= \lambda_j d_j + (1 - \lambda_j)\gamma \\ V_j^* &= \tau(1 - \lambda_j) \end{aligned} \qquad [13.30]$$

其中 $\lambda_j = \tau / (\tau + v_j)$。在给定了 γ、τ 和 d 的条件下，δ_j 的后验均值是两个分量的加权平均数：一个分量是对处理效应估计 d_j，它只使用了取自第 j 项研究的数据；另一个分量是均值 γ，假定为已知，但实际上是用所有 19 项研究提供的数据并经 ML 估计所得。后验方差 $\tau(1 - \lambda_j)$ 不依赖于研究项目的总数 J，甚至 γ 估计的准确性也不依赖于这些研究项目的总数。因此，后验方差并没有考虑到与 γ 的估计相联系的不确定性。相应的权数 λ_j 也假定为已知，尽管它们其实都依赖于 τ。这里的 τ 也假定为已知，然而实际上必须由数据估计出来。

表 13.1 的 c 列显示了基于 EB – ML 方法（其中 $\hat{\tau}$ 和 $\hat{\gamma}$ 均是 ML 估计量）估计的处理效应的均值 $E(\delta_j \mid d, \hat{\tau}, \hat{\gamma})$ 和标准差 $S(\delta_j \mid d, \hat{\tau}, \hat{\gamma})$。首先我们

注意到，EB – ML 的后验标准差比完全贝叶斯方法的后验标准差（b 列）小得多。这种差异产生的原因是，与完全贝叶斯方法不同，EB – ML 方法并没有顾及 τ 和 γ 的不确定性。正因为如此，完全贝叶斯的标准差就肯定比 EB – ML 方法产生的标准差更加准确。后者实际上存在着负偏差。

其次，EB – ML 的后验均值比贝叶斯后验均值经历的收缩要大得多（注意，完全贝叶斯的后验均值的离散程度更大）。EB – ML 的后验均值是在假定 $\tau = 0.013$ 的基础上计算所得。这是 τ 的众数值（依据图 13.1），但是在 τ 的后验分布呈正偏态特征的条件下（图 13.1 和 13.3），很清楚，取较大 τ 值的可能性不能排除。完全贝叶斯方法通过取所有 τ 可能值的平均数来计算 δ 的后验均值。Rubin（1981）的著作对此做了清晰的说明和讨论。这个事实使我们倾向于认为完全贝叶斯的后验均值比基于 EB – ML 计算的后验均值更为可靠。

对 τ 的 REML 进行推断。将在 γ 和 τ 值条件下的似然值对 γ 积分可以得到 τ 的有约束条件的似然值：

$$L(d \mid \tau) = \int L(d \mid \gamma, \tau) \partial \gamma = \iint f(d \mid \delta) p_1(\delta \mid \gamma, \tau) \partial \delta \partial \gamma \qquad [13.31]$$

因为上述贝叶斯分析是建立在 γ 和 τ 有均匀先验分布之上的（见方程 13.20 及相应的讨论），这一似然值与 τ 的边缘后验分布成比例（方程 13.24），见图 13.3 所示。REML 估计是将 τ 的众数值 0.019 作为其点估计（注意图 13.3 中的众数位置）。

依照 REML 理论，REML 估计 $\hat{\tau}_{\text{REML}}$ 的大样本分布服从以 τ 为均值的正态分布，其标准误可以从 Fisher 信息矩阵中计算出来。我们得到的估计结果是 $\hat{\tau}_{\text{REML}} = 0.019$，标准误 $S_{\hat{\tau}} = 0.015$。在 ML 方法的情况下，出于同样的原因而使得近似程度很差。

用 τ 的 REML 估计进行 γ 和 δ 的经验贝叶斯推断。用 EB – REML 方法来做 γ 和 δ_j 的推断时，将 τ 视为已知并且等于其 REML 估计。在这种假定下，对 γ 和 δ_j，$j = 1, \cdots, J$ 的推断根据其联合的条件正态分布：

$$\binom{\gamma}{\delta} \Big| \tau \; \sim \; \mathrm{N}\left[\binom{\gamma^*}{\delta^*}, \begin{pmatrix} V_\gamma^* & C_{\gamma,\delta}^* \\ C_{\delta,\gamma}^* & V_\delta^* \end{pmatrix} \right] \qquad [13.32]$$

其中，V_γ^* 和 V_δ^* 为后验方差，$C_{\gamma,\delta}^*$ 是后验协方差。

关于 γ 的推断是在给定 τ 和 d 条件下基于其边缘后验分布得到，即：

$$\gamma^* = \frac{\sum_{j=1}^{19} (\tau + v_j)^{-1} d_j}{\sum_{j=1}^{19} (\tau + v_j)^{-1}}$$

$$V_{\gamma}^* = \frac{1}{\sum_{j=1}^{19} (\tau + v_j)^{-1}}$$

[13.33]

估计 γ^* 是 J 个研究得到的、处理效应估计的、以精度加权的平均数，它的精度为那些相应精度的合计 $\Sigma (\tau + v_j)^{-1}$。这种对 γ^* 的表达与对 γ 的 ML 估计有着同样的形式，但是它所用的是 REML 估计 $\hat{\tau}_{REML} = 0.019$，而不是 $\tau_{ML}^* = 0.013$。对我们的数据进行计算，得到 $\gamma^* = 0.084$，其标准误 $S_{\gamma^*} = 0.052$，相应的 95% 置信区间为 $(-0.018, 0.185)$。这一区间比 EB – ML 估计值的区间稍大一点，因为一般情况下 $\hat{\tau}_{REML}$ 比 $\hat{\tau}_{ML}$ 稍大一点。这种情况的发生是因为 $\hat{\tau}_{REML}$ 考虑了 γ 的不确定性。

对 δ 的推断在给定 $\hat{\tau}_{REML}$ 和 d（即方程 13.32 的右下方[①]）时的条件分布，对于每个 δ_j，我们有：

$$\delta_j^* = \lambda_j d_j + (1 - \lambda_j) \gamma^*$$

$$V_j^* = \tau(1 - \lambda_j) + (1 - \lambda_j)^2 V_{\gamma}^*$$

[13.34]

这里虽然使用了 $\hat{\tau}_{REML}$ 而不是 $\hat{\tau}_{ML}$，但 λ_j 的形式与在 ML 中的情形依然相同（方程 13.30）。在给定了 τ 和 d 之后，δ_j 的后验均值如同在 ML 情况下一样是一个加权平均数，只是现在的公式用估计 γ^* 来代替真值。类似地，后验方差也附加了一项 $(1 - \lambda_j)^2 V_{\gamma}^*$，它表达了 V_j^* 中关于 γ 的不确定性（比较方程 13.30 和 13.34）。因此，对基于 REML – EB 的 δ_j 的推断应该比基于 ML – EB 的 δ_j 的推断更加接近实际一些，特别是当 J 很小并且 γ 的不确定性相当可观的时候。

表 13.1（d 列）展示了基于 EB – REML 方法估计的处理效应的均值和标准误。注意，EB – REML 的后验均值比 EB – ML 的后验均值所经历的收缩量稍微小些。这是因为 EB – REML 的后验均值是建立在假定之上的 $\tau = 0.019$，这个值大于 EB – ML 估计的 0.013。在认为 δ_j 是不同质时，共同均值将会产生较少的收缩。正如所期望的那样，这些标准误的确会比 EB – ML 方法产生的略大一些（比较表 13.1 中的 c 列和 d 列）。然而，无论是 EB – ML 还是 EB – REML

[①] 译注：原书该公式中没有所说项目，且 $C_{\gamma,\delta}^*$ 也未做说明。

的标准误都没有像完全贝叶斯标准误那样考虑 τ 的不确定性。注意，δ_j 的完全贝叶斯标准误会比 REML 或 ML 方法的标准误更大。

模型检查与敏感性分析。教师期望数据的结果的有效性取决于关键假设的有效性。首先，我们假定，在给定效应规模真值 δ_j 以后，效应规模的估计值 d_j 服从均值为 δ_j、方差为 V_j 的正态分布。在用中等至很大规模样本来研究教师期望时，根据中心极限定理，这个假定应该是合理的。其次，我们假定，真实的效应规模本身在各个研究中是服从正态分布的。这个假定可以用第 4 章和第 9 章所描述的图形方法来检验。Seltzer（1993）曾提供了一种根据一族 t 分布对真实效应规模所进行的敏感性分析。再次，我们对方差 τ 设置了一个均匀的先验分布。进一步的敏感性分析应该通过将我们的结果与其他未提供信息类型的先验结果相比较，分析的具体性质将取决于所关注的焦点参数。请参见 Gelman 等（1995，第 2 章）关于运用后验预测分布进行敏感性分析和模型检查的透彻讨论。

吉布斯抽样以及其他计算方法

最后这部分所用的计算方法是本着简单而精确的手段去做数值积分。依照这个方法，我们采取以下步骤：

1. 选择 M 等分 τ 的可能值，即 τ_m，$m = 1$，$\cdots$，M。

2. 为有限制的似然值编制计算程序（方程 13.31）。

3. 基于这个似然值进行 τ 的推断。例如，上一个例子可以通过寻找某一能产生出 $p(\tau \mid d)$ 的最大值的 τ 值得到众数。后验均值的计算公式为：

$$E(\tau \mid d) \approx \frac{\sum_{m=1}^{M} \tau_m p(\tau_m \mid d)}{\sum_{m=1}^{M} p(\tau_m \mid d)} \qquad [13.35]$$

其中需要选择足够大的 M 以确保可接受的准确度。

4. 与此类似地计算其他的后验密度。例如，计算：

$$p(\gamma \mid d) \approx \frac{\sum_{m=1}^{M} p(\gamma \mid \tau_m, d) p(\tau_m \mid d)}{\sum_{m=1}^{M} p(\tau_m \mid d)} \qquad [13.36]$$

5. 当需要时，计算所关注参数的均值和方差。

当问题很简单并且为 τ 和 γ 选择了均匀先验分布时，这个方法的效果很好。然而，在大多数情况下，τ 和 γ 会是多维的。此外，重要的是能够研究为 τ 和 γ 所选择的先验分布的推断的敏感性。以上所描述的图示法虽然简单，但对于理解贝叶斯推断的逻辑很有用，可是当模型变得更复杂必须研究更广范围的先验分布时，这个方法就行不通了。

在过去的 15 年里，统计学家发展了一套精巧的计算方法，可以通过用基于现行参数估计的模拟数据来扩充观测数据的途径以很好地近似计算后验分布。这些方法被总称为数据增广法（Tanner & Wong，1987），其中一个特例是吉布斯抽样器（Gibbs sampler，Geman & Geman，1984；Gelfand & Smith，1990）。我们来示范一下这个方法如何应用于第 6 章所述的词汇量增长的简单例子。

将吉布斯抽样器应用于词汇量增长数据

这些数据对贝叶斯分析而言是特别适宜的，因为有比较少的高层单位（22 个孩子），还因为这个数据有些不平衡。事实上，在第一个研究中只有一半的孩子参与，研究人员做了六七次观测。而另一半的孩子参与了第二个研究，研究人员只观测了三次。在这么小的样本规模下，数据又如此不平衡，我们担心的是对层 –2 方差的不精确估计会导致对层 –1 和层 –2 回归系数估计的不精确。在第 6 章已举例说明，REML 方法估计上的不精确性不能在这些回归系数的标准误报告中显示出来。

模型。这一模型简要概括于表 13.2 中。这里，我们用了比第 6 章更为简洁的表达式 $a_{ti} = (age - 12)^2$。在层 –1，只有一个预测变量。层 –1 模型中没有截距（回顾当孩子 12 个月时，年龄的截距和线性系数都为零），因而，层 –1 只有系数表示加速度 π_i。

表 13.2 词汇量增长数据的贝叶斯模型（Seltzer，1993）

层 –1 模型（似然值）
$Y_{ti} = \pi_i a_{ti} + e_{ti}, \qquad e_{ti} \sim N(0, \sigma^2)$
对于 $t = 1, \cdots, T_i$；$i = 1, \cdots, n$

续表

层 -2 模型（第一阶段的先验分布）
$\pi_i = \beta_0 + \sum\limits_{q=1}^{3} \beta_q X_{qi} + u_i = X_i^T \beta + u_i, \qquad u_i \sim N(0, \tau)$
第二阶段的先验分布

$$p(\beta) = c_\beta, \qquad -\infty < \beta < \infty$$

$$p(\tau) = c_\tau, \qquad 0 \leqslant \tau < \infty$$

$$p(\sigma^2) = c_{\sigma^2}, \qquad 0 < \sigma^2 < \infty$$

$$p(\beta, \tau, \sigma^2) = p(\beta) p(\tau) p(\sigma^2)$$

联合后验分布

$$p(\pi, \beta, \tau, \sigma^2 \mid Y) \propto p_\pi(\pi \mid \beta, \tau, \sigma^2, Y) \times r_\pi(\beta, \tau, \sigma^2 \mid Y)$$
$$= p_\beta(\beta \mid \tau, \sigma^2, \pi, Y) \times r_\beta(\tau, \sigma^2, \pi \mid Y)$$
$$= p_\tau(\tau^1 \mid \beta, \sigma^2, \pi, Y) \times r_{\tau1}(\beta, \sigma^2, \pi \mid Y)$$
$$= p_{\sigma2}(\sigma^2 \mid \beta, \pi, \tau, Y) \times r_{\sigma2}(\beta, \pi, \tau \mid Y)$$

在层 -2，这个加速度由 3 个在孩子层次的自变量来预测：X_{1i} 是分组属性（对参加第一个研究的孩子有 $X_{1i} = 0$，对参加第二个研究的孩子有 $X_{1i} = 1$）；$X_{2i} = $ 母亲的语言能力，即当孩子 16 个月时母亲所用所有词汇量的自然对数；X_{3i} 是孩子性别的标识变量（$X_{3i} = 1$ 表示女孩，$X_{3i} = 0$ 表示男孩）。这些自变量可以被收集在一个向量中，即：

$$X_i^T = (1, X_{1i}, X_{2i}, X_{3i})$$

与此类似，β 便是层 -2 回归系数的 4×1 阶向量。

正如上述教师期望值数据的情况一样，贝叶斯方法将层 -1 模型表述为似然值，即在给定参数 π 和 σ^2 的前提下描述观测数据 Y 的分布。更为具体地说，这个似然值用正态密度给出：

$$f(Y \mid \pi, \sigma^2) = (2\pi\sigma^2)^{-T/2} \exp\left\{ -\sum_{i=1}^{n} \sum_{i=1}^{T_i} (Y_{ti} - \pi_i a_{ti})^2 / (2\sigma^2) \right\}$$

其中 $T = \sum T_i$。

在贝叶斯方法的术语中，层－2 模型是第一阶段的先验分布，而且还是正态的，有密度为：

$$p(\pi \mid \beta, \tau) = (2\pi\tau)^{-n/2} \exp\left\{ - \sum_{i=1}^{n} (\pi_i - X_i^T\beta)^2/(2\tau) \right\}$$

第二阶段的先验分布为 $p(\beta, \gamma, \sigma^2)$，是由表 13.2 得出的具体先验的乘积。

吉布斯抽样器。所有参数的联合密度是其似然值、第一阶段的先验分布、第二阶段的先验分布的乘积。对于给定的数据，这些未知参数的后验密度与该密度成比例（见方程 13.16）。于是我们有：

$$p(\pi, \beta, \tau, \sigma^2 \mid Y) \propto f(Y \mid \pi, \sigma^2)p(\pi \mid \beta, \tau)p(\beta, \tau, \sigma^2)$$

但是，未知参数的密度也可以表达为条件密度的乘积。吉布斯抽样利用了这样一个事实，即利用了联合密度的四种表达式之间的等量关系：

$$\begin{aligned}
p(\pi, \beta, \tau, \sigma^2 \mid Y) &= p_\pi(\pi \mid \beta, \tau, \sigma^2, Y) \times r_\pi(\beta, \tau, \sigma^2 \mid Y) \\
&= p_\beta(\beta \mid \tau, \sigma^2, \pi, Y) \times r_\beta(\tau, \sigma^2, \pi \mid Y) \\
&= p_\tau(\tau^1 \mid \beta, \sigma^2, \pi, Y) \times r_\tau(\beta, \sigma^2, \pi \mid Y) \\
&= p_{\sigma2}(\sigma^2 \mid \beta, \pi, \tau, Y) \times r_{\sigma2}(\beta, \pi, \tau \mid Y)
\end{aligned}$$

具体而言，吉布斯抽样利用的是，我们可以容易地对全部条件 p_π、p_β、p_τ 和 $p_{\sigma2}$ 抽样，因为其中的每一个都有已知形式。表 13.2 中设置每一个的具体形式。吉布斯抽样的创造性在于：即使相应的密度 r_π、r_β、r_τ 和 $r_{\sigma2}$ 的形式未知，我们也能近似求出所有未知量的后验密度。

步骤。我们从初始的估计值 $\beta^{(0)}$、$\tau^{(0)}$ 和 $\sigma^{2(0)}$ 开始，例如，我们用 REML 方法，利用这些初始估计值，我们从 p_π 中抽样以取得 $\pi^{(1)}$。接着，我们利用这一 $\pi^{(1)}$ 值结合 $\tau^{(0)}$ 和 $\sigma^{2(0)}$ 的值，再从 p_β 中抽样以得到 $\beta^{(1)}$。然后，我们将 $\sigma^{2(0)}$、$\beta^{(1)}$ 和 $\pi^{(1)}$ 插入 p_τ 以求出 $\tau^{-1(1)}$，这个量的倒数就是 $\tau^{(1)}$。再往后，我们将 $\tau^{(1)}$、$\beta^{(1)}$ 和 $\pi^{(1)}$ 插入 $p_{\sigma2}$ 中就得到了 $\sigma^{-2(1)}$，这个量的倒数就是 $\sigma^{2(1)}$。这就完成了吉布斯抽样器的第一步迭代。

不断重复这个过程，直至达到随机收敛。[1] Seltzer 等（2001）及 Cowles 和

---

[1] 当随后一轮的算法可以被认为是从联合后验分布进行随机抽取时，就是随机收敛了。监控吉布斯抽样器的收敛是当前受到密切关注的研究课题，而评价收敛的规则的讨论已经超出了本章的讨论范围。

Carlin（1996）描述过监控收敛的一些办法。在达到收敛后，便将从附加的 m 次迭代取得的数值保存下来。这些未知参数的 m 个值的经验分布就被当作真正联合后验分布的近似值。假定 m 很大，任何未知量的边缘后验分布都能够由吉布斯抽样器产生的这一未知量的 m 个值的经验分布作为近似。在本例中，$m = 19000$。有关细节请参见 Seltzer（1993）的论文。[①]

表 13.3　吉布斯抽样所需的条件分布

分　　　布	分布类型	参数[a]
$p_\pi(\pi_i \mid \beta, \tau, \sigma^2, Y)$	$N(\pi_i^*, V_{\pi i})$	$\pi_i^* = \lambda_i \hat{\pi}_i + (1 - \lambda_i) X_i^T \beta$ $V_{\pi i}^* = \lambda_i \sigma^2 / \sum\limits_{t=1}^{T_i} a_{ti}^2$
$p_\beta(\beta \mid \tau, \sigma^2, \pi, Y)$	$N(\beta^*, V_\beta^*)$	$\beta^* = (\sum\limits_{i=1}^{n} X_i X_i^T)^{-1} \sum X_i \hat{\pi}_i$ $V_\beta^* = \tau (\sum X_i X_i^T)^{-1}$
$p_{\tau^{-1}}(\tau^{-1} \mid \beta, \sigma^2, \pi, Y)$	$gamma(a, b)$	$a = n/2 + 1$ $b = 2 / \sum\limits_{i=1}^{n} (\pi_i - X_i^T \beta)^2$
$p_{\sigma^{-2}}(\sigma^{-2} \mid \beta, \pi, \tau, Y)$	$gamma(c, d)$	$c = T/2 + 1$ $d = 2 / \sum\limits_{i=1}^{n} \sum\limits_{t=1}^{T_i} (Y_{ti} - \pi_i a_{ti})^2$

[a] $\lambda_i = \tau / (\tau + \sigma^2 / \sum\limits_{t=1}^{T_i} a_{ti}^2)$

$\hat{\pi}_i = \sum\limits_{t=1}^{T_i} a_{ti} Y_{ti} / \sum\limits_{t=1}^{T_i} a_{ti}^2$

结果。表 13.4 对由吉布斯抽样器和贝叶斯方法所估计的层 – 2 系数结果与基于 REML 的估计结果进行了比较（后一结果曾在第 6 章中展示过）。我们看到，它们的点估计值几乎完全相同。然而，每一参数的贝叶斯 95% 置信区间都稍微比 REML 方法估计的相应区间要宽些。这个扩大的结果是因为 REML 区间并未反映出由于 τ 未知而导致的 β 的不确定性，而贝叶斯区间却反映了这个额外的不确定性。Seltzer 提供了对 τ 后验分布的图示。它略呈正偏态，所以 τ 有较大的合理取值范围就处于众数的右侧（这与 REML 点估计是对应的）。这一事实被 REML 所忽视，而在贝叶斯方法中却受到考虑。贝叶斯方法对加速度 π_i 的区间估计也比基于 REML 条件的经验贝叶斯方法相应的估计值要大。

---

① 译注：原书中只提供了论文标题和期号、页码，未提供刊物名称。

表 13.4　REML 方法与贝叶斯方法对层 − 2 系数推断的对比

模型参数	REML 方法			利用吉布斯抽样的贝叶斯方法		
	系数	se	95% 置信区间	系数	se	95% 置信区间
截距，β_0	− 4.92	2.84	(− 10.50, 0.66)	− 4.89	3.22	(− 11.25, 1.50)
分组，β_1	− 1.11	0.30	(− 1.81, − 0.40)	− 1.11	0.41	(− 1.94, − 0.30)
母亲的语言能力，β_2	0.89	0.36	(0.18, 1.59)	0.88	0.41	(0.07, 1.70)
女孩，β_3	0.80	0.38	(0.06, 1.55)	0.80	0.43	(− 0.07, 1.68)

本章术语概要

在前面几章，对分层模型的推断都建立在 EB − ML 或 EB − REML 方法之上。应用 EB − ML 方法的分层模型将对方差协方差成分和固定回归系数的推断建立在最大似然估计的基础上。随机系数的 EB 推断是建立在给定数据与其他参数的 ML 估计的条件分布基础之上。EB − REML 方法与它们的关系很紧密，在这里，对协方差成分的推断是基于 REML 方法得到的，而对固定回归系数和随机回归系数的 EB 推断是基于给定的数据以及给定的协方差成分的 REML 估计得到的。

EB − ML 和 EB − REML 在 J（较高层里的单位数）很大时效果很好。即使在 J 很小时，只要数据不是过于不平衡，这种方法的固定效应和协方差成分的估计也还是很好的。

然而，当 J 很小并且特别是当数据不平衡时，应用完全贝叶斯方法就会有明显的优势。应用这一方法时，对任一未知量的推断都会完全考虑到其他所有未知量的不确定性。不过，其结果对于先验分布的选择可能比较敏感。

先验概率分布：表达了研究者在收集新数据之前对某些未知参数合理值的设想。

似然：将样本数据的似然值作为一个未知参数值的函数加以表达。

后验概率分布：获取了数据以后，研究者对未知参数合理值设想的表达。后验概率分布是先验信息与样本信息的结合。

后验区间或**可信区间**：在考查了观测数据之后对未知参数处于某一区间之内的概率表达。

零假设：可以通过计算其后验概率并将此概率与某个备择假设的后验概率进行比较来做检验。

本章讨论了统计推断的 4 种方法：

1. **EB – ML**（emperical Bayes with maximum likelihood）*方法*。在给定了固定系数和协方差参数后，对随机系数进行先验分布的设置。但是，其固定系数和协方差成分并没有给予先验分布，而是通过最大似然估计（ML）方法对其进行估计。在假定未知固定系数和协方差成分与其 ML 估计值相等的条件下，将随机系数的推断建立在其后验分布基础之上。

2. **EB – REML**（emperical Bayes with restricted maximum likelihood）*方法*。对随机系数和固定协方差设置先验分布，但是并没有对协方差成分设置先验分布，而是用 REML 方法去估计这些成分。对随机系数和固定系数的推断建立在它们的联合后验概率分布上，其中假定未知的协方差成分与其 REML 估计值相等。

3. 完全贝叶斯推断。对所有未知数设置先验分布，其中不仅包括随机系数和固定系数，而且包括协方差成分。因此，其推断是建立在给定数据条件下所有未知数的联合分布上。

4. 吉布斯抽样是当后验分布不能够被直接估计时，一种近似估计后验分布的策略，它实际上是分层模型的一般情况。通过对精心定义的条件分布进行序列抽样，通过每一次迭代，产生从近似联合后验分布中抽取的一套样本。经过多次迭代（这一过程被称为随机收敛）后，其后续的抽取样本便可以收集起所关注的后验分布的表现。

第四部分

估计理论

估 计 理 论

- 模型、估计方法及算法
- 最大似然估计与贝叶斯估计的综述
- 对两层分层线性模型做最大似然估计
- 基于期望最大化的最大似然估计
- 基于费舍尔得分的最大似然估计
- 多元分层线性模型中的最大似然估计
- 分层一般化线性模型的估计
- 总结与结论

模型、估计方法及算法

对分层模型做方法论选择时，必须牢记下面三个概念之间的区别：模型、估计理论与计算方法。模型用来定义所要研究的总体参数；估计理论使我们能够根据抽样数据统计推断总体参数；而计算方法则是估计理论的实施。模型的确定需要几个关键选择：分层结构中的层数，各层的解释变量，在各层有所变化的变量的概率分布，以及最合适的连接函数（它将期望结果与一套解释变量联系在一起，详见第 10 章）。如果选定模型，我们就可以考虑选择不同的估计方法，包括：最大似然估计（ML）、约束最大似然估计（REML）以及贝叶斯估计方法（见第 13 章）。对于大样本数据而言，这三种方法所得的结果基本一致，但对小样本数据来说结果就会有所不同。

最后，选定了估计理论，我们就需要一种计算方法。如果我们选择最大似然估计，那么我们就需要使似然值最大。在有些情况下，这可以通过简单评估一个公式来完成。但在许多情况下，并不存在完整表达式来保证似然值最大，因此就需要用某种迭代方法。通常的选择包括：期望最大化（expectation-maximization，EM）算法（Dempster, Laird, & Rubin, 1977；Dempster, Rubin, & Tsutakawa, 1981）；费舍尔得分（Fisher scoring, Longford, 1987）；以及迭代一般最小二乘法（iterative generalized least squares, IGLS, Goldstein, 1986）。原则上，在给定数据、给定模型后任何一种算法应该得到相同的结果。然而，不同算法的效果包括收敛速度以及收敛的可靠性等有所不同。

表 14.1 总结了本书中所用到的模型、估计方法及算法。例如，在第 1~7 章中详细描述了两层分层线性模型。我们可能选择完全最大似然估计或约束最大似然估计（见第 3 章和第 4 章中的讨论），不管选定哪一种，我们既可以采用期望最大化（EM）算法，也可以采用费舍尔得分来实施，同时我们也可以选择贝叶斯估计来进行推断，但这时就不能用期望最大化算法或费舍尔得分了。通常，贝叶斯估计的算法采用第 13 章中提到的吉布斯抽样。对于三层模型或多变量模型，也可以这样选择，尽管我们在本书中仅示范了完全最大似然估计法。第 10 章阐述了一般化分层线性模型，它用的是惩罚性准似然（penalized quasi-likelihood）估计和完全最大似然估计法。

表 14.1 本书中用到的模型、估计方法及算法

模　型	估计方法	算　法
分层线性模型（两层）	完全最大似然估计	期望最大化算法或费舍尔得分
	约束最大似然估计	期望最大化算法或费舍尔得分
	贝叶斯估计	吉布斯抽样
分层线性模型（三层）交互分类，多变量模型	完全最大似然估计	期望最大化算法或费舍尔得分
一般化分层线性模型（两层或三层模型）	惩罚性准似然估计	用重新估计的权重进行迭代的期望最大化算法或费舍尔得分
	完全最大似然估计	费舍尔得分的拉普拉斯近似

在本章，我们将以用最大似然估计法为基础的两层模型为例，考察估计方

法和算法。本章的主要目的是澄清一些关键的区别，这些问题在选择合适的方法来分析分层数据时经常碰到。我们的讨论通过所选的应用实例来说明其中的关键原则。更为综合性的解释，包括表 14.1 中所列的模型与方法，都可以在下面的网站（www.ssicentral.com）里看到。然而，即使是更综合的解释，也未能穷尽所有的可能。例如，它并没有讨论取得似然值最大化的牛顿－拉夫森（Newton-Raphson）算法，具体内容请参见 Lindstrom 和 Bates（1989）的论文。同时，它也没有考虑到一般化分层线性模型中用到的贝叶斯推断，具体请参见 Zeger 和 Karim（1991）的论文。然而，在线文件并未包括本书中所有的例题，而是对估计和算法提供了一个更为广泛的罗列。

本章将先讨论分层模型的估计所涉及的一般性问题。这个问题在分层线性模型中比在一般化分层线性模型中更容易解决（见第 10 章），因此我们先考察标准的两层分层线性模型；然后，我们再考察有多元结果的分层线性模型；最后，我们再来完成最具挑战性的任务，即估计一般化分层线性模型的参数。

最大似然估计与贝叶斯估计的综述

本书所述的分层线性模型在第一层中有恒等连接函数并在每一层有多元正态分布。与此相反，一般化分层线性模型所涉及的是第一层中有非线性连接函数和非正态分布的数据，而在其他层中则有随机效应的多元正态分布。为分层线性模型找到好的算法比一般化分层线性模型要容易得多。这对于最大似然估计和贝叶斯估计来说是一样的。

最大似然估计

在分层模型中要使似然值最大化需要两个步骤：第一，要求一个积分；第二，使积分最大化。对于分层线性模型，对一个闭型公式求积分比较容易。但对于一般化分层线性模型，积分就只能是近似的。近似的准确性将会影响所选算法取得似然值最大化的效果。

设 Y 向量包括了所有层 -1 的结果变量，设 u 向量包括层 -2 及更高层的所有随机效应，设 ω 向量包含所有待定参数（即所有的方差协方差元素和所有

被关注的固定的回归系数)①，然后我们用 $f(Y\,|\,u,\omega)$ 表示在给定随机效应和参数层 -1 结果时的概率分布。更高层的模型则用 $p(u\,|\,\omega)$ 表示在给定参数时随机效应的概率分布。在仅给定参数时数据的似然值是：

$$L(Y\,|\,\omega) = \int f(Y\,|\,u,\omega)p(u\,|\,\omega)\,du \qquad [14.1]$$

最大似然估计的目的就是使方程 14.1 关于 ω 的积分最大，以便能够对 ω 进行推断。这个积分对分层线性模型来说很容易估算，因此剩下的问题就是如何使它最大化。而对于一般化分层线性模型，积分与最大化都比较困难。

对随机效应 u 的经验贝叶斯估计是根据其给定数据 Y 和参数 ω 的最大似然估计值 $\hat{\omega}$ 时的条件后验分布。应用贝叶斯定理，我们有：

$$p(u\,|\,Y,\hat{\omega}) = \frac{f(Y\,|\,u,\hat{\omega})p(u\,|\,\hat{\omega})}{\int f(Y\,|\,u,\hat{\omega})p(u\,|\,\hat{\omega})\,du} \qquad [14.2]$$

贝叶斯推断

贝叶斯方法结合了先验信息和数据信息来支持统计推断。利用贝叶斯方法，所有被关注的未知变量的信息都包含于联合后验分布，即在给定数据后未知变量的条件分布。我们现在将方程 14.2 做一些修改，为参数加上一个先验概率分布 $p(\omega)$（并不以某一 $\hat{\omega}$ 点估计为条件），然后再应用贝叶斯定理，有：

$$p(u,\omega\,|\,Y) = \frac{f(Y\,|\,u,\omega)p(u\,|\,\omega)p(\omega)}{\iint f(Y\,|\,u,\omega)p(u\,|\,\omega)p(\omega)\,du\,d\omega} \qquad [14.3]$$

在推断几个被关注的未知变量的子集时，可以通过对方程 14.3 中辅助未知变量进行积分得到。如果参数 ω 是首要被关注的，那么就有：

$$p(\omega\,|\,Y) = \int p(u,\omega\,|\,Y)\,du \qquad [14.4]$$

如果随机效应 u 是我们的基本兴趣所在，那么就有：

$$p(u\,|\,Y) = \int p(u,\omega\,|\,Y)\,d\omega \qquad [14.5]$$

① 在前几章中，我们用粗体来标注向量和矩阵。本章为方便起见不再将其标注为粗体。

　　一般来说，无论是对分层线性模型还是对一般化分层线性模型，都不能评估方程 14.3、14.4 和 14.5 的积分。然而，它们可以通过采用吉布斯抽样来取得近似值。因为第 13 章已经描述了这种方法，本章就不再进一步讨论贝叶斯推断或吉布斯抽样。

对两层分层线性模型做最大似然估计

　　在本节中，我们将考察对两层的单变量分层线性模型做最大似然估计，也就是说，模型只有一个层 – 1 结果变量，而且层 – 1 有恒等连接函数，而层 – 2 则有服从多元正态分布的随机效应。为了使似然值最大，我们就面临算法的选择，即考虑采用期望最大化算法还是费舍尔得分。我们将证明，对这些模型来说，采用费舍尔得分与采用迭代一般最小二乘法是等价的。

　　对于这些模型，期望最大化算法与费舍尔得分两者之间有紧密联系。期望最大化算法的每一步都需要（在给定数据和当前参数估计的情况下）计算随机效应的条件均值的离差平方和与交互乘积和，同时也需要计算这些随机效应的条件方差和协方差。下面将会表明，费舍尔迭代涉及对期望最大化算法的这一步做了一种转换，因此也有赖于同样的条件均值与协方差矩阵。

基于期望最大化的最大似然估计

　　在本节中，我们将考虑对两层分层线性模型进行完全信息的最大似然估计。如果需要了解这种方法与约束最大似然估计的异同，我们建议读者查看网站 www. ssicentral. com。期望最大化算法在处理似然值最大化时是将这一问题视为缺失数据问题。

模型

　　层 –1 模型为：

$$Y_j = X_j\beta_j + r_j, \qquad r_j \sim N(0, \sigma^2 I) \qquad [14.6]$$

其中，Y_j 是一个 $n_j \times 1$ 阶的结果向量；X_j 表示已知层 – 1 自变量的 $n_j \times Q$ 阶矩阵；β_j 是 $Q \times 1$ 阶的层 – 1 系数向量；而 r_j 是 $n_j \times 1$ 阶的随机效应的向量，并假

定这些随机效应都服从多元正态分布，其中的均值向量为 0，而协方差矩阵为 $\sigma^2 I$，这里，I 是 $n_j \times n_j$ 阶的特征矩阵。层 – 2 中的单位 $j = 1，\cdots，J$ 都是独立的。

在层 – 2 中，层 – 1 系数就成了结果变量：

$$\beta_j = W_j \gamma + u_j, \qquad u_j \sim \mathrm{N}(0, T) \tag{14.7}$$

其中，W_j 是已知的层 – 2 自变量的 $Q \times f$ 阶向量；γ 是固定效应的 $f \times 1$ 阶向量；而 u_j 是层 – 2 随机效应的 $Q \times 1$ 阶向量，且假设它们都服从均值向量为 0、协方差矩阵为 T 的多元正态分布。

将层 – 2 模型代入层 – 1 模型，即得到一个组合模型：

$$Y_j = X_j W_j \gamma + X_j u_j + r_j \tag{14.8}$$

这种组合模型的一种特殊情况是：

$$\begin{aligned} Y_j &= A_{fj}\theta_f + A_{rj}\theta_{rj} + r_j \\ \theta_{rj} &\sim \mathrm{N}(0, T) \\ r_j &\sim \mathrm{N}(0, \sigma^2 I) \end{aligned} \tag{14.9}$$

其中，$A_{fj} = X_j W_j$，$\theta_f = \gamma$，$A_{rj} = X_j$，$\theta_{rj} = u_j$。这种混合模型比方程 14.8 所表示的组合模型更一般化，因为它并不要求每一个层 – 1 系数都有一个随机分量，所以，在许多应用中 A_{rj} 是含随机效应的 X_j 的一个子集，而在另外一些应用中 A_{rj} 则可以包括没有随机效应的变量。

最大化步骤（M-Step）

期望最大化算法认为 y_j 是观察数据而 θ_{rj} 是缺失数据，因此，完整的数据应该是：$(Y_j，\theta_{rj})$，$j = 1，\cdots，J$，其中 θ_f、σ^2 和 T 都是需要被估计的参数。

如果观察到的是完整数据，那么求出最大似然估计就比较简单。为了估计 θ_f，方程 14.9 两边同时减去 $A_{rj}\theta_{rj}$ 即可得到：

$$Y_j - A_{rj}\theta_{rj} = A_{fj}\theta_f + r_j$$

可以证明最小二乘法估计：

$$\hat{\theta}_f = \left(\sum A_{fj}^T A_{fj} \right)^{-1} \sum A_{fj}^T (Y_j - A_{rj}\theta_{rj}) \tag{14.10}$$

是对"完整数据" θ_f 的最大似然估计。

同样，对完整数据的 T 和 σ^2 的最大似然估计公式也很简单：

$$\hat{T} = J^{-1} \sum \theta_{rj}\theta_{rj}^T$$
$$\hat{\sigma}^2 = N^{-1} \sum \hat{r}_j^T \hat{r}_j \qquad [14.11]$$
$$= N^{-1} \sum (Y_j - A_{fj}\hat{\theta}_f - A_{rj}\theta_{rj})^T (Y_j - A_{fj}\hat{\theta}_f - A_{rj}\theta_{rj})$$

其中，$N = \sum n_j$。

这种推导定义了完整数据的充分统计量（complete-data sufficient statistics，CDSS），即如果观测到的是完整数据，那么对 θ_f、T 和 σ^2 的统计量都是充分的。它们分别是：

$$\sum A_{fj}^T A_{rj}\theta_{rj}, \qquad \sum \theta_{rj}\theta_{rj}^T, \qquad \sum Y_j^T A_{rj}\theta_{rj}, \qquad \sum \theta_{rj}^T A_{rj}^T A_{rj}\theta_{rj} \qquad [14.12]$$

期望替代步骤（E-Step）

如果给定 Y 数据并且从前面的迭代中可以得到参数估计的话，即使是完整数据的充分统计量（CDSS）并没有被观测到，我们也可以根据它们的条件期望来估计。Dempster 等的论文（1977）说明，用完整数据的充分统计期望值代入最大化步骤的公式便可以产生一个新的参数估计值，并且它比现有估计值具有更大的似然值。

求出 $E(\text{CDSS} \mid Y, \theta_f, T, \sigma^2)$ 需要在给定 Y、θ_f、T、σ_2 的条件下推导缺失数据 θ_r 的条件分布。根据方程 14.9 可知，这种完整数据的联合分布为：

$$\begin{pmatrix} Y_j \\ \theta_{rj} \end{pmatrix} \sim N\left[\begin{pmatrix} A_{fj}\theta_f \\ 0 \end{pmatrix}, \begin{pmatrix} A_{rj}TA_{rj}^T + \sigma^2 I & A_{rj}T \\ TA_{rj}^T & T \end{pmatrix} \right] \qquad [14.13]$$

由此，给定完整数据时缺失数据的条件分布为：

$$\theta_{rj} \mid Y, \theta_f, T, \sigma^2 \sim N(\theta_{rj}^*, \sigma^2 C_j^{-1}) \qquad [14.14]$$

其中：

$$\theta_{rj}^* = C_j^{-1} A_{rj}^T (Y_j - A_{fj}\theta_f)$$
$$C_j = A_{rj}^T A_{rj} + \sigma^2 T^{-1} \qquad [14.15]$$

证明。根据标准正态分布理论（参见 Morrison，1967：88），从联合分布（方程 14.13）推导出给定 Y_j 时 θ_{rj} 的条件分布为：

$$E(\theta_{rj} \mid Y_j) = \theta_{rj}^* = TA_{rj}^T(A_{rj}TA_{rj}^T + \sigma^2 I)^{-1}(Y_j - A_{fj}\theta_f) \qquad [14.16]$$

且

$$\text{Var}(\theta_{rj} \mid Y_j) = T - TA_{rj}^T(A_{rj}TA_{rj}^T + \sigma^2 I)^{-1}A_{rj}T \qquad [14.17]$$

然而，根据 Smith（1973）的定理 3：

$$(A_{rj}TA_{rj}^T + \sigma^2 I)^{-1} = \sigma^{-2}I - \sigma^{-2}A_{rj}(A_{rj}^TA_{rj}\sigma^{-2} + T^{-1})^{-1}A_{rj}^T\sigma^{-2} \qquad [14.18]$$

根据 Dempster 等（1981）的证明，我们定义：

$$\begin{aligned} C_j^{-1} &= (A_{rj}^TA_{rj}\sigma^{-2} + T^{-1})^{-1}\sigma^{-2} \\ &= (A_{rj}^TA_{rj} + \sigma^2 T^{-1})^{-1} \end{aligned} \qquad [14.19]$$

于是表明：

$$\begin{aligned} A_{rj}^T(A_{rj}TA_{rj}^T + \sigma^2 I)^{-1}A_{rj} &= \sigma^{-2}(A_{rj}^TA_{rj} - A_{rj}^TA_{rj}C_j^{-1}A_{rj}^TA_{rj}) \\ &= \sigma^{-2}(I - A_{rj}^TA_{rj}C_j^{-1})A_{rj}^TA_{rj} \\ &= T^{-1}C_j^{-1}A_{rj}^TA_{rj} \end{aligned} \qquad [14.20]$$

将方程 14.20 代入方程 14.17，即得到：

$$\begin{aligned} \text{Var}(\theta_{rj} \mid Y_j) &= T - C_j^{-1}A_{rj}^TA_{rj}T \\ &= (I - C_j^{-1}A_{rj}^TA_{rj})T \\ &= \sigma^2 C_j^{-1} \end{aligned} \qquad [14.21]$$

与此类似，定义 $d_j = Y_j - A_{fj}\theta_f$，应用方程 14.18 及方程 14.16，我们发现：

$$\begin{aligned} \theta_{rj}^* &= TA_{rj}^T(\sigma^{-2}I - \sigma^{-2}A_{rj}C_j^{-1}A_{rj}^T)d_j \\ &= \sigma^{-2}T(A_{rj}^Td_j - A_{rj}^TA_{rj}C_j^{-1}A_{rj}^Td_j) \\ &= \sigma^{-2}T(I - A_{rj}^TA_{rj}C_j^{-1})A_{rj}^Td_j \\ &= C_j^{-1}A_{rj}^Td_j \end{aligned} \qquad [14.22]$$

证明结束。

将各部分结合起来

在识别出最大化步骤（M-step）所需要的完整数据的充分统计量（CDSS）以后，我们现在就可以定义期望最大化算法（EM algorithm）。

1. 估计完整数据的充分统计量。我们发现：

$$E\left(\sum A_{fj}^T A_{rj}\theta_{rj} \mid Y,\theta_f,\sigma^2,T\right) = \sum A_{fj}^T A_{rj}\theta_{rj}^*$$

$$E\left(\sum \theta_{rj}\theta_{rj}^T \mid Y,\theta_f,\sigma^2,T\right) = \sum \theta_{rj}^* \theta_{rj}^{*\,T} + \sigma^2 \sum C_j^{-1} \qquad [14.23]$$

$$E\left(\sum r_j^T r_j \mid Y,\theta_f,\sigma^2,T\right) = \sum r_j^{*\,T} r_j^* + \sigma^2 \mathrm{trace}\left(\sum C_j^{-1} A_{rj}^T A_{rj}\right)$$

其中，$r_j^* = Y_j - A_{fj}\theta_f - A_{rj}\theta_{rj}^*$。这些期望值可以根据以前迭代得到的 θ_f、σ^2 和 T 来求得。

2. 将估计的完整数据的充分统计量（CDSS）代入最大化步骤的公式中（方程 14.10 和 14.11），以得到这些参数的新估计值。

3. 将这些新的参数估计值再代入步骤 1 中。

4. 重复上述步骤，直到（a）对数似然值的变化已经足够小；或者（b）任一参数估计值的最大变化已经足够小。

这种算法的收敛可以通过计算每一步迭代的对数似然值来加以监测。

基于费舍尔得分的最大似然估计

期望最大化算法，正如前面已讨论的运用在分层线性模型中的似然最大化一样，有着许多优点。首先，它将可靠地收敛到参数空间中的一个局部最大值。这意味着，它不会得出一个负的方差估计值，也不会产生非正值的协方差矩阵的协方差和方差估计值，除非这个模型过度拟合极为严重，以至于计算过程在数量上极不稳定。其次，它的计算比较容易推导，也便于检验。再次，每一步的计算量较小。

主要的缺点有两个。首先，期望最大化算法的收敛速度较慢，特别是在似然值比较平坦时，即给定数据中的参数存在很大的不确定性时。的确，期望最大化算法的收敛速率是"缺失信息"比例的一个直接测度（Schafer，1997，

第 3 章）。其次，期望似然最大化算法的迭代，并不能自动得到作为副产品的最大似然估计值的渐近标准误估计。

为了使分层线性模型的似然值最大化，另一种可选算法是费舍尔得分（Longford，1987，1993）。这种方法的主要优点有两个：（1）在多数应用场合下它均可快速收敛；（2）作为自动得到的副产品，它可以直接计算出所有参数估计的标准误。但它也有缺点：（1）它会产生非正的方差协方差矩阵估计值，例如，不可接受的负的方差估计值以及相关系数落在（-1，1）区间之外；（2）对于复杂模型（如三层模型），其计算变得很繁琐。

比较了最大似然估计法中采用期望最大化和采用费舍尔得分之间的优劣，一种较理性的方法就是将这两种方法结合起来（Raudenbush，Bryk，Cheong，& Congdon，2000）。我们最初可以做很少几次期望最大化迭代，一般便能达到最大似然估计值的邻近点。然后再计算费舍尔估计。如果费舍尔估计值落在参数空间之内，便可以接受这个估计，并且计算更多的期望最大化估计。然后，再重新采用费舍尔得分。继续这种过程直到收敛为止。

费舍尔得分在两层模型中的应用

标注。在提供计算公式之前，先解释一下标注方法。首先，运算符"vec"表示堆栈一个矩阵的列向量。例如，如果 T 是 2×2 阶矩阵，那么，

$$\text{vec}(T) = \text{vec}\begin{pmatrix} \tau_{00} & \tau_{01} \\ \tau_{10} & \tau_{11} \end{pmatrix} = \begin{pmatrix} \tau_{00} \\ \tau_{10} \\ \tau_{01} \\ \tau_{11} \end{pmatrix} \qquad [14.24]$$

其次，按以下形式定义 Kronecker 乘积（有时也称"直接乘积"）。设

$$A \otimes B \qquad [14.25]$$

其中：

$$A = \begin{pmatrix} a_{11} & a_{12} \\ a_{21} & a_{22} \end{pmatrix} \qquad [14.26]$$

那么，

$$A \otimes B = \begin{pmatrix} a_{11}B & a_{12}B \\ a_{21}B & a_{22}B \end{pmatrix} \tag{14.27}$$

注意，如果 A 是 $m \times n$ 阶矩阵，而 B 是 $p \times q$ 阶矩阵，那么它们的乘积就是 $mp \times nq$ 阶矩阵。

最后，我们需要关键导数的结构。设 φ 表示 T 中的特定参数 σ^2。假设 T 是 2×2 阶矩阵。那么，可得 $\varphi = (\tau_{00}, \tau_{10}, \tau_{11}, \sigma^2)^T$，

$$E = \frac{\partial \operatorname{vec}(T)}{\partial \varphi^T} = \frac{\partial \begin{pmatrix} \tau_{00} \\ \tau_{10} \\ \tau_{01} \\ \tau_{11} \end{pmatrix}}{\partial(\tau_{00}, \tau_{10}, \tau_{11}, \sigma^2)} \tag{14.28}$$

$$= \begin{pmatrix} 1 & 0 & 0 & 0 \\ 0 & 1 & 0 & 0 \\ 0 & 1 & 0 & 0 \\ 0 & 0 & 1 & 0 \end{pmatrix}$$

且

$$F = \frac{\partial \sigma^2}{\partial \varphi^T} = \frac{\partial \sigma^2}{\partial(\tau_{00}, \tau_{10}, \tau_{01}, \sigma^2)} \tag{14.29}$$

$$= (0 \quad 0 \quad 0 \quad 1)$$

T、σ^2 的费舍尔得分。为了应用费舍尔得分的方法，我们将层 - 2 单位 j 的模型改写为：

$$Y_j = A_{fj}\theta_f + d_j, \qquad d_j \sim \mathrm{N}(0, V_j) \tag{14.30}$$

其中，Y_j 是 $n_j \times 1$ 阶结果向量；A_{fj} 是 $n_j \times f$ 阶已知自变量的矩阵；θ_f 是 $f \times 1$ 阶固定效应的向量；而 $d_j = A_{rj}\theta_{rj} + e_j$，有：

$$\theta_{rj} \sim \mathrm{N}(0, T), \qquad e_j \sim \mathrm{N}(0, \sigma^2 I), \qquad V_j = A_{rj}TA_{rj}^T + \sigma^2 I \tag{14.31}$$

其中，A_{rj} 是 $n_j \times Q$ 阶已知自变量矩阵，θ_{rj} 是 $Q \times 1$ 阶随机效应的向量，T 是 $Q \times Q$ 阶随机效应协方差矩阵，而 I 是 $n_j \times n_j$ 阶特征矩阵。然后，利用 Magnus 和 Neudecker（1988）的结果，我们发现得分向量 S_j 为：

$$S_j = \frac{\partial \log[L(Y_j;\theta_f,\sigma^2,T)]}{\partial\varphi^T}$$

$$= \frac{1}{2}\left(\frac{\partial\mathrm{vec}(V_j)^T}{\partial\varphi^T}\right)\left(V_j^{-1}\otimes V_j^{-1}\right)\mathrm{vec}\left(d_j d_j^T - V_j\right) \qquad [14.32]$$

其中：

$$\frac{\partial\,\mathrm{vec}(V_j)}{\partial\varphi^T} = (A_{rj}\otimes A_{rj})E + \mathrm{vec}(I)F \qquad [14.33]$$

且

$$\mathrm{L}(Y_j;\theta_f,\sigma^2,T) = (2\pi)^{-n_j/2}\,|V_j|^{-1/2}\exp\left\{-\frac{1}{2}d_j^T V_j^{-1} d_j\right\} \qquad [14.34]$$

对于适当的矩阵 A、B 和 C，现在我们应用一个标准的代数恒等式（Magnus & Neudecker, 1988）：

$$\mathrm{vec}(ABC) = (C^T\otimes A)\mathrm{vec}(B) \qquad [14.35]$$

将这个恒等式应用到方程 14.32，即得到：

$$S_j = \frac{\partial\log[L(Y_j;\theta_f,\sigma^2,T)]}{\partial\varphi^T}$$

$$= \frac{1}{2}\big[E^T\mathrm{vec}(A_{rj}^T V_j^{-1}d_j d_j^T V_j^{-1}A_{rj} - A_{rj}^T V_j^{-1}A_{rj}) \qquad [14.36]$$

$$+ F^T\big[d_j^T V_j^{-2}d_j - \mathrm{trace}(V_j^{-1})\big]\big]$$

费舍尔得分方法同样要求二阶导数 $E(H)=E(\sum H_j)$ 的期望矩阵，其中：

$$E(H_j) = \frac{\partial^2\log[L(Y_j;\theta_f,\tau,\sigma^2)]}{\partial\varphi\partial\varphi^T}$$

$$= -\frac{1}{2}\left(\frac{\partial\mathrm{vec}(V_j)}{\partial\varphi^T}\right)^T(V_j^{-1}\otimes V_j^{-1})\frac{\partial\mathrm{vec}(V_j)}{\partial\varphi^T}$$

$$= -\frac{1}{2}\big[E^T(A_{rj}^T V_j^{-1}A_{rj}\otimes A_{rj}^T V_j^{-1}A_{rj})E \qquad [14.37]$$

$$+ E^T\mathrm{vec}(A_{rj}^T V_j^{-2}A_{rj})F + F^T\mathrm{vec}(A_{rj}^T V_j^{-2}A_{rj})E$$

$$+ \mathrm{trace}(V_j^{-2})F^T F\big]$$

计算。对于每段 H（方程 14.37）的计算公式为：

$$A_{rj}^T V_j^{-1} A_{rj} \otimes A_{rj}^T V_j^{-1} A_{rj} = A_{rj}^T A_{rj} C_j^{-1} T^{-1} \otimes A_{rj}^T A_{rj} C_j^{-1} T^{-1}$$

$$\mathrm{vec}(A_{rj}^T V_j^{-2} A_{rj}) = \mathrm{vec}[T^{-1} C_j^{-1} A_{rj}^T A_{rj} C_j^{-1} T^{-1}] \qquad [14.38]$$

$$\mathrm{trace}(V_j^{-2}) = (n_j - Q)\sigma^{-4} + \mathrm{trace}(C_j^{-1} T^{-1})^2$$

其中，Q 是模型中每一群随机效应的个数。T 中各元素和 σ^2 的渐近标准误是信息矩阵的逆矩阵中对角线上各元素的平方根，即为矩阵 $-[E(H)]^{-1}$ 的对角线上各元素的平方根。

费舍尔得分算法的工作需要计算校正因子 $\varphi_{\mathrm{new}} - \varphi_{\mathrm{old}}$：

$$\varphi_{\mathrm{new}} - \varphi_{\mathrm{old}} = -[E(H)]^{-1} S \qquad [14.39]$$

其中，$H = \sum H_j$，$S = \sum S_j$。将这个校正因子加到 φ_{old} 上就可以得到 φ_{new}。

费舍尔得分和迭代一般最小二乘法之间的关系。定义：

$$Y_j^* = \mathrm{vec}(d_j d_j^T - V_j)$$

$$X_j^* = \frac{\partial \mathrm{vec}(V_j)}{\partial \varphi^T}$$

$$V_j^* = \mathrm{Var}(Y_j^*) = 2(V_j \otimes V_j) \qquad [14.40]$$

$$\beta^* = \varphi_{\mathrm{new}} - \varphi_{\mathrm{old}}$$

费舍尔得分算法与迭代一般最小二乘法（IGLS）的算法是等价的，它们的目标都是使下面的公式最小化：

$$Q^* = \sum (Y_j^* - X_j^* \beta^*)^T V_j^{*-1} (Y_j^* - X_j^* \beta^*) \qquad [14.41]$$

最小化可以通过每一步迭代计算得到：

$$\beta^* = (\sum X_j^{*T} V_j^{*-1} X_j^*)^{-1} \sum X_j^{*T} V_j^{*-1} Y_j^* \qquad [14.42]$$

然后再利用 $\beta^* + \varphi_{\mathrm{old}} = \varphi_{\mathrm{new}}$ 来更新 Y_j^*，而后再更新 V_j^*。注意，在每一层都是线性模型的情况下，X_j^* 并不依赖于 φ。

θ_f 的费舍尔得分。φ 和 θ_f 的最大似然估计都是渐近独立的，因此，费舍尔算法步骤可以分别计算每一个分量。对于 θ_f，我们有：

$$S_{\theta_{fj}} = \frac{\partial \log[\mathrm{L}(Y_j; \theta_f, \sigma^2, T)]}{d\theta_f} \qquad [14.43]$$

$$= A_{fj}^T V_j^{-1} Y_j - A_{fj}^T V_j^{-1} A_{fj} \theta_f = A_{fj}^T V_j^{-1} d_j$$

及

$$E(H_{\theta f}) = E\left(\frac{\partial S_{\theta f j}}{\partial \theta_f^T}\right) = -A_{f j}^T V_j^{-1} A_{f j} \qquad [14.44]$$

设 $H_{\theta f} = \sum H_{\theta f j}$, $S_{\theta f} = \sum S_{\theta f j}$, 现在我们应用费舍尔得分算法求出：

$$\begin{aligned}\theta_{f\,new} &= [-E(H_{\theta f})]^{-1} S_{\theta f} + \theta_{f\,old}\\ &= \left(\sum A_{f j}^T V_j^{-1} A_{f j}\right)^{-1} \sum A_{f j}^T V_j^{-1} Y_j\end{aligned} \qquad [14.45]$$

由此，我们再一次看到费舍尔得分法与迭代一般最小二乘法之间的等价。

$\hat{\theta}_f$ 中各元素的标准误可以根据收敛时 D_{ff} 中对角线各元素计算平方根来得到，其中：

$$D_{ff} = \sigma^2 \left(\sum_{j=1}^{J} A_{f j}^T A_{f j} - \sum_{j=1}^{J} A_{f j}^T A_{r j} C_j^{-1} A_{r j}^T A_{f j}\right)^{-1} \qquad [14.46]$$

计算方差协方差分量时费舍尔得分与期望最大化算法之间的关系。S_j 的分量为：

$$\begin{aligned}A_{r j}^T V_j^{-1} d_j d_j^T V_j^{-1} A_{r j} &= T^{-1}(\theta_{r j}^* \theta_{r j}^{*\,T}) T^{-1}\\ \operatorname{trace}(V_j^{-1}) &= (n_j - Q)\sigma^{-2} + \operatorname{trace}(C_j^{-1} T^{-1})\\ d_j^T V_j^{-2} d_j &= \sigma^{-4}(Y_j - A_{f j}\theta_f - A_{r j}\theta_{r j}^*)^T (Y_j - A_{f j}\theta_f - A_{r j}\theta_{r j}^*)\end{aligned} \qquad [14.47]$$

及

$$A_{r j}^T V_j^{-1} A_{r j} = A_{r j}^T A_{r j} C_j^{-1} T^{-1}$$

将方程 14.47 中的各个部分结合起来得到一个很有用的认识，即对 φ 的费舍尔－迭代一般最小二乘法结合的计算步骤其实代表期望最大化算法步骤的一种变形。为了能够看清楚这一点，要注意：

$$\begin{aligned}&\sum A_{r j}^T V_j^{-1} d_j d_j^T V_j^{-1} A_{r j} - \sum A_{r j}^T V_j A_{r j}\\ &= T^{-1} \sum \theta_{r j}^* \theta_{r j}^{*\,T} T^{-1} - \sum A_{r j}^T A_{r j} C_j^{-1} J^{-1}\\ &= J T^{-1}(\hat{T}_{EM} - T) T^{-1}\end{aligned} \qquad [14.48]$$

这最后一步有赖于单位矩阵：

$$A_{r j}^T A_{r j} C_j^{-1} = I - \sigma^2 T^{-1} C_j^{-1} \qquad [14.49]$$

以及定义

$$\hat{T}_{\mathrm{EM}} = J^{-1}\left(\sum \theta_{rj}^{*} \theta_{rj}^{*T} + \sigma^2 C_j^{-1} \right) \qquad [14.50]$$

运用相同的逻辑，我们发现：

$$\sum \left[d_j^T V_j^{-2} d_j - \mathrm{trace}(V_j^{-1}) \right] = N\sigma^{-4}(\hat{\sigma}_{\mathrm{EM}}^2 - \sigma^2) \qquad [14.51]$$

其中：

$$\hat{\sigma}_{\mathrm{EM}}^2 = \frac{1}{N}\left[\sum (d_j - A_{rj}\theta_{rj}^{*})^T (d_j - A_{rj}\theta_{rj}^{*}) + \sigma^2 \mathrm{trace} \sum A_{rj}^T A_{rj} C_j^{-1} \right] \qquad [14.52]$$

多元分层线性模型中的最大似然估计

我们现在考察根据不完整数据计算的多元正态模型的估计。这种模型可以被表示成这样一种分层模型，即它的第一层描述的是观察数据和完整数据之间的关联。更高层次的模型则是描述完整数据的分布。第 6 章描述了这种模型对重复测度数据的应用，而第 11 章描述了根据不完整数据估计线性回归问题的应用。我们将考察基于期望最大化算法的最大似然估计以及基于费舍尔得分的最大似然估计。

这些多元模型估计中的一个基本问题是，它与两层、三层和交互分类模型十分相似，有时甚至更为简单。然而，可以估计出许多有趣的协方差结构，而且它们在重复测量数据的场合中具有特殊意义，就像第 6 章所示范的那样。

下面，我们来考察基本的多元分层模型的估计。Jennrich 和 Shluchter（1986）为这项工作打下了基础。这种方法可以被扩展到两层多元线性模型，比如其中我们有个人的多种测度结果，而这些个人又嵌套于社会情境中，诸如学校、社区或公司等。Thum（1997）曾详细描述了这种情况，并且我们在第 8 章已经示范了这种方法。

模型

在第 11 章，我们将一个多元正态模型描述为两层分层线性模型的一个特例。在 Little 和 Rubin（1987）看来，这种模型包括了随机缺失（MAR）的数据。层 −1 模型仅简单地识别所观测的是完整数据的那一部分。我们有：

$$Y_j = M_j Y_j^*$$ [14.53]

其中，Y_j 代表 $n_j \times 1$ 阶的观察数据向量，Y_j^* 表示 $T \times 1$ 阶的完整数据向量，而 M_j 是 $n_j \times T$ 阶的标识变量矩阵。在层 −2，我们有对于完整数据的标准多元模型：

$$Y_j^* = A_{fj}^* \theta_f + \theta_{rj}$$ [14.54]

将方程 14.54 代入方程 14.53 后得到：

$$Y_j = M_j A_{fj}^* \theta_f + M_j \theta_{rj}, \qquad \theta_{rj} \sim N(0, \Delta)$$ [14.55]

上面这个方程可以被看作是一般两层模型 $Y_j = A_{fj}\theta_f + A_{rj}\theta_{rj} + e_j$ 的一个特例，其中 $A_{fj} = M_j A_{fj}^*$，$A_{rj} = M_j$，以及 $e_j = 0$。[①]

因此最低限度地，$Y_j \sim N(A_{fj}\theta_f, V_j)$，其中 $V_j = A_{rj}\Delta A_{rj}^T$。$Y_j$ 和 θ_{rj} 的联合分布也服从多元正态分布：

$$\begin{pmatrix} Y_j \\ \theta_{rj} \end{pmatrix} \sim N\left[\begin{pmatrix} A_{fj}\theta_f \\ 0 \end{pmatrix}, \begin{pmatrix} A_{rj}\Delta A_{rj}^T & A_{rj}\Delta \\ \Delta A_{rj}^T & \Delta \end{pmatrix} \right]$$ [14.56]

接下来有条件分布 $(\theta_{rj} \mid Y_j, \theta_f, \Delta) \sim N(\theta_{rj}^*, D_j^*)$，其中：

$$\begin{aligned} D_j^* &= \Delta - \Delta A_{rj}^T (A_{rj}\Delta A_{rj}^T)^{-1} A_{rj}\Delta \\ \theta_{rj}^* &= \Delta A_{rj}^T (A_{rj}\Delta A_{rj}^T)^{-1} (Y_j - A_{fj}\theta_f) \end{aligned}$$ [14.57]

期望最大化算法

下面紧接着就是期望最大化（EM）算法的最大化步骤。如果 θ_{rj} 被观测到，那么最大似然估计量为：

$$\begin{aligned} \hat{\theta}_f &= \left(\sum_{j=1}^{J} A_{fj}^T V_j^{-1} A_{fj} \right)^{-1} \sum_{j=1}^{J} A_{fj}^T V_j^{-1} (Y_j - A_{rj}\theta_{rj}) \\ \hat{\Delta} &= J^{-1} \sum_{j=1}^{J} \theta_{rj}\theta_{rj}^T \end{aligned}$$ [14.58]

---

① 这里，我们用 Δ 而不是用 T 来表示协方差矩阵，这是为了保留 T 这个符号在下面几节中表示更加特殊的模型参数，比如方程 14.65。

用期望替代步骤来计算完整数据的充分统计量（CDSS）：

$$E\left[\sum_{j=1}^{J}A_{fj}^{T}V_{j}^{-1}(Y_{j}-A_{rj}\theta_{rj})\mid Y_{j},\theta_{F}^{0},\Delta^{0}\right]=\sum_{j=1}^{J}A_{fj}^{T}V_{j}^{-1}(Y_{j}-A_{rj}\theta_{rj}^{*0})$$

[14.59]

$$E\left(\sum\theta_{rj}\theta_{rj}^{T}\mid Y_{j},\theta_{f}^{0},\Delta^{0}\right)=\sum_{j=1}^{J}\theta_{rj}^{*0}\theta_{rj}^{*0T}+\sum_{j=1}^{J}D_{j}^{*0}$$

其中，θ_{f}^{0} 和 Δ^{0} 是当前的估计值。

费舍尔－迭代一般最小二乘法（IGLS）算法

费舍尔得分的迭代涉及：

$$\Delta(\text{new})-\Delta(\text{old})=-[E(H)]^{-1}S$$

[14.60]

其中，$S=\sum_{j=1}^{J}S_{j},E(H)=\sum_{j=1}^{J}E(H_{j})$，并且

$$S_{j}=\frac{\partial L(Y_{j};\Delta,\theta_{f})}{\partial\varphi}$$

$$=\frac{1}{2}\left(\frac{\partial\text{vec}(V_{j})}{\partial\varphi^{T}}(V_{j}^{-1}\otimes V_{j}^{-1})\text{vec}(d_{j}d_{j}^{T}-V_{j})\right)$$

[14.61]

$$E(H_{j})=E\left(\frac{\partial S_{j}}{\partial\varphi^{T}}\right)=-\frac{1}{2}\left(\frac{\partial\text{vec}(V_{j})}{\partial\varphi^{T}}\right)^{T}(V_{j}^{-1}\otimes V_{j}^{-1})\frac{\partial\text{vec}(V_{j})}{\partial\varphi^{T}}$$

这里，$d_{j}=Y_{j}-A_{fj}\theta_{f}$。

利用上一节中的方法，替换 V_{j} 并将代数简化，即得：

$$E(H_{j})=-\frac{1}{2}E_{\Delta}^{T}(A_{rj}^{T}V_{j}^{-1}A_{rj}\otimes A_{rj}^{T}V_{j}^{-1}A_{rj})E_{\Delta}$$

$$S=\frac{J}{2}E_{\Delta}^{T}\left[\Delta^{-1}(\hat{\Delta}_{\text{EM}}-\Delta)\Delta^{-1}\right]$$

[14.62]

其中，$E_{\Delta}=\partial\text{vec}\Delta/\partial\varphi^{T}$，而 $\hat{\Delta}_{\text{EM}}$ 是在给定方程 14.58 和 14.59 条件下 Δ 的期望最大化估计值。因此，我们又一次看到，费舍尔步骤是期望最大化步骤的一种转换形式。

θ_{f} 的费舍尔得分算法可以得到标准的一般最小二乘估计：

$$\hat{\theta}_{f}=\left(\sum_{j=1}^{J}A_{fj}^{T}V_{j}^{-1}A_{fj}\right)^{-1}\sum_{j=1}^{J}A_{fj}^{T}V_{j}^{-1}Y_{j}$$

其他协方差结构的估计

正如第 6 章中所描述的，在费舍尔 – 迭代一般最小二乘法的框架之下，可以直接估计多元分层线性模型的许多子模型。每个子模型涉及在 Δ 上强加一个结构（Jennrich & Shluchter，1986）。一些有趣的例子包括：

- 层 – 1 同质性方差的随机系数结构；
- 层 – 1 异质性方差的随机系数结构；
- 自相关的层 – 1 方差结构（AR1）。

为了将费舍尔算法应用于这些研究，每一种场合都需要：

- 在这个特定模型中设置协方差矩阵 Δ 中 φ 的特殊元素，并且
- 计算导数矩阵 $E_\Delta = \partial \mathrm{vec}\Delta / d\varphi$。

为了示范，我们将说明，如何将随机系数结构做多元分层线性模型（HM-LM）的特例来进行估计（只要完整数据是平衡的）。对其他情况（如 AR1、层 – 1 方差异质）感兴趣的读者可以查看网站 www.ssicentral.com 上对这些模型更为详细的讨论。

现在假设，完整数据 Y_j^* 是一个增长研究中的重复测量，就如第 6 章所描述的。更具体地说，研究设计要求对于每一个参与者有同样一套在 T 个时点上的观测值，但数据 Y_j 是有随机缺失的，完整数据 Y_j^* 是平衡的，因此，层 – 1 有：

$$Y_j = M_j Y_j^*$$
$$Y_j^* = A\pi_j + r_j, \qquad r_j \sim \mathrm{N}(0,\sigma^2 I)$$

[14.63]

这里，A 是层 – 1 的设计矩阵，而且对于所有参与者都是相同的。在层 – 2，我们有：

$$\pi_j = X_j\beta + u_j, \qquad u_j \sim \mathrm{N}(0,T)$$

于是，完整数据的组合模型为：

$$Y_j^* = AX_j\beta + Au_j + r_j \qquad [14.64]$$

一种多元模型（方程 14.54）的特殊情况有：

$$\theta_f = \beta$$
$$A_{fj}^* = AX_j \qquad [14.65]$$
$$\theta_{rj} = Au_j + r_j$$
$$\mathrm{Var}(\theta_{rj}) = \Delta = ATA^T + \sigma^2 I$$

例如，来自全国青年调查（第 6 章）的数据中，每个人有 5 个时点上的数据。无约束的多元分层线性模型将有一个包括 $5(5+1)/2 = 15$ 个特殊元素（φ_1，…，φ_{15}）的 Δ，而且 $E_\Delta = d\mathrm{vec}(\Delta)/d\varphi^T$ 将是一个 25×15 阶的矩阵。与此相反，一个方差齐性的线性增长模型则会有：

$$A = \begin{bmatrix} 1 & -2 \\ 1 & -1 \\ 1 & 0 \\ 1 & 1 \\ 1 & 2 \end{bmatrix}, \qquad T = \begin{bmatrix} \tau_{00} & \tau_{01} \\ \tau_{10} & \tau_{11} \end{bmatrix} \qquad [14.66]$$

我们得到：

$$\varphi_1 = \tau_{00}, \qquad \varphi_2 = \tau_{01}, \qquad \varphi_3 = \tau_{11}, \qquad \varphi_4 = \sigma^2$$

因此，E_Δ 将是 25×4 阶的矩阵。这里，我们有：

$$E_\Delta = (A \otimes A)E_\tau + \mathrm{vec}(I)F \qquad [14.67]$$

其中，$E_\tau = \partial \mathrm{vec}(T)/\partial \varphi^T$，并且 $F = \partial \sigma^2/\partial \varphi^T$。

这个两层增长模型可以作为一般的多元分层线性模型（HMLM）的特例来估计。如果已知 T 和 σ^2 当前的估计值，就按方程 14.65 来计算 Δ。现将 E_Δ 按方程 14.67 那样定义，并应用方程 14.62 的标准费舍尔算法。

讨论

如上所述，多元分层线性模型可以被剪裁，以便于处理不同的协方差结构。设置它们可以通过 Δ，它是向量 φ 中特殊元素的函数。仍可以应用标准算法，但是参数向量 φ 已经被剪裁为所感兴趣的特定协方差结构。偏导矩阵 $E_\Delta = \partial vec(\Delta)/\partial \varphi^T$ 也被剪裁为特定的协方差结构，更高层次也如此处理。例如，要研究嵌套于第 K 组的个人 J 的完整数据 Y_{jk}^* 的分布，组内协方差矩阵为 $A_{rjk}\Delta A_{rjk}^T$。于是，这种估计问题就类似于处理一个三层模型，其中层－1 方差被设为 0。我们建议有兴趣的读者参阅 Thum 的研究（1997），他也提供了一系列有趣的应用，或者去网站 www. ssicentral. com 查阅进一步的讨论。

这种方法基于一个关键假定，即缺失数据是随机缺失的。这就意味着，缺失数据 $(I-M_j)\,Y_j^*$ 在给定观测数据 Y_j 时是独立于 M_j 的。这种假定通常是合理的。尽管这种假定也可能在技术上不正确，但如果缺失信息比例很小，其结果仍然是稳健。当仅有少数案例有数据缺失，或者观测数据与缺失数据间有很强关联时，缺失信息比例便会很小。Schafer（1997）就这一假定做过全面的综述和讨论。

分层一般化线性模型的估计

正如本章一开始所述，对分层模型进行最大似然估计涉及两个步骤（见"最大似然估计和贝叶斯估计的综述"部分）。第一步是找到似然值，它要求从数据和随机效应的联合分布中对随机效应进行积分（方程 14.1）；第二步是使似然值最大化。当模型是线性的且每一层的随机效应都服从正态分布时，第一步就比较简单。唯一比较困难的问题就是最大化问题。

我们现在来考虑更为复杂的估计问题，即：层－1 模型是非线性的，层－1 随机效应的分布也不是正态分布。这种模型的实际例证已经在第 10 章描述过。非线性、非正态分布的层－1 模型的例子包括：二分类结果的 logit 连接、计数数据的对数连接、序次结果的累计 logit 连接以及多分类名义结果的多类 logit 连接。在这些情况下，尽管在其他层次上假定随机效应服从多元正态分布，层－1 的抽样模型却是非正态的。

按照方程 14.1 中所介绍的一般标注方式，我们有一个数据向量 Y、一个随机效应向量 u 和一个参数向量 ω。这些参数包括方差协方差分量和固定的回归系数。当给定随机效应即层－1 模型时，数据的分布被表示为 $f(Y\mid u,\ \omega)$，而随机效应的分布被表示为 $p(u\mid\omega)$。数据与随机效应的联合分布就是：

$$g(Y,u\mid\omega) = f(Y\mid u,\omega)p(u\mid\omega) \qquad [14.68]$$

参数 ω 就是 Y 的边际密度，数据的似然值便是这一联合分布在随机效应空间上的积分：

$$L(Y \mid \omega) = \int f(Y \mid u, \omega) p(u \mid \omega) \, du \qquad [14.69]$$

当 $f(Y \mid u, \omega)$ 和 $p(u \mid \omega)$ 都是正态分布时，边际的 $L(Y \mid \omega)$ 也是正态分布的，而且也可以求导。计算上的问题就是寻求一套 ω 使 $L(Y \mid \omega)$ 最大化。

现在我们所面临的问题是，$f(Y \mid u, \omega)$ 可能是二项分布，或是泊松分布，或是多类分布，但不是正态分布。在这种情况下，我们可以将 $p(u \mid \omega)$ 作为随机效应的共轭先验，然后方程 14.69 的积分就可以通过分析得到。例如，如果 f 是二项分布，那么 p 就可能是贝塔（beta）分布；如果 f 是泊松分布，那么 p 就是伽玛（gamma）分布；如果 f 是多类分布，那么 p 就可能是狄利克雷（Dirichlet）分布。然后我们就可以迅速转移到在"双正态"（normal-normal）分布的情况下如何得到最大化的问题了。

这种方法的困难在于，由于我们通常感兴趣的是多元随机效应，尽管当每一更高层次上仅有一个随机效应时，共轭先验的做法便很方便，但这些非正态先验并不一定能代表多元随机效应的联合分布。由于它可以被用作多元分布的一个模型，因此我们就先借助多元正态分布作为先验分布。

因此，我们又遇到了联合分布的非共轭混杂问题，比如"二项–正态"、"泊松–正态"，以及"多类–正态"等混合情况。在这种情况下，不存在求似然值积分（方程 14.69）的闭型公式，我们必须转而以数值逼近方法来解决这个积分问题。当然，此后还得解决最大化问题。

我们先提供有关数值积分方法的简单综述。接下来，我们将介绍拉普拉斯算法。这个方法有助于澄清积分问题的本质；同时对于有任意维度多元随机效应的分层模型而言，它也提供了一个一般性的并且是可行的数值计算策略。我们先描述如何将这种方法应用于二分类数据的情况，然后再将它推广到其他各类模型。

分层模型的数值积分

Stiratelli、Laird 和 Ware（1984）曾估计了嵌套的、具有正态分布随机效应的 logistic 回归的参数，他们按有相同众数和众数曲率的多元正态分布作为真实后验来近似计算密度 $u \mid Y$, ω。Wong 和 Mason （1985） 也曾用过本质上相同的方法。对这种近似联合分布的直接最大化避免了对方程 14.69 求积分的困难。Lee 和 Nelder （1996） 将方程 14.6 被积函数看成一个 "h 似然值"（h-likelihood），并讨论了基于对其直接最大化所估计的 u 和 ω 的性质。

一些作者还将这种方法在其他方面做了扩展，例如 Belin、Diffendal、Mack、Rubin、Schafer，以及 Zazlavsky （1993），Breslow 和 Clayton （1993），Gilks （1987），Goldstein （1991），Longford （1993），McGilchrist （1994），Schall （1991），还有 Wolfinger （1993）。根据 Breslow 和 Clayton （1993），我们将这种方法称为惩罚性准似然 （PQL） 方法。然而，Breslow 和 Lin （1995） 已经证明，对于带有嵌套随机效应的 logistic 回归模型，对正态协方差矩阵以及由此而得到的回归系数的 PQL 估计是有偏的，而且也不具一致性 （另见 Goldstein & Rasbash，1996）。当随机效应具有较大方差并且二项分布的分母较小时，偏差就会非常严重。

应用于二分类结果的两层模型

假设现在层 –1 结果 Y_{ij} 取值为 1 的条件概率为 φ_{ij}，则对嵌套于层 – 2 单位 j 中的层 – 1 单位 i 的组合模型为：

$$\log\left(\frac{\varphi_{ij}}{1-\varphi_{ij}}\right) = \eta_{ij} = X_{ij}^T \gamma + Z_{ij}^T u_j \qquad [14.70]$$

在层 – 1，我们假定，给定 u_j 为 $Q \times 1$ 阶随机效应向量，并且向量 u_j 在所有层 – 2 单位服从 Q 元的 N（0，T），那么 Y_{ij} 依此条件服从贝努里 （Bernoulli） 分布。在许多情况下，由于这个模型可以省略下标 i 因而很方便使用：

$$\eta_j = X_j \gamma + Z_j u_j \qquad [14.71]$$

其中，η_j 是由元素 η_{ij} 构成的 $n_j \times 1$ 阶向量，而 X_j 和 Z_j 是自变量矩阵，其行都由 X_{ij}^T 和 Z_{ij}^T 组成，阶数分别为 $n_j \times f$ 和 $n_j \times Q$。

惩罚性准似然估计

惩罚性准似然 （PQL） 方法可以作为非线性回归模型来推导 （Seber &

Wild，1989）。在二分类结果和 logit 连接时，我们先从层 - 1 模型开始：

$$
\begin{aligned}
Y_{ij} &= \varphi_{ij} + e_{ij} \\
\mathrm{E}(e_{ij}) &= 0 \\
\mathrm{Var}(e_{ij}) &= \varphi_{ij}(1 - \varphi_{ij})
\end{aligned}
\qquad [14.72]
$$

这是一个非线性模型，但我们用一阶泰勒展开式将它线性化。在第 s 步迭代时，我们有：

$$
\varphi_{ij} \approx \varphi_{ij}^{(s)} + \frac{d\varphi_{ij}}{d\eta_{ij}}(\eta_{ij} - \eta_{ij}^{(s)})
\qquad [14.73]
$$

在 $\varphi^{(s)}$ 点求导数：

$$
\frac{d\varphi_{ij}}{d\eta_{ij}} = \varphi_{ij}(1 - \varphi_{ij}) = w_{ij}
\qquad [14.74]
$$

将 φ_{ij} 的线性近似值代入方程 14.72，得到：

$$
Y_{ij} = \varphi_{ij}^{(s)} + w_{ij}^{(s)}(\eta_{ij} - \eta_{ij}^{(s)}) + e_{ij}
\qquad [14.75]
$$

整理这一方程，将所有已知量都移到方程左边，得到：

$$
\frac{Y_{ij} - \varphi_{ij}^{(s)}}{w_{ij}^{(s)}} + \eta_{ij}^{(s)} = \eta_{ij} + \frac{e_{ij}}{w_{ij}^{(s)}}
\qquad [14.76]
$$

这个方程便具有类似于两层分层线性模型的形式：

$$
\begin{aligned}
Y_{ij}^{*(s)} = X_{ij}^T\gamma + Z_{ij}^T u_j + \varepsilon_{ij}, \qquad &\varepsilon_{ij} \sim \mathrm{N}(0, w_{ij}^{(s)-1}) \\
&u_j \sim \mathrm{N}(0, T)
\end{aligned}
\qquad [14.77]
$$

其中：

$$
\begin{aligned}
Y_{ij}^{*(s)} &= \frac{Y_{ij} - \varphi_{ij}^{(s)}}{w_{ij}^{(s)}} + \eta_{ij}^{(s)} \\
\varepsilon_{ij} &= \frac{e_{ij}}{w_{ij}^{(s)}}
\end{aligned}
\qquad [14.78]
$$

$\eta_{ij}^{(s)}$ 的估计值为：

$$
\eta_{ij}^{(s)} = X_{ij}^T\hat{\gamma}^{(s)} + Z_{ij}^T u_j^{*(s)}
\qquad [14.79]
$$

其中 $u_j^{*(s)}$ 是当 $W_j^{(s)} = \text{diag} \{ w_{1j}^{(s)}, \cdots, w_{n_jj}^{(s)} \}$ 时近似的后验众数：

$$u_j^{*(s)} = (Z_j^T W_j^{(s)} Z_j + T^{(s)-1})^{-1} Z_j^T W_j^{(s)} (Y_j^{*(S)} - X_j \hat{\gamma}^{(s)}) \qquad [14.80]$$

惩罚性准似然算法可以根据下面的步骤来做：

1. 将方程 14.77 看成标准的分层线性模型，根据 η_{ij} 和 w_{ij} 的初始估计值，利用期望最大化（EM）或费舍尔得分方法，考虑层 – 2 的方差协方差分量 T 和固定效应 γ，以使似然值最大。

2. 根据新的估计值 $\gamma^{(s+1)}$ 和 $T^{(s+1)}$，计算新的权重 $w_{ij}^{(s+1)} = \varphi_{ij}^{(s+1)}$ $(1 - \varphi_{ij}^{(s+1)})$。同时也计算线性化以后的因变量 $Y_{ij}^{*(s+1)}$ 的新值。

3. 回到第一步。继续迭代直至参数估计值收敛于预先设定的某一容忍度。

这种算法将线性化的因变量（方程 14.77 和 14.78）看成近似的正态分布，在这种情况下，方程 14.69 的积分具有闭型。只要层 – 2 方差不是太大，这时方差估计和固定效应估计为负偏差，算法将可靠地收敛，并得到合理的估计值（参见 Breslow & Lin, 1995）。下一节将要讨论的是，PQL 算法可以为更准确的拉普拉斯近似算法提供很好的初值。

边际准似然（marginal quasi-likelihood, MQL）算法与 PQL 算法基本相同，只是在利用泰勒级数展开时是围绕着 $u_j = 0$，而不是围绕着近似后验众数 $u_j = u_j^{(*)}$（Breslow & Clayton, 1993）。权数和线性化的因变量可以根据下式来计算：

$$\eta_{ij}^{*(s)} = X_{ij}^T \hat{\gamma} \qquad [14.81]$$

MQL 估计比 PQL 估计值的偏差更严重（Breslow & Clayton, 1993；Breslow & Lin, 1995；Rodriguez & Goldman, 1995）。我们还发现，这些 MQL 估计在收敛上的可靠性比 PQL 估计要差。

最大似然估计的更精确近似

另一种求出一致性的渐近无偏的最大似然估计近似值的方法是，先对方程 14.69 按要求的精度求出积分近似值，然后再使这个近似积分值最大化。Anderson 和 Aitkin（1985）曾对每组观测值只有一个随机效应的 logistic 回归模型，应用高斯 – 赫米特积分法（Gauss-Hermite quadrature）来求似然值并使其最大化。Hedeker 和 Gibbons（1994，1996）也应用高斯－赫米特积分法来求具有多元正态先验的序次 probit 和 logistic 模型的积分。还可以参阅 Tsutakawa（1985）对泊松－正态混合分布的研究情况。

Pinheiro 和 Bates（1995）曾运用适应性的高斯－赫米特积分法，对一个具有正态分布数据和非线性连接的嵌套随机效应模型的最大似然值做近似值估计。利用这种适应性方法，积分中的变量（即随机效应 u）按其近似后验众数对中，而不是按其均值 0 对中。从原理上讲，使用这种方法比使用非适应性方法得到的结果更加准确，特别是当随机效应离散度较大时。Chan（1994）、Karim（1991），以及 Wei 和 Tanner（1990）曾运用蒙特卡罗积分来求类似于方程 14.69 中的积分值。当每一层中相关随机效应的数量增加时，用高斯积分公式进行数值积分就变得越来越困难，而蒙特卡罗积分的计算量很大，并且得到的是随机收敛，而不是数值收敛。随机收敛很难评估。

另一种计算积分近似值的方法是采用拉普拉斯方法。Breslow 和 Lin（1995）利用 4 阶拉普拉斯近似来矫正偏差，这种偏差是 PQL 方法应用于每组只有一个随机效应的嵌套随机效应模型时产生的。Lin 和 Breslow（1996）将这种偏差矫正方法扩展到每组有多个独立的随机效应的情况。Raudenbush、Yang 和 Yosef（2000）将这种逻辑扩展到更高阶的近似计算，以及每组有多个相关的随机效应的情况。他们并不是用这种方法来矫正偏差，而是将积分的近似值看成似然值，并使其最大化以推断。这种方法有以下优点：（1）每一组的积分都完全是任意维度、多元的；（2）近似值的准确度可以达到任意要求；（3）收敛性是数值的，而不是随机的；（4）计算过程非常迅速。

将积分表示为拉普拉斯转换

如果我们将方程 14.69 的积分公式用拉普拉斯方法改写的话，数值积分问题就变得更清楚了。由于积分是一组一组地进行的，我们需要考虑一个一般类属，为了表达简洁，不再标注下标 j。我们先将被积函数改写为自然对数形式：

$$h(u) \equiv \log[f(Y \mid u, \omega)] + \log[p(u \mid \omega)] \qquad [14.82]$$

接下来，假设 $h(u)$ 及其关于 u 的所有导数都在其邻点 $\tilde{u}$ 上是连续的，我们就可以将 $h(u)$ 扩展为关于估计值 $\tilde{u}$ 上的泰勒级数：

$$h(u) = h(\tilde{u}) + h^{(1)}(\tilde{u})(u - \tilde{u})$$

$$+ \frac{1}{2}(u - \tilde{u})^T [h^{(2)}(\tilde{u})](u - \tilde{u}) + \sum_{k=3}^{\infty} T_k \qquad [14.83]$$

这里，$h^{(m)}(\tilde{u})$ 是 $h(u)$ 在点 $\tilde{u}$ 求的第 m 次导数，而 T_k 是泰勒级数的第 k 项。

我们选择 $\tilde{u}$ 作为 $h(u)$ 的最大值的对应点，因此 $h^{(1)}(\tilde{u}) = 0$，要求的积分（方程 14.69）就变为：

$$L(Y \mid u, \omega) = \exp[h(\tilde{u})] \int \exp\left\{\frac{1}{2}(u - \tilde{u})^T[h^{(2)}(\tilde{u})](u - \tilde{u})\right\} \exp\left[\sum_{k=3}^{\infty} T_k\right] du$$

$$\propto |V|^{1/2} \exp[h(\tilde{u})] E_{N(0,V)}\left[\exp\left(\sum_{k=3}^{\infty} T_k\right)\right] \qquad [14.84]$$

这里，$E_{N(0,V)}$ 表示一个按正态密度所取的期望值，这一正态分布的均值为 0，方差为：

$$V = -[h^{(2)}(\tilde{u})]^{-1} \qquad [14.85]$$

如果 $h(u)$ 是一个二次函数，那么高于二次的所有导数均为 0，因此 $\exp(\sum T_k) = 1$，而方程 14.84 中的积分函数也将是联合正态密度。这就是在前面的分层线性模型中考虑到的有关积分问题的形式。

如果 $h(u)$ 是近似二次项，这就意味着展开项 T_3 及更高次都是可以忽略的，那么具有 $\exp(\sum T_k) = 1$ 的方程 14.85 的最大化是近似正态的，称为"常规的"拉普拉斯近似。例如，设 $f(Y \mid u, \omega)$ 是二项分布，但它建立在大量测试的基础上。众所周知，二项分布随着测试数量的扩大而收敛于正态分布。由此可知，由于 $f(Y \mid u, \omega)$ 近似于正态密度，$p(u \mid \omega)$ 是正态的，$h(u)$ 是近似二次项，那么常规拉普拉斯近似值也将是准确的。我们将把常规拉普拉斯近似标注成 L_2，即二阶拉普拉斯近似，因为它基于 $h(u)$ 为近似二次项的假定。

然而，如果 $f(Y \mid u, \omega)$ 并不是近似正态的，那么 $h(u)$ 也不可能是近似二次项，而矫正项 $\exp(\sum T_k)$ 与 1 之间将有很大差距。因此，我们可以写出 K 阶的拉普拉斯近似公式：

$$L_K = L_2 \times E_{N(0,V)}\left[\exp\left(\sum_{k=3}^{K} T_k\right)\right] \qquad [14.86]$$

设 $S_k = \sum_{k=3}^{K} T_k$，再定义第二个级数为 $\exp(S_{KM}) = 1 + S_k + S_k^2/2! + \cdots + S_K^M/M!$，

其中我们将指数函数表示成 M 阶的马克劳林级数。于是，我们有：

$$L_{K,M} = L_2 \times E_{N(0,V)}(1 + S_k + S_k^2/2 + \cdots + S_K^M/M!)$$ [14.87]

这使我们得到了一族随着 K 和 M 的增加而准确性不断增加的近似值。

Raudenbush、Yang 和 Yosef（2000）描述了将这种方法应用于对更多类型的层 - 1 模型的近似计算，即对"一般化线性模型"的计算（McCullagh & Nelder, 1989）。他们还说明了，如何对任意维度的随机效应推导似然值的近似值，并示范了它在二分类结果的两层模型情况下的计算速度和准确性。对计算细节感兴趣的读者可以参考这篇论文，下面我们将示范如何将这种方法应用于二分类结果模型。

拉普拉斯方法应用于两层的二分类数据

层 -1 模型。这里为了简化，我们将下标 j 去掉。在二分类的情况下（方程 14.70 和 14.71），在层 -1 中我们有：

$$f(Y \mid u,\omega) = \prod_{i=1}^n \varphi_i^{Y_i}(1 - \varphi_i)^{1-Y_i}$$ [14.88]

因此，

$$\log[f(Y \mid u,\omega)] = l(u) = \sum_{i=1}^n [Y_i\eta_i + \log(1 - \varphi_i)]$$ [14.89]

层 -2 模型。在数据是正态分布的条件下，随机效应 u 的密度可以写成：

$$p(u \mid \omega) = (2\pi)^{-n/2} \mid T \mid^{-n/2} \exp(-u^T T^{-1}u/2)$$ [14.90]

组合模型。组合层 -1 模型和层 -2 模型，就得到联合分布 $p(Y,u \mid \omega) = (2\pi)^{-n/2} \mid T \mid^{-1/2}\exp[h(u)]$，其中：

$$h(u) = l(u) - u^T T^{-1}u/2$$ [14.91]

使 $h(u)$ 最大化。拉普拉斯转换要求 $h(u)$ 关于 u 最大化。令一阶导数等于 0 便得到 Q 个方程：

$$\begin{aligned}h^{(1)}(u) &= l^{(1)}(u) - T^{-1}u \\ &= Z^T(Y - \varphi) - T^{-1}u = 0\end{aligned}$$ [14.92]

设 W 为一个对角矩阵，其元素为 $d\varphi_i/d\eta_i = w_i = \varphi_i(1 - \varphi_i)$。定义 McCullagh 和 Nelder（1989）公式中线性化的因变量为：

$$Y^* = W^{-1}(Y - \varphi) + \eta \qquad\qquad [14.93]$$

用 $W(Y^* - \eta)$ 代替方程 14.92 中的 $(Y - \varphi)$，即得：

$$Z^T W(Y^* - X\gamma) = (Z^T WZ + T^{-1})u \qquad\qquad [14.94]$$

这个等式已经可以用牛顿－拉夫森算法求解了。我们需要二次导数的矩阵：

$$h^{(2)} = -(Z^T WZ + T^{-1}) \qquad\qquad [14.95]$$

牛顿－拉夫森算法在第 $s+1$ 次迭代时计算出：

$$\begin{aligned} u^{(s+1)} &= u^{(s)} - [h^{(2)}(u^{(s)})]^{-1}h^{(1)}(u^{(s)}) \\ &= (Z^T W^{(s)}Z + T^{-1})^{-1}Z^T W^{(s)}(Y^{*(s)} - X\gamma) \end{aligned} \qquad [14.96]$$

　　总之，对于未知参数 ω 的任何值，我们都可以用牛顿－拉夫森迭代算法，找到一个 u 使 $h(u)$ 最大。这个使 $h(u)$ 最大的 $\tilde{u}$ 点就会成为泰勒级数的固定中心点，它将拉普拉斯近似值定义为对数似然值，即各组对数似然值之和。然后我们利用费舍尔得分方法使这个对数似然值关于 ω 最大。有关计算的具体介绍请参阅劳登布什等（Raudenbush et al.，2000）的论文。

　　评论。方程 14.96 所定义的牛顿－拉夫森算法的步骤有一个非常有趣的形式：$u^{(s+1)}$ 与两层模型中随机效应的后验均值估计或"经验贝叶斯残差"估计是相同的，其中这个模型中的结果变量 Y^* 是连续的，而且层－1 的协方差矩阵就是 W^{-1}。这是可以理解的。如果 $h(u)$ 是二次项，那么 $(u \mid Y, \omega)$ 就是正态分布的，并且在给定 Y 时 u 的众数 ω 将等于这个均值。这种正态理论的分层线性模型和非正态的分层一般化线性模型之间的关系，对于更简单地近似计算最大似然值非常重要，当然也包括惩罚性准似然方法（PQL，见方程 14.80）。

向其他层－1 模型推广

　　我们已经示范了在二分类数据的情况下近似计算最大似然估计和准似然估计的方法，事实上这些方法都可以扩展到更为广泛的层－1 模型，即指数族模型上, 其中包括了正态分布的特殊情况、二项分布、泊松分布、伽玛分布等等。当推广到包括指数族时, 我们的层 -1 模型就变为:

$$f(Y_j \mid u_j, \omega) = \exp(l_j)$$

而

$$l_j = \sum_{i=1}^{n_j} \{ [Y_{ij}\eta_{ij} - \delta(\mu_{ij})] / \alpha(\theta) + \gamma(Y_{ij}, \theta) \}$$

其中 α、δ、γ 是它们自变量的任意函数, 而 $E(Y_{ij}) = \mu_{ij}$。注意, 这里隐含着 μ_{ij} 和 η_{ij} 是随机效应 u_j 的函数。

为了得到边际似然值, 我们希望从联合密度 Y_j 和 u_j, $j = 1, 2, \cdots, J$, 对 u_j 进行积分:

$$
\begin{aligned}
L &= \int \prod_j f(Y_j \mid u_j, \gamma) p(u_j \mid T) du_j \\
&= \prod_{j=1}^{J} \frac{1}{(2\pi)^{Q/2}} |T|^{-1/2} \int \exp(l_j - \frac{1}{2} u_j^T T^{-1} u_j) du_j \quad [14.97]
\end{aligned}
$$

为了应用拉普拉斯方法, 我们将 $l_j - \frac{1}{2} u^T T^{-1} u$ 看成方程 14.83 中的 $h(u)$, 其中 $u = (u_1, \cdots, u_J)^T$, 而且给定 $h(u)$ 最大值的对应点 $\tilde{u}$ (γ, τ), 寻求直到 6 阶的导数:

1. $h_j(\tilde{u}_j) = \tilde{l}_j - \frac{1}{2} \tilde{u}_j^T T^{-1} \tilde{u}_j$, 其中 $\tilde{l}_j$ 是 l_j 求出在 $\tilde{u}_j$ 点上的导数值。

2. $h_j^{(1)}(\tilde{u}_j) = \tilde{l}_j^{(1)} - \tilde{u}_j^T T^{-1}$, 其中

$$\tilde{l}_j^{(1)} = \frac{\partial l_j}{\partial u^T} \bigg|_{u = \tilde{u}} = (Y_j - \tilde{\mu}_j)^T Z_j / \alpha(\theta) = (Y_j^* - \tilde{\eta}_j)^T \widetilde{W}_j Z_j / \alpha(\theta)$$

这里, $Y_j^* = \widetilde{W}_j^{-1}(Y_j - \tilde{\mu}_j) + \tilde{\eta}_j$ 是线性化的因变量 (McCullagh & Nelder, 1989); $\widetilde{W}_j$ 是由 $\tilde{w}_{ij}$ 组成的对角矩阵 $\mathrm{diag}(w_{ij})$, 其中元素 $\tilde{w}_{ij} = d\tilde{\mu}_{ij}/d\tilde{\eta}_{ij}$, 即 μ_{ij} 在 $\tilde{u}_{ij}$ 点上关于 η_{ij} 的导数。

3. $h_j^{(2)}(\tilde{u}_j) = \tilde{l}_j^{(2)} - T^{-1}$, 其中 $\tilde{l}_j^{(2)} = -Z_j^T \widetilde{W}_j Z_j / \alpha(\theta)$, 即 l_j 在点 $\tilde{u}_j$ 上的二阶导数。

4. 对于 $k \geq 3$ (即 3 阶及以上项), $h_j^{(k)}(\tilde{u}_j) = \tilde{l}_j^{(k)}$ 是 μ_j 在 $\tilde{u}_j$ 点上关于 η_j 的第 k 阶导数。在二分类变量 Y_{ij} 用 logit 连接的情况下, $w_{ij} = \mu_{ij}(1 - \mu_{ij})$ 及其第 3~6 阶的导数分别是:

$$\widetilde{m}_{ij}^{(3)} = \widetilde{w}_{ij}(1 - 2\widetilde{\mu}_{ij}), \qquad \widetilde{m}_{ij}^{(4)} = \widetilde{w}_{ij}(1 - 6\widetilde{w}_{ij})$$

$$\widetilde{m}_{ij}^{(5)} = \widetilde{m}_{ij}^{(3)}(1 - 12\widetilde{w}_{ij}), \qquad \widetilde{m}_{ij}^{(6)} = \widetilde{m}_{ij}^{(4)}(1 - 12\widetilde{w}_{ij}) - 12\widetilde{m}_{ij}^{(3)2}$$

[14.98]

在计数数据（$Y_{ij} \in \{0, 1, \cdots\}$）是从一个条件泊松分布中抽取并采用对数连接时，对于任意的 k，都有 $\widetilde{w}_{ij} = m_{ij}^{(k)} = \mu_{ij}$。当 Y_{ij} 是一个用倒数（reciprocal）连接的条件伽玛分布时，有 $w_{ij} = \mu_{ij}^2$ 和 $m_{ij}^{(k)} = (k - 1)! \; \mu_{ij}^k$。在正常情况下，有 $w_{ij} = 1$，并且当 $k > 2$ 时，有 $m_{ij}^{(k)} = 0$。众所周知，在二项分布和泊松分布的情况下有常数项 $\alpha(\theta)$ 等于 1，对于正态分布来说有 $\mathrm{var}(Y_{ij} \mid u_j) = \sigma^2$，而对于伽玛分布来说则为 $-1/v$，其中方差为 $\mathrm{var}(Y_{ij} \mid u_j) = \mu_{ij}^2/v$。所有 l_j 的导数都是在 $\widetilde{u}_j$ 上求出的值。

总结与结论

总而言之，分层模型的似然值是一个积分。如果分层模型中每一层都是线性的，且随机效应服从正态分布，这个积分通过分析就可以简单地求出。剩下的问题是如何使似然值最大化。我们已经说明了在两层模型中如何运用期望最大化算法和费舍尔得分方法来完成这一工作。然而，当层 – 1 连接函数是非线性的并且层 – 1 模型不是正态分布时，所要求解的积分就只能近似计算。

一个简单的近似计算方法就是"惩罚性准似然方法"，它建构了层 – 1 模型中的一个线性近似值，并假定"线性化的因变量"是近似正态分布的，并将它扩展到分层线性模型的其他情况。这种方法可以可靠地收敛，但如果高层方差分量很大，得到的估计便可能产生严重偏差。如果要得到更为准确的近似估计，就需要采用计算量更大的方法。它们包括高斯 – 赫米特积分法、蒙特卡罗积分，以及高阶拉普拉斯近似法。

需要注意的是，所关注的积分是一个无限阶次的拉普拉斯近似。这一视角提供了一族近似方法，并且明确地定义了每种近似计算的误差。劳登布什等（Raudenbush et al.，2000）发现，常规拉普拉斯近似计算存在关于阶次的误差 $O(n^{-1})$，其中 n 是每个层 – 2 单位中的层 – 1 单位数。通常，n 必须足够大，才能恰当地估计随机斜率和截距。拉普拉斯近似法在这种情况下效果很好，因为它比较准确，而且也允许随机效应有任意维度。然而，对于随机截距模型而言，n 可能比较小，那么采用适应性的高斯 – 赫米特积分法便会更加准确（Yosef，2001）。

参考文献

Achenbach, T. (1991). *Manual for the child behavior checklist/4-18 and 1991 profile*. Burlington: University of Vermont.

Adams, R. J., Wilson, M., & Wu, M. (1997). Multilevel item response models: An approach to errors in variables regression. *Journal of Educational and Behavioral Statistics*, 22 (1), 47 – 76.

Agresti, A. (1996). *An introduction to categorical data analysis*. New York: John Wiley.

Aitkin, M., & Longford, N. (1986). Statistical modeling issues in school effectiveness studies. *Journal of the Royal Statistical Society*, Series A, 149 (1), 1 – 43.

Anderson, D. A., & Aitkin, M. (1985). Variance component models with binary response: Interviewer variability. *Journal of the Royal Statistical Society B*, 47 (2), 203 – 210.

Arbuckle, J. (1994). *AMOS3.5: Analysis of movement structures.* Chicago Smallusters Corporation.

Bartlett, M. S., & Kendall, D. G. (1946). The statistical analysis of variances-heterogeneity and the logarithmic transformation. *Journal of the Royal Statistical Society*, (Suppl. 8), 128 – 138.

Belin, T., Diffendal, J., Mack, S., Rubin, D., Schafer, J., & Zazlavsky, A. (1993). Hierarchical logistic regression models for imputation of unresolved enumeration status in undercount estimation. *Journal of the American Statistical Association*, 88 (423), 1149 – 1159.

Bentler, P. M. (1983). *Theory and implementation of EQS: A structural equations program.* Los Angeles: BMDP Statistical Software.

Bentler, P. (1995). *EQS structural equations program manual.* Encino, CA: Multivariate Software.

Berkey, D., Hoaglin, E., Mosteller, E., & Colditz, G. A. (1995). A random effects regression model for meta-analysis. *Statistics in Medicine*, 14, 395 – 411.

Birnbaum, A. (1968). Some latent trait models and their use in inferring an examinee's ability. In F. Lord & M. Novick (Eds.), *Statistical theories of mental test scores.* Reading, MA: Addison-Wesley.

Bock, R. (1989). Addendum-measurement of variation: A two-stage model. In R. Bock (Ed.), *Multilevel analysis of educational data*. New York: Academic Press.

Bowles, S., & Gintis, H. (1996). *Productive skills, labor discipline, and the returns to schooling*. Unpublished manuscript.

Braun, H. I., Jones, D. H., Rubin, D. B., & Thayer, D. T. (1983). Empirical Bayes estimation of coefficients in the general linear model from data of deficient rank. *Psychometrika*, *489* (2), 171 – 181.

Breslow, N., & Clayton, D. (1993). Approximate inference in generalized linear mixed models. *Journal of the American Statistical Association*, *88*, 9 – 25.

Breslow, N., & Lin, X. (1995). Bias correction in generalized linear mixed models with a single component of dispersion. *Biometrika*, *82*, 81 – 91.

Bryk, A. S., & Driscoll, M. E. (1988). *An empirical investigation of school as a community*. Madison: University of Wisconsin Research Center on Effective Secondary Schools.

Bryk, A., Lee, V., & Holland, E. (1993). *Catholic schools and the common good*. Cambridge, MA: Harvard University Press.

Bryk, A. S., & Raudenbush, S. W. (1987). Application of hierarchical linear models to assessing change. *Psychological Bulletin*, *101* (1), 147 – 158.

Bryk, A. S., & Raudenbush, S. W. (1988). On heterogeneity of variance in experimental studies: A challenge to conventional interpretations. *Psychological Bulletin*, *104* (3), 396 – 404.

Bryk, A. S., & Thum, Y. M. (1989). The effects of high school on dropping out: An exploratory investigation. *American Educational Reserach Journal*, *26*, 353 – 384.

Bryk, A. S., & Weisberg, H. I. (1977). Use of the nonequivalent control group design when subjects are growing. *Psychological Bulletin*, *84*, 950 – 962.

Burstein, L. (1980). The analysis of multi-level data in educational research and evaluation. *Review of Research in Education*, *8*, 158 – 233.

Carlin, B. P., & Louis, T. A. (1996). *Bayes and empirical Bayes methods for data analysis*. New York: Chapman & Hall/CRC.

Carter, D. L. (1970). The effect of teacher expectations on the self-esteem and academic performance of seventh grade students. *Dissertation Abstracts International*, *31*, 4539-A. (University Microfilms No. 7107612)

Carter, L. F. (1984). The sustaining effects study of compensatory and elementary education. *Educational Researcher*, *13* (7), 4 – 13.

Chart, W. (1994). *Toward a multilevel generalized linear model: The case for Poisson distributed data*. Unpublished doctoral dissertation, Michigan State University, East Lansing.

Cheong, Y. , & Randenbush, S. (2000). Measurement and structural models for children's problem behaviors. *Psychological Methods*, *5* (4), 477 – 495.

Claiborn, W. (1969). Expectancy effects in the classroom: A failure to replicate. *Journal of Educational Psychology*, *60*, 377 – 383.

Cochran, W. (1977). *Sampling techniques* (3rd Ed.). New York: Wiley.

Coleman, J. S. , Hoffer, T. , & Kilgore, S. B. (1982). *High school achievement: Public, Catholic and other schools compared*. New York: Basic Books.

Conn, L. K. , Edwards, C. N. , Rosenthal, R. , & Crowne, D. (1968). Perception of emotion and response to teachers' expectancy by elementary school children. *Psychological Reports*, *22*, 27 – 34.

Cook, T. D. , & Campbell, D. T. (1979). *Quasi-experimentation*. New York: Rand McNally.

Cooper, H. , & Hedges, L. (Editors). (1994). *The handbook of research synthesis*. New York: Russell Sage Foundation.

Cowles, M. K. , & Carlin, B. P. (1996). Markov chain Monte Carlo convergence diagnostics: A comparative review. *Journal of the American Statistical Association*, *91* (434), 883 – 904.

Cronbach, L. J. (1976). *Research on classrooms and schools: Formulations of questions design and analysis*. Occasional paper. Stanford, CA: Stanford Evaluation Consortium.

Dempster, A. P. , Laird, N. M. , & Rubin, D. B. (1977). Maximum likelihood from incomplete data via the EM algorithm. *Journal of the Royal Statistical Society*, *Seires B*, *39*, 1 – 8.

Dempster, A. P. , Rubin, D. B. , & Tsutakawa, R. K. (1981). Estimation in covariance components models. *Journal of the American Statistical Association*, *76*, 341 – 353.

Diggle, P. , Liang, K. , & Zeger, S. (1994). *Analysis of longitudinal data*. New York: Oxford University Press Incorporated.

Elliot, D. , Huizinga, D. , & Menard, S. (1989). *Multiple problem youth: Delinquency, substance abuse, and mental health problems*. New York: Springer-Verlag.

Elston, R. C. , & Grizzle, J. E. (1962). Estimation of time response curves and their confidence bands. *Biometrics*, *18*, 148 – 159.

Englert, C. S. , Raphael, T. E. , Anderson, L. M. , Anthony, H. M. , Fear, K. L. , & Gregg, S. L. (1988). *A case for writing intervention: Strategies for writing informational text*. East Lansing: Michigan State University, Institute for Research on Teaching.

Erbring, L. , & Young, A. A. (1979). Individuals and social structure: Contextual effects as endogenous feedback. *Sociological Methods and Research*, *7*, 396 – 430.

Evans, J. , & Rosenthal, R. (1969). Interpersonal self-fulfilling prophecies: Further extrapolations from the laboratory to the classroom. *Proceedings of the 77th Annual Convention of the American Psychological Association*, *4*, 371 – 372.

Fielder, W. R. , Cohen, R. D. , & Feeney, S. (1971). An attempt to replicate the teacher expectancy effect. *Psychological Reports*, *29*, 1223 – 1228.

Fine, L. (1972). The effects of positive teacher expectancy on the reading achievement of pupils in grade two. *Dissertation Abstracts International*, *33*, 1510-A. (University Microfilms No. 7227180)

Firebaugh, G. (1978). A rule for inferring individual level relationships from aggregate data. *American Sociological Review*, *43*, 557 – 572.

Fleming, E. , & Anttonen, R. (1971). Teacher expectancy or my fair lady. *American Educational Research Journal*, *8*, 241 – 252.

Flowers, C. E. (1966). Effects of an arbitrary accelerated group placement on the tested academic achievement of educationally disadvantaged students. *Dissertation Abstracts International*, *27*, 991 – A. (University Microfilms No. 6610288)

Fotiu, R. P. (1989). *A comparison of the EM and data augmentation algorthims on simulated small sample hierarchical data from research on education.* Unpublished doctoral dissertation, Michigan State University, East Lansing.

Frank, K. , & Seltzer, M. (1990, April). *Using the hierarchical linear model to model growth in reading achievement.* Paper presented at the Annual Meeting of the American Educational Research Association, Boston, MA.

Fuller, B. (1987). Raising school quality in developing countries: What investments improve school quality? *Review of Educational Research*, *57*, 255 – 291.

Garner, C. , & Raudenbush, S. (1991). Neighborhood effects on educational attainment: A multi-level analysis of the influence of pupil ability, family, school, and neighborhood. *Sociology of Education*, *64* (4), 251 – 262.

Gelfand, A. , & Smith, A. (1990). Sampling based approaches to calculating marginal densities. *Journal of the American Statistical Association*, *85*, 398 – 409.

Gelman, A. , Carlin, J. B. , Stem, H. S. , & Rubin, D. B. (1995). *Bayesian data analysis.* New York: Chapman & Hall.

Geman, S. , & Geman, D. (1984). Stochastic relaxation, Gibbs distributions and the Bayesian restoration of images. *IEEE Transactions on Pattern Analysis and Machine Intelligence*, *6*, 721 – 741.

Gilks, W. (1987). Some applications of hierarchical models in kidney transplantation. *The Statistician*, *36*, 127 – 136.

Ginsburg, R. E. (1970). An examination of the relationship between teacher expectations and student performance on a test of intellectual functioning. *Dissertation Abstracts International*, *31*, 3337-A. (University Microfilms No. 710922)

Glass, G. V. (1976). Primary, secondary, and meta-analysis of research. *Educational Researcher*, *5*, 3 – 8.

Goldstein, H. (1986). Multilevel mixed linear model analysis using iterative generalized least squares. *Biometrika*, *73*, 43 – 56.

Goldstein, H. (1991). Nonlinear multilevel models with an application to discrete response data. *Biometrika*, *78*, 45 – 51.

Goldstein, H. (1995). *Multilevel statistical models* (2nd ed.). New York: John Wiley.

Goldstein, H. , & Rasbash. (1996). Improved approximations for multilevel models with binary responses. *Journal of the Royal Statistical Society*, *159* (part 3), 505 – 513.

Gottfredson, M. , & Hirschi, T. (1990). *A general theory of crime*. Stanford: Stanford University Press.

Greiger, R. M. , II. (1970). The effects of teacher expectancies on the intelligence of students and the behaviors of teacher. *Dissertation Abstracts International*, *31*, 3338 – A. (University Microfilms No. 7114791)

Harris, C. W. (1963). *Problems in the measurement of change*. Madison: University of Wisconsin Press.

Heagerty, P. J. , & Zeger, S. L. (2000). Marginalized multilevel models and likelihood inference. *Statistical Science*, *15* (1), 1 – 26.

Hedeker, D. , & Gibbons, R. (1994). A random-effects ordinal regression model for multilevel analysis. *Biometrics*, 993 – 994.

Hedeker, D. , & Gibbons, R. (1996). MIXOR: A computer program for mixed-effects ordinal probit and logistic regression analysis. *Computer Methods and Programs in Biomedicine*, *49*, 157 – 176.

Hedeker, D. , & Gibbons, R. (1997). Application of random effects pattern mixture models for missing data in social sciences. *Psychological Methods*, *2* (1), 64 – 78.

Hedges, L. V. (1981). Distribution theory for Glass's estimator of effect size and related estimators. *Journal of the American Statistical Association*, *74*, 311 – 319.

Hedges, L. , & Nowell, A. (1995). Sex differences in mental test scores, variability, and numbers of high scoring individual. *Science*, *269*, 41 – 45.

Hedges, L. V. , & Olkin, I. O. (1983). Regression Models in research synthesis. *American Statistician*, *37*, 137 – 140.

Henrickson, H. A. (1970). An investigation of the influence of teacher expectation upon the intellectual and academic performance of disadvantaged children. *Dissertation Abstracts International*, *31*, 6278-A. (University Microfilms No. 7114791)

Homey, J. , Osgood, D. , & Marshall, I. (1995). Criminal careers in the short-term: Intra-individual variability in crime and its relation to local life circumstances. *American Sociological Review*, *60*, 655 – 673.

Hunter, J. E., & Schmidt, F. L. (1990). *Methods of meta-analysis: Correcting error and bias in research findings.* Newbury Park, CA: Sage.

Huttenlocher, J. E., Haight, W., Bryk, A. S., & Seltzer, M. (1991). Early vocabulary growth: Relation to language input and gender. *Developmental Psychology*, *27* (2), 236 – 249.

James, W., & Stein, C. (1961). Estimation with quadratic loss. In J. Neyman (Ed.), *Proceedings of the Fourth Berkeley Symposium on Mathematical Statistics and Probability* (Vol. 1, pp. 361 – 379). Berkeley: University of California Press.

Jennrich, R., & Schluchter, M. (1986). Unbalanced repeated-measures models with structured covariance matrices. *Biometrics*, *42*, 805 – 820.

Joreskog, K., & Sorbom, D. (1989). *LISREL 7: User's reference guide.* Mooresville, IN: Scientific Software.

Joreskog, K., & Sorbom, D. (1996). *LISREL 8: Structural equation modeling with the SIMPLILS command language.* Hove and London: Scientific Software International.

Jose, J., & Cody, J. (1971). Teacher-pupil interaction as it relates to attempted changes in teacher expectancy of academic ability achievement. *American Educational Research Journal*, *8*, 39 ~ 49.

Kalaian, H., & Raudenbush, S. (1996). A multivariate mixed linear model for meta-analysis. *Psychological Methods*, *1* (3), 227 – 235.

Kamata, A. (1998). *A generalization of the Rasch model by the hierarchical generalized linear model.* Unpublished manuscript.

Karim, M. (1991). *Generalized linear models with random effects.* Unpublished doctoral dissertation, Johns Hopkins University, Baltimore, MD.

Kasim, R., & Raudenbush, S. (1998). Application of Gibbs sampling to nested variance components models with heterogenous with-in group variance. *Journal of Educational and Behavioral Statistics*, *20* (4), 93 – 116.

Keshock, J. D. (1970). An investigation of the effects of the expectancy phenomenon upon the intelligence, achievement, and motivation of inner-city elementary school children. *Dissertation Abstracts International*, *32*, 243-A. (University Microfilms No. 7119010)

Kester, S. W., & Letchworth, G. A. (1972). Communication of teacher expectations and their effects on achievement and attitudes of secondary school students. *Journal of Educational Research*, *66*, 51 – 55.

Kirk, R. E. (1982). *Experimental design: Precedures of the behavioral sciences.* Belmont, CA: Wadsworth.

Kirk, R. E. (1995). *Experimental design: Procedures for behavioral sciences*, 3rd edition. Wadsworth Publishing.

Laird, N. M., & Ware, H. (1982). Random-effects models for longtitudinal data. *Biometrics*, *38*, 963 – 974.

Lee, S. (1990). Multilevel analysis of structural equation models. *Biometrika*, *77* (4), 763 – 772.

Lee, V., & Bryk, A. (1989). A multilevel model of the social distribution of educational achievement. *Sociology of Education*, *62*, 172 – 192.

Lee, Y., & Nelder, J. (1996). Hierarchical generalized linear models. *Journal of the Royal Statistical Society, Series B*, *58*, 619 – 678.

Liang, L., & Zeger, S. (1986). Longitudinal data analysis using generalized linear models. *Biometrika*, *73*, 13 – 22.

Lin, X., & Breslow, N. E. (1996). Bias correction in generalized linear mixed models with multiple components of dispersion. *Journal of the American Statistical Association*, *91* (435), 1007 – 1016.

Lindley, D. V., & Smith, A. F. M. (1972). Bayes estimates for the linear model. *Journal of the Royal Statistical Society, Seires B*, *34*, 1 – 41.

Lindstrom, M., & Bates, D. (1989). Newton-Raphson and EM algorithms for linear mixed effects models for repeated measures data. *Journal of the American Statistical Association*, *84*, 1014 – 1022.

Littell, R., Milliken, G., Stroup, W., & Wolfinger, R. (1996). *SAS system for mixed models*. Cary, NC: SAS Institute Incorporated.

Little, R. J. (1992). Regression with missing X's: A review. *Journal of the American Statistical Association*, *87* (420), 1227 – 1237.

Little, R. (1995). Modeling the drop-out mechanism in repeated measures studies. *Journal of the American Statistical Association*, *90*, 1112 – 1121.

Little, R., & Rubin, D. (1987). *Statistical analysis with missing data*. New York: John Wiley.

Little, R., & Shenker, N. (1995). Missing data. In G. Arminger, C. Clogg, & M. Sobel (Eds.), *Handbook of statistical modeling for the social and behavioral sciences* (pp. 39 – 75). New York: Plenum.

Long, J. S. (1997). *Regression models for categorical and limited dependent variables*. Thousand Oaks, CA: Sage.

Longford, N. (1987). A fast scoring algorithm for maximum likelihood estimation in unbalanced models with nested random effects. *Biometrika*, *74* (4), 817 – 827.

Longford, N. T. (1988). Fisher scoring algorithm for variance component analysis of data with multilevel structure. In R. D. Bock (Ed.), *Multilevel analysis of educational data* (pp. 297 – 310). Orlando, FL: Academic Press.

Longford, N. (1993). *Random coefficient models*. Oxford: Clarendon.

Magnus, J. R., & Neudecker, H. (1988). *Matrix differential calculus with applications in statistics and econometrics*. New York: John Wiley.

Mason, W. M., Wong, G. M., & Entwistle, B. (1983). Contextual analysis through the multilevel linear model. In S. Leinhardt (Ed.), *Sociological methodology* (pp. 72 – 103). San Francisco: Jossey-Bass.

Maxwell, M. L. (1970). A study of the effects of teachers' expectations on the IQ and academic performance of children. *Dissertation Abstracts International*, *31*, 3345-A. (University Microfilms No. 710125)

McArdle, J. (1986). Latent variable growth within behavior genetic models. *Behavior Genetics*, *16*, 163 – 200.

McCullagh, E., & Nelder, J. (1989). *Generalized linear models* (2nd ed.). London: Chapman & Hall.

McDonald, R. (1994). The bilevel reticular action model for path analysis and latent variables. *Sociological Methodology and Research*, *22* (3), 399 – 413.

McGilchrist, C. (1994). Estimation in generalized linear mixed models. *Journal of the Royal Statistical Society*, *Series B*, *56*, 61 – 69.

Meredith, W., & Tisak, J. (1990). Latent curve analysis. *Psychometrika*, *55*, 107 – 122.

Miyazaki, Y., & Raudenbush, S. W. (2000). A test for linkage of multiple cohorts from an accelerated longitudinal design. *Psychological Methods*, *5* (1), 44 – 63.

Morris, C. N. (1983). Parametric empirical Bayes inference: Theory and applications. *Journal of the American Statistical Association*, *78*, 47 – 65.

Morris, C., & Normand, S. (1992). Hierarchical models for combining information and for meta-analysis. *Bayesian Statistics*, *4*, 321 – 344.

Muthén, B. (1994). Multilevel covariance structure analysis. In J. Hox & I. Kreft (Eds.), *Multi-level modeling*, *a special issue of Sociological Methods & Research* (pp. 376 – 398).

Muthén, L., & Muthrn, B. (1998). *Mplus user's guide*. Los Angeles: Muthrn and Muthrn.

Nye, B., Hedges, L. V., & Konstantopoulos, S. (2000). The effects of small classes on academic achievement: The results of the Tennessee class size experiment. *American Educational Research Journal*, *37* (1), 123 – 151.

Orchard, T., & Woodbury, M. (1972). A missing information principle: Theory and applications. *Proceedings of the Sixth Berkeley Symposium on Mathematical Statistics and Probability*,

1, 697 – 715.

Pellegrini, R. , & Hicks, R. (1972). Prophecy effects and tutorial instruction for the disadvantaged child. *American Educational Research Journal*, *9*, 413 – 419.

Pinheiro, J. , & Bates, D. (1995). Approximations to the log-likelihood function in the nonlinear mixed-effects model. *Journal of Computational and Graphical Statistics*, *4* (1), 12 – 35.

Pinheiro, J. C. , & Bates, D. M. (2000). *Mixed-effects models in S and S-PLUS.* New York: Springer.

Ramirez, D. , Yuen, S. , Ramey, R. , & Pasta, D. (1991). *The immersion study: Final report.* Washington, DC: U. S. Office of Educational Research and Improvement.

Raudenbush, S. W. (1988). Educational applications of hierarchical linear models: A review. *Journal of Educational Statistics*, *13* (2), 85 – 116.

Raudenbush, S. W. (1993). Hierarchical linear models and experimental design. In L. Edwards (Ed.), *Applied analysis of variance in behavioral science* (pp. 459 ~ 496). New York: Marcel Dekker.

Raudenbush, S. (1993). A crossed random effects model for unbalanced data with applications in cross-sectional and longitudinal research. *Journal of Educational Statistics*, *18* (4), 321 – 349.

Raudenbush, S. W. (1995). Hierarchical linear models to study the effects of social context on development. In J. Gottman (Ed.), *The analysis of change* (pp. 165 ~ 201). Hillsdale, NJ: Lawrence Erlbaum.

Raudenbush, S. W. (1984). Magnitude of teacher expectancy effects on pupil IQ as a function of the credibility of expectancy induction: A synthesis of findings from 18 experiments. *Journal of Educational Psychology*, *76* (1), 85 – 97.

Raudenbush, S. (1997). Statistical analysis and optimal design for cluster randomized trials. *Psychological Methods*, *2* (2), 173 – 185.

Raudenbush, S. W. (2000). Marginalized multilevel models and likelihood inference [Comment on article written by Patrick J. Heagerty and Scott L. Zeger]. *Statistical Science* , *15* (1), 22 – 24.

Raudenbush, S. W. (2001). Comparing personal trajectories and drawing causal inferences from longitudinal data. *Annual Review of Psychology*, *52*, 501 – 525.

Raudenbush, S. W. , & Bhumirat, C. (1992). The distribution of resources for primary education and its consequences for educational achievement in Thailand. *International Journal of Educational Research*, 143 – 164.

Raudenbush, S. W. , & Bryk, A. S. (1985). Empirical Bayes meta-analysis. *Journal of Educational Statistics*, *10*, 75 – 98.

Raudenbush, S. W. , & Bryk, A. S. (1986). A hierarchical model for studying school effects. *Sociology of Education*, *59*, 1 – 17.

Raudenbush, S. W. , & Bryk, A. S. (1987). Examining correlates of diversity. *Journal of Educational Statistics*, *12*, 241 – 269.

Raudenbush, S. W. , Bryk, A. S. , Cheong, Y. , & Congdon, R. T. (2000). *HLM 5: Hierarchical linear and nonlinear modeling*. Chicago: Scientific Software International.

Raudenbush, S. , & Chan, W. (1993). Application of hierarchical linear model to the study appendix of adolescent deviance in an overlapping cohort design. *Journal of Clinical and Consulting Psychology*, *61* (6), 941 – 951.

Raudenbush, S. , Fotiu, R. , & Cheong, Y. (1999). Synthesizing results from the Trial State Assessment. *Journal of Educational and Behavioral Statistics*, *24* (4).

Raudenbush, S. W. , Kidchanapanish, S. , & Kang, S. J. (1991). The effects of pre-primary access and quality on educational achievement in Thailand. *Comparative Education Review*, *35*, 255 – 273.

Raudenbush, S. W. , & Liu, X. (2000). Statistical power and optimal design for multisite randomized trials. *Psychological Methods*, *5* (2), 199 – 213.

Raudenbush, S. W. , Rowan, B. , & Cheong, E. Y. (1991). *Teaching for higher-order thinking in secondary schools: Effects of curriculum, teacher preparation, and school organization*. East Lansing: Michigan State University, College of Education.

Raudenbush, S. W. , Rowan, B. , & Kang, S. J. (1991). A multilevel, multivariate model for school climate with estimation via the EM algorithm and application to US high school data. *Journal of Educational Statistics*, *16*, 295 – 330.

Raudenbush, S. W. , & Sampson, R. (1999a). Assessing direct and indirect associations in multilevel designs with latent variables [Sociological Methods and Research]. *Sociological Methods & Research*, *28* (2), 123 – 153.

Raudenbush, S. W. , & Sampson, R. (1999b). Ecometrics: Toward a science of assessing ecological settings, with application to the systematic social observation of neighborhoods. *Sociological Methodology*, *29*, 1 – 41.

Raudenbush, S. , & Willms, J. (1995). The estimation of school effects. *Journal of Educational and Behavioral Statistics*, *20* (4), 307 – 335.

Raudenbush, S. W. , Yang, M. , & Yosef, M. (2000). Maximum likelihood for hierarchical models via high-order, multivariate LaPlace approximation. *Journal of Computational and Graphical Statistics*, *9* (1), 141 – 157.

Reardon, S. E. , Brennan, R. , & Buka, S. L. (In press). Estimating multi-level discrete-time hazard models using cross-sectional data: Neighborhood effects on the onset of adolescent cigarette use. To appear in *Multivariate Behavioral Research*.

Rivera-Batiz, E. (1992). Quantitative literacy and the likelihood of employment among young adults in the United States. *Journal of Human Resources*, 27 (2), 313 – 328.

Robinson, W. (1950). Ecological correlations and the behavior of individuals. *American Sociological Review*, 15, 351 – 357.

Rodriguez, G., & Goldman, N. (1995). An assessment of estimation procedures for multilevel models with binary responses. *Journal of the Royal Statistical Society*, Series A, 56, 73 – 89.

Rogosa, D. R., Brand, D., & Zimowski, M. (1982). A growth curve approach to the measurement of change. *Psychological Bulletin*, 90, 726 – 748.

Rogosa, D. R., & Willett, B. (1985). Understanding correlates of change by modeling individual differences in growth. *Psychometrica*, 50, 203 – 228.

Rosenberg, B. (1973). Linear regression with randomly dispersed parameters. *Biometrika*, 60, 61 – 75.

Rosenthal, R. (1987). Pygmalion effects: Existence, magnitude, and social importance. *Educational Researcher*, 16, 37 – 41.

Rosenthal, R., Baratz, S., & Hall, C. M. (1974). Teacher behavior, teacher expectations, and gains in pupils' rated creativity. *Journal of Genetic Psychology*, 124, 115 – 121.

Rosenthal, R., Jacobson, L. (1968). *Pygmalion in the classroom*. New York: Holt, Rinehart & Winston.

Rosenthal, R., & Rubin, D. B. (1982). Comparing effect sizes of independent studies. *Psychology Bulletin*, 92, 500 – 504.

Rowan, B., Raudenbush, S., & Cheong, Y. (1993). Teaching as a non-routine task: Implications for the organizational design of schools. *Educational Administration Quarterly*, 29 (4), 479 – 500.

Rubin, D. B. (1980). Using empirical Bayes techniques in the Law School Validity Studies. *Journal of the American Statistical Association*, 75, 801 – 827.

Rumberger, R. W. (1995). Dropping out of middle schools: A multilevel analysis of students and schools. *American Educational Research Journal*, 32 (3), 583 – 625.

Sampson, R., Raudenbush, S., & Earls, T. (1997). Neighborhoods and violent crime: A multilevel study of collective efficacy. *Science*, 277, 918 – 924.

Schafer, J. (1997). *Analysis of incomplete multivariate data*. London: Chapman & Hall.

Schall, R. (1991). Estimation in generalized linear models with random effects. *Biometrika*, 40, 719 – 727.

Seber, G. A. F., & Wild, C. J. (1989). *Nonlinear regression*. New York: Wiley.

Seltzer, M. (1993). *Sensitivity analysis for fixed effects in the hierarchical model: A Gibbs sam-*

pling approach, *18*（3）, 207 – 235.

Seltzer, M. , Novak, J. , Choi, K. , & Lim, N. （2001）. *Sensitivity analysis for hierarchical models employing t level*-1 *assumptions*. Los Angeles：UCLA Department of Education.

Seltzer, M. , Wong, W. , & Bryk, A. （1996）. Bayesian analysis in applications of hierarchical models：Issues and methods. *Journal of Educational and Behavioral Statistics*, *21*（2）, 131 – 167.

Singer, J. D. （1998）. Using SAS PROC MIXED to fit multilevel models, hierarchical models, and individual growth models. *Journal of Educational and Behavioral Statistics*, *23*（4）, 323 – 355.

Smith, A. F. M. （1973）. A general Bayesian linear model. *Journal of the Royal Statistical Society*, *Series B*, *35*, 61 – 75.

Snijders, T. , & Bosker, R. （1999）. *Multilevel analysis*. London：Sage.

Spiegelhalter, D. , Thomas, A. , Best, N. , & Gilks, W. （1994）. *BUGS*：*Bayesian inference using Gibbs sampling*, *version 0. 30*. MRC Biostatistics Unit：Cambridge.

Stiratelli, R. , Laird, N. , & Ware, J. （1984）. Random effects models for serial observations with binary response. *Biometrics*, *40*, 961 – 971.

Strenio, J. L. F. , Weisberg, H. I. , & Bryk, A. S. （1983）. Empirical Bayes estimation of individual growth curve parameters and their relationship to covariates. *Biometrics*, *39*, 71 – 86.

Stuart, A. , & Ord, J. K. （1995）. *Kendall's advanced theory on statistics*. New York：Halsted.

Tanner, M. A. , & Wong, W. H. （1987）. The calculation of posterior distribution by data augmentation［with discussion］. *Journal of the American Statistical Association*, *82*, 528 – 550.

Thissen, D. （1982）. Marginal maximum likelihood estimation for the one-parameter logistic model. *Psychometrika*, *47*, 175 – 186.

Thum, Y. （1997）. Hierarchical linear models for multivariate outcomes. *Journal of Educational and Behavioral Statistics*.

Tsutakawa, R. （1985）. Estimation of cancer mortality rates：A Bayesian analysis of small frequencies. *Biometrics*, *41*, 69 – 79.

van der Linden, W. J. , & Hambleton, R. K. （1996）. Item response theory：Brief history, common models, and extensions. In W. J. van der Linden & R. K. Hambleton（Eds. ）, *Handbook of modern item response theory*（pp. 1 – 28）. New York：Springer-Verlag.

Wei, G. , & Tanner, M. （1990）. A Monte Carlo implementation of the EM algorithm and the poor man's augmentation algorithms. *Journal of the American Statistical Association*, *85*, 669 – 704.

Willett, J. B. （1988）. Questions and answers in the measurement of change. In E. Rothkopf

(Ed.), *Review of research in education* (1988 – 1989) (pp. 345 – 422). Washington, DC: American Educational Research Association.

Willett, J., & Sayer, A. (1994). Using covariance structure analysis to detect correlates and predictors of individual change over time. *Psychological Bulletin*, *116* (2), 363 – 380.

Willms, J. D. (1986). Social class segregation and its relationship to pupils' examination results in Scotland. *American Sociological Review*, *55*, 224 – 241.

Wineburg, S. (1987). The self-fulfillment of the self-fulfilling prophecy. *Educational Researcher*, *16* (9), 28 – 37.

Wolfinger, R. (1993). Laplace's approximation for nonlinear mixed models. *Biometrika*, *80*, 791 – 795.

Wong, G., & Mason, W. (1985). The hierarchical logistic regression model for multilevel analysis. *Journal of the American Statistical Association*, *80* (391), 513 – 524.

Wright, B., & Masters, G. (1982). *Rating scale analysis: Rasch measurement*. Chicago: MESA Press.

Yosef, M. (2001). *A comparison of alternative approximations to maximum likelihood estimation for hierarchical generalized linear models: The logistic-normal model case*. Unpublished doctoral dissertation, Michigan State University, Department of Counseling, Educational Psychology and Special Education.

Zeger, S., & Karim, M. (1991). Generalized linear models with random effects: A Gibbs sampling approach. *Journal of the American Statistical Association*, *86*, 79 – 86.

Zeger, S., Liang, K. Y., & Albert, P. (1988). Models for longitudinal data: A likelihood approach. *Biometrics*, *44*, 1049 – 1060.

索引

（按汉语拼音排列）

E

儿童层次的模型, 218

二参数模型, 350~351

定义, 352

二次增长模型, 个体变化, 160~165

F

反应偏差, 337

方差的同质性, 层-1随机效应, 249~252

方差分解与可靠性, 358~359

交互分类的随机效应, 358

方差分量, 推断, 269~270

方差分析, 15

带随机效应的单因素模型, 22

点估计, 45~46

教师效率上的学校效应, 100~101

社会分布, 113

示范, 83~87

非随机变化的斜率模型, 27, 29, 35

非线性分项选择模型, 345~351

费舍尔得分, 421

用其做最大似然估计, 13

分层数据结构

分层数据分析中持续的两难问题, 4

分层线性模型（HLM）, 277~316

层际效应模型, 9

单层的, 243~245

建模的经验方法, 243~245

设置问题, 245~249

二分类结果的两层和三层模型, 280~295

贝努里分布的例子, 282~287

层-1抽样模型, 280~281

层-1结构模型, 281~282

层-1连接函数, 281

层-2和层-3模型, 282

二项分布的例子, 290~295

分层一般化线性模型（HGLM）的特殊情况, 315

分解方差协方差成分, 9

两层模型, 基础知识

分层形式, 34

扩展形式, 30

组合形式, 34

最大似然估计, 417

两层模型, 253~266

层-1抽样模型, 315~316

层-1结构模型, 280

层-1连接函数, 316

关键假定, 241~243

建模的经验方法, 254~256

设置问题, 256~259

评估恰当性, 241~271

统计理论, 5~6

推广, 28~30

完全无条件的, 23

新发展, 9~13

一般及其较简单的例子, 22~28

用于潜在变量, 332~345

用于缺失数据问题, 320~327

用于预测未来状况, 191~193

原理, 15~30

早期应用, 6~9

分层一般化线性模型, 278

定义, 315

分析多项数据, 308~315

层-1抽样模型, 309

层-1结构模型, 310

层-1连接函数, 309

层-2模型, 310

图书在版编目（CIP）数据

分层线性模型：应用与数据分析方法：第 2 版 /
（美）斯蒂芬·W. 劳登布什（Stephen W. Raudenbush），
（美）安东尼·S. 布里克（Anthony S. Bryk）著；郭志刚
等译. -- 北京：社会科学文献出版社，2016.9（2018.6 重印）
（社会学教材教参方法系列）
书名原文：Hierarchical Linear Models：
Applications and Data Analysis Methods
（Second Edition）
ISBN 978 - 7 - 5097 - 9219 - 3

Ⅰ. ①分… Ⅱ. ①斯… ②安… ③郭… Ⅲ. ①分层模
型 - 线性模型 - 应用 - 统计分析 Ⅳ. ①C813

中国版本图书馆 CIP 数据核字（2016）第 118990 号

· 社会学教材教参方法系列 ·

分层线性模型：应用与数据分析方法（第 2 版）

著　者 / 〔美〕斯蒂芬·W. 劳登布什（Stephen W. Raudenbush）
　　　　 〔美〕安东尼·S. 布里克（Anthony S. Bryk）
译　者 / 郭志刚 等

出 版 人 / 谢寿光
项目统筹 / 杨桂凤
责任编辑 / 杨桂凤

出　　版 / 社会科学文献出版社·社会学出版中心（010）59367159
　　　　　　地址：北京市北三环中路甲 29 号院华龙大厦　邮编：100029
　　　　　　网址：www. ssap. com. cn
发　　行 / 市场营销中心（010）59367081　59367018
印　　装 / 三河市龙林印务有限公司

规　　格 / 开 本：787mm × 1092mm　1/16
　　　　　　印 张：30.75　字 数：545 千字
版　　次 / 2016 年 9 月第 2 版　2018 年 6 月第 2 次印刷
书　　号 / ISBN 978 - 7 - 5097 - 9219 - 3
著作权合同
登 记 号 / 图字 01 - 2015 - 4379 号
定　　价 / 79.00 元